Die schönsten Stadtrundgänge

Niedersachsen
mit Bremen und Bremerhaven

D1735211

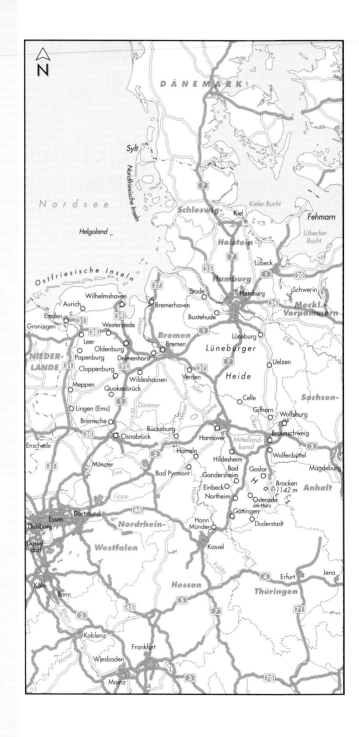

Die schönsten Stadtrundgänge

Niedersachsen
mit Bremen und Bremerhaven

Schauen
Schlemmen
Schlafen

Herausgegeben von
Emmerich Müller

DREI BRUNNEN

Stadtrundgänge	Heidi Fischer, Alexander Rieger, Androniki Tsilipakou
Redaktion	Heidi Fischer
Einbandgestaltung	Jürgen Reichert
Grafik, Layout	Sandra Lengwenus
Karten und Stadtpläne	cartomedia, Karlsruhe
Titelfotos	rechts: Blick auf den Marktplatz von Goslar (GOSLAR marketing gmbh), links: Leuchtturm Roter Sand mit BGS „Goliath" (BIS Büro Bremerhaven-Werbung)
Anzeigen	Reiner Pittrof

Bildnachweise: Verkehrsverein Aurich (S. 9, 10, 11, 12); Manfred Kielhorn (S. 15, 16 o., 17); Rudolf A. Hillebrecht (S. 16 u., 19); Heinz-Gerhard Ehmen (S. 18); Bad Pyrmont Tourismus GmbH (S. 22 o. und u., 24 o. und u., 25, 26, 27 o. und u., 28, 29 o. und u.); Heinz H. M. Hoppe (S. 32); Michael Münch (S. 33 o.); Ingrid Beucke-Adler (S. 33 u., 34 o. und u., 35); Jürgen Zietlow (S. 37 o. und u.); Braunschweig Stadtmarketing/Aginmar (S. 40, 43, 45, 47, 49); Bremer Touristik-Zentrale (S. 53 o. und u., 54 o. und u., 55, 56 o. und u.); BIS Bremerhaven Touristik (S. 59 o. und u., 60, 62, 63, 64, 65); N. Stappenbeck (S. 68 o.); Wilfried Klimmer (S. 68 u.); Christa Henke (S. 69, 70 o.); Ulrich Schmies (S. 70 u.); Stadtinformation Buxtehude (S. 73, 74, 75); Tourismus Region Celle (TRC) GmbH (S. 78, 79, 80 o. und u., 82 o. und u., 83, 84 o. und u.); Archiv Stadt Cloppenburg (S. 87, 89); Anke Hinrichs/Stadtmarketing Delmenhorst (S. 92, 93); Volkmar Hinrichs (S. 92 u.); Fotodesigner-Bilderarchiv Torsten Krüger (S. 94, 95 o.); Städtische Galerie Haus Coburg (S. 95 u.); Christian Zöpfgen/Stadt Duderstadt (S. 99 o. und u., 100, 101 o. und u., 102, 103); Wandmacher/Tourist-Information Einbeck (S. 105, 106, 107 o. und u., 108, 109, 110, 111 o. und u.); Karl-Heinz Krämer (S. 114 o. und u., 115, 116 o. und u., 117, 118 o. und u., 119, 120 o. und u., 121 o. und u.); Südheide Gifhorn GmbH (S. 123, 124 o. und u., 125, 126, 127 o. und u.); GOSLAR marketing gmbH (S. 130 o. und u., 131, 132, 133 o. und u., 134 o. und u., 135); Göttingen Tourismus e. V.: Torsten Krüger (S. 138 o. und u., 140 o. und u., 141, 142 o. und u., 143, 145 u.), Bernd Beuermann (S. 139), Alciro Theodoro da Silva (S. 144 o.), Ingo Bulla (S. 144 u.), Wolfgang Henkies (S. 145 o.); Hameln Marketing und Tourismus GmbH (S. 148 o. und u., 150, 151 o. und u., 152, 153 o. und u., 154, 155 o. und u.); Touristik Naturpark Münden e. V. (S. 158 o. und u., 160, 162, 163); Hannover Tourismus Service (S. 165, 166 o. und u., 167, 168, 169 o. und u., 170, 171 o. und u., 172, 173 o. und u., 174 o. und u., 175); Stadt Hildesheim (S. 178, 179 o. und u., 180 o. und u., 182, 183, 184, 185, 186, 187, 188); Fritz Presser (S. 192, 193, 194, 195, 197, 198); Stadt Leer (S. 201 o. und u., 202, 203 o., 204, 205, 206 o. und u.); Albert Wehner (S. 203 u.); Stadt Lingen (S. 209 o. und u., 210, 212, 213 o. und u., 215 u., 217); Richard Heskamp (S. 214 o. und u., 215 o.); Lüneburg Marketing GmbH (S. 219, 220, 221, 222, 223 o. und u., 225); Ostpreußisches Landesmuseum (S. 224); Tourist Information Meppen (TIM) e. V. (S. 228 o. und u., 229, 230 o. und u., 231 o. und u., 232, 233, 234 o. und u.); Northeim Touristik e. V. (S. 237, 238, 242, 244, 245 o. und u.); Peter Kreier (S. 247, 251 u., 252); Robert Geipel (S. 248); Peter Duddek (S. 249, 250); Peter Andryszak (S. 251 o.); Oldenburg Marketing und Tourismus GmbH (S. 255); Detlef Heese/OMT (S. 258 o. und u., 260 o. und u., 261 o. und u., 262 o. und u., 263); Günter Koch (S. 266, 268, 273, 275); Wieland Mücke (S. 269); Kirmes (S. 270); Paul Schäfer (S. 274); Michael Wessels/Meyer Werft (S. 277); Atelier Anke Jacob (S. 278 o.); Art-Studio Manitzke (S. 278 u., 281 o.); Ems Zeitung (S. 279); Papenburg Tourismus GmbH (S. 280); Heimatverein Papenburg e. V. (S. 281 u.); Heiko Bockstiegel, Quakenbrück (S. 283, 284 o. und u., 285, 286, 287, 288, 289 o. und u.); M. Hutcheson, Archiv der STADE Tourismus-GmbH (S. 291, 292 o. und u., 293, 294 o. und u., 295, 296, 297); Anke Steffen (S. 299); Jürgen Claaß (S. 300); Peter Siegmund (S. 302, 303); Tourist-Information Verden (Aller) (S. 306, 307 o. und u., 308 o. und u., 309 o. und u.); Michael Heusel/Deutsches Pferdemuseum (S. 310 o. und u.); Touristik Westerstede e. V. (S. 313, 314, 315, 317); F. Kramer, Verkehrsverein Wildeshausen (S. 319, 321, 322 o. und u.); Stadt Wildeshausen (S. 320 o. und u.); Archiv Wilhelmshaven Touristik & Freizeit GmbH (S. 325, 326 o. und u., 327, 328 o. und u., 329 o. und u., 330 o. und u., 331); H.-Dieter König (S. 333, 339); Marianne Schlomm-Messner (S. 334); Stadtmarketing Wolfenbüttel (S. 335, 336, 337); Wolfsburg Marketing GmbH (S. 342, 343, 344); phæno/Rainer Jensen (S. 346); Marc-Oliver Schulz (S. 347 o.); Emanuel Raab (S. 347 u.)

Inhalt

Bibliografische Information Der Deutschen Bibliothek:

Die Deutsche Bibliothek verzeichnet diese Publikation in der Deutschen Nationalbibliografie; detaillierte bibliografische Daten sind im Internet über http://dnb.ddb.de abrufbar.

ISBN 978-3-7956-0296-3 • 1. Auflage 2007

DAS LAND NIEDERSACHSEN

Lage: Mit 47620 km² ist Niedersachsen flächenmäßig das zweitgrößte, mit ca. 8 Mio. Einwohnern hinsichtlich der Bevölkerungszahl das viertgrößte Bundesland. Landeshauptstadt ist Hannover. Eine Besonderheit ist, dass Bremen und Bremerhaven von niedersächsischem Gebiet umschlossen sind, aber zusammen das kleinste Bundesland Bremen bilden.

Regionen: Landschaftlich und kulturell ist Niedersachsen sicherlich eines der vielfältigsten deutschen Bundesländer. Besonders attraktiv für Urlauber ist die Küstenregion Ostfrieslands mit den vorgelagerten Ostfriesischen Inseln und dem Nationalpark Niedersächsisches Wattenmeer. Südlich davon erstreckt sich das Emsland entlang der niederländischen Grenze. Das Oldenburger Münsterland zählt heute zu den führenden Viehzuchtzentren Europas. Sagenumwoben präsentiert sich der Harz mit seinem höchsten Berg, dem Brocken, und vielen sehenswerten Fachwerk- und Kurstädten. Nördlich des Harzes gruppieren sich mit Hildesheim, Salzgitter, Hannover, Wolfsburg und Braunschweig fünf wichtige, auch wirtschaftlich erfolgreiche Großstädte. An diesen Ballungsraum schließt sich in nördlicher Richtung die Lüneburger Heide an. Vor den Toren Hamburgs liegt das „Alte Land". Das Gebiet zwischen Elbe- und Wesermündung, das „Nasse Dreieck", ist von Mooren durchzogen und bietet Sehenswürdigkeiten wie die Fischereistadt Cuxhaven und die Künstlerkolonie Worpswede.

Geschichte: Die Bezeichnung „Niedersachsen" wurde erstmals 1354 erwähnt, doch das Gebiet war schon im 2. Jh. besiedelt. In seiner heutigen Form besteht Niedersachsen erst seit 1946, als sich die Länder Hannover, Oldenburg, Braunschweig und Schaumburg-Lippe zusammenschlossen.

Sehenswürdigkeiten: Auch außerhalb der in diesem Führer beschriebenen Städte gibt es viele Kunstschätze zu entdecken. Niedersachsen ist reich an Schlössern. Während Schloss Hämelschenburg bei Hameln als Hauptwerk der Weserrenaissance gilt, wird das Jagdschloss Clemenswerth als schönstes spätbarockes Baudenkmal angesehen. Schloss Gödens, ein sehenswertes Wasserschloss liegt in Ostfriesland. Rund um Schloss Ippenburg in Bad Essen findet alljährlich ein Gartenfestival im nach englischem Vorbild angelegten Park statt. Schloss Jever ermöglicht von der barocken Turmspitze weite Ausblicke über die Küste und im hier untergebrachten Museum Einblicke in die regionale Kulturgeschichte. Beeindruckend sind auch Sakralbauten wie der romanische Kaiserdom in Königslutter oder die Kirche St. Wilhadi in Ihlienworth, die einst nur mit dem Boot angefahren wurde. Berühmt sind die „Heideklöster", sechs mittelalterliche Frauenklöster in der Lüneburger Heide. Einen unerwarteten Anblick bietet die 1908 komplett aus Holz errichtete Nordische Stabkirche in Hahnenklee-Bockswiese. Aus der Vergangenheit des Landes erzählen viele Museen. Die lange Bergbau-tradition wird dokumentiert im Oberharzer Bergwerksmuseum in Clausthal-Zellerfeld und im historischen Silbererzbergwerk „Grube Samson" in Sankt Andreasberg. In Ebergötzen kann man die Wilhelm-Busch-Mühle, in der „Max und Moritz" geboren wurden, und das benachbarte Europäische Brotmuseum besichtigen. Die Porzellanmanufaktur Fürstenberg mit Mu-seum und Werksverkauf gehört zu den renommiertesten Porzellanher-stellern in Europa. Auch kuriose Sammlungen wie das Muschelmuseum Nordholz und das Waffelmuseum in Venne dürfen in der niedersächsischen Museenlandschaft nicht fehlen. Ein Erlebnis für die ganze Familie ist ein Besuch in einem der zahlreichen Freizeitparks wie dem Heide-Park Soltau, dem Dinosaurierpark Münchehagen oder dem Serengeti-Park Hodenhagen nördlich von Hannover. Blumenfreunde sollten sich den 2006 eröffneten Erlebnispark Emsflower ansehen, der einen Einblick in den Betrieb der Emsflower GmbH, mit 100 ha Produktionsfläche eine der größten Gärtne-reien Deutschlands, bietet. Niedersachsen lässt sich auch aktiv erkunden und ist aufgrund seiner größtenteils ebenen Landschaft wie gemacht für ausgiebige Rad- und Wandertouren. Die Flüsse und Seen laden zu mehrtä-gigen Kanu-Wasserwanderungen ein. Eine ganz besondere, in Ostfriesland übliche Form der Fortbewegung im Winter ist das Boßeln: Auf wenig be-fahrenen Straßen spielen zwei Mannschaften mit Kunststoff- oder Gum-mikugeln gegeneinander, die so weit vorgelegt werden müssen, dass der Gegner die Marke mit zwei Würfen nicht einholen kann. Die Niedersachsen wissen auch zu feiern: Neben traditionsreichen Stadt-, Hafen- und Volks-festen finden Kulturveranstaltungen wie die Rasteder Musiktage und der Worpsweder Sommer statt. Kulinarische Genüsse bieten die Emder Matjes-tage oder das Große Pellkartoffelessen in Nienburg. An der Nordseeküste und auf den Inseln kann man farbenprächtige Drachenfestivals und die Kunstwerke des Sand'Art-Festivals im Nordseebad Tossens bewundern. **Küche:** Kulinarisch hat Niedersachsen viel zu bieten. Weit über die Lan-desgrenzen bekannt ist „Grünkohl mit Pinkel". An der Küste dominieren natürlich Fisch und Meeresfrüchte die Speisekarten. In der Lüneburger Heide genießt man feine Heidschnuckengerichte. Aus dem Harz kommt der herzhafte „Käse-Roller" und die dortigen Jagdreviere sowie klare Seen und Bäche liefern die Zutaten für delikate Wild- und Fischgerichte. Eine besonders urige Einkehrmöglichkeit sind die Hofcafés, die auf Bauernhöfen zum Verweilen einladen. Natürlich findet sich auch immer das passende Getränk: Zahlreiche Brauereien erzeugen feine Biersorten. Die Schnaps-brennereien sorgen für wirksame Verdauungshilfen. Auch eine Ostfriesische Teezeremonie sollte man sich nicht entgehen lassen!

AURICH

Die „heimliche Hauptstadt Ostfrieslands" ist auch der geographische Mittelpunkt der Region. Umgeben von der typischen, malerischen Landschaft, zeigt die ehemalige Residenzstadt eine gelungene Mischung aus Tradition und Moderne und lockt mit einem ausgeprägten Kulturangebot.

ANFAHRT

■ B 72 aus Richtung Emden bzw. Leer. ■ B 210 vom Emden und Wilhelmshaven. ■ Busverbindungen vom Bahnhof Leer.

GESCHICHTE

Die Geschichte Aurichs lässt sich bis in das 13. Jh. zurückverfolgen. Einige Spuren aus vergangener Zeit sind noch heute sichtbar. Der rasch aufblühende Vieh- und Pferdemarkt ließ Aurich zum unbestrittenen Zentrum Ostfrieslands werden und machte es weit über die Grenzen bis in den Mittelmeerraum bekannt. Die Machtkämpfe der ostfriesischen Häuptlinge, wie die Regenten bis Mitte des 15. Jh. hier genannt wurden, bescherten Aurich ein permanentes Auf und Ab: wechselnde Herren, Aufbau und wieder Zerstörung der von ihnen errichteten Bauwerke, Burgen und Befestigungsanlagen. Die Blütezeit Aurichs unter den Cirksena, die seit 1464 einen richtigen Grafentitel trugen - sie bauten u. a. eine neue, stattliche Wasserburg an jener Stelle, wo heute das Schloss steht - mündete zu Beginn des 16. Jh. in die „Sächsische Fehde", wobei Aurich durch Feuer völlig zerstört wurde. Der Wiederaufbau Mitte des 16. Jh. zeigte schon gezielte städtebauliche Planung. Aus dieser Zeit stammen der Grundriss des Marktplatzes und die Anlage der heute noch erkennbaren Straßen und Gräben. Damals wurde Aurich auch Residenz - damit begann seine bis heute wichtige Funktion als Verwaltungs- und Behördenstadt. Unter den rasch sich ablösenden späteren Herren Ostfrieslands - im 18./19. Jh. waren das Preußen, Holland, Frankreich und das Königreich Hannover - entstanden viele der heute noch sehenswerten Bauten, die in ihren oft prachtvollen Fassaden, Giebeln und Stuckdetails die wirtschaftliche Bedeutung der Funktion als Haupt- und seit 1866 zusätzlich Garnisonsstadt widerspiegeln. Handel und Handwerk konnten hier, anders als im ländlichen Raum, prächtig gedeihen. Mit der Gemeindereform 1972 wurde die Einwohnerzahl auf einen Schlag verdreifacht. Heute hat Aurich ca. 43000 Einwohner und ist Verwaltungssitz des 1977 neu strukturierten und um den Landkreis Norden erweiterten Landkreises Aurich. Im Einzugsgebiet der Stadt leben gut 170 000 Menschen.

RUNDGANG DURCH DEN HISTORISCHEN STADTKERN

Ausgangspunkt des Rundgangs ist der Marktplatz, der in den Jahren 1988 bis 1991 völlig neu gestaltet wurde. Von der Aussichtsplattform des markanten, 25 m hohen Sous-Turms, geschaffen vom Aachener Künstler Albert Sous, bietet sich ein schöner Blick über den Marktplatz. Rund um die Markthalle, deren Außenwände fantasievoll mit den im Inneren angebotenen Lebensmittel verziert sind, findet mehrmals wöchentlich ein Markt statt. Durch sein doppelläufiges Treppenpodest fällt das Knodtsche Haus auf. Das älteste Haus am Marktplatz wurde um 1735 erbaut und 1974/75 restauriert. Unter dem Marktplatz stehen in einer Tiefgarage ca. 400 Parkplätze zur Verfügung. Vom Marktplatz folgt man nun der Burgstraße nach rechts. Linker Hand befindet sich das Historische Museum, das zu einer Reise durch die Auricher Stadtgeschichte einlädt. Bodenfunde dokumentieren die Ursprünge bäuerlichen und städtischen Lebens auf der Auricher Geest. Anhand von Fliesen aus dem Kloster Ihlow kann man mittelalterliche Technik und Kunst bewundern. Ein Modell des Schlosses vermittelt einen Eindruck von der einstigen Residenzstadt der ostfriesischen Grafen- und Fürstenfamilie Cirksena. Die Schwerpunktthemen Wirtschaft und Kultur beleuchten das 19. Jh., während für das 20. Jh. der Alltag der städtischen Bürger gezeigt wird.

▲ Schloss

Wechselausstellungen nicht nur zu historischen Themen ergänzen das Angebot. Durch Infotheken, Spiele und audiovisuelle Medien wird der Rundgang aufgelockert. Für Gruppen werden außerdem Führungen und museumspädagogische Programme veranstaltet. Im selben Gebäude ist das MachMitMuseum Miraculum untergebracht, das sich vor allem an Kinder, Jugendliche und Familien richtet. Interaktive Wechselausstellungen machen ein Thema im wahrsten Sinne des Wortes „begreifbar" und mit allen Sinnen erlebbar. In der angegliederten Kunstschule werden die Ausstellungen inhaltlich vorbereitet. Auf der Burgstraße geht man weiter bis zur Einmündung der Hafenstraße. Hier lohnt das Haus Hanstein eine nähere Betrachtung. Das älteste Auricher Haus wurde um 1700 mit der barocken Front versehen. Die Bezeichnung „Hafenstraße" bezieht sich auf die einstige Lage des alten Hafens, der sich von 1897/99 bis 1938 mitten in der Stadt befand. Ein Kanal für Personen- und Gütertransporte führte von hier nach Emden. Rechter Hand erreicht man die Lamberti-kirche. Das ursprüngliche romanische Gotteshaus wurde um 1200 erbaut und dem Heiligen Lambert geweiht und bildete den Kern einer alten Bauernsiedlung, aus der sich Aurich entwickelte. Nachdem die alte Kirche baufällig geworden war, entstand 1832 bis 1835 ein schlichter, klassizistischer Neubau. Im Inneren sollte man sich den kurz nach 1500 in Antwerpen geschaffenen Schnitzaltar ansehen.

Der Lamberti-Glockenturm, das Wahrzeichen der Stadt, weist im Unterbau romanische Bauneste aus dem 13. und 14. Jh. auf. Seine Turmspitze wurde im 17. Jh. restauriert. Vor der Kirche entstand schon bald ein Markt für Güter des täglichen Bedarfs, der sich zu einem Viehumschlagplatz mit überregionaler Bedeutung entwickelte. Von der Lambertikirche geht es nun weiter durch die Kirchstraße, von der man nach links in die Lilienstraße einbiegt. Man passiert die gut erhaltenen Reste der historischen Stadtbefestigung am Hohen Wall. Nach Überquerung der von-Ihering-Straße erreicht man den Friedhof. Eine prächtige Lindenallee führt zum Mausoleum, das die prunkvollen Grabstätten der ostfriesischen Fürsten und Grafen birgt. Bis 1880 diente die Lambertikirche als Grablege für die ost-

▲ Lambertiturm

friesische Herrscherfamilie. Während des Neubaus der Kirche wurde der Grabkeller tiefer gelegt und es drang Grundwasser ein. Die insgesamt 46 gräflichen und fürstlichen Särge wurden stark beschädigt und wurden nach der Fertigstellung des Mausoleums in einer feierlichen Prozession an ihre neue Ruhestätte überführt. Nach der lohnenden Besichtigung des Mausoleums kehrt man zurück zur von-Ihering-Straße und überquert diese erneut, um dann dem Verlauf der Befestigungsanlagen nach rechts zu folgen und zum Schloss zu gelangen. Die erste Burg an dieser Stelle entstand bereits um 1390, obwohl die Residenz erst 1561 von Emden nach Aurich verlegt wurde. Ab 1430 regierte die Grafen- und Fürstenfamilie Cirksena, die hier 1447 eine Burganlage mit Wall und Graben errichten

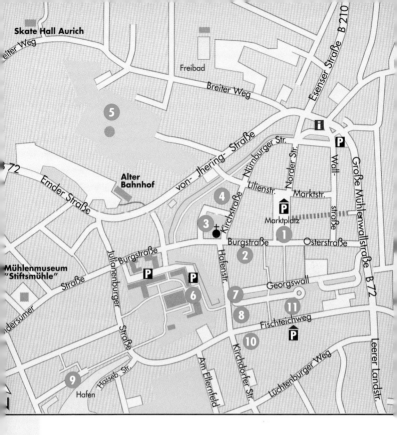

ließ. Auf den Grundmauern dieser Burg entstand 1851 bis 1855 das heutige „Neue Schloss" als repräsentatives Verwaltungsgebäude. Rund um den Schlossplatz stehen weitere sehenswerte Gebäude wie das Amts- und Landgericht und der Sitz der Wasser- und Schifffahrtsdirektion Nord-Ost. Im Schlosspark befindet sich das „Schlösschen", die prächtige Dienstvilla des Regierungspräsidenten. Das älteste Gebäude des Schlosskomplexes ist das barocke, 1731 bis 1733 neu errichtete Marstallgebäude. Besonders das Obergeschoss verdient Beachtung aufgrund der Galerie mit schmiedeeisernem Geländer, des Dreiecksgiebels mit Landeswappen und der hier untergebrachten „Neuen Kanzlei". Gegenüber dem Schloss

▼ Pingelhus

(7) an der Hafenstraße steht das Pingelhus, das wie der Straßenname an den alten Hafen erinnert. Die im Volksmund gebräuchliche Bezeichnung „Pingelhus" entstand, weil mit der auf dem Häuschen befindlichen Glocke bei Abfahrt eines Schiffes „gepingelt", d. h. geläutet wurde. Heute beherbergt das Pingelhus die Volkstanz- und Trachtengruppe des Heimatvereins. Neben dem Pingelhus fällt das große, mit vielen Giebeln versehene

(8) Verwaltungsgebäude der Ostfriesischen Landschaft, des früheren Ständeparlaments und heutigen Kulturparlaments, auf. Der Anfang des 20. Jh. errichtete Bau besitzt einen prachtvollen Ständesaal mit Gemälden der

(9) früheren Herrscher. Durch die Julianenburger Straße ist schnell der Auricher Hafen erreicht. Er liegt direkt am 72 km langen Ems-Jade-Kanal, der Aurich mit den Nordseehäfen Emden und Wilhelmshaven verbindet. Beim Bootsverleih kann man Tret- und Ruderboote sowie Kanus und Motorboote mieten und den Ems-Jade-Kanal erkunden. Ein Bootshafen bietet außerdem Liegeplätze für Freizeitkapitäne. Zu Schiffsausflügen auf dem Ems-Jade-Kanal legt im Auricher Hafen die „MS Aurich" ab. Nach dem Aufenthalt am Hafen folgt man der Julianenburger Straße zurück, die in den

(10) Fischteichweg übergeht. Rechter Hand liegt der Carolinenhof, ein Freizeit- und Einkaufszentrum mit Kinos, einer Diskothek, Bowlingbahnen und verschiedenen Cafés und Restaurants. Gegenüber dem Carolinenhof

(11) erblickt man das Rathaus. Ursprünglich befand sich der Sitz der Stadtverwaltung am Marktplatz. Da die Kapazitätsgrenze durch die Gebietsreform 1972 endgültig überschritten war, wurde ein dieser Neubau notwendig. Vom Rathaus kehrt man über den Bürgermeister-Hippen-Platz und durch die Marktpassage zurück zum Marktplatz.

▼ Ostfriesische Landschaft

SCHAUEN

Etwas abseits des beschriebenen Stadtrundgangs liegt das ■ Auricher Mühlenfachmuseum in der ■ Stiftsmühle, die zu den höchsten und noch voll funktionsfähigen Windmühlen Ostfrieslands zählt. In der ■ Skate Hall Aurich, der größten Skate-Halle Deutschlands, kommen Skateboarder, BMX- und Inline-Fans voll auf ihre Kosten. Eine ursprüngliche Moorlandschaft blieb am ■ Ewigen Meer erhalten. Das ■ Moormuseum Moordorf zeigt das beschwerliche Leben der ersten Siedler im Moor. Die herrliche Umgebung lädt zu ■ Rad- und Wandertouren, beispielsweise auf dem ■ Ems-Jade Radweg und auf dem ■ Ostfrieslandwanderweg, ein. Durch die zentrale Lage Aurichs sind Ausflüge in die Küsten- und Fischerorte ■ Greetsiel und ■ Neuharlingersiel, aber auch auf die ■ Nordseeinseln möglich.

i Verkehrsverein Aurich e. V., Norderstraße 32, 26603 Aurich, Tel: 04941/4464, Fax: 04941/10655, E-Mail: verkehrsverein@aurich.de, Internet: www.aurich.de

SCHLEMMEN UND SCHLAFEN

♟ ⊨ **Hotel-Restaurant Brems Garten** Komfortable, modern ausgestattete Gästezimmer. Mehrfach ausgezeichnete Küche mit regionalen Köstlichkeiten. Caféterrasse, Kapitänssalon, Ostfriesenstube mit Kamin, Rundrestaurant, Abendlokal Remmer. Kirchdorfer Straße 7, 26603 Aurich, Tel: 04941/9200, Fax: 04941/920920

♟ ⊨ **Hotel Piqueurhof mit Restaurant Landgraf** Am Schlosspark in der Nähe der historischen Altstadt liegt dieses exzellente 4-Sterne-Komforthotel mit Panorama-Hallenbad, Sauna, Sonnenbank und Wellness-Etage. In den Restaurants werden feine regionale und mediterrane Gerichte serviert. Biergarten, Bierstube. Burgstraße, 26603 Aurich, Tel: 04941/95520, Fax: 04941/955268

♟ ⊨ **Hotel Stadt Aurich** In zentrumsnaher Lage bietet das Haus 49 Zimmer und Suiten in zeitgemäßer Ausstattung, Fitnessbereich, Sauna und Solarium. Steak- und Fischspezialitäten, ostfriesische und vegetarische Speisen werden im Restaurant „Tom Brook" angeboten. Hoheberger Weg 17, 26603 Aurich, Tel: 04941/4333000, Fax; 04941/4333050

♟ ⊨ **Hotel Twardokus/Hotel Alte Kantorei** Zentrale, ruhige Altstadtlage. Geschmackvoll eingerichtete Gästezimmer. Regionale und internationale Küche, hausgebackene Kuchen, Weinhandlung im Hause. Individuelle Arrangements. Kirchstraße 5+6, 26603 Aurich, Tel: 04941/99090, Fax: 04941/990929

BAD GANDERSHEIM

Das staatlich anerkannte Heilbad begeistert Besucher nicht nur durch sein historisches Stadtbild mit vielen Fachwerkhäusern, sondern auch durch seine waldreiche Umgebung, die gepflegten Kuranlagen und ein breit gefächertes Kultur-, Sport- und Freizeitprogramm.

ANFAHRT

■ A 7 Hildesheim – Göttingen. ■ B 64 aus Richtung Höxter. ■ Bahnhof mit RB-Anschluss.

GESCHICHTE

Bereits um 800 bestand in der Mark Gandersheim ein so genannter „Wik", ein Handelsplatz. Dominiert wurde das Gebiet damals von der sächsischen Adelsfamilie der Liudolfinger, die im 10. Jh. ihre Macht als ottonische Kaiserdynastie weiter ausbauten. 852 gründeten Herzog Liudolf von Sachsen und seine Frau Oda ein Kanonissenstift in Brunshausen. 990 erhielt Gandersheim das Markt-, Münz- und Zollrecht und wurde 1159 erstmals als „civitas" (Stadt) erwähnt. Um 1300 ließen die Herzöge von Braunschweig in Gandersheim eine Burg errichten. 1329 erlangten die Bürger die Unabhängigkeit von der Stiftsäbtissin, womit die Entwicklung zur rechtlich eigenständigen Stadt mit Bürgermeister und Stadtrat begann. 1334 wurde der Mauerring um Stift und Stadt abgeschlossen. 1501 gründete Herzog Heinrich der Jüngere ein Franziskanerkloster („Barfüßerkloster"). Im Zuge der Reformation wurden 1568 das Stift und die Klöster evangelisch bzw. wurden aufgelöst. 1580 zerstörte ein großer Stadtbrand über ein Drittel der Wohnhäuser. Im Dreißigjährigen Krieg besetzte General Tilly 1626 die Stadt. Eine kulturelle Blütezeit erlebte Gandersheim im Barock. 1803 verlor das Stift Gandersheim seine Unabhängigkeit als Reichsstift und wurde Landesstift des Herzogtums Braunschweig, bevor es nach dem Tod der letzten Äbtissin 1810 aufgehoben wurde. Mit der Bildung des Landkreises Gandersheim 1833 wurde Gandersheim „Beamtenstadt". 1856 wurde die Bahnlinie Braunschweig - Kreiensen eröffnet. 1878 gründete der ehemalige Militärarzt Dr. Leonhardi das erste Solbad in Gandersheim. Seit 1932 darf sich die Stadt Bad Gandersheim nennen. 1959 fanden die ersten Gandersheimer Domfestspiele statt. In den 70er-Jahren entstand das heutige Kurviertel mit den großen Kliniken. Neben dem Kurbetrieb ziehen die historischen Sehenswürdigkeiten und neue touristische Projekte wie das Ausstellungskonzept „Portal zur Geschichte" viele interessierte Besucher in die schmucke Kurstadt mit ihren ca. 12000 Einwohnern.

RUNDGANG DURCH DEN HISTORISCHEN STADTKERN

Der Rundgang beginnt an der auch als „Dom" bezeichneten Stiftskirche. Die romanische Basilika wurde in der ottonischen Zeit ab 856 erbaut und 881 erstmals geweiht. Der heutige Bau entstand vorwiegend in der Mitte des 12. Jh., die gotischen Seitenkapellen im 14. und 15. Jh. Die sehenswerte Innenausstattung umfasst u. a. das Stifterbildnis des Sachsenherzogs Liudolf aus dem 13. Jh., den Marmorsarkophag der Fürstäbtissin Elisabeth Ernestine Antonie von Sachsen-Meiningen aus dem 18. Jh., das Roswitha-fenster von 1973 und die Bronze-Relieftür (1971). Im Jahr 2000 erhielt die Stiftskirche eine neue Orgel. Hinter der Stiftskirche befindet sich die Abtei des Stiftes Gandersheim. Das Stift wurde 852 gegründet und erlangte unter dem Schutz des Reiches weitgehende Unabhängigkeit, die Äbtissinnen hatten den Status von Reichsfürstinnen. Im Zuge der Reformation 1568 wurde das Stift evangelisch und nach dem Tod der letzten Äbtissin 1810 schließlich aufgehoben. Im Untergeschoss des Abteigebäudes befindet sich eine romanische Marienkapelle, die früher als Privatkapelle der Äbtissinnen diente. Nach dem Stadtbrand im Jahr 1597 wurde das Gebäude von der Äbtissin Anna Erika von Waldeck im Stil der Weserre-naissance wieder errichtet. Der Barockflügel mit dem prächtigen Kaisersaal, welcher durch seine nach einem Vorbild Raffaels bemalten Decke beein-druckt, entstand in den Jahren 1726 bis 1732 unter der Äbtissin Elisabeth Ernestine Antonie von Sachsen-Meiningen, die das Stift 53 Jahre lang

▼ Renaissancegiebel der Abtei des Stiftes Gandersheim

leitete und die Künste und Wissenschaften besonders förderte. Ihr ist der 1748 erbaute und 1878 renovierte Elisabethbrunnen an der Außenwand des Abteigebäudes gewidmet. Vor der Abtei erinnert der Roswithabrunnen von 1978 an Roswitha von Gandersheim. Die erste namentlich bekannte Schriftstellerin in Deutschland und in der gesamten christlichen Welt seit

▲ Roswithabrunnen

der Antike lebte und arbeitete im Stift und schuf eigenwillig gestaltete Dramen in ausdrucksvoller Sprache. Über den Platz „Am Plan" gelangt man zur Burg der Braunschweiger Herzöge. Mitte des 13. Jh. wurde die Anlage als Wasserburg erbaut und besaß einen Hauptzugang über die Gande. 1318 wurde die Burg als „Castrum nomine Gandersheym" erstmals urkundlich erwähnt und 1530 umgebaut. Nachdem die Burg als zeitweiliger Wohnsitz der Braunschweiger Herzöge gedient hatte, war im Spätmittelalter die Verwaltung des herzoglichen Amtes Gandersheim hier untergebracht. Heute befindet sich hier das Amtsgericht. Über den „Plan" und die Straße „Burg" erreicht man den Marktplatz, der seit der Verleihung des Markt-, Münz- und Zollrechts an das Stift Gandersheim im Jahre 990 das Handelszentrum bildete und von schmucken Fachwerkhäusern umgeben ist. Hs. Nr. 8 („Bracken") mit reichem Schnitzwerk stammt aus dem Jahr 1473 und ist damit das älteste Bürgerhaus der Stadt. Hs. Nr. 9 wurde 1552, das Restaurant „Zur Ecke" 1581 erbaut. Das Hotel „Weißes Roß" wurde bereits im 16. Jh. als Gasthaus erwähnt. Gegenüber der Stiftskirche steht das Rathaus. Nach dem Stadtbrand von 1580 wurde es unter Einbeziehung von Resten der mittelalterlichen Moritzkirche und des ersten Rathauses aus dem 14. Jh. im Stil der Weserrenaissance errichtet. Am Eingang zum Ratskeller sind das Halseisen und die Lästersteine als Zeichen mittelalterlicher Gerichtsbarkeit, an der Ecke zur Moritzstraße ein

▼ Marktplatz mit Stiftskirche

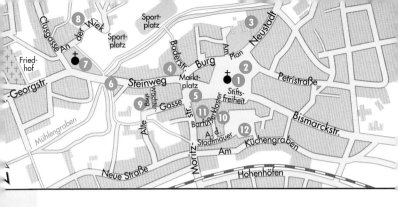

„Postkorb" zu sehen. Der einstige Kirchturm wurde als „Wächterstübchen" ausgebaut; von hier konnte der Stadtwächter die Stadt überblicken. Eine repräsentative Freitreppe führt in die Ausstellungsräume des Museums der Stadt Bad Gandersheim, das in den Dachgeschossen des Rathauses untergebracht ist. Das Museum dokumentiert als Schwerpunkt unterschiedliche Aspekte der Stadtgeschichte vom Mittelalter bis heute, u. a. die Gerichtsbarkeit, die Entwicklung des Kurbades, Handwerk und Wohnkultur. Ein Stadtmodell zeigt die mittelalterliche Stadt mit Mauern, Toren und Türmen. Gesonderte Ausstellungsbereiche widmen sich der Geschichte des Reichsstiftes Gandersheim und in diesem Zusammenhang dem Leben und Werk der Dichterin und Stiftsdame Roswitha von Gandersheim. Die Dauerausstellung wird durch Vorträge und Sonderausstellungen in anderen historischen Räumen wie dem barocken Kaisersaal der Abtei oder dem ehemaligen Kloster Brunshausen ergänzt.

▼ „Bracken"

Im Steinweg, der in westlicher Richtung vom Marktplatz wegführt, steht das Frauenhaus „Zum Heiligen Geist" (Hs. Nr. 19). Es wurde 1238 als „Hospital zum Heiligen Geist" in der Nähe eines päpstlich bestätigten „Wunderbrunnens" erbaut und diente im Mittelalter als Beginenhaus. Unter der Stiftsäbtissin Elisabeth Ernestine Antonie von Sachsen-Meiningen wurde das Gebäude 1763 erneuert und bis 1975 von 12 Frauen bewohnt. Weiter geradeaus kommt man zur St. Georgskirche. Die älteste (und im Mittelalter einzige) Pfarrkiche der Stadt weist im Turm romanische Bauteile aus dem 12. Jh. auf, das Kirchenschiff ist gotisch. Nach der Verlegung der Gande im 16. Jh.

17

▲ Blick auf das Rathaus von Bad Gandersheim

wurde der Fachwerkchor verkürzt. Der Innenraum ist mit bäuerlicher Malerei von 1676 ausgestaltet. Die Figur des St. Georg über der Eingangstür war früher an einem der Stadttore angebracht. Vom Steinweg bzw. der St.-Georg-Straße zweigt nach rechts die Clusgasse ab, die man jedoch bald durch die kleine Straße „An der Wiek" verlässt. Der Jüdische Friedhof diente von 1777 bis 1921 als Begräbnisstätte der jüdischen Gemeinde Gandersheim. Aufgrund der geringen Anzahl an Gemeindemitgliedern war die Synagoge seit dem 18. Jh. in verschiedenen Privathäusern untergebracht. Um 1900 schlossen sich die jüdischen Familien aus Gandersheim der Gemeinde Seesen an. Nun geht man durch die Clusgasse und den Steinweg ein Stück zurück und biegt rechts in den Wächterstieg ein. Der einzige noch erhaltene Wehrgang der Stadt entspricht dem Verlauf der Stadtbefestigung im Westen. Der Rundgang wird nun durch die Alte Gasse in Richtung Marktplatz fortgesetzt, folgt dann der Moritzstraße nach rechts und schließlich der Straße Barfüßerkloster nach links. An das 1501 gegründete Franziskanerkloster erinnert heute nur noch der Straßenname. Im Barfüßerkloster fand 1532 das Scheinbegräbnis der Eva von Trott statt; die Geliebte des braunschweigischen Herzogs Heinrichs des Jüngeren wurde auf der Stauffenburg versteckt. Schräg gegenüber dem Barfüßerkloster steht die Wilhelmsburg, die 1495 unter Herzog Wilhelm dem Jüngeren von Braunschweig als Witwensitz der braunschweigischen Herzoginnen errichtet wurde. Ab 1570 gehörte es zum von Herzog Julius gegründeten „Paedagogicum illustre". Diese höhere Schule wurde 1574 nach Helmstedt verlegt und später in eine Universität umgewandelt. 1756 bis 1841 war hier das städtische Brauhaus untergebracht. Nach einem Brand 1785 erfolgte der Wiederaufbau. Heute haben in der Wilhelmsburg Teile der Stadtverwaltung ihren Sitz. Die parallel zum Barfüßerkloster verlaufende Straße „An der Stadtmauer" weist schon durch ihren Namen auf Reste der alten Stadtmauer hin.

▲ Skulpturenweg

Besonders im südlichen Bereich sind Teile der spätmittelalterlichen Befestigungsanlage mit Stadtmauer, Graben, Wall, vier Stadttoren und vielen Mauertürmen erhalten. Die Straße „An der Stadtmauer" folgt dem Verlauf des Stadtgrabens. Stadteinwärts sind Reste der Mauer, stadtauswärts Geländeerhebungen des früheren Stadtwalls zu erkennen. Um zur Stiftskirche zurückzukehren, geht man die Straße „An der Stadtmauer" bis zur Kreuzung zurück und folgt dann der Moritzstraße nach rechts zum Marktplatz.

SCHAUEN

Die ■ Gandersheimer Domfestspiele gehören mit ihrem vielseitigen Repertoire aus Schauspiel, Musical, Kindertheater und Studiostücken zu den traditionsreichsten und beliebtesten Freilichtspielen Deutschlands. Etwas außerhalb des Stadtzentrums liegen die ■ Klosterkirche Clus, heute ein landwirtschaftlicher Betrieb auf dem Gelände des ehemaligen Benediktinerklosters, und das ■ Kloster Brunshausen. Die Geburtsstätte der Stadt Bad Gandersheim dient heute als Kulturzentrum für Konzerte, Lesungen und Ausstellungen. Im nahe gelegenen ■ Harz mit seinem höchsten Berg, dem sagenumwobenen, 1142 m hohen ■ Brocken, laden die alte Berg- und Universitätsstadt ■ Clausthal-Zellerfeld mit dem ■ Oberharzer Bergwerksmuseum und den zugänglichen ■ Schachtanlagen, der beschauliche Kurort ■ Braunlage sowie ■ Herzberg mit dem größten Fachwerkschloss Niedersachsens zu Besichtigungen ein.

i Touristinformation Bad Gandersheim, Stiftsfreiheit 12, 37581 Bad Gandersheim, Tel: 05382/73-320, Fax: 05382/73-5320, E-Mail: touristinformation @bad-gandersheim.de, Internet: www.bad-gandersheim.de

SCHLEMMEN UND SCHLAFEN

⊨ **Kurpark-Hotel Bartels** Im Kurviertel gelegenes Haus mit angenehmer Atmosphäre und modern und gemütlich eingerichteten Zimmern sowie Sauna, Solarium und Fitnessraum. Das reichhaltige Frühstücksbüfett lässt keine Wünsche offen. Dr.-Heinrich-Jasper-Straße 2, 37581 Bad Gandersheim, Tel: 05382/75-0, Fax: 05382/75-147

⫣ **Flexx Café-Bistro** Das kulinarische Angebot wird bereichert durch vielfältige Kunstausstellungen. Hildesheimer Straße 2, 37581 Bad Gandersheim, Tel: 05382/958408, Fax: 05382/958409

⫣⊨ **Hotel Gerichtsschänke** Gepflegtes, familiäres Haus in zentraler und ruhiger Lage. In gemütlichen Restauranträumen werden gutbürgerliche Spezialitäten serviert. Burgstraße 10, 37581 Bad Gandersheim, Tel: 05382/ 9801-0, Fax: 05382/9801-98

⫣ **Klosterhof Café** Umgeben von historischen Mauern, Kunst und Natur kann man sich hier in stilvollen Räumen und im malerischen, schattigen Garten verwöhnen lassen. Brunshausen 6, 37581 Bad Gandersheim, Tel: 05382/3144

⫣⊨ **Köhler's Landgasthaus** Im Ortsteil Altgandersheim gelegener Familienbetrieb mit vielseitigen, gemütlichen Räumlichkeiten und individuell eingerichteten Gästezimmern. Das Restaurant bietet eine vielfältige Küche. Rük 18, 37581 Bad Gandersheim, Tel: 05382/5212, Fax: 05382/5259

BAD PYRMONT

Das größte Niedersächsische Staatsbad liegt eingebettet in die sanfthügelige Landschaft des Weserberglandes und die Ausläufer des Teutoburger Waldes. Neben seinen hochrangigen Kur- und Wellnessangeboten besticht Bad Pyrmont durch sein attraktives Veranstaltungs- und Kulturprogramm.

ANFAHRT

■ A 2, Abfahrt Ostwestfalen/Lippe (aus Richtung Dortmund) bzw. Abfahrt Rehren (aus Richtung Hannover). ■ A 44, Kreuz Wünneberg-Haaren (aus Richtung Dortmund) bzw. Abfahrt Warburg (aus Richtung Kassel). ■ Bahnhof mit Anschluss zum ICE-Halt Hannover.

GESCHICHTE

Schon Römer und Germanen siedelten im Pyrmonter Gebiet und brachten ihren Quellgöttern Opfer. Die erste schriftliche Erwähnung der Heilwirkung stammt aus dem 14. Jh. Im 16. Jh. besuchten Fürsten und andere hochrangige Persönlichkeiten Pyrmont, um die heilende Kraft auf sich wirken zu lassen. Der erste namentlich erwähnte Kurgast war im Jahre 1502 Gräfin Margarethe von Rietberg, die Tochter des Grafen von Lippe. Ein spektakuläres Ereignis, das sog. „Wundergeläuf", machte Bad Pyrmont 1556 weit über die Landesgrenzen hinaus bekannt: Damals zogen über 10000 Menschen zum „Hylligen Born" und hofften auf Heilung ihrer Gebrechen. Nicht in allen Fällen erfüllte sich diese Hoffnung, aber der Ruf von Pyrmont und seinen Quellen festigte sich. Nach dem Dreißigjährigen Krieg legte Graf Georg Friedrich von Waldeck-Pyrmont mit dem Bau eines Brunnentempels über dem „Hylligen Born" und der Bepflanzung der Hauptallee als „Spaziergang" den Grundstein für eine der ältesten Kurparkanlagen der Welt. Nachdem sich der Kurbetrieb im 17. Jh. überwiegend in den nahe der Quellen gelegenen Dörfern Oesdorf und Holzhausen sowie in der Nachbarstadt Lüdge abgespielt hatte, entstand mit dem Bau der heutigen Brunnenstraße die „Neustadt" mit zahlreichen, bis heute liebevoll gepflegten Gebäuden des Klassizismus, Historismus und Jugendstils. Die glanzvolle Zeit des Kurortes als Modebad des Hochadels begann mit dem „Fürstensommer" 1681, als fast 40 königliche und fürstliche Persönlichkeiten gleichzeitig in Pyrmont weilten. Andere gesellschaftliche Kreise folgten, z. B. Staatsmänner wie Zar Peter der Große oder Gelehrte und Künstler wie Johann Wolfgang von Goethe. Heute begrüßt das größte Niedersächsische Staatsbad seine Gäste mit modernsten Kur- und Wellnesseinrichtungen.

RUNDGANG DURCH DEN HISTORISCHEN STADTKERN

Der Rundgang beginnt am Brunnenplatz, der seit jeher das Zentrum des Kurortes bildet. Hier entspringen der „Hyllige Born", der „Brodelbrunnen" und der „Augenbrunnen". Der „Hyllige Born" stellt die bekannteste Quelle und das heutige Wahrzeichen Bad Pyrmonts dar. Der monumentale Kuppelbau ruht auf 12 Säulen und wurde - als vierter Brunnentempel an dieser Stelle - 1923/24 nach Plänen des Architekten Sasse aus Hannover errichtet. Südöstlich entspringt der Brodel-

▼ Augenbrunnen

brunnen. Bei einer Neufassung 1863 fand man hier eine Schöpfkelle, Fibeln und Münzen, die belegen, dass diese Quelle bereits in den ersten drei Jahrhunderten nach Christi Geburt wegen ihrer heilenden Kraft verehrt wurde. Westlich davon sprudelt der Augenbrunnen mit dem Standbild der Heiligen Odilie, der Beschützerin des Augenlichtes. Den nördlichen Abschluss des Brunnenplatzes bildet die Wandelhalle, die zeitgleich mit dem Neubau des Brunnentempels 1923/24 entstand und ebenfalls vom Architekten Sasse entworfen wurde. Das tempelähnliche, streng gegliederte, neoklassizistische Gebäude beherbergt heute den Ausschank aller genutzten Heilwässer Bad Pyrmonts sowie Geschäfte und

▼ „Hylliger Born" am Brunnenplatz

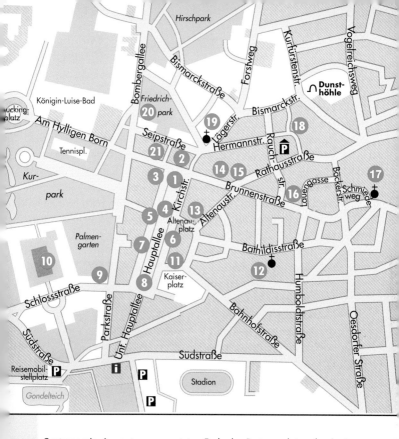

Gastronomie. Am entgegengesetzten Ende des Brunnenplatzes beginnt die Hauptallee, an deren Eingang zwei Gebäude der Biedermeierzeit, Haus Ockel (Hs. Nr 1) und Haus Uslar (Hs. Nr. 2), eine nähere Betrachtung lohnen.

Ein besonders prägendes Element des Brunnenplatzes ist der Fürstenhof, welcher 1777 von einer holländischen Aktiengesellschaft als „Fürstliches Badelogierhaus", erstmals mit Badekabinen, errichtet wurde. Das damals angesehenste Haus Pyrmonts bot mehreren hundert Menschen Unterkunft und beherbergte berühmte Gäste. Besonders schön gestaltet ist der Dreiecksgiebel an der Nord- und Ostseite des Hauses. Zum Brunnenplatz hin wurde 1910 das Flachrelief mit der Darstellung der Quellgöttin eingesetzt. Nun verlässt man den Brunnenplatz durch die 1667/68 vom Fürsten Georg Friedrich angelegte Hauptallee, die seit über 300 Jahren den Mittelpunkt des Kurbetriebes bildet und noch im 19. Jh. nur dem Bürgertum und dem Adel vorbehalten war. Entlang der Allee reihen sich einige interessante Gebäude aus dem 19. Jh. aneinander, die von der ursprünglichen Bebauung zeugen und in ihren Erdgeschossen bis heute Cafés, Restaurants und Geschäfte beherbergen. Vor dem Kurhotel erstreckt

23

sich die Grünfläche mit dem Denkmal des berühmten Komponisten Albert Lortzing, der 1827-1833 im Kurtheater als Schauspieler, Sänger und Musiker wirkte und hier die Oper „Zar und Zimmermann" komponiert haben soll.

⑤ Unterhalb des Lortzingplatzes steht das 1818 errichtete Schauspielhaus (Kurtheater). Das Theater wurde vom damaligen Theaterdirektor August Pichler geplant und im klassizistischen Stil des Biedermeier umgesetzt.

⑥ Gegenüber dem Schauspielhaus erblickt man den Kaiserhof, der 1911 im barockisierenden Jugendstil entstand. Als Vorgängerbau erfreute sich seit der Mitte des 18. Jh. das „Café-Haus" als Treffpunkt der Badegesellschaft großer Beliebtheit. Weiter durch die Hauptallee, erreicht man nach

⑦ ca. 100 m das Brandenburger Tor. Der Haupteingang zum Kurpark wurde bei der Neugestaltung des Kurzentrums unter preußischer Herrschaft erbaut und erinnert an das gleichnamige Gebäude in Berlin.

▼ Brandenburger Tor

Weithin sichtbar sprudelt der

⑧ Schalenbrunnen am Ende der Hauptallee. Bereits kurz nach der Entdeckung des Bergsäuerlings 1717 wurde von dort eine Leitung zum Ende der Hauptallee gelegt. Vom Schalenbrunnen lohnt es sich, auf der Unteren Hauptallee weiterzugehen und das EXPO-Projekt „AQUA BAD PYRMONT" zu bestaunen. Hier wird eine eigenständige „Wasser-Geschichte" erzählt und der menschliche Lebenslauf thematisiert. Im Hintergrund ist die Glaskuppel der Tourist-Information zu sehen.

▲ Konzerthaus

Zurück am Schalenbrunnen,

⑨ biegt man links ein in die Schlossstraße. Rechter Hand steht das Konzerthaus, das 1926-1928 im neoklassizistischen Stil nach Plänen des Berliner Baurats C. Th. Brodführer und des Düsseldorfer Architekten Lenzel erbaut wurde. Das Konzerthaus verfügt über 700 Sitzplätze und bietet ein vielfältiges Veranstaltungsprogramm mit Sinfoniekonzerten, Schauspie-

▲ Festung und Schloss Pyrmont

len, Operetten, Musicals und Tanzturnieren, aber auch Kongressen zu kulturellen und medizinischen Themenbereichen. Vor dem Schloss erstreckt
sich der Schlossplatz mit dem 1935 aufgestellten Ehrenmal zum Gedenken
an die Gefallenen des Ersten Weltkrieges, dahinter das aus Kreuzen zu-
sammengefügte Denkmal für die Opfer des Zweiten Weltkrieges. Eine
1838 erbaute Steinbrücke führt über die Graft zu Festung und Schloss
Pyrmont. Über die Schlossbrücke und einen tunnelartigen Durchgang
erreicht man das Museum im Schloss Pyrmont, welches sehr anschaulich
die Geschichte der Stadt und des Kurbades dokumentiert. Anschließend
sollte man sich eine Besichtigung der ehemaligen Festungsanlagen nicht
entgehen lassen. Zwischen der Sommerresidenz der Fürsten von Waldeck
und Pyrmont und dem dahinterliegenden Kommandantenhaus erstreckt
sich der erste Innenhof. Das Kommandantenhaus beherbergt heute die
Kreisvolkshochschule des Landkreises Hameln-Pyrmont und besitzt als
auffälligstes Element eine Einzeigeruhr aus dem 16. Jh. im Giebel. Durch
das Kommandantenhaus hindurch betritt man den nördlichen Innenhof,
der im Sommer den stimmungsvollen Rahmen für Freiluftveranstaltungen
wie Theateraufführungen, Konzerte und gastronomische Feste bildet.
Rechts erkennt man den tunnelartigen Zugang zur Eckbastion, welche
das wichtigste Bauwerk aus der Zeit der Festungsanlage Pyrmont darstellt.
Über einen kleinen gemauerten Weg und wenige Stufen kommt man vom
gewölbten Zugang zu den eigentlichen Wallanlagen. Von der Wallkrone

eröffnet sich ein herrlicher Rundblick in den Kurpark und den Palmengarten. Auf der Wallkrone entlang in Richtung Kavaliershaus und Schloss, gelangt man am Ende dieses Weges über wenige Stufen auf die Schlossterrasse, von der man eine schöne Aussicht auf die Prunkfassade der Barockresidenz genießen kann. Unterhalb der Freitreppe zur Beletage führt eine Treppe durch einen gewölbten Tunnelgang wieder hinunter zur Schlossbrücke, die man zur Schlossstraße überquert. Vom Schloss kehrt man auf bekanntem Weg zurück zum Schalenbrunnen und geht von diesem weiter durch die Kirchstraße zum Kaiserplatz. In dessen Mittelpunkt erinnert ein Kriegerdenkmal an die Gefallenen des deutsch-

▲ Drakevase

französischen Krieges von 1870/71. Der Platz ist umgeben von sehenswerten Logierhäusern des 18. und 19. Jh., beispielsweise das „Haus Güldener Pfennig" (Ecke Kaiserplatz/Kirchstraße) oder das ehemalige „Haus Hölscher". Vom Kaiserplatz zweigt die Bahnhofstraße ab, die für die Badegäste früher die wichtigste Verbindung zum 1872 eröffneten Bahnhof darstellte und gut restaurierte Pensionshäuser und Gründerzeit-Villen besitzt. Man verlässt den Kaiserplatz über die Altenaustraße und kann einen Abstecher in die Bathildisstraße unternehmen, die nach der Fürstin Bathildis von Waldeck-Pyrmont (1873-1962, Gemahlin des letzten regierenden Fürsten Friedrich) benannt wurde. Weithin sichtbar erhebt sich hier die sehenswerte St. Georgs-Kirche. Die dreischiffige Hallenkirche mit dreiseitigem Chor und asymmetrischer Einturmfassung wurde 1905/06 im neugotischen Stil errichtet und erstrahlt seit einer Restaurierung 1992 wieder in altem, farbenfrohen Glanz. In der Taufkapelle neben der Eingangshalle sticht besonders das Fenster „Johannes der Täufer" ins Auge. Zurück an der Altenaustraße, folgt man dieser nach rechts zum Altenauplatz mit der Drakevase. Die 2,25 Meter hohe, prächtig mit figürlichem Relief und Blattornamenten verzierte Vase wurde vom 1805 in Pyrmont-Oesdorf geborenen Bildhauer Friedrich Drake geschaffen. Das in Formspritztechnik aus Zinn und Zink gefertigte und mit Kupfer beschichtete Relief stellt die vier Lebensalter der Menschheit dar. Die Häuser Altenauplatz 1-4 sind typische Beispiele des Klassizismus und beherbergen heute noch Pensionen. Im Hs. Nr. 1 weilte der berühmte Arolser Bildhauer C. D. Rauch während

seiner Kuraufenthalte 1797, 1819 und 1823. Der Rundgang führt weiter durch die Kirchstraße und dann in die Brunnenstraße, welche heute als zentrale Einkaufsstraße und Fußgängerzone Bad Pyrmonts zum Bummeln und Flanieren einlädt. Besonders beachtenswert ist Hs. Nr. 47, „Haus Hemmerich", direkt am Brunnenplatz. Seine vom Klassizismus geprägte Gestalt zeugt noch heute vom Glanz der vergangenen Jahrhunderte. Man folgt der Brunnenstraße nach

▲ St. Georgs-Kirche

rechts bis zur Einmündung der Rathaus- und Altenaustraße. Vor dem Rathaus sollte man einen Blick auf den Ratskeller (Hs. Nr. 3) werfen, in dem 1716 Zar Peter der Große während seiner Kur logierte. Auch anderen berühmten Persönlichkeiten diente das Haus als Unterkunft, z. B. Freiherr Hieronymus von Münchhausen oder dem Landesherrn Fürst Anton Ulrich von Waldeck und Pyrmont. Hinter dem Ratskeller erhebt sich das denkmalgeschützte Rathaus, das 1892 als Kaiserliche Post (Alte Post) im Stil der Weserrenaissance errichtet wurde. 1932 erwarb die Reichspost das Gebäude, bevor es 1940 von der Stadtverwaltung bezogen wurde. Nachdem die städtischen Behörden behelfsmäßig in verschiedenen Gebäuden untergebracht war, beschloss man 1986 die Modernisierung und Erweiterung des Rathauses, die drei Jahre später abgeschlossen war. Im Zentrum des Rathausplatzes sprudelt die Trampelquelle, die hinter dem Rathaus entspringt und nach Dr. Trampel (1737-1817, Brunnenarzt, Begründer des Solebadehauses und Entdecker einiger salzhaltiger Quellen) benannt wurde. Weiter durch die Brunnenstraße, passiert man den Lutterbrunnen, einst von der gleichnamigen Familie als Tiertränke errichtet. Am Ende des Fußgängerbereichs überquert man die Rauchstraße und geht weiter auf der linken Seite der Brunnenstraße. Bald erreicht man das als „Alter Fritz" bekannte Fachwerkgebäude (Hs. Nr. 16), eines der ältesten und schönsten Häuser der Brunnenstraße. Der Pyrmonter Amtmann Heinrich Orthgies ließ das repräsen-

▼ St. Petri-Kirche

tative Wohnhaus 1668 bauen. Der „Alte Fritz", Friedrich II. von Preußen, hielt sich 1744 und 1746 zur Kur hier auf und ist in einer Büste vor dem Haus verewigt. Im linken Teil der Hausfront weist über dem Bank-Schriftzug ein Spruch auf das „Wundergeläuf" hin. Links am Fachwerkhaus vorbei, betritt man die romantische Lauengasse. Von ihr lohnt sich ein Abstecher durch die Bäckerstraße und den Schmiedeweg, das ehemalige Handwerkerviertel, zur St. Petri-Kirche. Als Nachfolgerbau einer mittelalterlichen Kirche wurde das Gotteshaus nach Plänen des Baurates C. W. Hase aus Hannover errichtet und 1880 geweiht. Die dreischiffige Basilika aus unverputztem Rotsandstein beeindruckt auch durch ihre Innenausstattung, u. a. die Kanzel im neoromanischen Stil, die Wandmalerei auf der Rückwand über der Apsis mit der Darstellung Christi auf dem Regenbogen sowie ein um 1880 historisch in romanischer Weise gestaltetes Kruzifix. Lediglich das Altarbild „Die Anbetung der Heiligen Drei Könige" stammt noch aus dem Mittelalter, vermutlich nach 1475. Das Pendant, das Auferstehungsbild, entstand um 1880. Zurück an der Bäckerstraße, folgt man dieser weiter nach rechts, bis sie auf die Rathausstraße trifft. Von dieser zweigt nach rechts die schmale Säuerlingsgasse ab, die zu einem weiteren Brunnen Bad Pyrmonts führt, der Bergsäuerlingsquelle. Dr. Seip entdeckte die Quelle 1717. Über dem Sammelbehälter wurde 1950 ein Gebäude aus Natursteinen und einem Schieferdach errichtet. Eine Leitung führt das Heilwasser zu den Bad Pyrmonter Heilquellen, wo das Wasser abgefüllt und vertrieben wird. Durch die Bismarckstraße und die Lägerstraße gelangt

▲ Stadtkirche

man zur Stadtkirche, welche seit 1949 auch Christuskirche genannt wird. Das evangelische Gotteshaus entstand in den Jahren 1872-1877 nach den Plänen des Waldecker Architekten August Orth im neugotischen Stil. Größere Renovierungsarbeiten erfolgten in den Jahren 1953, 1980 und 1990. Besondere Beachtung verdienen im Inneren der Wandpfeilerkirche die hölzerne Kanzel sowie die Emporenbrüstung. Der Altar wurde vom hannoverschen Bildhauer Siegfried Zimmermann in Bronze gegossen. Weitere Akzente im Altarraum setzen die vom Kunstmaler Karl Hellwig aus Stefansbeke bei Hagen gestalteten Buntfenster. Im Durchgang zum

▲ Friedrichsquelle im idyllischen Friedrichspark

Kirchenschiff steht die Plastik des betenden Engels, geschaffen vom Pyrmonter Bildhauer Friedrich Drake. Von der Terrasse vor der Stadtkirche bietet sich eine herrliche Aussicht auf das Stadtzentrum mit der Kirchstraße und dem Brunnenplatz. Von der Stadtkirche folgt man nun der Seipstraße. Rechter Hand lädt der idyllische Friedrichspark zu einer Verschnaufpause ein. Die Torfschicht, die das Gelände einst bedeckte, wurde für Moorbäder abgetragen. Inmitten des Parks entspringt die 1907 entdeckte Friedrichsquelle unter einem Sandsteinpavillon. Der eisenhaltige Säuerling ist kostenlos erhältlich und versorgt auch die Wassertretanlage. Sowohl der Park als auch die Quelle wurden nach dem letzten regierenden Fürsten Friedrich von Waldeck und Pyrmont (1865-1946) benannt. Gegenüber des Friedrichsparks in der Seipstraße sprudelt ein weiterer Bad Pyrmonter Brunnen, die Helenenquelle. Biegt man hinter ihr links ab in die Bombergallee und gleich wieder links in die Brunnenstraße, kann man dort weitere sehenswerte Logierhäuser des 18. und 19. Jh. bewundern. Im klassizistischen Goethe-Haus (Hs. Nr. 6) wohnte der berühmte Dichter im Jahre 1801 mit seinem Sohn August und seinem Schreiber Geist. Im gleichen Jahr hielt sich auch der Erbprinz Karl Friedrich von Weimar in dem Haus auf. Vom Goethe-Haus ist es nicht mehr weit zum Brunnenplatz.

▼ Goethe-Haus

SCHAUEN

Etwas abseits des hier beschriebenen Rundgangs liegt die ■ Dunsthöhle, ein Naturphänomen am Helvetiushügel. CO_2-Gas strömt aus der Erde und wird mit Experimenten sichtbar gemacht. Zu Spaziergängen laden die Grünanlagen Bad Pyrmonts ein. Der ■ Kurpark, ein streng barockes Alleensystem, gehört zu den schönsten europäischen Kurgärten. Sein Kernstück, der ■ Palmengarten, ist die nördlichste Palmenfreianlage Europas. 330 bis zu 11 Meter hohe Palmen und über 400 tropische und subtropische Pflanzen verströmen mediterranes Flair. Weitere grüne Oasen sind der ■ Bergkurpark und der ■ Hirschpark, der sich rund um die ■ Hufeland-Therme erstreckt. Hier kann man in Becken mit Strömungskanal schwimmen, sich im original restaurierten Fürstenbad und im Hamam verwöhnen lassen, die Wirkung der Farblichttherapie genießen - und vieles mehr! Herrliche Ausblicke bieten der ■ Bismarckturm auf dem Königsberg östlich der Stadt, der ■ Schellenturm auf dem gleichnamigen, nordöstlich von Bad Pyrmont gelegenen Berg und der ■ Spelunkenturm auf dem Bomberg im Norden.

i Bad Pyrmont Tourismus GmbH, Europa-Platz 1, 31812 Bad Pyrmont, Tel: 05281/940511, Fax: 05281/940555, E-Mail: info@badpyrmont.de, Internet: www.badpyrmont.de

SCHLEMMEN UND SCHLAFEN

Alte Villa Schlossblick Denkmalgeschütztes, 1894 erbautes Haus. Die Zimmer sind mit antiken Möbeln und zeitgemäßem Komfort ausgestattet. Die kreative, gehobene deutsche Küche orientiert sich an der Saison. Kirchstraße 23, 31812 Bad Pyrmont, Tel: 05281/95660, Fax: 05281/9566113

Hotel-Restaurant Bergkurpark 4-Sterne-Hotel im Park mit komfortablen Zimmern, Suiten und Appartements. Vital- und Wohlfühloase mit Sauna, Hallenbad, Whirlpool, Fitnessraum. Restaurant, Café, Abendlokal, Terrassen. Ockelstraße 11, 31812 Bad Pyrmont, Tel: 05281/4001, Fax: 05281/4004

Hotel Carolinenhof Ruhig und zentral gelegenes Haus mit wohnlich ausgestatteten Zimmern und schönem Garten sowie Bibliothek, TV- und Leseraum und Sauna. Fahrradverleih. Rathausstraße 15, 31812 Bad Pyrmont, Tel: 05281/93340, Fax: 05281/933434

Steigenberger Hotel Bad Pyrmont Luxushotel in unmittelbarer Nähe des Kurparks mit Wellness- und Fitnessbereich (Schwimmbad, Sauna, Dampfbad, Whirlpools etc.). Im Restaurant Palmengarten werden dem Gast vielfältige internationale Speisen angeboten. Kurpark-Terrasse, Café, Pianobar, Jugendstilhalle. Heiligenangerstraße 2-4, 31812 Bad Pyrmont, Tel: 05281/1502, Fax: 05281/152020

BRAMSCHE

Die ehemalige Tuchmacherstadt liegt im Herzen des Osnabrücker Landes im Tal der Hase. Schmucke Fachwerkhäuser bewahren die ursprüngliche Atmosphäre des liebevoll sanierten Altstadtkerns. Auf dem Gebiet des heutigen Stadtteils Kalkriese ging die Varusschlacht in die Geschichte ein.

ANFAHRT

■ A 1 Osnabrück – Bremen. ■ B 68 aus Richtung Osnabrück bzw. Cloppenburg. ■ B 214 von Lingen (Ems). ■ B 65/B 218 aus Richtung Minden.
■ Bahnhof mit Nahverkehrsanschluss zum IC-Halt Osnabrück.

GESCHICHTE

Prähistorische Hügelgräber und Opfersteine weisen auf eine frühe Besiedlung des Bramscher Gebietes hin. Im 9. Jh. fand auf dem Gebiet des Stadtteils Kalkriese die Varusschlacht statt, bei der die Römer von den Germanen in einen Hinterhalt gelockt und vernichtend geschlagen wurden. Erstmals urkundlich erwähnt wurde „Bramezche" im Jahr 1097. Durch seine Lage nahe der Bischofsstadt Osnabrück und an der Kreuzung alter Handelswege erlangte Bramsche im Mittelalter große Bedeutung für die Entwicklung des nördlichen Osnabrücker Landes. 1225 wurde Bramsche als „Villa" (Dorf) bezeichnet und gelangte als Schenkung zum Gebiet des Osnabrücker Hochstifts. Von 1276 bis 1489 war Bramsche Sitz des Quakenbrücker Stiftskapitels. 1323 erwarb Bramsche die Gogerichtsbarkeit, d. h. der Ort war Sitz eines kleinen Landgerichts, vor dem Fälle der Zivilgerichtsbarkeit und der niederen Strafgerichtsbarkeit ver-

▲ Varusschlacht im Osnabrücker Land - Museum und Park Kalkriese

handelt wurden. Vom Ackerbürgerflecken, dessen Einwohner vorwiegend von der Landwirtschaft lebten, entwickelte sich Bramsche ab Anfang des 16. Jh. zum Handwerkerort, in dem die Tuchmachergilde als erste Handwerkergilde gegründet wurde. 1555 und 1556 tagte der Osnabrücker Landtag in Bramsche. Trotz seiner herausgehobenen Stellung erhielt Bramsche erst 1929 die Stadtrechte. Im Zuge der Gebiets- und Verwaltungsreform wurden 1971/72 12 ehemals selbstständige Gemeinden zu Bramsche eingegliedert. Heute hat die Stadt an der Hase ca. 31000 Einwohner.

RUNDGANG DURCH DEN HISTORISCHEN STADTKERN

❶ Der Rundgang beginnt im Handwerkerviertel Mühlenort mit seinen kleinen, verwinkelten Handwerker- und Tuchmacherhäusern. Auf der Basis von Staatsaufträgen arbeiteten hier bis 1970 Kleinbetriebe in genossenschaftsähnlichen Kooperationen. Im Gebäude der ehemaligen Tuchmacher-

❷ Innung Bramsche ist das 1997 eröffnete Tuchmacher Museum untergebracht, das auf 2500 m² Ausstellungsfläche die Wollverarbeitung im 19. und 20. Jh. an laufenden Maschinen zeigt. Die hier bis 1972 ansässige genossenschaftliche Tuchfabrik entstand aus einer einst fürstbischöflichen Mühlenanlage, auf die auch der Straßenname „Mühlenort" hinweist. Ein Rundgang durch das Museum führt über 18 Arbeitsschritte „vom Schaf zum Tuch". Neben Maschinendemonstrationen geben ein Spinnsimulator, Modelle, Videos und Computeranimationen einen Einblick in die Welt des Handwerks, der Industrie und der Rohstoffe.

Der Museumskomplex umfasst außerdem ein Restaurant mit Biergarten, einen Museumsladen, einen Kinderspielplatz sowie Leseecken und Ruhezonen. In historischem Ambiente finden außerdem Empfänge und Tagungen statt. In der Kornmühle aus dem 18. Jh. werden Konzerte und Lesungen veranstaltet und in der historischen Meisterstube kann man sich an regelmäßigen Terminen das Ja-Wort geben. Führungen, mu-

▼ **Tuchmacher Museum bei Nacht**

▼ **Tuchmacher Museum und Schafe an den Flussniederungen der Hase**

33

▲ Romantische Ecke an der Mühlenstraße

seumspädagogische Programme für Schulklassen und Sonderausstellungen zur Regionalgeschichte, zu Textilkunst und Textilgeschichte runden das Angebot ab. Im Außenbereich führt ein Rundweg in ca. 15 Minuten durch die Flussniederungen der Hase und über den Deich, unter anderem auch vorbei an heimischen Schafen, die das Museum mit Wolle „beliefern".

Vom Mühlenort überquert man die Hemker Straße. Die dortigen Häuser wurden um 1860 errichtet. Nachdem ursprünglich ausschließlich Tuchmacher hier gelebt hatten, zogen um 1900 auch Tischler, Bäcker und andere Handwerker zu. Das Haus Torlage ist der älteste und einer der kleinsten Tuchmacherbetriebe, dessen bis heute erhaltene Werkstätten einen Eindruck von der historischen Arbeitssituation vermitteln. Weiter geradeaus durch die Mühlenstraße und die Münsterstraße und dann rechts durch die Kirchhofstraße erreicht man die St.-Martin-Kirche, die die Keimzelle der Stadt und bis heute das Zentrum der malerischen Altstadt bildet. Die Kirchengründung reicht bis in die Zeit Karls des Großen zurück, die erste urkundliche Erwähnung erfolgte 1097. Das Gotteshaus wurde auf einer Anhöhe nahe einer Hase-Furt am Kreuzungspunkt wichtiger Handelswege erbaut. Die Kirche weist bau- und kunstgeschichtliche Elemente von der Romanik bis zur Gegenwart auf. Um

▼ Blick auf die St.-Martin-Kirche

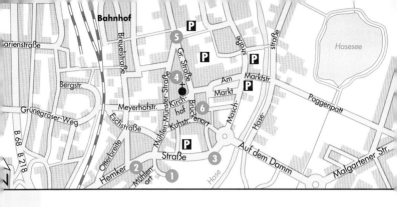

1200 entstanden im Stil der Romanik das Hauptschiff der heutigen Kirche mit drei quadratischen Jochen, der Westturm sowie der Taufstein (1235). Gotisch sind der Choranbau mit schönem charakteristischem Fischblasen-maßwerk der Fenster, das Altarkruzifix und die Rankenmalerei im ganzen Gewölbe aus dem 15. Jh. Aus dem 17. Jh. stammen die im Barockstil ge-stalteten beiden Kronleuchter, die Kanzel und das Altarretabel mit Bildern der niederländischen Tafelma-lerei. Besonders imposant ist das große Hauptaltarbild vom letzten Abendmahl Jesu mit sei-nen Jüngern. Das obere kleine Altarbild zeigt das Gleichnis vom barmherzigen Samariter als Fortsetzungsgeschichte. Die neugotischen Buntglasfenster im Chor aus den Jahren 1905 und 1906 stellen in ausdrucks-starken Farben die Weihnachts-geschichte und das Osterge-

▲ Kirchplatz in Bramsche

schehen dar. Das St.-Martin-Fenster wurde von Verena Halbrehder von Falkenstein entworfen und 1999 in den Glaswerkstätten Schneemelcher in Quedlinburg angefertigt. Ende des 19. Jh. und Anfang des 20. Jh. wurden auch die Darstellungen vom sinkenden Petrus und die Jugendstiltür zum Turm geschaffen. Der Fürbittenleuchter „Der brennende Dornbusch" aus dem Jahr 2003 wurde von Hilko Schomerus gestaltet. Kirchenführungen sind nach vorheriger Anmeldung (Tel. 05461/2628 und 3353) möglich.

Entlang der St.-Martin-Kirche verläuft die Große Straße. In diesem Viertel wurden einst Leinenproduktion und Leinenhandel betrieben. Seit dem Mittelalter spielte Leinen als textiler Rohstoff eine bedeutende Rolle. Um 1800 bildete das Osnabrücker Land eine der Kernzonen des nordwest-deutschen Leinenhandels. Die Leinenweberei war eine typische Hausproduktion – auf 1000 Einwohner kamen 100 Webstühle. Das Leinen wurde aus der weiteren Umgebung angekauft, während der Samen für den eigenen Flachsanbau aus dem Baltikum eingeführt wurde. Die staatlich betriebene Bokemühle konnte gegen eine Gebühr von allen Bauern der Umgebung zum Hecheln des Flachses genutzt werden, wurde jedoch 1895 abgerissen. Das Leinen wurde von den Händlern teilweise als Zahlungsmittel für Naturalien eingesetzt. Der Export von Leinen reichte zum Teil bis nach Italien und in die USA. Einige Händler handelten außer mit Leinen auch noch mit Bad Rothenfelder Salinensalz. Die Aktivitäten der Händler bildeten die Grundlage für die spätere Industriestruktur in Bramsche. Ab 1840 erlebte die Heimleinenproduktion einen Niedergang, da Leinen maschinell produziert wurde und die Baumwolle auf dem Markt eingeführt wurde. Die Handweber stiegen häufig auf die Erzeugung von Sackleinen um. Im Haus rechts neben der Sparkasse, dem Mohrmannschen Haus, befand sich einst ein Gemischtwarenladen. Hier verbrachte Hermann Eggeringhaus seine Kindheit bei seinen Großeltern, weshalb er den Spitznamen „Mohrmanns Männken" erhielt. Eggeringhaus gründete später die Haute-Couture-Marke „Schröder, Eggeringhaus & Oestergaard" sowie das überregional bekannte Unternehmen „Inge-Kleider", das seit dem

BRAMSCHE

▲ **Ehemaliges Benediktinerinnenkloster Malgarten**

Ende des Zweiten Weltkriegs in Bramsche produzierte. Das Haus Wolff zählt zu den ältesten der Stadt und ist durch die Inschrift „Anno 1753, den 26. Novembriis" datiert. Hier wohnte und arbeitete der Schönfärber M. A. Wolff. Hinter dem Haus, an dem ein kleiner, zum Betrieb gehörender Bach vorbeifloss, befand sich seine Färberei. Die Große Straße geht über in den Brückenort. In diesem vornehmeren, reicheren und älteren Stadtteil lebten vor allem Kaufleute. Durch seine Lage an der Kreuzung der Nord-Süd- und Ost-West-Handelswege besaß Bramsche ideale Voraussetzungen für erfolgreiche Handelsaktivitäten. Aus der Industrialisierung ging eine wohlhabende Mittelschicht aus den Kaufleuten hervor, die ihren hohen gesellschaftlichen Status durch repräsentative Häuserfassaden zeigte. Die Industrialisierung brachte jedoch auch weniger positive soziale Veränderungen mit sich. Viele suchten ihr Glück in der Auswanderung, die im 19. Jh. in der Region Osnabrücker Land am stärksten ausgeprägt war. Ziel war meist Übersee (Nord- und Südamerika), aber auch Migration Richtung Osten fand statt. Vom Brückenort kehrt man durch die Kuhstraße und die Mühlenstraße zum Ausgangspunkt am Tuchmacher Museum zurück.

▼ **Wasserburg Alt Barenaue**

SCHAUEN

Einen spannenden Ausflug in die Geschichte ermöglicht die ■ Varusschlacht im Osnabrücker Land - Museum und Park Kalkriese. Das Museum, das auch durch seine avantgardistische Architektur heraussticht, zeigt 3000 beeindruckende Fundstücke, u. a. die Maske eines römischen Gesichtshelms. Der archäologische Park ist gleichzeitig ein idyllisches Naturerlebnis. Kindermuseum, Shop, Gastronomie und zahlreiche Veranstaltungen runden das Angebot ab. Eine weitere Sehenswürdigkeit im Stadtteil Kalkriese ist die ■ Wasserburg Alt Barenaue, deren Ursprünge bis in das Jahr 1250 zurückreichen. Im Nordosten der Stadt liegt das ■ Kloster Malgarten. Das ehemalige Benediktinerinnnenkloster ist weitgehend erhalten und beherbergt heute ein sehenswertes Zentrum für Kunst und Kultur (u.a. Galerie, Kunsttischlerei, Restaurant, Übernachtungsmöglichkeit) und den Internationalen Arbeitskreis für Musik (iam). Bade- und Wassersportspaß bieten der ■ Alfsee und der ■ Darnsee. Bei kühleren Temperaturen kann man sich in der ■ Varus-Therme mit ihrem Sauna- und Wellnessbereich sowie im ■ Hasebad mit Tropinarium verwöhnen lassen. Zu Erkundungstouren laden die Wanderwege im ■ Naturpark Nördlicher Teutoburger Wald-Wiehengebirge sowie Radwege wie die ■ Hase-Ems-Tour oder die ■ DiVa-Tour von der Varusschlacht zu den Saurierspuren in Bad Essen ein.

i Stadtmarketing Bramsche GmbH, Maschstraße 9, 49565 Bramsche, Tel: 05461/9355-0, Fax: 05461/9355-11, E-Mail: stadtmarketing@bramsche.de, Internet: www.bramsche.de

i Touristinfo im Tuchmacher Museum, Mühlenort 6, 49565 Bramsche, Tel: 05461/9355-16

SCHLEMMEN UND SCHLAFEN

⅋ ⊨ **Akzent-Hotel-Restaurant Haus Surendorff** In der Nähe des Alfsees, seit 1931 in Familienbesitz. Moderne Gästezimmer, neuer Wellnessbereich, Fahrradverleih, Wassersport, Tennis, Reiten. Behagliches Restaurant mit Wintergarten, Bierstube und Kaminzimmer. Regional bekannte Spezialitätenküche. Dinglingsweg 1, 49565 Bramsche, Tel: 05461/93020

⅋ ⊨ **Landidyll Hotel Idingshof** Großzügiges Freizeithotel in parkähnlichem Gelände mit 73 Komfortzimmern. Wellness- und Sportangebote, Pauschalarrangements. Im Restaurant mit Biergarten genießt man regionale und vegetarische Gerichte. Bührener Esch 1, 49565 Bramsche, Tel: 05461/ 8890

⅋ **Gasthaus und Biergarten Varusschlacht** Direkt am Museum und Park Kalkriese bietet das Lokal römische und germanische Küche. Venner Straße 69, 49565 Bramsche, Tel: 05468/93960

BRAUNSCHWEIG

„Wir sind namenlos glücklich hier im schönen, schönen Braunschweig." So begeistert äußerte sich Viktoria Luise, die Gemahlin des Herzogs Ernst August 1913. Und in der Tat ist Braunschweig eine schöne und weltoffene Stadt, die durch ihre kulturelle und wirtschaftliche Vielfalt besticht.

ANFAHRT

■ A 7, A 39 von Kassel. ■ A 2 von Hannover bzw. Magdeburg. ■ B 1 von Hildesheim bzw. Helmstedt. ■ B 4 von Gifhorn. ■ B 6, A 395 von Bad Harzburg. ■ Bahnstation mit ICE-Anschluss.

GESCHICHTE

Braunschweig entwickelte sich wahrscheinlich aus einem Rastplatz, der im 9. Jh. von Fernhändlern am Schnittpunkt wichtiger Handelsstraßen angelegt wurde. Ab hier war zudem die Oker schiffbar. Heinrich der Löwe wählte Mitte des 12. Jh. Braunschweig, das zunächst aus fünf selbstständigen Teilorten, sog. „Weichbilden", bestand, als Residenz und hinterließ bedeutende Kunstschätze wie die Burg, den Dom und den Braunschweiger Löwen. Erst 1325 erfolgte der offizielle Zusammenschluss. Gewerbe und weit verzweigte Handelsbeziehungen sorgten für ein blühendes Gemeinwesen und so trat Braunschweig Mitte des 14. Jh. der Hanse bei. Um 1550 wurde es sogar Vorort des sächsischen Quartiers. 1606 und 1615 beendete ein hansisches Ersatzheer die Belagerung durch die Landesherzöge. Doch 1671 unterwarf Herzog Rudolf August die Stadt. Die nach dem Dreißigjährigen Krieg im Zerfall begriffene Hanse vermochte keine Hilfe mehr zu leisten. Die weltoffene Bürgerstadt verlor im absolutistischen Staat ihre Bedeutung. Bald setzte jedoch wieder ein Aufschwung ein, der durch die gezielte Wirtschaftsförderung der Herzöge verstärkt wurde. 1745 wurde das Collegium Carolinum gegründet, in dem die heutige Technische Universität ihren Ursprung hat und das die Bedeutung Braunschweigs als Forschungsstandort begründete. In diese Zeit fiel auch die Gründung des berühmten Herzog Anton Ulrich-Museums. Musik und Theater machten die Stadt in der Zeit der Aufklärung zu einem kulturellen Zentrum. Im Rahmen der Industrialisierung entwickelte sich Braunschweig zu einem bedeutenden Wirtschaftsstandort. Bis 1918 blieb Braunschweig Herzogtum, danach war es bis 1946 Freistaat, der im Land Niedersachsen aufging. Seit der Wiedervereinigung liegt Braunschweig mit seinen 250 000 Einwohnern wieder in der Mitte Deutschlands. Im Jahr 2007 macht Braunschweig als „Stadt der Wissenschaft" mit zahlreichen Veranstaltungen auf sich aufmerksam.

RUNDGANG DURCH DEN HISTORISCHEN STADTKERN

Eine Entdeckungsreise durch Braunschweig beginnt man am besten am Burgplatz, dem historischen und geographischen Zentrum der Stadt. In seiner Mitte steht der Braunschweiger Löwe, das Wahrzeichen Braunschweigs. Der Bronzeguss aus dem Jahr 1166 wurde von Heinrich dem Löwen als Zeichen seiner Macht und seiner Gerichtsbarkeit errichtet. Er ist ein Hauptwerk der romanischen Plastik, die erste monumentale Freifigur des Mittelalters und wurde höchstwahrscheinlich in Braunschweig gegossen. Das ursprünglich vergoldete Original kann in der Burg Dankwarderode besichtigt werden; auf dem Burgplatz steht eine exakte Nachbildung. An der Einmündung der Papenstraße steht das Viehwegsche Verlagshaus, das heute das Braunschweigische Landesmuseum beherbergt. Es wurde 1800-1804 nach einem Plan der „ersten Berlinischen Architekten" erbaut. Im nördlichen Teil des Platzes zeugt das Huneborstelsche Haus, heute Gildehaus, von der zweiten großen, durch die bürgerliche Kunst geprägten Bauepoche der Stadt. Es wurde 1901 unter Verwendung der Originalbauteile des Hauses Sack 5 (um 1530) errichtet. Die Burg Dankwarderode wurde im 12. Jh. von Heinrich dem Löwen als seine Residenz erbaut. Nach insgesamt viermaliger Zerstörung rekonstruierte Stadtbaurat Ludwig Winter ab 1887 den jetzigen Bau mit dem ursprünglichen Grundriss. Heute ist ein Teil des Welfenschatzes im Knap-

▼ Burgplatz mit Dom, Burg und Braunschweiger Löwe

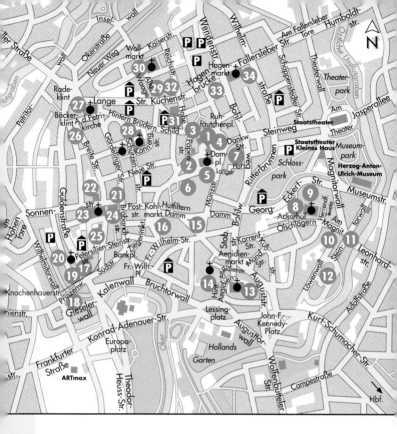

pensaal im Erdgeschoss ausgestellt. Der prunkvolle Rittersaal gibt verschiedenen Veranstaltungen einen besonderen Rahmen. Auch der Dom
St. Blasii auf der anderen Seite des Platzes wurde von Heinrich dem Löwen
nach der Rückkehr von seiner Reise nach Palästina 1173-1195 erbaut.
Er war der erste vollgewölbte Bau Niedersachsens. Die Gewölbebasilika
mit drei Schiffen ersetzte eine kleinere Holzkirche. An das romanische
achtjochige Seitenschiff wurde später ein weiteres angebaut, welches
den für die Kirchen in der Stadt typischen Zwerchgiebel erhielt. Die gesamte
Anlage wurde mehrfach umgestaltet, renoviert und erweitert. Im Inneren
des Doms kann man weitere Schätze der Romanik entdecken: das aus
Holz geschnitzte Kreuz des Meisters Imervard aus der zweiten Hälfte des
12. Jh., den bronzenen, siebenarmigen Leuchter und den Marienaltar von
1188, sowie das Grabmal Heinrichs des Löwen und seiner Ehefrau Mathilde.
Das um 1250 aus Muschelkalk geschaffene Grabmal im Mittelschiff des
Doms gilt als ein Hauptwerk mittelalterlicher Steinplastik. Wendet man
sich beim Herausgehen aus dem Dom durch den südlichen Ausgang nach
rechts, erreicht man die Kleine Burg, einen der wenigen noch erhaltenen

41

alten Straßenzüge Braunschweigs. Die Gebäude Kleine Burg 2-4 sind die so genannten Stiftsherrenhäuser, die um 1500 vom Stift St. Blasii erbaut wurden und als Wohnungen für die Stiftsherren dienten. Diese waren zumeist herzogliche Kaplane und gleichzeitig am Hofe mit wichtigen Aufgaben betraut. Heute ist hier das Kundenzentrum der Stadtwerke untergebracht. Nun geht man wieder zurück über den Burgplatz, überquert die Münzstraße und erreicht den Langen Hof. Dort befindet sich das

7 Rathaus. Der neugotische Bau wurde 1894-1900 von Stadtbaurat Ludwig Winter errichtet. Besonders auffallend ist der 61 m hohe Turm an der südwestlichen Ecke des Gebäudes, der nach Vorbildern aus Flandern angelegt wurde. Der Eingangsteil ist mit reichen Maßwerkfenstern verziert. Die vier Figuren, welche die großen Fenster einrahmen, stellen die Bereiche Wissenschaft, Kunst, Handwerk und Handel dar. Vor dem Rathaus geht man weiter und biegt nach rechts in den Bohlweg ein, von dem links die Georg-Eckert-Straße abzweigt. Auf der rechten Seite steht an der Ecke

8 zum Ackerhof das Happy RIZZI House. Es wurde von dem international bekannten Künstler James Rizzi aus New York auf Initiative des Galeristen Olaf Jaeschke und des Architekten Konrad Kloster gestaltet. Die lachenden bunten Häusertürme sind als dreidimensionaler Baukörper realisiert und präsentieren sich als begehbare Bauskulptur. Das Happy-RIZZI-House liegt am Rande des Magniviertels. Dieses spiegelt in besonderer Art und Weise das Traditionsbewusstsein der Braunschweiger wider. Viele der mittelalterlichen Häuser wurden in den letzten Jahren renoviert, so dass sich das Viertel zu einem echten Schmuckstück entwickelt hat. Immer im Spätsommer ist es Schauplatz eines großen Altstadtfestes. Auf dem Ackerhof erhebt

9 sich die Kirche St. Magni. An gleicher Stelle stand ursprünglich ein kleines Gotteshaus des alten Herrendorfes Brunswiek (später Altewiek). In der Urkunde aus dem Jahr 1031, die von dessen Weihe zu Ehren des Heiligen Magnus berichtet, wird erstmals der Name Braunschweig (Brunesguik) erwähnt. Der Neubau der Pfarrkirche des Weichbildes Altewiek wurde 1252 als Basilika begonnen und später als Hallenkirche fortgeführt. Um 1447 wurde der Chor erneuert. Im Gegensatz zum umliegenden Stadtteil wurde die Kirche im Zweiten Weltkrieg schwer beschädigt. Besonders betroffen war die Nordseite. Der Westbau und das Chorhaus blieben allerdings bestehen. Der Wiederaufbau erfolgte daher unter Einfügung neuer Baukörper. Ein Beispiel dafür ist das Glasfenster von Gottfried von Stockhausen, das den Zug der Kinder Israels durch das Rote Meer zeigt. Am Giebel des Chores wurde 1958 die moderne Plastik „Der Rufer" von Bodo Kampmann als Mahnmal für die Zerstörungen des Krieges angebracht. Hinter der Magni-Kirche ist noch ein Stück Alt-Braunschweig erhalten geblieben. Hs. Nr. 1 ist ein repräsentativer Bürgerbau, der um 1500 erstellt und 1916 von Ölschlägern 29 an diese Stelle versetzt wurde. Das zweite Obergeschoss und das Dach sind von 1645. Hs. Nr. 4 stammt aus dem Jahr 1514 und hatte früher seinen Platz am Kohlmarkt 5. Es zeigt gotische Balkenköpfe, Profilknaggen und Spruchbalken. Am Ausgang der Herrendorftwete wendet man sich nach links in die Straße Am Magnitor und folgt dieser bis zur Kreuzung mit dem Magnitorwall. Dort finden sich in einem Gebäude das Stadtarchiv und die Stadtbibliothek und in unmittelbarer Nachbarschaft das Städtische Museum. Man biegt nach rechts in den Steintorwall ein und erreicht den Löwenwall mit dem 22 m hohen Obelisken von 1823, der durch Spenden der Braunschweiger Bürger finanziert wurde und an die im Kampf gegen Napoleon gefallenen Braunschweiger Herzöge Karl Wilhelm Ferdinand und Friedrich Wilhelm erinnert. Vom Löwenwall gelangt man über den J.-F.-Kennedy-Platz rechts in die Auguststraße. An deren Ende liegt der Aegidienmarkt. Hier, an der höchsten Stelle der Innenstadt, steht die Kirche St. Aegidien, die heute eine katholische Pfarrkirche ist. Sie wurde 1115 als Gründung der brunonischen Markgräfin Gertrud gebaut und war das Gotteshaus des ehemaligen Benediktinerklosters. Die ursprünglich romanische Kirche wurde 1278 beim großen Stadtbrand zerstört und es entstand der

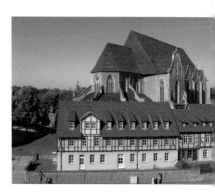

▲ Kirche St. Aegidien

Bau im gotischen Kathedralstil, wie er noch heute das Gesamtensemble beherrscht und für Braunschweig einmalig ist. Die Pfarrkirche wurde 1811 aufgehoben und profaniert. Von dem ehemaligen Benediktinerkloster sind noch das Refektorium, ein Teil des Kreuzganges und der Ostflügel mit der Sakristei erhalten. Besonders sehenswert ist hier der Kapitelsaal mit seinen reich verzierten Säulen. Ab 1902 dienten Kirche und Kloster als Unterkunft des „Vaterländischen Museums", dem heutigen Braunschweigischen Landesmuseum. Erweitert wurde der Komplex durch den Chor des Paulinerklosters, der vom Bohlweg umgesetzt wurde. 1945 kam die Aegidienkirche an die katholische St. Nicolai-Probsteigemeinde als Ersatz für deren im Zweiten Weltkrieg zerstörte Kirche. Die verbliebenen Klosterräume werden seit dem Umzug des Braunschweigischen Landesmuseums ins

Viehweghaus am Burgplatz für Sonderausstellungen genutzt. In der Nachbarschaft, an der Mönchstraße 1, ist die Abteilung Jüdisches Museum des Landesmuseums untergebracht. Sie geht größtenteils auf die Sammlung des Kammeragenten Alexander David (1687-1765) zurück, die bereits ab 1746 öffentlich zugänglich war. Daher gilt das Jüdische Museum in Braunschweig als das älteste der Welt. Hinter der Aegidienkirche geht man in die Aegidienstraße und das Othilienviertel. Die engen Gassen des Quartiers waren teilweise sogar überbaut. Das einzige original erhaltene Gebäude ist das Hs. Nr. 5 aus dem 16. Jh. mit einer Bandwellenzier auf dem Schwellenbalken des Obergeschosses und den Resten einer Portalzier in Form eines geschweiften Eselrückens neben der klassizistischen Haustür. Die übrigen Gebäude sind überformt oder Neubauten, die im Versuch einer Anbindung an historische Traditionen mit Schriftbändern und figürlichem Schnitzwerk versehen wurden. Man verlässt die Aegidienstraße auf den Aegidienmarkt und wendet sich nach links in die Stobenstraße. Von dort geht wiederum links der Damm ab und man hat den Straßenzug Hutfiltern/Damm erreicht. Der Name „Damm" leitet sich von einer alten Straßenverbindung zwischen Altstadt und Alteweik über die Oker her. Seit dem frühen 14. Jh. wurden seine Ränder bebaut. Im Pestjahr 1472 wurde hier das Hospital der Alexienbrüder zur Krankenpflege eingerichtet. Die Straße „Hutfiltern" verlängerte diesen Verbindungsweg zum Kohlmarkt. Ab dem 14. Jh. siedelten sich an dieser Stelle die Filzhutmacher an, die der Straße ihren Namen gaben. Heute gehört der Straßenzug zum lebhaftesten Teil der Fußgängerzone. Er wird geprägt durch bis zu fünfgeschossige Bauten in den Formen der Neorenaissance, teilweise im Fachwerkstil, im gemäßigten Jugendstil und im Stil des Neoklassizismus. Im Erdgeschoss wurden die Häuserzeilen in jüngster Zeit durchgängig umgebaut. Am Ende des Straßenzuges gelangt man auf den Kohlmarkt. Der Platz wurde 1342 unter der Bezeichnung „uppe deme kolemarkede" erstmals urkundlich erwähnt. Seit 1391 wird er durch den Brunnen verschönert, der nach alten Plänen 1869 neu errichtet wurde. Der Kohlmarkt ist heute der zentrale Geschäftsplatz der Stadt, ein belebter Teil der Fußgängerzone und Schauplatz zahlreicher Veranstaltungen. Charakteristisch ist die Vielfalt der baulichen Gestaltung, die ein Abbild seiner reichen Geschichte darstellt. Ursprünglich wurde der Platz durch die Ulrichskirche überragt. Diese Kirche sollte wahrscheinlich den auswärtigen Kaufleuten und Gesandten Reichtum und Bedeutung der Stadt vor Augen führen. Allerdings wurde sie nach Einführung der Reformation 1544 auf Geheiß des Rates wegen angeblicher Baufälligkeit abgerissen. Am Rande des Kohlmarktes steht das Haus Ziegenmarkt 2, das 1758 von Hofbaumeister

▲ Altstadtmarkt mit Kirche St. Martini, Marienbrunnen und Altstadtrathaus

Georg-Christoph Sturm für die Witwe des Bürgermeisters Anton Julius Cammann erbaut wurde. Auf einem Trägerbalken findet sich ein Hinweis auf Till Eulenspiegel. Im Dachgeschoss des Hauses Kohlmarkt 10 befindet sich das Till-Eulenspiegel-Glockenspiel. Von hier aus bietet sich eine Erweiterung des Rundganges an. Wer diese auslassen möchte, verlässt den Kohlmarkt über die Poststraße, überquert die Brabandtstraße und gelangt auf den Altstadtmarkt (siehe S. 46). Über den Ziegenmarkt und den Bankplatz gelangt man in die Steinstraße und von dort nach links in die Alte Knochenhauerstraße. Haus Nr. 11 von 1470 zeigt die älteste noch im ursprünglichen Aufbau erhaltene Hausfront, Figurenknaggen und Balkenköpfe sowie ein Treppenfries mit gotischen Maßwerkmotiven. Das Gebäude Nr. 12, das um 1490 erbaut wurde, ist ein einfaches Haus der Gotik mit Treppenfries. Die Tür stammt etwa aus dem Jahr 1740. Auch das Gebäude mit der Nr. 13 ist sehenswert. In der Alten Knochenhauerstraße befindet sich auch eine Gedenktafel für die 1938 an dieser Stelle von den Nationalsozialisten zerstörte Synagoge. Von der Alten Knochenhauerstraße biegt man nach rechts in die Südstraße ein und danach links in die Gieseler Straße. Noch vor dem Europaplatz geht es nach rechts in den Gieselerwall. Zwischen diesem und dem Prinzenweg findet man einen Rest der Stadtmauer. Der etwa 5 Meter hohe Abschnitt ist ein Teil der im 13. Jh. aus den Weichbildmauern hervorgegangenen Ummauerung der Gesamtstadt. Diese älteste Befestigung der Stadt wurde 1218 fertig gestellt. Sie bestand aus einer Buntsandsteinmauer mit Türmen und einem davor liegenden schmalen Graben. Ab der Mitte des 14. Jh. wurde die Befestigung durch Wälle verstärkt und ein erheblich breiterer Wallgraben wurde ausgehoben. Nach der Einnahme Braunschweigs durch Herzog Rudolf August (1666-1704) 1671 begann der Umbau der mittelalterlichen

45

Wallanlage zur barocken Bastionsbefestigung. Aber schon bald nach der Fertigstellung bestanden starke Zweifel an deren Wirksamkeit, sodass Herzog Karl Wilhelm Ferdinand (1780-1806) nach 1802 den Auftrag zur Schleifung der Wälle gab. Verantwortlich für die Umsetzung war Peter Joseph Krahe (1758-1840), der den Wallring mit Promenaden, Parkanlagen und Wohnhäusern schuf. In diesem Zusammenhang kam es u. a. auch zur Anlage des Löwenwalls. Über den Prinzenweg und die Echternstraße erreicht man wieder die Gieseler/Güldenstraße, der man nach links folgt.

⑲ Nach wenigen Metern steht linker Hand das Haus zur Hanse, das 1567 von dem Knochenhauer und Ratsherren Cyriakus Haberland erbaut wurde. Aus dieser Zeit stammen die Bandwellen-Schnitzereien an den Balken. Die Fassade wurde 1869 im Stil der frühen Renaissance verändert. Ein

⑳ Stück weiter die Straße entlang erhebt sich die Kirche St. Michaelis. Sie wurde 1157 als eine der Pfarrkirchen des Weichbildes Altstadt geweiht und lag in unmittelbarer Nähe der alten Handelsstraße Hamburg-Frankfurt und an der alten Stadtmauer. Die ursprüngliche Kirche war wahrscheinlich ein einschiffiges Gebäude, das um 1200 unter Hinzufügung des Turms im romanischen Stil erweitert wurde. Im 14. Jh. erfolgte der Umbau zur gotischen Hallenkirche. Bei der Brauttür am nördlichen Seitenschiff ist eine Inschrift in mittelalterlichem Plattdeutsch aus dem Jahr 1379 gut lesbar erhalten, die sich auf die Neuweihe bezieht. Neben dieser befindet sich ein Niello-Relief aus dem 15. Jh. sowie eine in den Stein eingeritzte Rillenzeichnung mit Christus und dem rechts und links von ihm knienden Stifterpaar. An der Nordseite kann man in den Giebeln beachtliche Arbeiten der Spätgotik betrachten, zum Beispiel das Bild des in Deutschland häufig verehrten Heiligen Lorenz mit dem Rost und zur Güldenstraße hin die Figur des Erzengels Michael mit Speer und Drachen von 1454. In der Nähe der Kirche St. Michaelis biegt man nach rechts in die Petersilienstraße und von dieser nach links auf den Eiermarkt, der in die Garküche übergeht.

㉑ Von dort geht man links in die Brabandtstraße und erreicht den Altstadtmarkt. Der Platz wurde vor etwa 700 Jahren angelegt und war das Zentrum des Weichbildes Altstadt. Im Mittelalter fanden hier alle wichtigen Ereignisse des öffentlichen Lebens statt, wie Prozessionen, Reiterspiele und natürlich der Markthandel, aber auch Hinrichtungen. Natürlicher Mittelpunkt des Platzes ist der Marienbrunnen. Dieses einzigartige Monument spätgotischen Kunsthandwerks wurde 1408 aus Blei gegossen und war mit biblischen sowie reichs- und stadtgeschichtlichen Motiven verziert. Nach weitgehender Zerstörung im Zweiten Weltkrieg existieren seit 1988

㉒ nur noch diese Kopie und einige Fragmente des Originals im Altstadtrathaus. Dieses befindet sich zur Rechten und besteht aus zwei rechtwink-

lig zusammenstoßenden Flügeln. Es ist eines der schönsten Baudenkmäler
der Gotik. Im Bürgermeisterzimmer und im großen Saal des Hauptgebäudes,
der Dornse (= Gute Stube), finden heute offizielle Empfänge der Stadt,
Konzerte und andere Veranstaltungen statt. Im Erdgeschoss lohnt das
mittelalterliche Stadtmodell aus der Sammlung des Städtischen Museums
eine Besichtigung. An einem der Pfeiler findet sich die Braunschweiger
Elle (57,07 cm), die vor allem den Tuchhändlern als Maß diente. Auf dem
darüber liegenden rechtwinkligen Balkon finden sich neun interessante
Pfeilerfiguren von Hans Hesse aus dem 15. Jh. Sie stellen ottonische und
welfische Kaiser, Könige und Herzoge mit ihren Frauen dar. Der Vorgängerbau des Altstadtrathauses als Zeichen der Selbstverwaltung der Altstadt
ist schon um 1253 nachweisbar. Auf der anderen Straßenseite erhebt sich

23 die St. Martini-Kirche. Wie alle Kirchen in der Stadt, ist sie romanischen
Ursprungs. Noch Ende des 12. Jh. war durch die Förderung Heinrichs des
Löwen die Besiedlung im Umfeld der Burg so weit gewachsen, dass die
Bewohner mit dem Bau großer Kirchen be-
gannen. Durch diese Pfarrkirchen wollten
die Weichbilde ihre Selbstständigkeit innerhalb der Gesamtstadt unterstreichen. Mit
dem Bau der St. Martini-Kirche wurde 1190-
1195 begonnen. Als Grundlage diente das
Planschema des Doms. Nachdem sie als
dreischiffige Pfeilerbasilika begonnen wurde, erfolgte 1250-1400 der Umbau zu einer
gotischen Hallenkirche. Dem bis dahin kas-
tenförmigen Hallenraum wurde um 1400
das Chorpolygon angebaut. Ab 1434 wurde
das zweite Joch des südlichen Seitenschiffs
durch die Annenkapelle erweitert, die mit
ihrem spätgotischen Innenraum auf jeden
Fall eine Besichtigung lohnt. Ebenfalls sehenswert ist das Taufbecken mit dem Bron-

▲ Gewandhaus

zerelief von der Verkündigung des Pfingstwunders. Von der romanischen
Bauphase sind der Westbau mit Teilen einer romanischen Glockenstube
und die beiden westlichen, beim Umbau versetzten Seitenschiffportale
erhalten. Das Turmwerk ist damit das einzige der Braunschweiger Kirchen,
das noch in romanischer Zeit vollendet wurde. Eine weitere Besonderheit
für Braunschweig sind die gleich hohen Türme. In der Nachbarschaft der

24 St. Martini-Kirche befindet sich das Gewandhaus. Dieses diente früher
den Gewandschneidern, der vornehmsten Gilde der Stadt, als Kaufhaus.

Es wurde erstmals 1303 erwähnt. Besonders ins Auge fällt die Renaissance-Fassade am Ostgiebel des Hauses. Diese Schaufassade zählt in Deutschland zu den bedeutendsten ihrer Art. In dem Gebäude hat heute die IHK ihre Geschäftsräume. Auf der dem Altstadtrathaus abgewandten Seite der Kirche befindet sich das Landschaftliche Haus. Hier war der Sitz des Landtags des Landes Braunschweigs. Heute ist darin das Amtsgericht untergebracht. Zurück auf dem Altstadtmarkt bietet sich ein letzter Abstecher an. Wer den Abstecher auslassen möchte, geht die Gördelingerstraße wieder zurück bis zur Neuen Straße. Dieser folgt man dann bis zur nächsten Kreuzung, wo man sich nach links in die Schützenstraße wendet. Auf der rechten Seite erreicht man die St. Ulrici-Brüdernkirche (siehe S. 49). Der Abstecher folgt der Breiten Straße bis zum Bäckerklint. Hier steht der Eulenspiegelbrunnen, der 1906 errichtet wurde. Er erinnert an Till Eulenspiegel, der 1300 in der Nähe Braunschweigs geboren sein soll und als Sinnbild unverwüstlicher, lachender Lebensbejahung gilt. Sein Name ist durch das in der hochdeutschen Straßburger Bearbeitung von 1515 erhalten gebliebene Volksbuch unsterblich geworden. In unmittelbarer Nähe des Brunnens befand sich bis 1944 die Bäckerei, in der Eulenspiegel, dem Buch zufolge, als rechter Schalk Eulen und Meerkatzen gebacken haben soll. Das Denkmal wurde von dem jüdischen Bankier Meyersfeld gestiftet. In der Nazizeit war sein Name aus der Gedenktafel getilgt. Während des schweren Bombenangriffs auf Braunschweig am 15.10.1944 blieb der Brunnen unbeschädigt inmitten völlig zerstörter Häuser bestehen. Von der Breiten Straße kommend, wendet man sich nach rechts in die Straße An der Petrikirche. Zur Linken steht die Kirche St. Petri. Als ihr Begründer gilt nach der mittelalterlichen Überlieferung Herzog Heinrich der Löwe. Um die bisherigen Hauptapostel des Domstiftes St. Petrus und St. Paulus für ihre Verdrängung durch St. Blasius als Schutzheiligen zu entschädigen, habe er die Pfarrkirche St. Petri und die nicht mehr vorhandene St. Pauls-Kapelle bei der Martinikirche gegründet. Der erste Bau dieser vierten Pfarrkirche der Altstadt fiel 1256 einem Stadtbrand zum Opfer. Vom zweiten Bau stammt der 71 Meter hohe Einzelturm. Nach dem Stadtbrand von 1290 entstand der dritte Bau, der die heute noch im Wesentlichen erhaltene Hallenkirche aus dem 14. Jh. umfasste. Die hohe, früher bleigedeckte, Turmspitze wurde im Laufe der Jahrhunderte mehrfach durch Sturm und Blitzschlag beschädigt. Nach 1811 ersetzte eine barocke Haube die gotische Spitze. Nach den Kriegszerstörungen wurde 1969-1971 ein kupfergedeckter Spitzturm mit einem von Bodo Kampmann gestalteten Hahn errichtet. Den Innenraum der Kirche beherrschen die schweren Achteckpfeiler. Nun folgt man weiter der Straße, geht an der Kreuzung mit der Gördelin-

gerstraße geradeaus in die Straße Hintern Brüdern und wendet sich dann
nach rechts in die Schützenstraße. Zur Linken erhebt sich die St. Ulrici-
Brüdernkirche. Die einzige Kirche eines Bettelordens in Niedersachsen
wurde nach ihren Erbauern, den Brüdern des Franziskanerklosters benannt.
Ein erster Kirchenbau stammte bereits aus der Mitte des 13. Jh. Der heute
noch nachvollziehbare gotische Neubau begann 1345. Der westliche Teil
der Kirche wurde nach längeren Bauunterbrechungen und Planänderungen
1451 vollendet. Bis 1522 folgten die Konventsbauten und der Kreuzgang.
Nach Einführung der Reformation verließen die Franziskaner 1528 die
Stadt. Im Zweiten Weltkrieg wurde die Kirche schwer beschädigt, der
Wiederaufbau dauerte bis 1978. Vom mittelalterlichen Klosterkomplex
sind der dreiflüglige gotische Kreuzgang, die Sakristei und eine kleine
polygonal angelegte Kapelle erhalten. Der Innenraum der Kirche ist reich
ausgestattet. Das Chorgestühl stammt vom Ende des 14. Jh. Auch der
Hochaltar und das Taufbecken von 1440 sind sehr sehenswert. Nach der
Kirchenbesichtigung folgt man
der Straße Hintern Brüdern,
biegt links in den Meinhardshof
und überquert die Lange Stra-
ße/Küchenstraße. Über die Alte
Waage erreicht man den Wollmarkt, das Herzstück der Neustadt. Zur Rechten befindet sich
die Alte Waage. Das einst bedeutendste und größte Fachwerkhaus der Stadt ist ein frei
stehender Bau mit Zwischengeschoss, zwei Obergeschossen
und einem Dach mit drei Dach-
erkern, die früher als Speicher-
luken dienten. 1534 als Waag-

▲ Alte Waage

und Speicherhaus errichtet, wurde das inzwischen vernachlässigte Bauwerk
1854-1862 von F. M. Krahe restauriert. Die weit reichenden Veränderungen
der Fassade wurden bei einer zweiten Renovierung 1937-1939 weitgehend
zurückgenommen. In der Nacht auf den 15.10.1944 wurde das Haus vollständig durch den alliierten Bombenangriff zerstört. Nach dem detailge-
treuen Wiederaufbau beherbergt es seit 1994 die Volkshochschule. Ein
kleines Stück weiter erhebt sich die Kirche St. Andreas. Sie wurde 1225-
1230 nach dem Vorbild des Braunschweiger Doms errichtet. Ursprünglich
als romanische Basilika geplant, wurde sie im 14. Jh. zur Hallenkirche

umgestaltet und schließlich mit zahlreichen gotischen Umbauten versehen. Im Innenraum faszinieren die Kanzel, der Altar, das Taufbecken und die Kreuzigung, die der Künstler und Professor der Technischen Universität Jürgen Weber schuf. Der heute 93 m hohe Turm war im 16. Jh. mit 122 m einer der höchsten Kirchtürme überhaupt. 1999 wurde er im Innern neu aufgebaut und kann nun bestiegen werden. Vom Wollmarkt geht man zurück die Alte Waage entlang und dann nach links in die Küchenstraße.

(31) Auf der rechten Seite liegt das Neustadtrathaus, das erstmals 1294 urkundlich erwähnt wurde. Seit 1299 diente das Gebäude nicht nur den Aufgaben das Rats und der Bürgerschaft der Neustadt, sondern es bekam bereits die Funktion des zentralen Rathauses für ein gemeinsames Gremium der Stadtteile ("Küchenrath"). Im Jahr 1325 fand hier die erste Ratssitzung des gemeinsamen, unabhängigen Rates aller fünf Braunschweiger Teilstädte statt. Um 1780 erhielt das Haus seine frühklassizistische Fassade. Auf der selben Höhe der Küchenstraße geht auf der linken Seite die Reichsstraße

(32) ab. Das Hs. Nr. 3 ist das Achtermannsche Haus des Bürgers Georg Achtermann und seiner Frau. Es ist eines der am besten erhaltenen Zeugnisse der Steinarchitektur in Braunschweig und wurde 1630 fertig gestellt. Über Erd- und erstem Obergeschoss, die mit einem reich verzierten Portal und einem üppig gestalteten Erker versehen sind, wurde das in Fachwerk ausgeführte zweite Obergeschoss nach der Kriegszerstörung vereinfacht in Stein wieder aufgebaut. Als Baumeister hat Ulrich Stamm sein Werk am Erker signiert und die Jahreszahl 1630 im Portal und in den Formen der eisernen Zuganker wiederholt. Das Portal zeigt in seinem figürlichen Programm die Allegorien der Stärke und der Enthaltsamkeit (Karyatiden zu den Seiten) und von Liebe, Glaube und Hoffnung auf dem Giebel, in der Mitte das Doppelwappen des Ehepaars. Auf dem Erker befindet sich die Figur des heiligen Georg. Portal, Erker und die Fenstereinfassungen sind reich mit Masken, Ohrmuschel- und Knorpelwerkdekoren und Beschlagwerk im Übergang der norddeutschen Spätrenaissance zum Barock verziert. Zurück auf der Küchenstraße, erreicht man ein kleines Stück weiter den

(33) Hagenmarkt mit dem Heinrichsbrunnen von 1874. Die Statue des Grün-
(34) ders der Teilstadt hält ein Modell ihrer Pfarrkirche St. Katharinen in der Hand, die wenige Schritte weiter steht und 1200-1205 ebenfalls nach dem Vorbild des Domes als vollständig gewölbte Pfeilerbasilika gebaut wurde. Im 13. und 14. Jh. erfolgte der Umbau in eine Hallenkirche mit großen Maßwerkfenstern. Beachtenswert sind das Glockenhaus und die allmähliche Steigerung vom romanischen Untergeschoss zum gotischen Filigran der Glockenstube. Über den Bohlweg und die Dankwardstraße erreicht man wieder den Ausgangspunkt des Rundgangs am Burgplatz.

SCHAUEN

Als in Europa einzigartiges Projekt wird das ■ Residenzschloss am Bohlweg wieder aufgebaut. Im Norden des Museumsparks liegt das ■ Staatstheater mit dem Cimiotti-Brunnen, das sich an den klassizistischen Bauten der ersten Hälfte des 19. Jh. orientiert. Das ■ Herzog-Anton-Ulrich Museum im Süden des Parks zählt zu den großen Kunstmuseen in Europa und ist das älteste öffentlich zugängliche Museum in Deutschland. An der Luisenstraße liegt das Medien-, Kunst- und Designzentrum ■ ARTmax, eine ehem. Zuckerraffinerie. Sehenswert ist auch die neue ■ Bibliothek der Hochschule für Bildende Künste, die aus Elementen des mexikanischen Pavillons der EXPO 2000 entstand. Das spätbarocke ■ Schloss Richmond wurde 1768/69 für die englische Prinzessin Augusta, Gemahlin Herzog Karl Wilhelm Ferdinands, erbaut. ■ Kloster Riddaghausen mit Gut, Klosterkirche, Teichen und Zisterzienser-Museum macht den Alltag der Mönche erlebbar.

 Braunschweig Stadtmarketing GmbH, Touristinfo, Vor der Burg 1, 38100 Braunschweig, Tel: 0531/4702040, Fax: 0531/4702055, E-Mail: touristinfo@braunschweig.de, Internet: www.braunschweig.de

SCHLEMMEN UND SCHLAFEN

Restaurant Der Herrenkrug Am Kreuzteich, mit großem Biergarten und offenem Kamin. Traditionelle Braunschweiger Küche, raffiniert verfeinert durch internationale und vor allem französische Akzente. Ebertallee 57, 38112 Braunschweig, Tel: 0531/2145885, Fax: 0531/2145886

Ringhotel Deutsches Haus Zentrale Lage mit erstklassig ausgestatteten Zimmern, Studios und Suiten im einstigen Gästehaus des Schlosses. Italienisches Restaurant, gemütliche Hotelbar, Sommerterrasse. Ruhfäutchenplatz 1, 38100 Braunschweig, Tel: 0531/1200-0, Fax: 0531/1200-444

Frühlingshotel Ruhiges Wohnen in Citylage in geschmackvoll eingerichteten Zimmern und Suiten. Bankplatz 7, 38100 Braunschweig, Tel: 0531/24321-0, Fax: 24321-599

Gewandhaus und Stechinelli's Kartoffelkeller Im ältesten Gewölbekeller Niedersachsens (seit 1303) werden kreative Spezialitäten sowie Köstlichkeiten rund um die gesunde Knolle angeboten. Altstadtmarkt 1-2, 38100 Braunschweig, Tel: 0531/242777, Fax: 0531/242775

Hotel Zur Hanse & Restaurant Hansestube Komfortables Stadthotel in historischem Ambiente mit modern eingerichteten Zimmern. Im Restaurant und Bistro werden Gerichte der deutschen Küche mit mediterranen Einflüssen frisch serviert. Güldenstraße 7, 38100 Braunschweig, Tel: 0531/24390-0, Fax: 0531/24390-90

BREMEN

In der Heimat der weltberühmten Stadtmusikanten zeugen viele Patrizierhäuser in der schmucken Altstadt von der großen maritimen Vergangenheit. Zusammen mit dem 69 km entfernten Bremerhaven bildet die Freie Hansestadt Bremen das kleinste deutsche Bundesland.

ANFAHRT

- A 1 Hamburg – Osnabrück – Rheinland. ■ A 27 Cuxhaven – Bremerhaven – Hannover. ■ A 28 aus Richtung Niederlande/Ostfriesland. ■ ICE-Bahnhof.
- Internationaler Flughafen.

GESCHICHTE

Über die Bremer Vorgeschichte und erste Siedlungen im heutigen Stadtgebiet ist wenig bekannt, aber zahlreiche Funde weisen auf eine frühe Besiedlung im Umland hin. Zwischen dem 1. und 8. Jh. entstanden auf dem Dünenkamm, geschützt vor Hochwasser und gleichzeitig mit gutem Zugang zu einer Furt, erste Siedlungen. Zwischen 787 und 849 war Bremen Sitz des Erzbischofs und bekam am 10. August 965 das Marktrecht mit Marktzoll, Münzrecht und Marktgericht verliehen. Dieses Privileg bildete die Grundlage für den wirtschaftlichen Erfolg der Stadt und den wachsenden Einfluss des Bürgertums. 1358 trat Bremen der Hanse bei, die bis zum Dreißigjährigen Krieg bestand. Der 1404 errichtete „Roland" auf dem Marktplatz symbolisiert Freiheit und den Machtanspruch der Patrizier. Im Linzer Diplom von 1646 wurde die Rechtsfreiheit, d. h. die staatsrechtlich abgesicherte Selbstständigkeit, dokumentiert. Nach der Auflösung des Heiligen Römischen Reiches Deutscher Nation 1806 wurde Bremen ein selbstständiger, souveräner Freistaat. Die Freie Hansestadt schloss sich mit den souveränen Fürsten und anderen freien deutschen Städten im Jahr 1815 zum Deutschen Bund zusammen und wurde 1871 ein Bundesstaat des neuen Deutschen Reiches. Nach 1918 gab es immer wieder Bestrebungen zur Neugliederung des Reiches, die jedoch die selbstständigen Stadtstaaten Bremen und Hamburg aufgrund ihres besonderen Status nicht berührten. Nachdem Bremen unter dem nationalsozialistischen Regime seine Selbstständigkeit verloren hatte, erfolgte 1949 die Neugründung des Bundeslandes zusammen mit Bremerhaven. Heute präsentiert sich die Hansestadt als weltoffenes Zentrum Nordwestdeutschlands mit einem reichen Kulturangebot und als Wirtschaftsmetropole. Seit 2004 gehören das historische Rathaus und der Bremer Roland zum UNESCO-Weltkulturerbe der Menschheit.

RUNDGANG DURCH DEN HISTORISCHEN STADTKERN

Der Rundgang durch die Hansestadt ist durch Messingpunkte im Pflaster markiert und beginnt am Marktplatz, der vom Rathaus dominiert wird. Das 1405-1410 errichtete Gebäude wurde im 17. Jh. mit einer Fassade im Stil der Weserrenaissance versehen und zählt damit zu den schönsten Rathäusern Deutschlands. Das Rathaus und der Ratskeller können im Rahmen von Führungen besichtigt werden. Vor dem Rathaus steht der Bremer Roland, eine der ältesten und die repräsentativste und größte deutsche Roland-Statue. Seit ihrer Errichtung

▲ Bremer
Stadtmusikanten

im Jahre 1404 symbolisiert die 5,55 m hohe Figur Freiheit und das Marktrecht. Zusammen mit dem Rathaus gehört der Roland seit Juli 2004 zum UNESCO-Welterbe der Menschheit. An der Westseite des Rathauses befindet sich die Bronzeplastik der Bremer Stadtmusikanten. Die im Jahre 1951 vom Bildhauer Gerhard Marcks geschaffene und international prämierte Skulptur ist die bekannteste Darstellung der Märchenfiguren. Hinter den Stadtmusikanten steht die Unserer Lieben Frauen Kirche. Die älteste Pfarrkirche Bremens besteht seit dem 11. Jh. und war bis zum 19. Jh. Kirche des Rates. Die Krypta ist mit einem Wandgemälde geschmückt. Die farbigen Glasfenster wurden vom Maler Mannesier gestaltet. An der

▼ Marktplatz mit Rathaus, St. Petri Dom und Haus der Bürgerschaft

▲ Marktplatz - Westseite mit Roland

Westseite des Marktplatzes reihen sich mehrere sehenswerte Gebäude aneinander (von links nach rechts): die Sparkasse mit der Fassade von 1755, die Rathsapotheke und „Akzise" aus dem Jahr 1559 (ersetzt durch einen Neubau 1830) und das „Deutsche Haus" aus jüngerer Zeit. Das ⑤ Haus der Bürgerschaft entstand 1966 nach Plänen des international renommierten Architekten Wassili Luckhardt. Hier tagt der in Bremen als Bürgerschaft bezeichnete Landtag. Neben dem Haus der Bürgerschaft ⑥ ragt der St. Petri Dom empor. Die evangelisch-lutherische Kirche blickt auf eine über 1200-jährige Geschichte zurück und erhielt ihr frühgotisches Gepräge in der ersten Hälfte des 13. Jh. Die West- und die Ostkrypta sind die ältesten Teile des Doms. Ebenfalls be-

merkenswert sind seine Orgeln. Im Dom-Museum sind Grabungsfunde aus mittel-alterlichen Bischofsgräbern und sakrale Kunstwerke, u. a. von Lucas Cranach, zu se-hen. Vom Marktplatz gelangt man durch ⑦ die Balgebrückstraße in das Schnoorvier-tel. In Bremens ältestem Viertel stehen kleine Häuser aus dem 15. und 16. Jh. dicht aneinandergereiht, in denen einst Fluss-fischer, Gewerbetreibende und Handwerker lebten. Heute kann man hier durch Läden

▼ Schnoorviertel

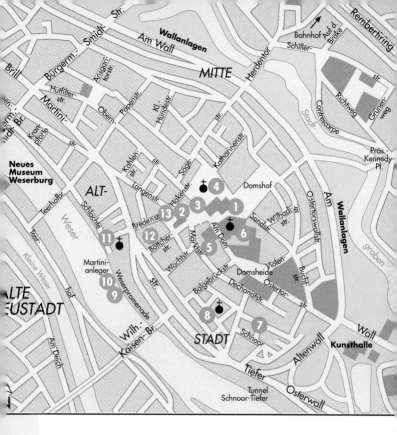

mit ausgesuchtem Angebot und Galerien bummeln und in Cafés und Restaurants eine Pause auf dem Stadtrundgang einlegen. Am Eingang des Viertels steht die Propsteikirche St. Johann. Die im 14. Jh. erbaute gotische Hallenkirche und ehemalige Franziskanerkirche ist heute die katholische Hauptkirche der Stadt. Durch das Schnoorviertel gelangt man zur Weser und zur Weserpromenade Schlachte. Der Name leitet sich ab von den „eingeschlagenen" Holzpfählen, mit denen das Weserufer befestigt wurde. Die „Slait" wurde 1250 erstmals erwähnt und war über 600 Jahre lang Bremens Hafen. Heute kann man in den zahlreichen Cafés, Bars und Restaurants Kulinarisches aus aller Welt genießen und historische und moderne Schiffe vorbeiziehen sehen. Der originalgetreue Nachbau der Hanse Kogge „Roland von Bremen"

▼ **Weserpromenade Schlachte**

55

▲ Böttcherstraße

kann besichtigt und gechartert werden, andere Schiffe wurden zu Theaterbühnen, Hotels und Restaurants umgebaut. Außerdem findet hier der Kajen- und Trödelmarkt statt. Am Martinianleger bietet sich die Möglichkeit, Weser- und Hafenrundfahrten sowie Schiffsausflüge in das Künstlerdorf Worpswede oder bis nach Vegesack und Bremerhaven zu unternehmen. Über dem Martinianleger erhebt sich die 1229 gegründete St.-Martini-Kirche. Im Inneren des gotischen Backsteinbaus lohnen der barocke Orgelprospekt, die geschnitzte Kanzel und die farbigen Fenster mit biblischen Darstellungen eine intensivere Betrachtung. Beim Glockenspiel ertönt das Lied „Lobe den Herren".

Nun verlässt man die Weserpromenade und kommt in die Böttcherstraße, Bremens „heimliche Hauptstraße". Der in den 1920er-Jahren erbaute Straßenzug lädt zu einem Bummel durch Läden, Museen und Werkstätten ein. Das Eingangstor wird vom vergoldeten Relief „Der Lichtbringer" geschmückt. An Hs. Nr. 4 ertönt ein Glockenspiel aus 30 Meißener-Porzellan-Glocken. Im drehbaren Turm sind 10 holzgeschnitzte Tafeln mit Darstellungen der Ozeanüberquerer zu sehen. Kunstfreunde kommen in der Böttcherstraße voll auf ihre Kosten. Das Paula Modersohn-Becker Museum widmet sich als erstes Museum weltweit dem Werk einer Künstlerin. Modersohn-Beckers Hauptwerke markieren den Beginn der Moderne in Deutschland. Das Museum im Roselius-Haus zeigt spätmittelalterliche Kunst, Wohnkultur aus verschiedenen Epochen und den Silberschatz der „Compagnie der Schwarzen Häupter zu Riga". Auf dem Rückweg zum Marktplatz passiert man am Ende der Böttcherstraße den Schütting, das Haus der bremischen Kaufmannschaft und heute Sitz der Handelskammer. Das Gebäude wurde 1537/38 nach dem Vorbild der Renaissancebauten in Flandern errichtet und im 19. Jh. mit dem prachtvollen Portal versehen. Mit wenigen Schritten erreicht man wieder den Ausgangspunkt des Rundgangs am Marktplatz.

▼ Überseemuseum

SCHAUEN

In 80 Minuten um die Erde reist man im ■ Überseemuseum Bremen, das u. a. afrikanische Kunst, Tiere und Pflanzen aus Übersee und Gold aus Amerika zeigt. Im ■ Hafenmuseum Speicher XI erlebt man die letzten 120 Jahre Bremer Hafengeschichte. Die ■ Kunsthalle Bremen zeigt Gemälde und Skulpturen vom 15. Jh. bis heute. Eine einzigartige Blütenpracht bietet der ■ Rhododendronpark mit dem ■ Science Center „botanika". Das ■ Universum Science Center macht wissenschaftliche Phänomene anhand von 250 Exponaten, Simulationen und speziell gestalteten Erlebnisräumen erfahrbar. ■ Weser- und Hafenrundfahrten führen mit Blick auf Deiche und Häfen entlang der Schlachte zu den stadtbremischen Seehäfen. Im Stadtteil ■ Vegesack erinnern alte Kapitänshäuser, Speicher, liebevoll restaurierte Kutter und ein bronzenes Walkiefer-Denkmal an die maritime Historie. Von hier erreicht man per Schiff das inmitten des Teufelsmoores gelegene ■ Künstlerdorf Worpswede mit Werkstätten und Galerien. Einen Ausflug lohnen auch ■ Lilienthal mit dem ■ Niedersächsischen Kutschenmuseum und ■ Fischerhude mit dem ■ Otto Modersohn Museum.

 Bremer Touristik-Zentrale, Findorffstraße 105, 28215 Bremen, Service-Telefon: 01805/101030 (0,12 €/Min. aus dem dt. Festnetz), E-Mail: btz@bremen-tourism.de

SCHLEMMEN UND SCHLAFEN

⫙ Pannekoekschip „Admiral Nelson" Für große und kleine Piraten bietet dieses besondere Gastronomieerlebnis mehr als 100 Pfannkuchenspezialitäten aus aller Welt und einen herrlichen Blick auf die Weser. Schlachte/Anleger 1, 28195 Bremen, Tel: 0421/3649984, Fax: 0421/3649934

⫙ Beck's zur Glocke Das zentral gelegene Restaurant mit einem der schönsten Bremer Sommergärten serviert gehobene gutbürgerliche Gerichte. Domsheide 6-8, 28195 Bremen, Tel: 0421/3366888, Fax: 0421/ 3366890

⫙ ⌂ Innside Premium Hotel Bremen Direkt an der Weser gelegenes Hotel in futuristischem Design mit exquisitem Restaurant und Bar, großzügigen Studios und Suiten sowie Wellnessbereich. Sternentor 6, 28237 Bremen, Tel: 0421/2427-0, Fax: 0421/2427-427

⫙ Kaffeemühle In der alten Mühle am Wall genießt man mitten im Grünen exzellente Speisen und gepflegte Getränke. Am Wall 212, 28195 Bremen, Tel: 0421/14466, Fax: 0421/14467

⌂ Hotelschiff Perle Das 1948 erbaute Fahrgastschiff wurde 2002 zum Hotelschiff mit zwei luxuriösen Kabinen (Terrasse, Bad, Sat-TV) umgestaltet. Schachte/Anleger 11, 28195 Bremen

BREMERHAVEN

Von der bremischen „Kolonie" zum maritimen Technologie- und Wissenschaftszentrum: Die Hafen-, Fischerei- und Werftenstadt bietet viel Sehenswertes zwischen Land und Meer. Die Verbindung aus Tradition, Moderne und Romantik macht das besondere Flair der „Hauptstadt der Windjammer" aus.

ANFAHRT

■ A 27 von Bremen bzw. Cuxhaven. ■ B 71 bzw. B 74 aus Richtung Stade/ Bremervörde. ■ Bahnhof mit RE- und RB-Anschluss.

GESCHICHTE

Bremerhaven ist zwar eine junge Stadt, blickt aber dennoch auf eine lange Geschichte zurück. Das Gebiet des nördlichsten Stadtteils Weddewarden war bereits vor über 2000 Jahren besiedelt. 1139 erfolgte die erste urkundliche Erwähnung der beiden heutigen Stadtteile Geestendorf und Wulsdorf. Das Gebiet gelangte 1648/54 mit dem gesamten Erzbistum Bremen an Schweden, nach kurzer dänischer Herrschaft ging es 1719 endgültig auf das Kurfürstentum und spätere Königreich Hannover über. Da der Hafen in Bremen zunehmend unter der Versandung der Weser zu leiden hatte, gründete Johann Smidt, der Bürgermeister der Freien Hansestadt, 1827 an der Geestemündung einen Hafen. Daneben entwickelte sich eine städtisch geprägte Siedlung, der 1851 stadtähnliche Rechte verliehen wurden - das heutige Bremerhaven. Zum Aufschwung des Hafens trugen zunächst der Handel mit Amerika und die 1832 einsetzende Auswanderung, später der zunehmende transatlantische Passagierverkehr bei. An beiden Geesteufern wurden viele Werften, Maschinenfabriken und andere Zulieferbetriebe gebaut. Seit Ende des 19. Jh. bildete die Hochseefischerei mit einem separaten Fischereihafen neben Handel und Schiffbau das dritte wirtschaftliche Standbein. Kurz vor dem Ersten Weltkrieg hatte Bremerhaven bereits ca. 100 000 Einwohner. Im Zweiten Weltkrieg wurden weite Bereiche der Innenstadt völlig zerstört. 1947 wurde Bremerhaven Teil des neu gegründeten Bundeslandes Bremen. Heute besitzt die größte Stadt an der deutschen Nordseeküste einen der wichtigsten Containerhäfen Europas, den größten Fischereihafen des Kontinents mit Tiefkühl-Lebensmittelverarbeitung und hat sich mit dem Alfred-Wegener-Institut zu einem Zentrum der Polar- und Meeresforschung entwickelt. Bis 2008 entsteht das neue Tourismusresort Alter/Neuer Hafen mit dem „Klimahaus Bremerhaven 8° Ost", einem Hotel mit Kongresszentrum, einem Einkaufszentrum, exklusiven Wohnungen und einer Marina.

RUNDGANG DURCH DEN HISTORISCHEN STADTKERN

Ausgangspunkt des Rundgangs ist der Fischereihafen mit dem Seefischmarkt. Hier bietet das Schaufenster Fischereihafen eine vielfältige Mischung aus Gastronomie, Einkaufsmöglichkeiten und Kultur. In der ehemaligen Packhalle IV reihen sich gemütliche Hafenkneipen und gehobene Restaurants aneinander. Im Seefischkochstudio kann man sich wertvolle Tipps für die fachgerechte Fischzubereitung zu Hause holen. Im „Atlanticum" erfährt man viel Wissenswertes rund um das Meer und den Fisch. Ein Spiegelkaleidoskop zeigt die Entstehung der Erde, der Ozeane und des Lebens. Im arktischen Raum wandelt der Besucher auf den Spuren der Meeres- und Polarforscher und erlebt die imposanten Landschaften Grönlands und Islands. Im Meerwasseraquarium schwärmen Kaltwasserfische aus Nordsee und Atlantik rund um ein gesunkenes Wrack. Interaktive Medien vermitteln Informationen über die Arbeitsabläufe im Fischereihafen, über Polar- und Meeresforschung sowie die globale Bedeutung der Ökosysteme Arktis und Nordsee. Am Modell der neuen Fischereihafenschleuse können sich Besucher als Schleusenwärter versuchen. Die Erlebnisausstellung Phänomenta verblüfft mit Phänomenen aus Natur und Technik und lädt zum Experimentieren und Nachdenken ein. Als Dependance des Historischen Mu-

▼ Schaufenster Fischereihafen

▼ Panoramablick über Bremerhaven

seums/Morgenstern-Museums Bremerhaven zeigt das Museumsschiff FMS „Gera" im angrenzenden Hafenbecken als einziges deutsches schwimmendes Hochseefischereimuseum den Alltag auf einem Hochseeschiff. Die komplette Ausrüstung eines Seitentrawlers, u. a. das Schleppnetz auf dem Fangdeck, die vollständig eingerichtete Kombüse und die möblierte Kapitänskammer, ist zu sehen. Das renommierte Theater im Fischereihafen (TiF) präsentiert Chanson, Varieté, Kleinkunst und Theater. Außerdem kann man auf der MS „Dorsch" Hafenrundfahrten unternehmen. An den Fischereihafen schließt sich der Handelshafen mit der Doppelschleuse an. Vom Handelshafen erreicht man über den Elbinger Platz und die Bismarckstraße den Bürgerpark. Im Eingangsbereich sind mehrere Denkmäler zu sehen, u. a. die Steinfigur des „Hein Mück", des Jungen mit der Mundharmonika. Der Park lädt ein zu Spaziergängen durch naturnahe Laubwälder und entlang an Wasserläufen. Auf einem der Teiche, wertvoller Lebensraum für Wasservögel, sind Bootspartien möglich. Im Sommer finden im Bürgerpark Open-Air-Veranstaltungen statt. Sportanlagen wie Tennisplätze, Leichtathletikanlagen und Rollschuhbahnen sind ebenfalls vorhanden. Nach einem Spaziergang verlässt man den Bürgerpark wieder auf der Bismarckstraße in Richtung Hauptbahnhof durch die Bahnunterführung und gelangt so auf die Friedrich-Ebert-Straße, der man bis zur Geeste folgt. Vor der Brücke zweigt links die Straße „An der Geeste" ab. Hier liegt das Historische Museum Bremerhaven/Morgenstern-Museum. Anhand von Exponaten wie Norddeutschlands bedeutendstem Goldschatz,

▲ Segelschiff
„Alexander von Humboldt"

wertvollen römischen Gefäßen und rekonstruierten Urnengräbern, aber auch Szenen aus dem Hafen- und Werftleben wird die Geschichte der Region an der Küste erlebbar. Die Ausstellung wird durch ein Multimedia-Angebot mit Filmen, Ton-Dia-Schauen und Computer-Datenbanken ergänzt. Kleine Besucher können im Kindermuseum Schiffe bauen, auswandern oder einen unvergesslichen Kindergeburtstag feiern. Nach dem Museumsbesuch überquert man die Geeste und geht in Richtung Alter Hafen. Dabei

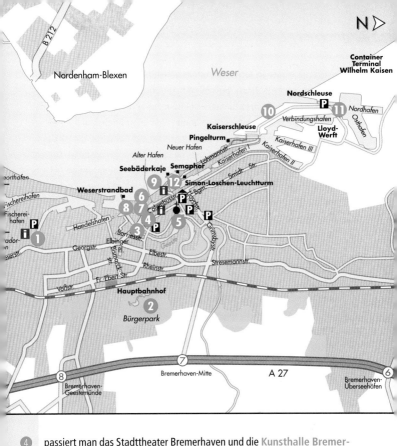

passiert man das Stadttheater Bremerhaven und die Kunsthalle Bremerhaven. Der 1886 gegründete Kunstverein Bremerhaven zählt zu den ältesten kulturellen Einrichtungen Bremerhavens und des Unterweserraums und besitzt mit der Kunsthalle seit 1964 ein eigenes Museum. Sechs bis neun Wechselausstellungen pro Jahr zeigen die Werke junger Künstlerinnen und Künstler, ergänzt durch Ausstellungen zu Architektur, Literaturgeschichte und klassischen kunstgeschichtlichen Themen von der Malerei des 19. Jh. bis heute. Von der Kunsthalle ist ein Abstecher in die Bremerhavener Innenstadt möglich. Die „Bürger", die Fußgängerzone, und die Shoppingmall „Columbus Center" laden zu einem Bummel ein. Das höchste Gebäude der Innenstadt ist die Bürgermeister-Smidt-Gedächtniskirche. Das von den Bremerhavenern auch „Große Kirche" genannte Gotteshaus ist als einzige Kirche Deutschlands einem weltlichen Bürgermeister, dem Stadtgründer Johann Smidt, geweiht. Der Bau wurde 1842 beschlossen, scheiterte jedoch zunächst am weichen Marschenboden. 1853 ließ der Baumeister Simon Loschen, Erbauer des Alten Leuchtturms, 552 Pfähle als Fundament in den Boden rammen. Die dreischiffige neugotische Hallenkirche wurde in rotem Backstein gehalten und mit farbig glasierten Klinkern verziert. Nach der völligen Zerstörung 1944 wurde der Wiederaufbau 1960 abgeschlossen. Der 86 m hohe Turm mit abschließender Kreuzblume wurde erst 1970 vollendet. Vom ursprünglichen Kirchenbau sind die Sandsteinfiguren von Christus, Luther und Zwingli an der Westseite erhalten. Der Innenraum wurde neu, hell und freundlich gestaltet. Sowohl die erste Kirche als auch der Neubau wurden zu einem großen Teil aus Spenden der Bürger finanziert. Nach dem Innenstadtbummel geht man nun zum Hafengebiet. Rund um den Alten Hafen warten mehrere museale Glanzpunkte darauf, entdeckt zu werden. Im Freigelände des Deutschen Schiffahrtsmuseums wird der Besucher vom Klabautermann am Brunnen begrüßt. Insgesamt fast 25000 spannende Exponate vom ältesten Boot der Welt über die einzige erhaltene Hanse-Kogge bis hin zu 500 Modellen von Walfängern, Aus-

▲ Deutsches Schiffahrtsmuseum

wandererschiffen und luxuriösen Ozeanriesen dokumentieren die Geschichte der Schifffahrt. Im Alten Hafen, der Keimzelle der Stadt, können einige historische Schiffe besichtigt werden, u. a. die Bark „Seute Dern", der größte noch erhaltene hölzerne Frachtsegler der Welt, der heute als Restaurant und Standesamt dient. Weitere Exponate sind der Watten-Bergungsschlepper „Goliath" (auch Ausflugsfahrten zum Leuchtturm „Roter Sand"), die Barkasse „Quarantäne" (ehemaliges Dienstfahrzeug des Hafenarztes) und der Dampf-Eisbrecher „Wal". Eine besondere Attraktion im Museumshafen ist das Technikmuseum U-Boot „Wilhelm Bauer". Das weltweit einzige erhaltene U-Boot des 1943/44 gebauten Typs XXI stellte eine Revolution im U-Boot-Bau dar und vermittelt heute nicht nur die Faszination der Technik, sondern auch den harten Alltag des Marinedienstes und die Schrecken des U-Boot-Krieges. Das Deutsche Auswandererhaus ist das größte Erlebnismuseum Europas zum Thema Auswanderung. Zwischen 1830 und 1974 wanderten mehr als 7 Mio. Menschen über Bremerhaven nach Übersee aus. Das Museum erzählt Lebensgeschichten von Auswanderern und ihren Nachfahren im heutigen Amerika und lässt die Auswanderung durch aufwändige Rekonstruktionen und Multimedia-Inszenierungen hautnah erleben. Außerdem werden aktuelle Aspekte globaler Migration behandelt und Besucher können in einer Datenbank nach ausgewanderten Vorfahren suchen. Die Kids' World wurde für die kleinsten Museumsbesucher eingerichtet. Kulturveranstaltungen, Feste, Sonderausstellungen, die kulinarischen Genüsse aus der Alten und der Neuen Welt im Restaurant sowie der Museumsshop runden das Angebot ab. Das Deutsche Auswandererhaus gehört zum größten maritimen Tourismusresort Deutschlands, das zwischen Altem und Neuem Hafen entsteht und ein Hotel, ein Shoppingcenter, das „Klimahaus Bremerhaven 8° Ost" mit einer Reise auf dem 8. Längengrad (der auch durch Bremerhaven verläuft) um die Erde, ein Dienstleistungszentrum sowie eine exklusive Appartementanlage mit Marina umfasst. Eine Ausstellung zum Entwicklungsgebiet Alter/Neuer Hafen ist im „Baukontor" (H.-H.-Meier-Straße 6) zu sehen. Im Frühjahr 2008 soll das gigantische Projekt fertiggestellt werden. Überragt wird der Hafenbereich vom 114 m hohen **8** Radarturm, von dessen Plattform in 65 m Höhe sich ein herrlicher Panoramablick über die Stadt eröffnet. In der Nähe des Radarturms bietet das Weser-Strandbad Gelegenheit zu Erholung und **9** Badespaß. Dort beginnt auch der Weserdeich, der bei den Bremerhavenern ebenso beliebt ist wie bei Urlaubern. Von der See-bäderkaje fahren Ausflugsschiffe nach Bremen, Helgoland oder zu Weserrundfahrten ab. Eines der markantesten Bauwerke am Weserdeich ist der Simon-Loschen-Leuchtturm. Der 1853 von Simon Loschen, dem Baumeister der Bürgermeister-Smidt-Gedächtniskirche, errichtete Leuchtturm ist der älteste Festland-Leuchtturm an der Nordseeküste und heute noch in Betrieb.

▲ Leuchtturm Roter Sand
mit BGS „Goliath"

Der Turm verbindet die Elemente der norddeutschen Backsteingotik mit den Anforderungen der Technik. Unterhalb des Leuchtturms befindet sich die 2005 neu erbaute Schleuse zur Einfahrt in den Neuen Hafen. An der Nordmole dieser Hafeneinfahrt wurde das Semaphor vom Leuchtturm Hohe Weg wieder aufgebaut und in Betrieb genommen. An dem ca. 20 m hohen Mast sind die Windstärke und die Windrichtung von Borkum und Helgoland ablesbar. Der Deutsche Wetterdienst sendet die entsprechenden meteorologischen Daten alle zwei Stunden online und zeigt sie auf dem Semaphor weithin sichtbar an. Am nördlichen Ende des Weserdeichs, vor der Kaiser-

▲ Europas modernster Kreuzfahrt-Terminal an der Columbuskaje

schleuse, steht der 15 m hohe Pingelturm. Der einzige Leuchtturm mit heute noch betriebener Nebelglocke, die bei Nebel in schneller Folge viermal schlägt, heißt offiziell „Leuchtfeuer Kaiserschleuse Ost". Der Hafenbaumeister Rudloff errichtete das architektonisch reizvolle, rote Sandsteingebäude im Jahr 1900. Auf der gegenüberliegenden Seite der Kaiserschleuse wird das Fernweh geweckt: In Europas modernstem Kreuzfahrt-Terminal, dem CCCB Columbus Cruise Center Bremerhaven an der Columbuskaje, werden jedes Jahr über 70 Schiffe und mehr als 70 000 Passagiere abgefertigt. Einen Überblick über den riesigen Passagier- und Containerhafen kann man sich vom 15 m hohen Container-Aussichtsturm bei der Nordschleuse verschaffen. Am Weserdeich liegt auch der Zoo am Meer, der seit seiner Wiedereröffnung im Frühjahr 2004 zu den modernsten Zoos in ganz Europa gehört. Mit unendlichem Blick auf das Meer und mit Salz in der Luft können in dem kleinen, aber feinen Themenzoo Eisbären, drei verschiedene Robbenarten, Pinguine, Meeresvögel u. v. a. erlebt werden. Großzügige naturnahe Anlagen vermitteln die Weite im Lebensraum der gezeigten Tiere, und es ist ein großartiges Erlebnis, Auge in Auge nur durch Glasscheiben getrennt, dem größten Landraubtier der Erde, dem Eisbären, gegenüberzustehen. Alle Wassertiere können nicht nur an Land, sondern auch durch große Unterwasserscheiben in ihrem ureigenen Element bestaunt werden, und man wird feststellen, dass Pinguine zwar nicht durch die Luft, wohl aber durch das Wasser fliegen. Weder nordisch noch wasserbezogen, aber Ausnahmen bestätigen bekanntlich die Regel: Am Eingang begrüßen die Schimpansen in ihrer weiten Zoosavanne die Besucher. Am Ende des Zoorundgangs begeistern die kleinen Weißgesichtsseiden-äffchen in ihrer Regenwaldan-lage gemeinsam mit ihren Un-termietern, den Köhlerschild-kröten. Fred als Chef der Schild-kröten-Truppe wurde vor über 50 Jahren von einem Seemann in den Zoo am Meer gebracht und ist der älteste Bewohner des Zoos. Kommentierte Tierfüt-

▲ Seelöwen-Fütterung im Zoo

terungen oder das Robbentraining vermitteln Wissenswertes, Lustiges und Unglaubliches aus der Tierwelt auf einprägsame Weise. Neben den Wildtieren begeistern kleine Zoobesucher eine besondere Kinderbeschil-derung, die wuseligen Kaninchen und Meerschweinchen oder der Aben-teuerspielplatz. Im Zooshop findet jeder sein persönliches Andenken an dieses schöne Erlebnis, das man dann im Zoorestaurant mit Rundumblick über den Zoo und das Meer noch einmal Revue passieren lassen kann.

SCHAUEN

Der ■ Fisch & Schipp Shuttle-Bus verbindet die Häfen und die Innenstadt. Mit dem ■ HafenBus, einem Doppeldecker-Bus, kann man Rundfahrten durch die Überseehäfen, zum Container- und zum Auto-Terminal sowie zur ■ Lloyd Werft unternehmen. Im dortigen Besucherzentrum geben Führungen und eine Aussichtsplattform faszinierende Einblicke in den Schiffsbau. Das ■ Freilichtmuseum im Speckenbütteler Park zeigt historische Bauernhäuser, die liebevoll rekonstruierte Bockwindmühle und das Weidenschloss, ein lebendiges und wachsendes Schloss aus Weidenruten. Eine weitere grüne Oase in der Seestadt ist ■ Thieles Garten, eine malerische Idylle mit altem Baumbestand, exotischen Pflanzen, Skulpturen, einem maurischen Haus und einer Moorkate. Das Veranstaltungsprogramm beinhaltet Lesungen, Konzerte und Ausstellungen. Nostalgie versprüht die ■ Museumsbahn Bremerhaven - Bad Bederkesa. Mit dem über 60 Jahre alten ■ Bergungsschlepper „Goliath" kann man den legendären Leuchtturm ■ „Roter Sand" besuchen. Ein beeindruckendes maritimes Erlebnis ist das internationale Festival ■ „SAIL Bremerhaven" mit Windjammerparade und buntem Unterhaltungsprogramm, die alle 5 Jahre stattfindet. Ein jährliches Windjammerevent ist die ■ „Bremerhavener Festwoche".

i Bremerhaven Touristik, **Tourist**Center Hafeninsel, H.-H.-Meier-Straße 6, 27568 Bremerhaven, **Tourist**Tel: 0471/414141, E-Mail: touristik@bis-bremerhaven.de, Internet: www.bremerhaven-tourism.de

SCHLEMMEN UND SCHLAFEN

❘❙ ▦ **Comfort Hotel Bremerhaven** Stilvolles Haus mit Blick auf den historischen Fischereihafen. Moderne Zimmerausstattung, Fitness- und Wellnesscenter. Am Schaufenster 7, 27572 Bremerhaven, Tel: 0471/93200, Fax: 0471/9320100

❘❙ ▦ **Hotel Haverkamp** Komforthotel im Stadtzentrum mit eleganten Zimmern, Hallenbad, Sauna. Gourmet-Restaurant, rustikale Weinstube, Hotelbar. Prager Str. 34, 27568 Bremerhaven, Tel: 0471/4833-0, Fax: 0471/4833-281

❘❙ **Restaurant Natusch** Überregional bekanntes Fischrestaurant in elegant-rustikalem Ambiente mit ausgezeichneten klassischen Fischkreationen. Am Fischbahnhof 1, 27572 Bremerhaven, Tel: 0471/71021, Fax: 0471/75008

❘❙ ▦ **Hotel Primula** Modernes Haus mit gemütlichen Zimmern und Appartements. Restaurant mit internationaler und nationaler Küche, Hotelbar. Stresemannstr. 110, 27576 Bremerhaven, Tel: 0471/95500, Fax: 0471/9550550

❘❙ **Restaurant Treffpunkt Kaiserhafen** „Die letzte Kneipe vor New York" besticht durch ihre originelle maritime Einrichtung und ihre vielseitige Küche. Franziusstr. 92, 27568 Bremerhaven, Tel: 0471/42219, Fax: 0471/ 47590

BÜCKEBURG

Bückeburg kann auf eine ereignisreiche und bedeutende Vergangenheit als Residenzstadt und Regierungssitz der Grafschaft zu Schaumburg-Lippe zurückblicken. Heute präsentiert es sich als Stadt mit Trend und Tradition zwischen Schaumburger Wald, Wesergebirge und den Bückebergen.

ANFAHRT

■ A 2 von Berlin bzw. Köln, Ausfahrt Bad Eilsen. ■ B 65 von Hannover bzw. Minden. ■ B 83 von Hameln. ■ RE Anschluss und S-Bahnanschluss nach Hannover.

GESCHICHTE

Um das Jahr 1300 wurde eine Wasserburg errichtet, die ihren Namen von der seit dem 12. Jh. verfallenen „alten Bückeburg" in Obernkirchen erhielt. Im Jahr 1365 wurde Bückeburg mit der Verleihung des Fleckenprivilegs vom Schaumburger Landesherren in den Rang einer selbstständigen Gemeinde erhoben. Nach und nach entstand eine befestigte Anlage mit Gräben und Wällen. Bis in das 17. Jh. veränderte sich kaum etwas: Bückeburg war ein Ort unter vielen im Schaumburger Land. Im Jahr 1601 verlegte Graf Ernst zu Holstein-Schaumburg seine Residenz von Stadthagen nach Bückeburg. Mit der Ernennung zum Regierungssitz der Grafschaft wurden dem Ort auch die Stadtrechte verliehen. Ab diesem Zeitpunkt begann eine städtebauliche und kulturelle Blütezeit der Residenzstadt. Von den damals entstandenen Bauten zählt die im Stil der Weserrenaissance erbaute Stadtkirche zu den bedeutendsten. Dieses imposante Bauwerk prägt noch heute das Stadtbild. Nachdem mit Otto V. 1640 die männliche Linie der Grafen zu Holstein-Schaumburg ausgestorben war, wurde die Grafschaft unter Hessen und Lippe aufgeteilt. Philipp, der Sohn Elisabeths zu Holstein-Schaumburg und des Grafen Simon VI. zur Lippe, wurde 1647 der erste Graf zu Schaumburg-Lippe. Mit Graf Wilhelm zu Schaumburg-Lippe kam 1748 ein bedeutender Feldherr an die Macht, der die Festung Wilhelmstein im Steinhuder Meer errichten ließ. Während seiner Regierungszeit verschaffte sich Bückeburg einen festen Platz in der deutschen Geistesgeschichte. Thomas Abbt, Johann Gottfried Herder und Johann Christoph Friedrich Bach folgten zu der Zeit dem Ruf des Landesfürsten. Mit der Abdankung des Fürsten Adolf im Jahr 1918 verlor Bückeburg an politischer Bedeutung. Im Jahr 1946 wurde Schaumburg-Lippe Teil des neu gegründeten Landes Niedersachsen. Mit über 20 000 Einwohnern zählt Bückeburg heute zu den drei größten Städten Schaumburgs.

RUNDGANG DURCH DEN HISTORISCHEN STADTKERN

1 Der Marktplatz Bückeburgs ist der Ausgangspunkt des Stadtrundgangs. Der Platz, der Anfang des 17. Jh. entstand, wird von Schlosstor, Rathaus, ehemaliger Hofapotheke und anderen historischen Gebäuden begrenzt. Von allen Seiten sichtbar steht zentral der Marktbrunnen. Das Schmuckstück des Marktplatzes ist das Rathaus im Norden, das 1906 im wilhelminischen Stil errichtet wurde. Durch das Schlosstor im Süden des Platzes gelangt

2 man zum Schloss Bückeburg. Von einem breiten Wassergraben umgeben, ist es nur über eine Brücke zu erreichen. Das Schloss wurde 1304 erstmals erwähnt und wird noch heute von der Fürstenfamilie bewohnt. Als Festungsanlage konzipiert, entwickelte es sich ab dem 18. Jh. zu einem herrschaftlichen Schloss. Ein Teil des Schlosses lässt sich bei einer Führung besichtigen. Vor allem der prunkvoll ausgeschmückte Große Festsaal ist sehenswert. In anderen Räumen sind Gemälde von Künst-

▲ Kutschfahrt - Fürstliche Hofreitschule

▼ Westseite des Schlosses Bückeburg

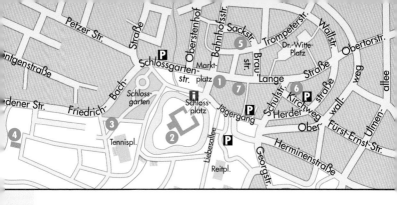

lern wie Tischbein, Cranach und de Witt zu bewundern. Außerdem beherbergt die Schlossanlage das Niedersächsische Staatsarchiv und seit 2004 die Fürstliche Hofreitschule Bückeburg. Über die Brücke führt ein Weg Richtung Westen durch den im englischen Landschaftsstil gestalteten Schlosspark. Er besteht bereits seit Mitte des 16. Jh. und wurde 1728 im französischen Stil mit symmetrisch angelegten Blumenbeeten, Springbrunnen und Irrgarten gestaltet. In seiner heutigen Form ist der Park seit Beginn des 19. Jh. zu bewundern. Der Garten steht allen offen und ist regelmäßig Schauplatz kultureller Ereignisse und Feste, wie

die „Landpartie" alljährlich an Fronleichnam oder das „Mittelalterlich Spectaculum" mit Ritterspielen und Jahrmarktattraktionen. Vorbei an Kastanienbäumen - stille Zeugen vergangener Tage - einer Sonnenuhr, einem kreisrund angelegten Rosengarten und einer prachtvollen Lindenallee erreicht man das Mausoleum der fürstlichen Familie. Der letzte regierende Fürst Adolf ließ es in den Jahren 1911-1915 vom Berliner

▲ Hubschraubermuseum

Architekten Paul Baumgarten im neuromanischen Stil erbauen. Einzigartig ist die mit 500 m² größte Goldmosaikkuppel Europas. Der Rundgang zurück zum Schlosstor führt am Parkcafé mit Biergarten vorbei. Vom Marktplatz geht es die Bahnhofstraße entlang und dann nach rechts zum Sablé-Platz, wo sich das Hubschraubermuseum befindet. Entstanden ist das außergewöhnliche Museum aus einer Initiative von Mitgliedern der Heeresfliegerwaffenschule. Den Besucher erwartet eine umfangreiche Sammlung von Modellen und über 40 Original-Hubschraubern, anhand derer die

69

Entwicklung der Vertikalflugtechnik veran-
schaulicht wird. Der Braustraße folgt man
nach Süden zur Langen Straße (Fußgängerzone) und geht durch diese weiter in öst-

⑥ licher Richtung zur evangelischen Stadtkirche, die in den Jahren 1611-1615 erbaut
wurde. Beeindruckend ist die Fassade, die
im Stil der Spätrenaissance reich verziert
ist. Das Innere der Kirche wurde mehrere
Male restauriert und neu gestaltet - das

▲ Landesmuseum

letzte Mal nach einem Brand im Jahr 1962. Die Kanzel ist ein Werk der
Bildhauerfamilie Wulff aus Hildesheim. Die prachtvolle Orgel, die vom
Göttinger Orgelbaumeister Janke erbaut wurde, ersetzte 1997 die ursprüngliche Orgel des Wolfenbütteler Orgelbaumeisters Compenius. Von
der Stadtkirche führt der Rundgang auf der Langen Straße Richtung Wes-
⑦ ten. Bald erreicht man auf der linken Seite das Landesmuseum für
Schaumburg-Lippische Geschichte. Zu sehen sind Zeugnisse der Landes-
und der Volkskunde, wie zum Beispiel die Trachtensammlung aus dem
„Land der roten Röcke". Die Lange Straße führt zurück zum Marktplatz.

▼ Blick zum Rathaus über den Marktplatz mit Marktbrunnen

SCHAUEN

Eine schöne Aussicht weit ins Land hinein genießt man vom 28 m hohen ■ Idaturm zwischen Bückeburg und Bad Eilsen. Er wurde 1847 von Fürst Georg Wilhelm errichtet und nach seiner Gattin, Fürstin Ida, benannt. Auch von der ■ Schaumburg auf dem Nesselberg bei Hessisch Oldendorf hat man eine hervorragende Sicht über das Schaumburger Land. Die Stammburg der Grafen zu Holstein-Schaumburg beherrscht seit mehr als 800 Jahren das Wesertal. Auf einer künstlichen Insel im Steinhuder Meer ließ Graf Wilhelm I. zu Schaumburg-Lippe zwischen 1761 und 1767 die ■ Festung Wilhelmstein errichten, die dem Militär zu Ausbildungszwecken diente. Die Räume mit waffentechnischer Ausstellung können besichtigt werden. Das ■ Besucherbergwerk Kleinenbremen lädt zu einer Reise in die faszinierende Höhlenwelt ein. Westlich von Bückeburg liegt die Domstadt ■ Minden mit zahlreichen historischen Sehenswürdigkeiten, u. a. der ältesten Rathauslaube Westfalens.

i Tourist-Information, Schlossplatz 5, 31675 Bückeburg, Tel: 05722/19433 und 893181, Fax: 05722/8929969, E-Mail: tourist-info@bueckeburg.de, Internet: www.bueckeburg.de.

SCHLEMMEN UND SCHLAFEN

Hotel-Restaurant Ambiente Ansprechendes 4-Sterne-Hotel mit 34 Komfortzimmern, Appartements, Hochzeitszimmer und Sauna. Kulinarische Köstlichkeiten werden im Restaurant, in der Brasserie und im Sommergärtchen serviert. Herminenstraße 11, 31675 Bückeburg, Tel: 05722/9670, Fax: 05722/967444

Hotel-Restaurant Brauhaus Zwischen Stadtkirche und Schloss gelegenes Haus mit modernen Gästezimmern. Pauschalangebote. Die Auswahl im Restaurant überzeugt sowohl den Mittagsgast als auch den anspruchsvollen Gourmet. Biergarten, Braukeller, Bierstube. Braustraße 1/Lange Straße 55, 31675 Bückeburg, Tel: 05722/96770, Fax: 05722/ 967725

Hotel & Restaurant Bückeburger Hof Im Stil der „Klassischen Moderne" der 1920er-Jahre bietet das Haus freundlich eingerichtete Gästezimmer. Hoteleigene Parkplätze und Garagen. Die Küche offeriert regionale Spezialitäten und internationale Speisen. Rintelner Straße 30, 31675 Bückeburg, Tel: 05722/4222, Fax: 05722/3947

Park-Café „Fürstlich" essen und trinken kann man im Café, Restaurant und Biergarten im Park des Schlosses Bückeburg. Vielfältiges Angebot an Speisen und Getränken. Im Schlossgarten, 31675 Bückeburg, Tel: 05722/3528, Fax: 05722/917384

BUXTEHUDE

Buxtehude ist bekannt als die Stadt, in der die Hunde mit dem Schwanze bellen und Has' und Igel um die Wette laufen. Doch wer deshalb glaubt, Buxtehude sei nur eine Märchenstadt, der irrt gewaltig, denn schon seit über 1000 Jahren ist Buxtehude Wirklichkeit!

ANFAHRT

■ A 1 Hamburg – Bremen – Ruhrgebiet, Ausfahrten Rade und Sittensen. ■ A 7 Hamburg – Hannover, Ausfahrt HH-Heimfeld. ■ B 73 aus Richtung Cuxhaven. ■ B 3 aus Richtung Soltau. ■ Bahnhof mit RE-Anschluss. ■ City-Bahn HH-Neugraben – Stade. ■ EVB-Bahn Bremerhaven – Neugraben.

GESCHICHTE

Buxtehude geht auf das 959 erwähnte Königsgut „Buochstadon" („Buchenstätte") zurück. 1135 wird der Ort „Buchstadihude" genannt. Eine „Hude", eine Schiffsanlegestelle, war an der bis zum Geestrand schiffbaren Este entstanden und leistete wichtige Dienste bei der Besiedlung des Alten Landes. Angehörige des ortsansässigen Adelsgeschlechtes von Buxtehude stifteten 1196 ein Benediktiner-Nonnenkloster, aus dem das bedeutendste Frauenkloster an der Niederelbe, das Alte Kloster, hervorging. 1285 machte Buxtehude einen Entwicklungssprung vom Hude- und Klosterort zur Hafenstadt: Im Moorstreifen zwischen Geest und Marsch gründete der Bremer Erzbischof Giselbert von Brunkhorst anderthalb Kilometer von der Ursiedlung die „Neue Stadt Buxtehude". Während in Hamburg, Lübeck und Stade der Hafenbetrieb von der einen Seite des Wasserlaufes auf die gegenüberliegende hinübergewachsen war, wurde Buxtehude als erste deutsche Stadt planmäßig um ein Hafenbecken herum gebaut und war damit die modernste Hafengründung auf deutschem Boden. 1328 erhielt Buxtehude das Stader Stadtrecht und trat seit 1363 als Hansestadt in Erscheinung. Nach dem Niedergang der Hanse sicherte der Fährverkehr mit großen Viehtransporten von Jütland bis in die Niederlande den Wohlstand der Stadt. Im Dreißigjährigen Krieg hatte Buxtehude unter Besatzungen, Einquartierungen und Pestjahren zu leiden. Nach wirtschaftlichen Problemen im 18. Jh. setzte mit der beginnenden Industrialisierung in der ersten Hälfte des 19. Jh. ein erneuter Aufschwung ein. Den Zweiten Weltkrieg überstand Buxtehude bis auf einen schweren Bombentreffer ohne größere Zerstörungen. In der Metropolregion Hamburg präsentiert sich die alte Hanse- und Märchenstadt heute als wirtschaftliches und kulturelles Mittelzentrum mit ca. 38000 Einwohnern.

RUNDGANG DURCH DEN HISTORISCHEN STADTKERN

Ausgangspunkt des Rundgangs ist der zentrale Platz „Am Markt". Das
① Rathaus wurde nach dem großen Stadtbrand im Jahre 1911 anstelle eines
Vorgängerbaus aus dem 15. Jh. vom hannoverschen Architekten Alfred
Sasse errichtet. Es ist durch Jugendstilelemente geschmückt und besitzt
einen prachtvollen Ratssaal mit großen Wandbildern aus dem alten Bux-
② tehude. Sehenswert ist am Markt auch ein Historisches Stadthaus. Das
bürgerliche Wohnhaus mit Flügelbau und Hinterhaus stammt vom Anfang
des 17. Jh. Die um 1850 erneuerte Fassade ziert ein alter Fries mit elf ge-
③ schnitzten Heiligenfiguren. Das Bürger-
haus mit massiv aufgemauertem Erdgeschoss und gotischem Portal in Lüneburger
Art wurde 1548 im Auftrag des angese-
henen Bürgermeisters Dr. M. Moller errichtet. Im moorigen Altstadtuntergrund stellen
die ausgebauten Keller eine Besonderheit
dar. Durch die als Fußgängerzone ausge-
wiesene Lange Straße gelangt man zum
④ bereits 1575 genannten Stavenort. Der
Name leitet sich von einer ehemals hier im
nordöstlichen Bereich der Altstadt gelegenen Badestube („stove", „stave") ab. Das
einst eng bebaute und verwinkelte Wohnviertel wird von schmalen, zweigeschossigen Fachwerkhäusern geprägt, deren Außenwände teilweise aus Resten der alten
Stadtmauer bestehen und die erhalten und

▲ Museum

wiederhergestellt bzw. ergänzt wurden. In
Hs. Nr. 16 ist die Kunstschule Buxtehude untergebracht. Am Stavenort be-
⑤ fand sich einst auch der Linah-Zwinger. Die Lage der Fundamente des
ab ca. 1552/53 erbauten Rundturms an der Nordostecke der mittelalterlichen Stadt ist heute mit Findlingen markiert. Die Zwinger sicherten die
Befestigungsanlagen zusätzlich nach der Einführung der Feuerwaffen. Hs.
⑥ Nr. 2 beherbergt das Buxtehude • Museum. Das Gebäude wurde 1913
nach dem großen Stadtbrand als neue Stätte für die Sammlungen des
Museumsvereins errichtet. Ursprünglich stand hier ein altes Ackerbürgerhaus, das als Vorbild für den Neubau diente. In den Jahren 1989 bis 1992
wurde die Ausstellungsfläche durch einen modernen Erweiterungsbau
vergrößert. Im Altbau wird Heimatkundliches zum berühmten Wettlauf

73

zwischen Hase und Igel auf der Heide bei Buxtehude, zu Handwerk und Wohnkultur gezeigt. Eine weitere Abteilung dokumentiert die Geschichte des Heimatmuseums. Im Neubau ist eine Dauerausstellung mit den Themenbereichen „Sakrale Kunst - Geschichte und Restaurierung" und „Buxtehude in der Moderne" zu sehen. Die ebenfalls im Erweiterungsbau stattfindenden Sonderausstellungen behandeln die Ortsgeschichte und zeigen (Gegenwarts-)Kunst. Im Foyer des Buxtehude Museums befindet sich die Stadtinformation Buxtehude. Durch die Lange Straße kehrt man zurück zum Markt und überquert diesen. Dann biegt man links ein in den Feuergang.

(7) Auch hier ist ein Historisches Stadthaus zu sehen. Man geht zurück zur Langen Straße, folgt dieser nach links und biegt dann rechts ein in die

(8) Ritterstraße, von der der Ostfleth nach rechts abzweigt. Die Flethmühle stammt aus dem 19. Jh. und wurde einst als Getreidemühle betrieben. Bereits seit der Stadtgründung im 13. Jh. befanden sich hier landesherrliche Mühlen. 1979 erfolgte der Umbau zu einem Wohn- und Geschäftszentrum. Am Ostfleth

(9) liegt auch der Ewer „Margareta", das letzte Schiff der Buxtehuder Ewerflotte. Das typische plattbodige Frachtschiff wurde 1897 gebaut und hatte bis 1950 seinen Heimathafen in Buxtehude. 1991 wurde das Schiff restauriert. Vom Ostfleth lohnt sich ein Abstecher weiter durch die Ritterstraße und zur Straße Hinter dem Zwinger. Hier

(10) blieb ein Rest der Stadtmauer aus dem 18. Jh. erhalten, die auf den Fundamenten der mittelalterlichen Stadtmauer erbaut wurde. Die Gründung besteht aus dicht an dicht in den Boden getriebenen Pfählen und einer darauf liegenden Schicht von Feldsteinen. Zahlreiche Spuren weisen auf bauliche Veränderungen hin. Wieder zurück bei der Flethmühle, setzt man den Rundgang

(11) durch die Flethanlage fort. Bereits bei der

▲ Am Fleth

Stadtgründung im 13. Jh. wurde die grachtartige Anlage nach niederländischem Vorbild als innerstädtischer Hafen geschaffen. Bis 1962 fuhren hier noch Frachtewer mit einer Last von bis zu 100 Tonnen. An die „Flethenkieker", die seit 1854 in Hamburg die Wassertiefen („Düpen") in der Elbe und in den Fleeten überwachten, erinnert die von Carsten Eggers ge-

(12) schaffene Skulptur. Am Ende der Flethanlagen steht der Marschtorzwin-

74

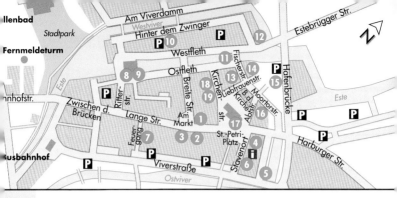

ger, der letzte von einst fünf Rundtürmen an den Endpunkten der ehemaligen Stadtmauer. Das angrenzende Marschtor wurde im 19. Jh. abgerissen. Nach der grundlegenden Restaurierung aus Stadtfördermitteln in
den Jahren 1984 bis 1986 dient der Zwinger heute als Kulturzentrum.
Durch den Westfleth gelangt man zurück zur Einmündung der Fischerstraße,
der man nach links folgt. Rechter Hand erblickt man das Fuhrmannshaus,
das 1553 erbaute Wohnhaus eines Ackerbürgers und Fuhrmannes mit
Stallungen. 1979 wurde das Gebäude durch einen privaten Verein komplett
restauriert. Gegenüber dem Fuhrmannshaus befindet sich die Stadtbibliothek in einem Lehrerwohnhaus von 1736. Durch eine vollständige Restaurierung wurde 1979 ein angemessener Rahmen für die Stadtbibliothek
geschaffen. Die Rokoko-Stuckdecken im Inneren wurden aus einem 1971
abgebrochenen Geschäftshaus übernommen. Zurück an der Kreuzung,
geht man nun die Moortorstraße entlang,
deren Linksbogen man folgt. Das Alte
Zollamt wurde 1869/70 errichtet auf dem
Grundstück der alten Fronerei, dem direkt
am Außenhafen gelegenen Strafgefängnis
für Schwerverbrecher. Man geht ein Stück
auf der Moortorstraße zurück und biegt
dann links in die Abtstraße ein. Das Abthaus diente seit Beginn des 15. Jh. als
Stadthaus der Erzäbte von Harsefeld. Während des Dreißigjährigen Krieges in der Zeit
von 1618 bis 1628 wurde das Gebäude neu
errichtet und 1977 durch den Heimatverein komplett restauriert. Der Platz „Bei der
Kirche" wird überragt von der Kirche St.
Petri, dem Wahrzeichen der Stadt. Das
Gotteshaus wurde vermutlich zwischen
1296 und 1320 erbaut. Als gotische Back-

▼ Kirche St. Petri

steinkirche gehört sie zu den typischen norddeutschen Hallenkirchen, stellt jedoch als Basilika eine nur in Buxtehude realisierte Sonderform dar. Diese Kirchentypen sind charakteristisch für norddeutsche Handelsstädte. Das Kirchenschiff wurde Mitte des 19. Jh. grundlegend restauriert und der Turm mit einer neugotischen Spitze versehen. Im Innenraum steht ein von Wilm Dedeke gemalter, spätmittelalterlicher Passionsaltar zu Ehren des Magisters Gerhard Halepaghe, eines Kloster- und Kirchenreformers von überlokaler Bedeutung. In der Kirchenstraße lohnt ein weiteres Bürgerhaus eine nähere Betrachtung. Das zweigeschossige Giebelhaus stammt aus dem 17. Jh. In den Obergeschossen ragen Vorkragungen hervor, in den Brüstungsgefachen sind Kreuzstreben zu sehen. Bei einer privat initiierten Sanierung 1977 wurde auch die Utlucht im Erdgeschoss hergestellt. Die Alte Markthalle wurde 1912/13 als Viehmarkthalle mit Ausspann erbaut. Im Hallenteil kommt die Konstruktion ohne Stützen aus. Die zur Straße gerichtete Fassade ist mit vielfältigen Architekturelementen verziert. Im zweigeschossigen Gebäudeteil fallen turmähnliche Dachaufbauten auf. Durch die Kirchenstraße und dann rechts durch die Lange Straße kehrt man zurück zum Ausgangspunkt des Rundgangs auf dem Platz „Am Markt".

SCHAUEN

Das ■ Alte Land mit seinen schmucken Fachwerkorten und vielen Windmühlen ist Deutschlands größtes zusammenhängendes Obstanbaugebiet. ■ Schloss Agathenburg liegt auf dem Geestrücken, umgeben von einem verwunschenen Park, und bietet herrliche Ausblicke über das Alte Land und das Elbtal. Die frühgeschichtlichen ■ Steingräberfelder in Apensen erzählen aus der Vergangenheit. Der ■ Wildpark Schwarze Berge mit Waldlehrpfad, Streichelgehege, Spielplatz und Kinderseilbahn zeigt in einer reizvollen Park- und Waldlandschaft die europäische Tierwelt in natürlicher Umgebung. Im ■ Kehdinger Küstenschifffahrtsmuseum sind interessante Text- und Bilddokumente und typische Gegenstände aus dem Seefahreralltag zu sehen.

ℹ Stadtinformation Buxtehude, Stavenort 2, 21614 Buxtehude, Tel: 04161/501-297 oder -407, Fax: 04161/501-298, E-Mail: stadtinfo@stadt.buxtehude.de, Internet: www.buxtehude.de

SCHLEMMEN UND SCHLAFEN

⫙ Historisches Abthaus Stilvolles Ambiente in historischen Mauern und im malerischen Innenhof. Die Küche bietet rustikale deutsche Gerichte, raffinierte Saisonleckerbissen, hausgemachte Kuchen, Torten und Desserts. Abtstr. 6, 21614 Buxtehude, Tel: 04161/554077, Fax: 04161/554998

⫙ Buxtehuder Brauhaus In gemütlichen Räumen und im überdachten Biergarten genießt man das selbst gebraute Bier zu zünftigen Speisen. Kirchenstr. 13, 21614 Buxtehude, Tel: 04161/3775, Fax: 04161/52632

⫙ Restaurant Neuland Über 150 Jahre alter, liebevoll renovierter Hof mit verschiedenen Räumen, vom Fachwerk-Restaurant bis zum urigen ehemaligen Schafstall. Feine A-la-Carte-Spezialitäten und leckere Buffets. Neuland 11, 21614 Buxtehude-Neuland, Tel: 04161/53180, Fax: 04161/ 53178

⫙ Ratskeller Mitten in der Altstadt, mit historischem Gewölbe und schöner Terrasse. Die kulinarische Auswahl reicht von regionalen Spezialitäten bis zur modernen Küche. Breite Str. 2, 21614 Buxtehude, Tel: 04161/ 2988

⫙ ⊨ Restaurant-Hotel Seeburg Das traditionsreiche Haus am Neukloster Forst und See verwöhnt seine Gäste mit feiner Küche, persönlichem Service und komfortablen Hotelzimmern. Cuxhavener Str. 145, 21614 Buxtehude-Neukloster, Tel: 04161/7410-0, Fax: 04161/7410-74

⫙ ⊨ Landhotel & Restaurant Zur Eiche In reizvoller Umgebung kann man sich in behaglichen Zimmern erholen und im traditionellen Gasthaus ausgesuchte regionale Gerichte der Saison genießen. Harsefelder Str. 64, 21614 Buxtehude-Hedendorf, Tel: 04163/ 8076-0, Fax: 04163/8076-30

CELLE

Die ehemalige Residenzstadt fasziniert durch imposante Bauwerke wie das Herzogschloss, die Stadtkirche und das Alte Rathaus und besitzt in ihrem malerischen historischen Stadtkern über 500 liebevoll restaurierte, denkmalgeschützte Fachwerkhäuser.

ANFAHRT

■ A 7 Hannover – Hamburg, Ausfahrt Mellendorf. ■ B 3 Hannover – Soltau. ■ B 214 von Braunschweig bzw. Nienburg. ■ B 191 von Uelzen. ■ Bahnhof mit IC-Anschluss.

GESCHICHTE

Die erste urkundliche Nennung von Celle erfolgte im Jahre 993 als „Kellu", die erste Erwähnung als Stadt 1248. 1292 verlegte Herzog Otto der Strenge von Braunschweig-Lüneburg die Stadt Celle an ihren heutigen Standort. 1378 machten die Herzöge von Braunschweig-Lüneburg Celle zu ihrer Residenz. 1527/1530 führte Herzog Ernst der Bekenner die Reformation in seinem Herzogtum ein und erweiterte seine Residenzstadt Celle. 1680 begannen die Planungen für eine barocke Neustadt vor dem Westceller Tor. 1705 endete mit dem Tod des letzten Celler Herzogs Georg Wilhelm der Status als Residenzstadt. 1711 wurde Celle Sitz des Oberappellationsgerichtes, des höchsten hannoverschen Gerichtes im Kurfürstentum. 1735 erfolgte die Gründung des hannoverschen Landgestüts, in dem die berühmten „Hannoveraner" gezüchtet werden. 1845 weihten König Ernst-August von Hannover und Herzog Wilhelm von Braunschweig die

▲ Neue Straße

Eisenbahnlinie Lehrte - Celle ein. Nach der Schlacht bei Langensalza 1866 wurde das Königreich Hannover durch Preußen annektiert und Celle dadurch preußische Provinzstadt. 1869 erfolgte die Vereinigung der Stadt Celle mit den vier Vorstädten Blumlage, Hehlentor, Neuenhäusen und Neustadt. 1885 wurde Celle kreisfreie Stadt. 1909 fand die Eröffnung des städtischen Saalbaus Union, des heutigen Kongresszentrums „Congress Union Celle", statt. Kurz vor Ende des Zweiten Weltkrieges wurde Celle kampflos an die Alliierten übergeben. 1973 verlor Celle mit der Eingemeindung von neun Umlandgemeinden seine Kreisfreiheit. Seit 1977 gilt Celle als „große selbstständige Stadt" und hat heute 73000 Einwohner.

RUNDGANG DURCH DEN HISTORISCHEN STADTKERN

 Ausgangspunkt des Rundgangs ist das Herzogschloss, das bedeutendste Bauwerk der Stadt. Die ursprüngliche Burganlage aus dem 13. Jh. wurde im 14. Jh. zum Fürstensitz umgestaltet. Nachdem Herzog Ernst der Bekenner die Reformation eingeführt hatte, erfolgte ab 1530 der Umbau zum Renaissanceschloss. Während ihrer Regentschaft veranlassten Herzog Georg Wilhelm (1665-1705) und seine Gemahlin Eléonore d'Olbreuse umfangreiche Um- und Ausbaumaßnahmen, in deren Verlauf das Schloss seine bis heute dominierende barocke Gestalt erhielt. Nach dem Tod Georg Wilhelms wurde das Schloss nicht mehr regelmäßig bewohnt. Von 1772 bis 1775 lebte die dänische Königin Caroline Mathilde nach ihrer Scheidung von Christian VII. im Ostflügel. 1839/40 leitete der hannoversche Architekt Georg Ludwig Laves den Ausbau zur Sommerresidenz des hannoverschen Hofes. Innerhalb des Schlosskomplexes sollte man sich unbedingt einige Besonderheiten ansehen. Das Schlosstheater gehört zu den ältesten noch heute bespielten Hoftheatern Deutschlands. In den 1978 bis 1981 renovierten Staatsgemächern mit Schlossküche sind ausgewählte fürstliche Möbel und Gemälde zu sehen, die überwiegend aus dem 18. Jh. stammen. Die Gotische Halle des Schlosses wird heute für Wechselausstellungen genutzt. Im Ostflügel des Schlosses dokumentiert eine Abteilung des Bomann-Museums die Geschichte des Königreiches Hannover. Die 1485 geweihte und nach der Reformation umgestaltete

▼ Herzogschloss, das bedeutendste Bauwerk der Stadt

Schlosskapelle ist heute die einzige noch vollständig erhaltene früh-protestantische Hofkapelle in Deutschland und gilt als wichtiges Dokument der norddeutschen Renaissance. Die historischen Schlossräume und die Schlosskapelle können nur im Rahmen von Führungen besichtigt werden. Zu einem Spaziergang lädt der weitläufige Schlosspark ein. Überquert man den Schlossplatz, gelangt man in die Stechbahn, den früher „Steckel-bahn" genannten, ehemaligen Turnierplatz der Stadt. Hier befindet sich auch die um 1530 errichtete Löwenapotheke, die bis 1849 fürstliche Hofapotheke war. Vor dem Gebäude erinnert ein in das Pflaster einge-lassenes Hufeisen mit der Jahreszahl 1471 an den Tod Herzog Ottos des Großmütigen während eines Turnieres. Die Stechbahn wurde jetzt mit verkehrsberuhigenden Maß-nahmen und Wasserspielen zu einem attrak-tiven Treffpunkt, Marktplatz und Veranstal-tungsort umgestaltet. Gleich am Beginn der Stechbahn erreicht man linker Hand das Bomann-Museum, mit einer Ausstellungs-fläche von ca. 5500 m² das drittgrößte Mu-seum Niedersachsens und eines der bedeu-tendsten Museen Norddeutschlands. Seine Sammlungen behandeln die Volkskunde des niedersächsischen Raumes, die Landesge-schichte Niedersachsens und die Stadt-geschichte von Celle. Ein eingebautes Bau-ernhaus und eingerichtete Wohnräume zei-gen die ländliche und städtische Wohnkul-tur des 19. Jh. Weitere Präsentationen wid-men sich den Themen „Städtisches Leben im 19. Jh.", „Handwerk in Celle", „Celler

▼ Bomann-Museum

▲ Bauernhaus im
Bomann-Museum

Industriegeschichte" und „Lebenswelt Lüneburger Heide". Außerdem fin-den regelmäßig Sonderausstellungen mit moderner Kunst und zu kultur-geschichtlichen Themen statt. Darüber hinaus werden museumspädago-gische Veranstaltungen für Kinder, Schüler und Erwachsene angeboten. Das Museum betreut auch die Eberhard-Schlotter-Stiftung mit dem Werk des 1921 geborenen, international renommierten Malers und Grafikers. Die Stiftung Miniaturensammlung Tansey umfasst bedeutende Miniatur-malereien des 18. und 19. Jh. Der Neubau am Bomann-Museum beherbergt

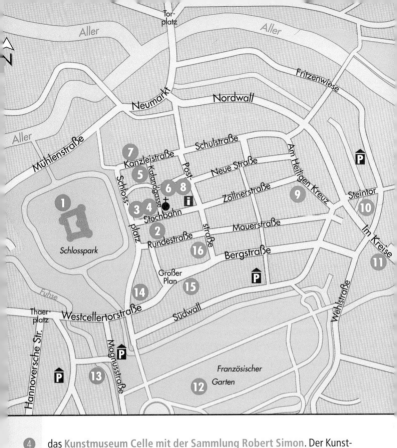

das **Kunstmuseum Celle mit der Sammlung Robert Simon**. Der Kunstsammler und Galerist Robert Simon aus Hannover arbeitet hier seit 1995 ehrenamtlich und übergab 2001 einen beträchtlichen Teil seiner Privatsammlung der Robert-Simon-Kunststiftung, die gemeinsam mit der Kunststiftung Celle Träger des neuen Kunstmuseums Celle ist. Eine Besonderheit des Museums sind seine Öffnungszeiten rund um die Uhr. Bei Nacht werden die Lichtobjekte von außen aktiviert. Von der Stechbahn zweigt nach links die **Kalandgasse** ab, ein malerischer Straßenzug, in dem besonders die ehemalige Lateinschule von 1602 mit ihrem reichen Schnitzwerk sehenswert ist. Rechter Hand erhebt sich die **Stadtkirche St. Marien**. Der Baubeginn fällt in die Zeit der Stadtgründung, geweiht wurde das Gotteshaus 1308 vom Bischof zu Hildesheim. Seit 1525 ist die Stadtkirche evangelisch-lutherisch. In den Jahren 1676 bis 1682 erhielt das Gotteshaus ein Tonnengewölbe und wurde barockisiert. Sehr bedeutsam sind die Renaissancegrabmäler der Celler Herzöge im Chor aus dem Zeitraum zwischen 1541 und 1648. Die Fürstengruft wird im Rahmen von Führungen besichtigt. Der Turmbläser begrüßt und verabschiedet jeden Tag mit Trompetenchorälen

vom 74,50 m hohen Turm. An der Einmündung in die Kanzleistraße erblickt man auf
der gegenüberliegenden Straßenseite das
(7) Oberlandesgericht, welches im Jahr 1840
für das 1711 gegründete Oberappellations-
gericht erbaut wurde. Nun folgt man der
Kanzleistraße nach rechts und biegt erneut
rechts in den Markt ein. Am Markt findet
(8) man die Tourist-Information im Alten Rathaus, das im Zuge der Stadtanlage durch
Herzog Otto den Strengen 1292 entstand
und eindrucksvoll seine Herrschaft dokumentiert. Der ältere Gebäudeteil erhebt sich
über dem Ratskeller mit seinem gotischen

▲ Nordgiebel des Alten
Rathauses und Turm
der St. Marienkirche

Kreuzrippengewölbe. Erweiterungen und reiche Verzierungen bekam das
Gebäude im 14. und 16. Jh. Der Nordgiebel gilt als Meisterwerk der Weserrenaissance. Heute hat die Stadtverwaltung ihren Sitz im Neuen Rathaus
auf dem Gelände der ehemaligen Heidekaserne, das etwas abseits dieses Rundgangs in der Nähe des Französischen Gartens liegt. Vom Markt
folgt man nun der Zöllnerstraße. Sie diente früher als Auffahrtsstraße
zum Schloss und entstand zur Zeit der Stadtgründung 1292. Für damalige
Verhältnisse war sie ungewöhnlich breit und lädt heute mit ihren zahlreichen kleinen Geschäften und vielen Cafés zum Bummeln und Verweilen
(9) ein. Am Heiligen Kreuz (Hs. Nr. 26) steht das älteste datierte Haus in
Celle aus dem Jahr 1526 mit einem auffälligen gotischen Treppenfries.
Vom Heiligen Kreuz geht man weiter in Richtung Steintor, wo man Reste
der innenseitigen Stützmauer des Stadt-
walles entdeckte. Darauf wurde 1975 ein
teilerneuertes Fachwerkhaus von 1600 ge-
(10) setzt, das heute das Celler Schützenmu-
seum mit der Galerie der Celler Schützen-
könige ab dem Jahr 1901, einer Ausstellung der Schützenorden sowie Schützen-
auszeichnungen, Pokalen und Dokumenten
der vergangenen Jahrhunderte im Celler
Schützenwesen beherbergt. Vom Steintor
gelangt man nun in südöstlicher Richtung
zum Straßenzug Im Kreise. Im Hinterhaus
des Gebäudes Im Kreise 23/24 befindet sich
(11) mit der um 1740 erbauten Synagoge das

▼ Synagoge

älteste erhaltene jüdische Gotteshaus Norddeutschlands. Von der Originaleinrichtung des lichtdurchfluteten barocken Betsaals stammen noch der Thoraschrein mit seiner reich verzierten Bekrönung, die Frauenempore und ein mit einer Inschrift geschmückter Opferstock. Seit 1997 wird die Synagoge von der neuen jüdischen Gemeinde in Celle genutzt. Im Nachbargebäude präsentiert ein kleines Museum wechselnde Ausstellungen zur jüdischen Geschichte. Von der Synagoge kann man durch die Wehlstraße einen Abstecher zum Französischen Garten unternehmen. Benannt wurde die gepflegte Parkanlage wahrscheinlich nach den aus Frankreich stammenden herzoglichen Gärtnern Perronet (ab 16/0) und René Dahuron (1690-1701). Letzterer leitete die erste komplette Anlage eines in der Tradition des frühen 17. Jh. gestalteten höfischen Nutz- und Lustgartens. Die 1695/1696 angepflanzte und 1951 bis 1953 vollständig erneuerte doppelte Lindenallee gibt dem Garten bis heute eine prägende Mittelachse in Ost-West-Richtung. Nach dem Verlust des Status als Residenzstadt im Jahre 1705 wurde der Park zunächst vernachlässigt und erlebte eine kurze Blütezeit während des Exils der dänischen Königin Caroline Mathilde. Für sie wurde 1784 ein Denkmal aufgestellt und ein Sommerhaus am Teich errichtet, das jedoch schon 1801 wieder abgerissen wurde. Mitte des 19. Jh. erfolgte unter dem hannoverschen Oberhofmarschall Malortie die Umgestaltung in einen englischen Landschaftspark nach den Entwürfen des Garteninspektors Schaumburg. Heute ist die Anlage als Gartendenkmal besonders geschützt. Im nördlichen Teil befindet sich seit 1927 das Landesinstitut für Bienenkunde (LAVES). Mit der Abnahme der Heideflächen erlebte auch die Imkerei einen Rückgang und wird seither durch das Institut gezielt gefördert. LAVES widmet sich der Aus- und Fortbildung von Imkern, bietet einen landesweiten Beratungsdienst an und erfüllt vielseitige Forschungsaufgaben. Im Treppenspeicher und in Teilen der ehemaligen Orangerie ist die sehenswerte Präsentation „Imkereiwesen" zu besichtigen. In der Magnusstraße, die im Westen an den Französischen Garten grenzt, lohnt sich ein Besuch der Roß'schen

▲ Lustschloss im Französischen Garten

Villa. Hier werden wechselnde Kunstausstellungen gezeigt. Darüber hinaus dokumentiert eine Dauerausstellung die Geschichte von Marienwerder/Ostpreußen, dem heute polnischen Kwidzyn. Celle hat die Patenschaft für die Heimatvertriebenen von Marienwerder übernommen und ist seit 1993 Partnerstadt von Kwidzyn. Von der Magnusstraße biegt man rechts ab in die Westcellertorstraße und erblickt an der nächsten Kreuzung schräg links gegenüber

▼ Großer Plan

(14) den Alten Marstall. Das 1664 errichtete Reithaus ist das einzige noch erhaltene Gebäude der sog. Vorburg des Celler Schlosses, die die Wirtschafts- und Stallgebäude umfasste. Im Giebel ist das Wappen des letzten Celler Herzogs Georg Wilhelm zu sehen. Am Großen Plan, den man ein kurzes Stück weiter durch die Westcellertorstraße erreicht, befindet sich das Stechinellihaus
(15) (Hs. Nr. 14). Seinen Namen erhielt es vom herzoglichen Hofagenten und Generalerbpostmeister Francesco Stechinelli (1640-1694), der es ab 1675 bewohnte. Das heutige klassizistische Palais wurde 1795 errichtet. Vom Großen Plan zweigt nach links die Poststraße ab. An der Ecke Poststraße/
(16) Rundestraße beeindruckt das Hoppener Haus, 1532 erbaut vom herzoglichen Rentmeister Simon Hoppener. Das prachtvollste Fachwerkgebäude der Celler Altstadt besteht aus sechs im Giebel übereinander kragenden Geschossen. Die Setzschwellen, Ständer und Fußwinkelhölzer über den bei-

▲ Hoppener Haus

den unteren Geschossen sind mit reichem Figurenschmuck verziert. Neben Standespersonen werden Planetengötter, Teufels- und Narrengestalten, Fabelwesen sowie Fratzen und Reptilien dargestellt. Dazwischen repräsentieren Brustbilder die verschiedenen Stände. Im Giebel sind nur noch die Schwellen mit ausdrucksstarken Schnitzereien verziert. Die Schwellen an der Traufenseite des Hauses zeigen den Rankenstab. Das Bildnis Ernst des Bekenners wurde erst nach 1901 angebracht. Vor dem Hoppener Haus steht ein Pipenposten, einer von drei Brauchwasserbrunnen, der mit dem Wappenlöwen versehen ist. Durch die Rundestraße kehrt man nun zurück zum Ausgangspunkt des Rundgangs am Schlossplatz.

SCHAUEN

Zu Erholung nach dem Stadtrundgang laden weitere Parks in Celle ein, u. a. der ■ Heilpflanzengarten, der ■ Stadtgarten (ehemalige Heidekaserne) und die ■ Triftanlagen. Das ■ Deutsche Stickmuster-Museum zeigt 400 Jahre Textil- und Frauengeschichte am Beispiel einer vergessenen textilen Alltagskultur. Das ■ Niedersächsische Landesgestüt, Zuchtstätte des „Hannoveraners" brachte schon viele berühmte Pferde hervor und präsentiert alljährlich Ende September/Anfang Oktober die sehenswerte ■ Celler Hengstparade. Ein Kleinod niederdeutscher Backsteingotik und Fachwerkbaukunst ist das ■ Zisterzienserkloster Wienhausen. Das bekannteste der sechs Lüneburger-Heide-Klöster beeindruckt mit wertvollen Bildteppichen, herrlichen Malereien im Chor und weiteren Kunstschätzen. Die ■ Lüneburger Heide ist eine Naturlandschaft von einzigartiger Schönheit, die man bei Wanderungen und Radtouren oder mit dem ■ „Heide-Express", einem Oldtimer-Zug, erkunden kann.

i Tourismus Region Celle GmbH, Markt 14-16, 29221 Celle, Tel: 05141/1212, Fax: 05141/12459, E-Mail: info@tourismus-region-celle.de, Internet: www.region-celle.de

SCHLEMMEN UND SCHLAFEN

❙❙ ⊨ **Fürstenhof Celle** Stilvolles First-Class-Hotel in einem barocken Adelspalais. Kulinarisch verwöhnt wird man in den ausgezeichneten Restaurants mit internationaler Küche. Hannoversche Straße 55/56, 29221 Celle, Tel: 05141/201140, Fax: 05141/201120

❙❙ **Historischer Ratskeller Celle** In historischen Räumen werden feine Heidschnucken-, Wild- und Fischspezialitäten und saisonale Kreationen angeboten. Markt 14, 29221 Celle, Tel: 05141/29099

❙❙ **Restaurant „Im Stad'l"** Das bayerische Wirtshaus im Herzen der Celler Altstadt serviert sowohl bayerische Schmankerln als auch typische Celler Spezialitäten in uriger Atmosphäre. Mauernstraße 8, 29221 Celle, Tel: 05141/550530, Fax: 05141/931961

❙❙ **Café Müller am Französischen Garten** In reizvoller Lage erwarten den Gast hier süße Genüsse mit Torten, Kuchen und Eis aus eigener Herstellung, aber auch eine feine regionale Küche auf der monatlich wechselnden Aktionsspeisekarte. Südwall 33, 29221 Celle, Tel. und Fax: 05141/24402

❙❙ ⊨ **Hotel-Restaurant-Weinstube Schifferkrug** Kleines gemütliches Hotel im Fachwerkstil. Das Restaurant mit Sommergarten bietet raffinierte Kreationen, u. a. von Heidschnucke, Elch, Rentier, Wild, Ente und Fisch. Speicherstraße 9, 29221 Celle, Tel: 05141/374776, Fax: 05141/3747788

CLOPPENBURG

Die Kreisstadt im Oldenburger Münsterland besticht durch ihre Lage zwischen Mittelgebirge und Nordsee, Weser und Ems. Historische Gebäude und das älteste Museumsdorf Deutschlands erzählen aus der reichen Geschichte der liebenswerten „Stadt mit Charme und Charakter".

ANFAHRT

■ A 1 Bremen – Osnabrück. ■ B 72 von Aurich. ■ B 68 aus Richtung Osnabrück. ■ Bahnhof mit NordWestBahn-Anschluss.

GESCHICHTE

Die Pfarrei Krapendorf, die später mit Cloppenburg in einer vereinigten Gemeinde aufging, wurde bereits 819 gegründet. 1297 wurde Cloppenburg erstmals urkundlich erwähnt. 1411 erhielt der Ort stadtähnliche Freiheiten und Privilegien, das sog. „Weichbildrecht". Ein Stadtwappen und weiter reichende Stadtrechte bekam Cloppenburg 1435. Noch vor 1450 war die Stadtbefestigung mit Wall und Graben fertig gestellt. Die 1543 eingeführte Reformation wurde 1613 zurückgenommen. Im Dreißigjährigen Krieg hatte Cloppenburg unter der Besetzung durch kaiserliche, dänische und schwedische Truppen zu leiden. 1668 erhielt die Stadt das Recht, zwei Jahrmärkte abzuhalten. 1716 zerstörte ein großer Brand die Burggebäude, das Richthaus und das Krapendorfer Tor. Durch den Reichsdeputations-hauptschluss 1803 wurden die geistlichen Fürstentümer aufgelöst und Cloppenburg dem Herzogtum Oldenburg als Ausgleich für die Aufgabe des Weserzolls bei Elsfleth zugesprochen. Zusammen mit dem Herzogtum Oldenburg wurde Cloppenburg unter napoleonischer Herrschaft von 1811 bis 1813 französisch. 1855 erfolgte die Vereinigung von Cloppenburg und Krapendorf zu einer Gemeinde. 1875 wurde die Bahnlinie Oldenburg – Osnabrück eröffnet. 1929 fand der Bauernaufstand in Sevelten statt, aus dem die „Eberborggeschichte", heute dargestellt im gleichnamigen Brunnen, entstand. Nach dem Zweiten Weltkrieg, der die Zerstörung der Synagoge sowie einen schweren Luftangriff mit sich brachte, schlossen sich 1946 die Länder Oldenburg, Braunschweig, Hannover und Schaumburg-Lippe zum neuen Bundesland Niedersachsen zusammen. Die Ansiedlung vieler Industriebetriebe und die Fertigstellung von Schulen, Bädern und kulturellen Einrichtungen steigerten die Attraktivität der heute gut 30000 Einwohnern zählenden Stadt enorm. Außerhalb des Stadtkerns gehören zehn Ortsteile zum Stadtgebiet. Seit 1989 besteht eine Städtepartnerschaft mit der französischen Stadt Bernay in der Normandie.

RUNDGANG DURCH DEN HISTORISCHEN STADTKERN

① Ausgangspunkt des Rundgangs ist das Museumsdorf Cloppenburg. Der Haupteingang befindet sich in der Bether Straße (kostenlose Parkmöglichkeit), ein Nebeneingang in der Hagenstraße (günstig für Bahnreisende). Mit über 50 historischen Gebäuden, von großen Hofanlagen über Mühlen und Werkstätten bis hin zu bescheidenen Landarbeiterhäusern aus der alten Kulturlandschaft zwischen Weser und Ems wird ein Eindruck von der Alltagswelt vergangener Jahrhunderte vermittelt. In der Dorfbäckerei, der Töpferei und am Webstuhl können Besucher den Handwerkern über die Schulter schauen. Im Sommer wird in den Mühlen des Museumsdorfes regelmäßig Korn gemahlen und Mehl verkauft. Auf Weiden und in historischen Stallungen findet man außerdem Haustiere alter Rassen wie Schweine der Rasse Bunte Bentheimer, Alt-Oldenburger Pferde, Heidschnucken, Moorschnucken und Milchschafe sowie verschiedene Hühnerrassen. Die neue Dauerausstellung „Adel auf dem Lande" im Haus Arkenstede dokumentiert die Kultur und Herrschaft des Adels zwischen Weser und Ems

▲ Kappenmühle
mit Müllerhaus

vom 16. bis 18. Jh. Neu ist ein Angebot für Familien: Ein Erlebnisrundgang durch das Museumsdorf, bei dem es vieles zu entdecken und auszuprobieren gibt. Mehrmals im Jahr finden Erlebnistage statt, bei denen historisches Erntegerät vorgeführt und alte Arbeitstechniken demonstriert werden. „Der Sonntagsspaziergang" umfasst sonntags um 14.30 Uhr kostenlose Führungen zu wechselnden Themen und um 14 Uhr Mitmachangebote für Kinder wie Brotbacken und Blaufärben (ohne Voranmeldung). Das ganze Jahr über werden Wechselausstellungen gezeigt. Zu einer Rast lädt der historische „Dorfkrug" ein. Indem man vom Museumsdorf die Hagen-

② straße überquert, gelangt man in den Stadtpark. Aufgrund des Reichsdeputationshauptschlusses von 1803 wurde Deutschland neu gegliedert und das Amt Cloppenburg kam zum Großherzogtum Oldenburg. In den Jahren 1805 bis 1807 wurde als neues Verwaltungsgebäude das Amtshaus im klassizistischen Stil in dem attraktiven Park errichtet. Im Stadtpark sind auch noch Reste vom Fundament der 1297 erbauten „Cloppenburg" erhalten. Bei einem Brand 1716 wurde die Burg zerstört und für den Bau

③ des Amtshauses schließlich auch der Burgturm 1805 gesprengt. Das Amts-

87

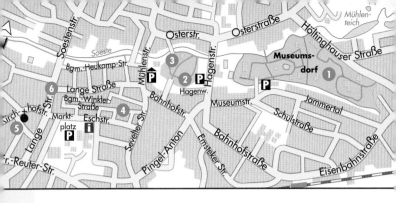

gericht wurde 1909 erbaut und 1991 restauriert. Den Jugendstilbau ziert ein reich geschmücktes Sandsteinportal mit einer Darstellung der Germania mit Schwert und Helm, der zwei Löwen zu Füßen liegen. Über das Gelände der Stadthalle erreicht man die Mühlenstraße, die zusammen mit der Langen Straße als Fußgängerzone ausgewiesen wurde und die beliebte Einkaufsmeile der Stadt bildet. In den Straßencafés kann man während des Bummels eine Pause einlegen und das geschäftige Treiben beobachten. Parallel zur Langen Straße verläuft der Rathausweg. Hier lohnt das neue, durch große Glasflächen hell und freundlich gestaltete Rathaus eine Betrachtung. Der Rathausweg geht über in die Bürgermeister-Winkler-Straße. Durch die Andreaspassage gelangt man dann zur St. Andreas-Kirche, dem ältesten Gotteshaus in Cloppenburg. Seit dem 10. Jh. existierten hier mehrere Vorgängerbauten im alten Siedlungskern von Cloppenburg. Die heutige, in der ersten Hälfte des 18. Jh. erbaute Kirche besitzt eine imposante barocke Innenausstattung mit einem prächtigen Altar und ausdrucksvollen Figuren aus der

▲ Amtshaus

Werkstatt König in Münster sowie vom Bildhauer Jöllemann aus Holte-Hümmling. Nun folgt man der Langen Straße bis zu deren Rechtsbiegung. Hier erinnert der Eberborgbrunnen an ein Ereignis aus dem Jahr 1929. Einem verschuldeten Bauern wurde sein kastrierter Eber, ein sog. Eberborg, gepfändet. Als Zeichen der Solidarität entführten Bauern den bereits verkauften Eber aus dem Stall des neuen Besitzers und brachten ihn seinem früheren Besitzer zurück. Nach einer Sondersitzung des Landtags wurden die verhängten Strafen für diesen Einbruch und Landfriedensbruch aufgehoben. Die Skulpturengruppe wurde vom Cloppenburger Künstler Peter Lehmann geschaffen. Durch die Lange Straße und den Stadtpark kehrt man nun zurück zum Museumsdorf Cloppenburg.

SCHAUEN

Der Stadtteil Bethen mit der ■ Gnadenkapelle St. Marien ist der nördlichste
Marienwallfahrtsort Europas. Die 1669 erbaute Barockkirche birgt einen
prächtigen Altar und eine ausdrucksvolle Pietà. Rund 15 km entfernt liegt
die ■ Thülsfelder Talsperre. Die einzige Talsperre Norddeutschlands erinnert
an eine nordische Schärenlandschaft und beheimatet seltene Tiere und
Pflanzen. Das Naturschutzgebiet lädt ein zu reizvollen Wanderungen und
Radtouren. Etwas düster, aber ausgesprochen romantisch präsentiert sich
das ■ Galgenmoor, wo wirklich eine Richtstätte existierte. Ein beeindruckendes Naturerlebnis ist der ■ Urwald „Baumweg" mit den ■ Ahlhorner Fisch-
teichen. Wasserspaß für die ganze Familie bietet das ■ Freizeitbad Cloppenburg mit Norddeutschlands längster Riesen-Wasserrutsche (95 m).

ℹ️ Tourist-Information, Eschstraße 29, 49661 Cloppenburg, Tel: 04471/15256
oder 19433, Fax: 04471/933828, E-Mail: tourist-info@lkclp.de

SCHLEMMEN UND **S**CHLAFEN

🍴🛏️ **Hotel Diekgerdes** Familienbetrieb mit komfortabel eingerichteten Gäste-
zimmern. Sommergarten, Kaminzimmer, Bierstube, Nichtraucherzimmer,
Frühstücksbüffet. Restaurant (50 Sitzplätze) mit Abendkarte. Friesoyther
Straße 11 + 15, 49661 Cloppenburg, Tel: 04471/3805, Fax: 04471/83799

🍴 **Dorfkrug im Museumsdorf** Im Kern unverändertes altes Bauernhaus
mit verschiedenen historischen Innenräumen, die insgesamt 250 Gästen
Platz bieten. Die Terrasse ist von Schatten spendenden Bäumen umgeben.
Regionale Gerichte, Brotzeiten u. a. Museumsdorf 25, 49661 Cloppenburg,
Tel: 04471/2726, Fax: 04471/84315

🍴🛏️ **Park-Hotel-Cloppenburg** Gepflegtes, an die Fußgängerzone und den
Stadtpark angrenzendes Hotel (90 Betten). Hausbar, Haussafe, Mieträder,
Boccia, Kinderspielplatz. Im Burgrestaurant werden u. a. regionale Gerichte
angeboten. Burgstraße 8, 49661 Cloppenburg, Tel: 04471/6614, Fax:
04471/6617

🍴🛏️ **Hotel Schlömer** Gastfreundliches Haus am Stadtpark im Zentrum von
Cloppenburg, mit Auszeichnungen für besondere Gastlichkeit. Biergarten,
Kaminzimmer, Parkplätze, Garagen, Leihräder, Pauschalangebote. Restau-
rant mit gutbürgerlicher Küche. Bahnhofstraße 17, 49661 Cloppenburg,
Tel: 04471/6523, Fax: 04471/6524

🍴🛏️ **Hotel Taphorn** In der Innenstadt, nahe der Fußgängerzone gelegen. Ho-
telveranda, Kaminzimmer, Kegelbahnen, Parkplätze. Restaurant mit regionaler Küche. Auf dem Hook 1-3, 49661 Cloppenburg, Tel: 04471/3646,
Fax: 04471/87455

DELMENHORST

Delmenhorst liegt inmitten reizvoller Geest- und Marsch-
landschaften und entwickelte sich in über 700 Jahren Stadtgeschichte von der Grafenresidenz zum modernen Mittelzentrum. Häuser der Gründerzeit und Industriedenkmäler
verleihen Delmenhorst seinen einzigartigen Charme.

ANFAHRT

■ A 28 Oldenburg – Bremen. ■ B 213 von Wildeshausen. ■ Bahnhof mit
IC-, RE- und NordWestBahn-Anschluss.

GESCHICHTE

Delmenhorst wurde 1254 erstmals urkundlich erwähnt. Die Delmenhorster
Grafen entstammten einer Nebenlinie des Oldenburger Grafengeschlechts
und regierten von 1281 bis 1647, unterbrochen von mehreren Besitzerwechseln. Die Stadtrechte bekam Delmenhorst 1371. 1414 verpfändete
Graf Otto IV. die Grafschaft Delmenhorst an das Erzstift Bremen, bevor
sie 1436 an Oldenburg gelangte. 1448 wurde Graf Christian von Oldenburg
und Delmenhorst König von Dänemark. 1482 fiel die Stadt unter Münste-
raner Herrschaft, wurde jedoch 1547 durch Graf Anton I. von Oldenburg
zurückerobert. Von 1647 bis 1667 kam die Grafschaft erneut zu Oldenburg.
Die enge Verbindung nach Dänemark führte dazu, dass nach dem Tod des
kinderlosen letzten Grafen Anton Günther die Grafschaften Oldenburg
und Delmenhorst von 1667 bis 1773 dänisch waren. 1690 erhielt Delmenhorst das Marktrecht. Unter Napoleon gehörte das Herzogtum Oldenburg
von 1811 bis 1813 zum französischen Kaiserreich. Die Industrialisierung
wurde durch die Einweihung der Bahnlinie Bremen – Oldenburg 1867 gefördert, zwischen 1870 und 1898 entwickelte sich Delmenhorst zur größten
Industriestadt zwischen Weser und Ems. Mit der Erhebung zur kreisfreien
Stadt 1903 erhielt Delmenhorst weitere Wachstumsimpulse. Trotz ihrer
bedeutenden Industrieanlagen blieb die Stadt im Zweiten Weltkrieg von
schweren Bombenangriffen verschont. Nach dem Krieg erlebte Delmenhorst
durch Flüchtlinge und Vertriebene ein rasches Bevölkerungswachstum
und durch das „Wirtschaftswunder" einen erneuten Aufschwung der
Metall-, Woll-, Textil-, Lebensmittel- und Linoleumindustrie, der jedoch in
den 1960er-Jahren und insbesondere mit dem endgültigen Konkurs der
„Vereinigten Kammgarnspinnerei" 1981 endete. Ab 1986 entstand auf
dem „Nordwolle"-Areal ein neuer Stadtteil, der zur EXPO 2000 als Stadtent-
wicklungsprojekt „Nordwolle Delmenhorst" präsentiert wurde. Heute hat
das moderne Mittelzentrum Delmenhorst ca. 80 000 Einwohner.

RUNDGANG DURCH DEN HISTORISCHEN STADTKERN

Ausgangspunkt des Rundgangs ist die

① Graft. Die 16 ha große Parkanlage wird durchzogen von Wasserläufen, der sog. Innen- und Außengraft. Das Naherholungsgebiet rund um die Burginsel bietet einen Minigolfplatz und einen Bootsverleih. Die

② Alte Wassermühle am Eingang der Burginsel wurde um 1880 erbaut und beherbergt heute eines der schönsten Weinlokale der

▲ Speicher an der Graft

③ Region. Das 1564 errichtete Gräfliche Gartenhaus befand sich ursprünglich auf dem Gut Weyhausen an der Ochtum und wurde 1723 im barocken Stil umgestaltet. Nach dem Einsturz des baufälligen Gartenhauses 1956 wurden die Teile in Oldenburg zwischengelagert. Der Wiederaufbau am Eingang der Burginsel erfolgte

④ 1979. Die Burginsel war zunächst nur von der heutigen Innengraft umgeben, bevor 1553 die Außengraft angelegt wurde. Die 1247 errichtete Wasserburg wurde ab 1547 zu einem repräsentativen Schloss im Stil der Weserrenaissance umgestaltet. Nach der Verpfändung der Grafschaft Delmenhorst an das Kurfürstentum Hannover begann man 1711 mit dem Abbruch der Schloss- und Festungsanlage. Bei einer archäologischen Grabung 1976 entdeckte man Teile der Festungsmauern, die heute auf

▼ Blick auf den Bismarckplatz mit dem Rathaus

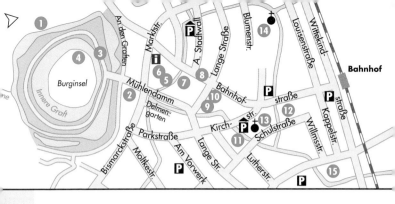

der Rasenfläche zu sehen sind. Der Blaue Turm blieb in verkürzter Form bis 1787 erhalten. Heute sind nur noch Teile der Grundmauern zu sehen, Ziegelsteine markieren den einstigen Standort runden Herrenturms. Das Wahrzeichen der Burg ist im Delmenhorster Stadtwappen zu sehen. Über den Mühlendamm erreicht man das Rathaus. Mit der Rathausanlage entstand von 1909-1925 das Zentrum der Stadt. Das Rathaus wurde 1912-1914 vom Architekten Heinz Stoffregen, einem der führenden deutschen Architekten in der Zeit vor dem Ersten Welt-

krieg, im Jugendstil errichtet. Die Fassade ist mit Arbeiten des Bildhauers Ernst Wachold, Atlanten und einer Stoffregen-Büste verziert. Im Inneren ist besonders der Große Ratssaal mit kunstvoll geschmückten Glasfenstern und roter Holzvertäfelung sehenswert. Vor dem Ratssaal sind zwei Gemälde von Arthur Fitger, „Aschenbrödel" und „Der getreue Eckhard", zu sehen. Die Bänke in den Rathausfluren und die Möblierung des Trauzimmers wurden von Heinz Stoffregen entworfen. Neben dem Rathaus erhebt sich der 1909 ebenfalls von Heinz Stoffregen errichtete Wasserturm. Das 44 m hohe Wahrzeichen der Stadt sollte mit seinem grauen Putz ein neues, fortschrittliches Delmenhorst symbolisieren. Von der Aussichtsplattform, die man über 200 Stufen erreicht,

▲ Wasserturm

bietet sich ein herrlicher Blick über die Stadt. Nun geht man weiter in Richtung Bahnhofstraße. Die Markthalle wurde 1919/20 ebenfalls von Heinz Stoffregen geplant. Heute werden hier Handel und Gastronomie betrieben. Nördlich der Markthalle stand einst das Geburtshaus Arthur Fitgers, das jedoch 1963 abgerissen wurde. Auch der Nachfolgebau wurde

93

2002 abgebrochen und 2003 durch das „Neue Fitger-Haus" ersetzt. Der
Dichter und Maler Arthur Fitger (1840-1909) galt um die Jahrhundertwende
als Bremer „Kunstpapst" und verbrachte seine ersten 29 Lebensjahre in
Delmenhorst. Bald überquert man die Lange Straße, die zu Beginn der
Stadtgeschichte im 13. Jh. die erste und weitere Jahrhunderte lang auch
die einzige Straße und der einzige Verbindungsweg zum Eingang der Burg
Delmenhorst war. In den 1970er-Jahren wurde die Lange Straße als Fußgängerzone ausgewiesen. In der Langen Straße sind interessante Gebäude
zu sehen, die die Geschichte der Straße widerspiegeln. Das Haus Horst-
mann wurde 1906 vom Bremerhavener Architekten August Bertram entworfen und stellt ein typisches Beispiel für Geschäftshäuser der Jahrhundertwende dar. Zwischen 1900 und 1920 wollten Architekten und Planer
Delmenhorst als „Idealstadt" mit neuem Profil umgestalten. In dieser
Zeit entstanden viele Bürgerhäuser. Die 1883 errichtete Einhorn-Apotheke
wurde 1906 im neugotischen Stil umgebaut. In den Verkaufsräumen zeugt
die Familienchronik von der langen Tradition der Apotheke, die sich seit
100 Jahren in Familienbesitz befindet. Man überquert nun in östlicher
Richtung die Delme, folgt der Kirchstraße kurz nach links und nimmt dann
rechts die Verbindungsstraße zur Schulstraße, in die man nach links einbiegt. An der Ecke steht das Ehemalige Arbeitsamt, das 1927 im sog.
„Dreiecks-Expressionismus" errichtet wurde. Man folgt nun weiter der
Schulstraße. Kurz nach Überquerung eines weiteren Wasserlaufs erblickt
man linker Hand die Ehemalige Jahnschule. Das 1873 erbaute und als

▼ Industriedenkmal Nordwolle Delmenhorst

94

Mädchenschule eröffnete Haus ist eines der ältesten Schulgebäude der Stadt und beherbergt heute die städtische Musikschule. Durch eine kurze Verbindungsstraße erreicht man die Bahnhofstraße, der man nach links folgt und von der bald die Kirchstraße abzweigt. Auf der linken Seite erhebt sich die Ev. Stadtkirche, deren älteste Mauern aus dem 17. Jh. stammen. Im Jahre 1789 erfolgte eine Erneuerung des Kirchenschiffs. Beim Bau des 1908 aufgestockten Turms wurden Ziegel des Huder Klosters verarbeitet. Von 1614 bis 1619 wurde die Grafengruft angelegt. In Zinksärgen fanden der Delmenhorster Graf Anton II. und seine Frau Sibylla Elisabeth, ihr Sohn Christian IX., der letzte Delmenhorster Graf, und ihre Tochter Sybilla Maria ihre letzte Ruhestätte. Der Obelisk vor der Kirche aus dem Jahr 1874 ist das älteste Denkmal der Stadt. Auf bekanntem Weg zurück durch die Kirch- und Bahnhofstraße, geht man an der Kreuzung links in die Louisenstraße. Hier befindet sich die Kath. St. Marienkirche mit ihrem 72 m hohen Turm. Das Gotteshaus wurde 1903 im Stil der Neugotik errichtet. Zu einem weiteren Gebäude des Architekten Heinz Stoffregen führt der Rundgang durch die

▼ Nordwollestraße

▲ Haus Coburg

Louisenstraße und die Koppelstraße. Rechts an der Ecke Friedrich-Ebert-Allee/Fischstraße befindet sich das Haus Coburg, das 1905 als städtische Arztpraxis mit Wohnbereich erbaut wurde. Besonders vom Hof aus bietet sich ein schöner Blick auf das Gebäude. 1974 wurde die Villa zu einem Ausstellungshaus umgestaltet und entwickelte sich zu einem überregional wirkenden Zentrum der Kunst des 20. Jh. Die Städtische Galerie Haus Coburg mit der Sammlung Stuckenberg zeigt Kunst der Gegenwart und der Klassischen Moderne mit Werken von Arthur Fitger, Lyonel Feininger, Wassily Kandinsky und vielen anderen. Durch die Friedrich-Ebert-Allee, die Lange Straße und den Mühlendamm kehrt man zur Graft zurück.

SCHAUEN

Auf dem Gelände der ■ Nordwolle Delmenhorst entstand ein neuer Stadtteil mit Kultureinrichtungen, Gewerbeflächen und moderner Wohnbebauung. Die Gebäude aus dem 19. Jh., wie die Unternehmervilla und Arbeiterhäuser, konnten fast vollständig erhalten und saniert werden. Auf dem Areal dokumentieren das ■ Fabrikmuseum und das ■ Stadtmuseum mit ihren interessanten Sammlungen die Geschichte der Nordwolle und der Stadt. Mit der ■ Historischen Kleinbahn „Jan Harpstedt" kann man an Sommersonntagen in den landschaftlich reizvollen staatlich anerkannten Erholungsort ■ Harpstedt fahren. Delmenhorst liegt am Rande des ■ Naturparks Wildeshauser Geest, der durch ein gut ausgeschildertes Rad- und Wanderwegenetz erschlossen ist. Neben der malerischen Landschaft mit Eichenwäldern, Moorgebieten, Heideflächen und idyllischen Flusstälern und Seen gibt es auch historische Sehenswürdigkeiten wie die Klosterruine in ■ Hude und die Kirche St. Cyprian und Cornelius mit einer kunstvollen Arp-Schnitger-Orgel in ■ Ganderkesee. Die ■ Route der Gartenkultur, die auch durch Delmenhorst führt, verbindet herrliche Parks und Gärten, die als stimmungsvoller Rahmen für kulturelle Veranstaltungen dienen.

ℹ Stadtmarketing Delmenhorst GmbH, Rathausplatz 1, 27749 Delmenhorst, Tel: 04221/992299, Fax: 04221/992244, E-Mail: stadtmarketing@delmenhorst.de, Internet: www.delmenhorst.de

SCHLEMMEN UND **S**CHLAFEN

🍴 ⌨ **Alt Hasberger Krug** In ruhiger Lage im Landschaftsschutzgebiet mit großzügigen Hotelzimmern. Die Küche bietet regionale Spezialitäten sowie Leckereien mit mediterranem Akzent und Saisonspezialitäten. Hasberger Dorfstraße 31, 27751 Delmenhorst, Tel: 04221/42223, Fax: 04221/43713

🍴 ⌨ **City Hotel** Zentral gegenüber dem Bahnhof gelegen. Behagliche Zimmer, Sauna, Solarium, Fitnessraum. Das Angebot des Restaurants reicht von bürgerlich bis exquisit. Stilecht eingerichteter englischer Pub. Bahnhofstr. 16, 27749 Delmenhorst, Tel: 04221/12680, Fax: 04221/126868

🍴 ⌨ **Hotel Gut Hasport** Zwischen Bremen und Delmenhorst, ruhig gelegen an einem See mit liebevoll eingerichteten Komfortzimmern sowie Restaurant und Teestübchen. Kosmetikstudio, viele Wanderwege. Hasporter Allee 220, 27755 Delmenhorst, Tel: 04221/ 26081, Fax: 04221/26084

🍴 ⌨ **Hotel-Restaurant Thomsen** Traditionsreicher Betrieb mit Komfortzimmern und -suiten und Wellnessbereich. Das Restaurant lockt mit einem vielseitigen kulinarischen Angebot. Bremer Straße 186, 27751 Delmenhorst, Tel: 04221/9700, Fax: 04221/70001

DUDERSTADT

Der staatliche anerkannte Erholungsort liegt eingebettet in die einzigartige Kulturlandschaft des Eichsfeldes. Das in einmaliger Geschlossenheit erhaltene mittelalterliche Stadtbild wird geprägt durch zahlreiche farbenfrohe Fachwerkhäuser verschiedener Stilepochen.

ANFAHRT

■ A 38, Ausfahrten Breitenworbis oder Leinefelde. ■ B 247 aus Richtung Northeim bzw. Mühlhausen (Thüringen). ■ B 27/B 446 von Göttingen. ■ Linien- oder Schnellbusverbindungen von den Bahnhöfen Göttingen (ICE-Anschluss) oder Leinefelde (IR-Anschluss).

GESCHICHTE

Am 16.9.929 wurde Duderstadt erstmals urkundlich erwähnt. 974 kam der Ort für 262 Jahre zum Stift Quedlinburg und wurde nach weiteren Besitzerwechseln im Jahre 1247 zur Stadt erhoben. Unter den Braunschweiger Herzögen begann ein kontinuierlicher Aufschwung, begünstigt durch die Lage der Stadt an der Kreuzung zweier wichtiger Handelsstraßen und den Erfolg der Duderstädter Kaufleute. Zwischen 1334 und 1366 traten die Welfenherzöge Duderstadt wegen finanzieller Schwierigkeiten nach und nach an die Erzbischöfe von Mainz ab. Während deren 450-jähriger Herrschaft erweiterte sich das Stadtgebiet über die Befestigungsanlage hinaus und Duderstadt gewann an wirtschaftlichem Einfluss. Die Verlagerung der Handelsstraßen und der Niedergang der Hanse im 15. Jh. führten zu einer wirtschaftlichen Krise. Durch die dennoch rege Bautätigkeit entstand in dieser Zeit das heutige Stadtbild. Der Dreißigjährige Krieg (1618-1648) und der Siebenjährige Krieg (1756-1763), Krankheitsepidemien und die wachsende Isolation von den angrenzenden Staaten brachten weitere Rückschläge. Im 19. Jh. verschlechterte sich die Situation durch die Randlage an der neuen Grenze zwischen Hannover und Preußen weiter, erst spät erfolgte der Anschluss an das Eisenbahnnetz. Ab 1885 wurde Duderstadt mit den zur preußischen Provinz Hannover gehörenden Dörfern des Untereichsfeldes zum Landkreis Duderstadt zusammengeschlossen. Nach dem Zweiten Weltkrieg litt Duderstadt erneut unter seiner Randlage an der deutsch-deutschen Grenze, doch die Ansiedlung bedeutender Industriebetriebe und die geglückte Integration Tausender von Vertriebenen und Flüchtlingen brachten einen Aufschwung. 1973 kam Duderstadt zum Landkreis Göttingen und liegt seit der Wiedervereinigung 1990 wieder im Herzen Deutschlands.

RUNDGANG DURCH DEN HISTORISCHEN STADTKERN

1 Der Rundgang beginnt am Rathaus, das zu den schönsten und ältesten Rathäusern Deutschlands gehört und um 1300 mit dem „Kophus" und einer darüber liegenden großen „Ratshalle" erbaut wurde. 1432 wurde das Gebäude in südlicher Richtung erweitert. 1532 erteilte der Rat den Auftrag für die Fachwerkkonstruktion mit der Laube und den drei Türmen. Um 1674 wurde die barocke Freitreppe angefügt. Zwischen 9 und 19 Uhr ertönt zu jeder ungeraden Stunde das Glockenspiel „Mein Duderstadt am Brehmestrand", begleitet von der Figur des „Anreischke". Der kleine Wasserlauf gegenüber dem Rathaus ist die Rekonstruktion der Brehme, die seit 1276 Duderstadt mit Wasser versorgte und bis 1928 durch die Stadt floss. Die vielen Brunnen zeugen von der großen Bedeutung des Wassers als lebenswichtiges Element. Der Grenzpfahl-Brunnen linker Hand symbolisiert die unglückliche Teilung Deutschlands. Nun folgt man dem Wasserlauf in Richtung der zweitürmigen St.-Cyriakus-Kirche. Links **2** neben dem Rathaus steht die „Mariensäule". Im Jahre 1711 ließ Stadtpfarrer Herwig Böning, der „Vater des Eichsfelder Barock", diese Pestsäule aus Dankbarkeit für die Errettung aus der Pestepidemie 1683 errichten.

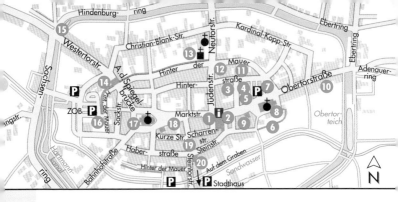

Im Sockel sind das Wappen der Mainzer Erzbischöfe und Kurfürsten und das Wappen von Duderstadt mit den beiden Löwen zu erkennen. Das „Steinerne Haus", ein barockes Sandsteingebäude, wurde 1751/52 als Stadthaus des ehemaligen Zisterzienserinnenklosters Teistungenburg errichtet. Nach Überqueren der Straße erreicht man den Schützenbrunnen vor einem wunderschönen Fachwerkensemble. Zur Erinnerung an die Verleihung der Stadtrechte im Jahre 1247 wurde der Brunnen von Freunden und Gönnern der Schützengesellschaft Duderstadt gestiftet. Nun folgt man dem abschüssigen Straßenverlauf. Rechts neben dem Renaissance-Ackerbürgerhaus steht ein Haus im Stil des Historismus. Links davon befindet sich das barocke Stadthaus des ehemaligen Klosters Gerode, in dem heute die Stadtbibliothek untergebracht ist. Durch die kleine Gasse gelangt man zur Stadtmauer und genießt einen herrlichen Blick auf den Stadtpark. Im Hintergrund sind die Bürgergärten und der Stadtwall zu sehen, der bis heute vollständig erhalten ist und ein typisches mittelalterliches Verteidigungssystem mit Mauer, Vorland (Planie) und Wall darstellt. Man kehrt wieder um und kommt über die Treppe zum Obermarkt, der höchsten Stelle des mittelalterlichen Stadtkerns. Linker Hand erblickt man die 1724 aufgestellte Statue des Hl. Nepomuk, die damit sicherlich eines der ältesten Originale im europäischen Raum

▼ Rathaus

▲ Schützenbrunnen

ist. Ein Stück weiter steht das Denkmal für den Kardinal und Fürstbischof von Breslau, Georg von Kopp (1837-1914), einen berühmten Sohn und Ehrenbürger der Stadt.

⑧ Der Platz wird überragt von der St.-Cyriakus-Propsteikirche, neben dem Rathaus eines der ältesten Gebäude Duderstadts. Bereits 1240 wurde mit dem Bau des Westwerks begonnen. Typisch für die Frühgotik sind der breite Unterbau der Doppeltürme mit seinen Spitzgiebeln und dem prächtigen Portal. Nachdem die Kirche ursprünglich nur den 62,50 m hohen Nordturm besessen

▲ St.-Cyriakus-
Propsteikirche

hatte, wurde nach dem Brand 1852 der südliche Turm hinzugefügt. Die beiden vergoldeten Turmknaufe tragen ein Kreuz bzw. einen Hahn als Wetterfahne. Der spätgotisch geprägte Innenraum besitzt eine wertvolle Ausstattung, u. a. einen Flügelaltar (um 1500), einen barocken Taufstein (1694), ein romanisches Reliquienkreuz und eine gotische Kanzel. Hinter der Kirche steht die ehemalige Knabenschule. Das 1767 im barocken

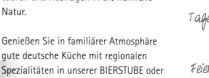

(9) Fachwerkstil errichtete Gebäude beherbergt heute das Heimatmuseum, das interessante Exponate aus den Bereichen Archäologie, heimisches Handwerk und Gewerbe, Tabakanbau und -verarbeitung im Eichsfeld, bürgerliches und bäuerliches Wohnen und Kirchengeschichte des Eichsfeldes zeigt. Im Museumslehrgarten gibt es zahlreiche längst vergessene Kultur-

(10) pflanzen zu entdecken. In der Obertorstraße geht man an den „Läute-Häusern" entlang, in denen einst die Leute wohnten, die die Kirchenglocken läuten mussten. Bis 1811 befand sich am Ende der Häuserzeile das Obertor, dessen einstiger Standort heute durch die beiden Granitsäulen und den durch die Pflasterung im Straßen-

belag markierten Verlauf der alten Stadtmauer gekennzeichnet wird. Über den Herwig-Böning-Platz geht man nun in die Hinterstraße, in der man reich verzierte Haustü-

(11) ren und ein sehenswertes Fachwerkensemble (Hs. Nr. 73-77) aus den Stilepochen Renaissance, Gotik und Barock passiert. Man folgt der Hinterstraße bis zur Jüdenstraße und biegt rechts ab. Nach ca. 50 m erreicht man Hs. Nr. 29 mit einem reich ver-

(12) zierten Barockportal von 1680. An dieser Stelle befand sich einst auch das 1436 erbaute Neutor. Hier geht man links entlang der Stadtmauer weiter. Der Rundgang ver-

▼ Ursulinen-Kloster

▼ Blick über den ehemaligen Pferdemarkt zum Westerturm

läuft nun auf dem ehemaligen Wächterweg „Hinter der Mauer" und

⑬ gelangt bald zum Ursulinen-Kloster. Der seit 1700 erbaute Komplex befand sich außerhalb der Stadtmauern, da damals keine Klöster innerhalb der Stadt errichtet werden durften. Die Fachwerk-Klostergebäude wurden 1993-95 renoviert. Die Liebfrauenkirche entstand 1889/90 anstelle eines älteren Gotteshauses als neuromanische zweischiffige Kirche aus Rotstandstein nach den Plänen von Baurat Herzig. Bereits aus der Ferne

⑭ ist der Westerturm mit seinem eigenwillig gedrehten Helm zu sehen. Der bereits 1343 erwähnte Turm wurde nach einem Brand 1424 wieder aufgebaut und ist das letzte erhaltene Stadttor. Die schraubenähnliche Drehung ist auf einen Konstruktionsfehler des Dachstuhls zurückzuführen. Der Volksmund macht den Teufel für die eigenwillige Formgebung verantwortlich: Er hatte die Männer zum Trinken verführt und klammerte sich auf seiner Flucht vor den Duderstädter Frauen an den Turmknauf. Dabei riss er die Spitze herum, bevor er endgültig über die Stadtmauer entkam. Bei einem Blick durch den Westerturm erkennt man

⑮ die barocke Statue der „Madonna im Lindenzaun" von 1752. Nun folgt man weiter der

⑯ Stadtmauer, die im Abschnitt zwischen Pulverturm und Georgstürmchen sorgfältig restauriert und mit einem rekonstruierten Wehrgang ergänzt wurde. Von hier genießt man eine imposante Aussicht auf die Stadt und das Umland. Durch die Schmiedegasse und

▲ In der Marktstraße

⑰ den wohl ältesten Teil der Stadt erreicht man schließlich die St.-Servatius-Kirche, die die Marktstraße gegenüber der St.-Cyriakus-Kirche in westlicher Richtung abschließt. Mit dem Bau der dreischiffigen spätgotischen Hallenkirche wurde um 1370 am ehemaligen Standort der Pfalzkapelle begonnen. Die St.-Servatius-Kirche ist schlichter und kleiner als ihr Pendant. Ab 1714 wurde der Innenraum im Barockstil gestaltet. 1808 wurde das Gotteshaus evangelische Pfarrkirche. 1915 wurde die erst wenige Jahre zuvor renovierte Kirche bei einem Brand fast völlig zerstört und 1915-28 restauriert. Das gesamte Holzwerk im Inneren und die Jugendstilfenster entstanden 1917. Die Orgel (1977) von Jürgen Ahrend gilt als eine der schönsten Werke in Südniedersachsen. Der 64 m hohe

Turm ist ca. 10 m höher als sein Vorgänger und schließt mit einer im expressionistischen Stil der 1920er-Jahre gestalteten Spitze ab. Rechts vor der Kirche erinnert der Brunnen mit dem Pferdejungen an den einst hier abgehaltenen Pferdemarkt. Die umstehenden Häuser wurden vom Architekten Freiherr von Tettau entworfen und nach den Bränden von 1911

(18) und 1915 errichtet. Links an der Kirche entlang, gelangt man zum Vereinigungsbrunnen, der zur Erinnerung an die Teilung und Wiedervereinigung der beiden deutschen Staaten entstand. Rechts erblickt man das „Hotel zur Tanne", in dem Goethe auf seiner Harzreise 1777 übernachtete. Der Barockbau ist überwiegend mit Pflanzen- und Tierornamenten geschmückt. Nun folgt man der Marktstraße und biegt nach ca.

(19) 100 m rechts ein in die Apothekenstraße, die frühere Herrenstraße. Hier steht eines der ältesten Fachwerkhäuser der Stadt. Blickt man die Straße gerade hinunter, fällt

(20) das Wankesche Haus mit vielen geschnitzten Köpfen auf. Rechts kann man die längste Zunge Duderstadts entdecken! Durch die Steinstraße kehrt man zurück zum Rathaus.

▼ Stadtpark

103

SCHAUEN

Das ■ Eichsfeld wird geprägt von sanften Hügeln, einzelnen Bergen, engen Tälern, bewaldeten Hängen und kleinen Seen. Erholung nach dem Stadtrundgang bietet der ■ Seeburger See, der auch als „Auge des Eichsfeldes" bezeichnet wird. Der größte Natursee im südlichen Niedersachsen besitzt u. a. ein Strandbad, einen Campingplatz und verschiedene Sport- und Freizeitanlagen. Die ■ Rhumequelle zählt zu den größten Karstquellen Europas mit einer Schüttung von bis zu 5000 Litern pro Sekunde. Das 1528 erbaute ■ Schloss Gieboldehausen ist ein sehenswertes Baudenkmal des Mittelalters und der Renaissance. Die ■ Wilhelm-Busch-Mühle in Ebergötzen weckt Kindheitserinnerungen. Das ■ Heinz Sielmann Natur-Erlebniszentrum Gut Herbigshagen vermittelt vor allem Kindern und Jugendlichen „Naturschutz als positive Lebensphilosophie". Das ■ Grenzlandmuseum Eichsfeld beschäftigt sich als Mahn- und Gedenkstätte mit der Teilung Deutschlands und des Eichsfeldes. Reich an Sehenswürdigkeiten sind auch ■ Worbis, ■ Leinefelde und das Heilbad ■ Heiligenstadt.

i Gästeinformation, Historisches Rathaus, Marktstraße 66, 37115 Duderstadt, Tel: 05527/841200 oder 19433, Fax: 05527/841201, E-Mail: gaesteinfo@ duderstadt.de, Internet: www.duderstadt.de

SCHLEMMEN UND SCHLAFEN

⫯ **Ratskeller** Gepflegtes Restaurant in nostalgischen Räumlichkeiten mit internationaler Küche im Herzen der Altstadt, in unmittelbarer Nähe des Rathauses. Eine große Terrasse lädt zum Verweilen ein. Gropenmarkt 1, 37115 Duderstadt, Tel: 05527/2577

⫯▭ **Hotel Zum halben Mond** Hotel garni (15 Betten) in ruhiger Innenstadtlage. Nostalgischer Gasthof mit gutbürgerlicher Küche. Haberstr. 17-19, 37115 Duderstadt, Tel: 05527/2698

⫯▭ **Hotel Zum Kronprinzen** Im Ortsteil Fuhrbach gelegenes 4-Sterne-Hotel mit familienfreundlicher und behindertengerechter Einrichtung. Zum Haus gehören Sauna, Dampfbad, Solarium, Kegelbahnen, Seminarräume. Im Restaurant werden regionale und überregionale Gerichte angeboten. Fuhrbacher Str. 31, 37115 Duderstadt-Fuhrbach, Tel: 05527/9100, Fax: 05527/910250

⫯▭ **Hotel Zum Löwen** Zentral in der Fußgängerzone gelegenes 4-Sterne-Hotel mit zeitgemäßem Komfort. Schwimmbad, Saunabereich, behindertengerechte Ausstattung. Zwei Restaurants überzeugen durch ein vielfältiges kulinarisches Angebot. Marktstraße 30, 37115 Duderstadt, Tel: 05527/3072, Fax: 05527/72630

EINBECK

„Der beste Trank, den einer kennt, der wird Einbecker Bier genennt."- so lobte Martin Luther schon 1521 das berühmte Einbecker Erzeugnis. Heute fasziniert die „wundersame Stadt" (Goethe) durch zahlreiche Fachwerk- und Bürgerhäuser und die historischen Wehr- und Wallanlagen.

ANFAHRT

■ A 7 Kassel – Hannover, Ausfahrt Northeim-Nord. ■ B 64 aus Richtung Holzminden. ■ B 3 von Alfeld. ■ Bahnstationen Einbeck-Salzderhelden, Einbeck-Mitte und Kreiensen mit Busanschluss.

GESCHICHTE

Die Ursprünge der Stadt reichen zurück bis in das 11. Jh., als rund um einen kirchlichen Kern eine bürgerliche Siedlung wuchs. Um 1240 erhielt Einbeck Stadtrechte und erwarb weitere bedeutende Privilegien wie das Münzrecht, die Gerichtsbarkeit und das Recht, mit der Hanse Verträge zu schließen. Zehn Jahre später wurde die erste Gesamtbefestigung aus Wall und Graben fertig gestellt, der Bau der Stadtmauer begann. Im 14. bis 16. Jh. erlebte Einbeck eine Blütezeit, vor allem durch den erfolgreichen Handel mit den örtlichen Brauereierzeugnissen. Zwei Brände zerstörten 1540 und 1549 die gesamte Stadt mit Ausnahme der Befestigungsanlagen und der Kirchen. Nach dem Dreißigjährigen Krieg verlor Einbeck drastisch an Bedeutung, das Landstädtchen stand in enger landesherrlicher Abhängigkeit. Auch unter dem Siebenjährigen Krieg hatte Einbeck zu leiden, erholte sich Ende des 18. Jh. jedoch wieder. Wohlstand brachten das blühende Textilgewerbe, aber auch Tapetenfabriken,

▲ Braumeister

eine Zuckerfabrik und weiterhin das Braugewerbe. Aus dem Ende des 19. Jh. von August Stukenbrok gegründeten, ersten deutschen Versandhaus entwickelte sich eine bedeutende Fahrradindustrie, die bis Mitte der 1990er-Jahre bestand. Nach dem Zweiten Weltkrieg, den die Stadt unbeschadet überstand, siedelten sich weitere Industrieunternehmen an. Durch Städtepartnerschaften ist Einbeck mit Artern (Thüringen), Patschkau (Polen), Thiais (Frankreich) und Keene (USA) verbunden.

RUNDGANG DURCH DEN HISTORISCHEN STADTKERN

❶ Der Rundgang beginnt am Marktplatz, in dessen Mitte der Till-Eulen-spiegel-Brunnen von 1941 den Schalk als Brauknecht zeigt. Die Darstellung spielt auf eine Eulenspiegel-Geschichte an, bei der er als Braugeselle statt Hopfen zu sieden den „Hopf" genannten Hund des Braumeisters in

❷ den heißen Sud warf. Das Alte Rathaus ist das Wahrzeichen der Stadt und zeugt mit seiner repräsentativen Gestaltung vom Reichtum und dem Einfluss der Bürgerschaft in der zweiten Hälfte des 16. Jh. Der Vorgängerbau stammte aus dem 13. Jh. Das Hauptgebäude wurde nach den Stadtbränden in der Zeit zwischen 1549 und 1566 errichtet und erst 40 Jahre später mit den drei markanten Türmen vollendet. Auch an anderen Bürgerhäusern in der Stadt sieht man das hier angebrachte, typische geschnitzte Zierwerk, insbesondere die Fächerrosetten. Gegenüber dem Rathaus steht das

❸ Brodhaus (Marktplatz 13), das bereits 1333 als „Haus der Bäcker am Markt", d. h. als Sitz der Bäckergilde, beurkundet wurde. Das heutige Gebäude mit hohem Erdgeschoss und vorkragendem Obergeschoss entstand 1552. Das Bäckerwappen findet man im Sturz des Torbogens und im Aushänger. An der oberen Schwelle sind Bibelzitate in niederdeutscher Sprache zu lesen. Neben

❹ dem Brodhaus fällt die mächtige Ratsapo-theke (Marktplatz 15) durch ihr großes Schleppdach mit breiten Luken auf. In dem Gebäude wurde einst Bier gebraut. Gerste, Weizen und Hopfen wurde in den geräumigen, durch offene Gauben belüfteten Böden gelagert. Die städtische Braupfanne wurde durch das hohe, rundbogige Tor auf die große Diele gebracht. Die Eingangstür ist flankiert durch zwei Säulen. Rechter

▲ Rathaus

Hand erblickt man im Wappen der Familie Raven ein Hakenkreuz. Diese Swastika ist ein Glückssymbol aus dem Altindischen und auch ein altes Feuer- und Sonnenzeichen. Links ist das Wappen der Familie Heinemeier mit einem stilisierten Lebensbaum zu sehen. Im Türsturz ist rechts neben der Jahreszahl 1590 das Wappen der bekannten Patrizierfamilie Diek mit Löwe und Fischen angebracht. Auf der gleichen Marktplatzseite steht das Stadtkommandantenhaus mit einer Utlucht, einem Erker mit Aussicht

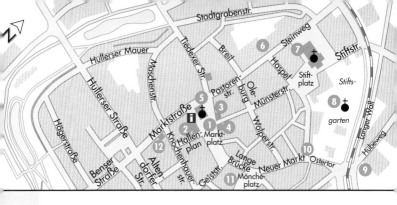

nach allen Seiten, und bemerkenswerten Schnitzereien am Erkerbalken. Rund um den Marktplatz und in den umliegenden Straßenzügen (u. a. Lange Brücke und Tiedexer Straße) lohnen weitere sehenswerte Fachwerkhäuser eine Betrachtung. Überragt wird der Marktplatz von der Marktkirche. Das im 13./14. Jh. erbaute Gotteshaus ist St. Jakobus, dem Schutzpatron der fahrenden Kaufleute, geweiht. Der 65 m hohe Turm neigte sich im 18. Jh. so stark nach Westen, dass 1741 eine Stützmauer angebracht werden musste. Heute steht der „schiefe Turm von Einbeck" ca. 1,50 m aus dem Lot. Das Innere der Kirche birgt wertvolle Kunstwerke, u. a. einen gotischen Tafelaltar (Ende 14. Jh.), Epitaphien, eine Holzplastik des Hl. Jakobus (15. Jh.), einen romanischen Taufstein (Ende 12. Jh.), eine mit aufwändigen Schnitzereien geschmückte Kanzel (1637) und ein ausdrucksstarkes dreiteiliges Tafelbild mit der Kreuzigung als Thema, das 1967 vom Einbecker Künstler Franz Cestnik geschaffen wurde. Vom Marktplatz zweigt die Münsterstraße und von dieser wiederum die Straße Oleburg ab. Beide Straßen beeindrucken durch sorgsam restaurierte Fachwerkgebäude und mächtige Patrizierhäuser. Die Oleburg endet am Steinweg, der die Marktkirche und die Stiftskirche St. Alexandri („Münsterkirche") verbindet. Nach rechts gewandt, erblickt man das StadtMuseum, das in einem spätgotischen Bürger- und Brauhaus

▼ Brodhaus-Detail

▲ Brodhaus

107

▲ Poggenhaus

von 1548 mit Utlucht, großem Torbogen und vorkragendem Obergeschoss untergebracht ist. Die Fassade ist mit kunstvollen Schnitzereien verziert. Das StadtMuseum dokumentiert anhand von archäologischen Exponaten, Karten und Urkunden die Stadtgeschichte. Mit verschiedenen Handwerken wie dem Brauwesen, dem Blaudruck, dem Formstecherhandwerk und der Tapetenindustrie beschäftigen sich eigene Abteilungen. Die Bedeutung des Gildewesens wird durch die Sammlung kostbarer Zinnpokale aus dem 16. bis 19. Jh. illustriert. 1995 wurde das umfangreiche Münzkabinett mit Einbecker Prägungen seit dem späten Mittelalter bis 1674 eröffnet. Seit 1996 erinnert das Sertürner-Zimmer mit einem Apothekenlabor und vielen Dokumenten an den Entdecker des Morphiums. Neu ist das RadHaus im StadtMuseum. Ein modernes Fahrradmuseum präsentiert eindrucksvoll die Geschichte des Fahrrades. Vom StadtMuseum sollte man dem Steinweg ca. 70 m stadtauswärts folgen. Von hier bietet sich ein besonders schöner Blick auf den „schiefen Turm von Einbeck" und die Fachwerkhäuser. Zurück an der Kreuzung, biegt man links in die Straße „Haspel" ein, die zum Stiftplatz mit der Stiftskirche St. Alexandri führt. Das meist „Münsterkirche" genannte Gotteshaus besitzt eine sehenswerte Innenausstattung, u. a. zahlreiche Epitaphien, einen neugotischen Altar (Mitte 19. Jh.) und das früheste datierte Chorgestühl Deutschlands (1288). Der Orgelprospekt, die Kanzel und das Lesepult stammen wie der Hochaltar aus der Mitte des 19. Jh. Gegenüber der Stiftskirche umrahmen gut erhaltene, imposante Teile der einstigen Stadtmauer den Eingang zum Stiftsgarten, der in den 1970er-Jahren durch Aufschüttung eines Wassergrabens entstand. Im Park liegt die katholische St. Josefs-Kirche. Der neuromanische Bau wurde 1896 errichtet. Am Parkausgang sollte man einen Blick auf die schmiedeeisernen Gitter werfen, die den Jugendstil-Park der Stukenbrok-Villa begrenzen. Grimmig dreinblickende Löwenköpfe an den Trägern sollen nach mittelalterlichem Glauben Dämonen abschrecken, während an der Innenseite Früchte Leben und Reichtum symbolisieren.

▲ **Blaudruck**

Gegenüber dem Springbrunnen erinnert ein Denkmal an den Fahrradfabrikanten und Gründer des ersten deutschen Versandhauses August Stukenbrok. Die Villa, die heute die Mendelssohn-Musikschule beherbergt, ist reich mit Jugendstilornamenten verziert. Die vier Landschaftsbilder an der Glaskuppel spiegeln die Jahreszeiten und die menschlichen Lebensalter wider. Durch den Park erreicht man das Ostertor, wo sich das Neue Rathaus befindet. Nach der Annexion des König-

reichs Hannover durch Preußen wurde das Gebäude 1868 als preußische Kaserne errichtet und fast 30 Jahre lang genutzt. Nachdem es 10 Jahre als Technikum gedient hatte, wurde es durch den Fabrikanten Stukenbrok umgebaut, erweitert und mit einem Glockenturm geschmückt. Stukenbrok betrieb hier ab 1907 das erste deutsche Versandhaus, das durch seinen frühen Tod verbunden mit der Weltwirtschaftskrise 1931 jedoch seine Arbeit einstellen musste. Danach nutzten die Heidemann-Werke den Gebäudekomplex für ihre Fahrradherstellung. Im Jahre 1990 wurde die Produktion vor die Stadt verlagert, die Werkshallen abgerissen und das denkmalgeschützte Verwaltungsgebäude saniert und erweitert. Seit März 1996 sind im Neuen Rathaus alle

▲ Tiedexer Straße

städtischen Ämter zentral untergebracht. Vom Ostertor geht man zum

⑩ Neuen Markt. Das Poggenhaus (Hs. Nr. 35) wurde 1611 von Cyriakus Poggen erbaut, der die Renaissancefassade mit Bibelzitaten in deutscher Sprache und mit Fächerrosetten verzieren ließ. Für die Bedachung wurden Sollingplatten benutzt, die Gauben dienten der Belüftung der Trockenböden. Das Wappen stellt auf originelle Weise den Namen des Erbauers dar: zwei Frösche („Poggen") unter einem Pilz. Links neben dem Poggenhaus steht ein barockes Patrizierhaus aus dem Jahr 1769 mit schön gestaltetem Eingang. Hs. Nr. 23, ebenfalls ein schmuckes Fachwerkhaus, fällt durch seinen steilen, vorgekragten und zur Straße gerichteten Giebel auf. Über den Neuen Markt gelangt man zum Möncheplatz. Seit 1638 besteht hier die

⑪ Blaudruckerei, die mit 800 Modeln nach alter Tradition noch heute Stoffe mit klassischen Mustern bedruckt. Wer sein „blaues Wunder" erleben möchte (dieser Ausdruck hat wirklich etwas mit Blaudruck zu tun!), kann sich bei der Tourist-Information zu einer Besichtigung anmelden. Ein besonders schönes Fachwerkensemble ist in der Langen Brücke zwischen Möncheplatz und Marktplatz zu sehen. An Hs. Nr. 1 verweist ein Wappenschild in den Farben weiß, gelb und rot auf eine studentische Verbindung, die hier zur Zeit des Einbecker Technikums ihren Sitz hatte. In Hs. Nr. 8 wohnte von 1805 bis 1809 Friedrich Wilhelm Sertürner, der Entdecker des Morphiums. Das Haus an der Ecke Lange Brücke/Geiststraße ist mit ausgefallenen Schnitzereien geschmückt: Die mit abstrakten Blättern gefüllten Hochrechtecke ersetzen die sonst üblichen Halbkreisrosetten. Außerdem ließ der damalige Besitzer, der Bäckermeister Mühlhausen, als Anspielung auf seinen Beruf und Namen am linken Türbogen und an einem Ständer je eine große Ähre schnitzen. In der Geiststraße befindet sich auch die 1571 erbaute ehemalige Spitalskapelle St. Spiritus, die heute der griechisch-orthodoxen Gemeinde als Gotteshaus dient. Die Lange Brücke öffnet sich zum weiten Marktplatz, dem Ausgangspunkt des Rundgangs. Über den Hallenplan und die Knochenhauerstraße sollte man unbedingt noch einen Abstecher zum Eickeschen Haus, in dem auch die Tourist-Information untergebracht ist, unternehmen. Das Haus wurde zwischen 1612 und 1614 erbaut. Die Verzierungen an beiden Fronten zeigen das damalige Bildungswissen, u. a. symbolische Darstellungen der fünf Sinne, der Tugenden, der Musen und der Künste und Bilder von Jesus und den Aposteln sowie der Gestirne und Planetengottheiten. Die Schnitzereien am Eickeschen Haus gehören zu den bedeutendsten ihrer Art in der deutschen Renaissance. Durch die Marktstraße kehrt man zurück zum Marktplatz.

▼ Eulenspiegel-Brunnen

▼ Marktplatz und Lange Brücke mit Fachwerkensemble

SCHAUEN

Etwas abseits des hier beschriebenen Rundgangs liegen die Reste der
■ Befestigungsanlagen im Bereich Bäckerwall/Hullerser Mauer und beim
Krähengraben mit dem Diekturm. Das neu eröffnete ■ RadHaus im
StadtMuseum bietet eine herausragende Sammlung historischer Fahrräder
sowie die neuesten Trends der Radszene und es gibt Einblicke in das Leben
des ersten „Versandhauskönigs" August Stukenbrok. Bei einer Besichtigung
des ■ Einbecker Brauhauses mit Verkostung erfährt man viel Wissenswertes rund um den Gerstensaft. Über dem Stadtteil Salzderhelden thront
die ■ Burgruine Heldenburg. Zu Wanderungen und Ausflügen laden der
■ Harz und der ■ Naturpark Solling-Vogler ein. Im Solling liegt auch der
■ Wildpark Neuhaus. Bei ■ Weserschifffahrten kann man die Landschaft
gemütlich vorüberziehen lassen und genießen. Ca. 35 km nordwestlich
von Einbeck liegt ■ Bodenwerder. Hier lebte der berühmte Lügenbaron
Münchhausen.

i Tourist-Information, Marktstr. 13, 37574 Einbeck, Tel: 05561/916-121, Fax:
05561/916-300, E-Mail: touristinfo@einbeck.de, Internet: www.einbeck.de

SCHLEMMEN UND SCHLAFEN

Café am Hallenplan In gemütlichen Fachwerkgasträumen, auf der Terrasse
oder im Garten kann man sich mit hausgemachten Kuchen, frisch gebacke-
nen Waffeln und leckerem Eis verwöhnen lassen. Hallenplan 2-4, 37574
Einbeck, Tel: 05561/72424

Restaurant und Braudiele Brodhaus Das Restaurant bietet in historischen Räumen eine gutbürgerliche, regionale Küche. Schöne Terrasse.
Marktplatz 13, 37574 Einbeck, Tel: 05561/924169, Fax: 05561/924172

Hotel-Restaurant Der Schwan Zentral gelegenes Haus mit nostalgischem
Flair und romantischem Innenhof. Die Gourmet-Küche serviert kreative,
leichte Spezialitäten. Modern und geschmackvoll eingerichtete Gästezimmer, Fitnessraum. Tiedexer Straße 1, 37574 Einbeck, Tel: 05561/4609,
Fax: 05561/72366, E-Mail: info@schwan-einbeck.de

Hotel-Restaurant Die Clus Im Stadtteil Volksen gelegenes, historisches
Fachwerkgebäude mit gepflegter Atmosphäre, stilvoll eingerichteten
Gästezimmern und guter Küche. Am Roten Stein 3, 37574 Einbeck-Volksen,
Tel: 05561/2015, Fax: 05561/75364

Hotel-Restaurant Goldener Löwe Sympathisches Hotel in zentraler,
aber ruhiger Lage. Individuell eingerichtete Zimmer sorgen für Erholung,
Saisonspezialitäten für den kulinarischen Genuss. Möncheplatz 8-10,
37574 Einbeck, Tel: 05561/74050, Fax: 05561/75295

EMDEN

„Gebt mir die Herrlichkeit von Emden!" ließ Christopher Marlowe seinen Doktor Faustus den Mephisto bitten. Bis heute konnte sich die Seehafenstadt an der Emsmündung ihr einzigartiges Flair aus 1200 Jahren maritimer Geschichte bewahren.

ANFAHRT

■ A 31 von Leer. ■ B 72/B210 aus Richtung Jever/Aurich bzw. Norden.
■ Bahnhof mit IC- und RE-Anschluss.

GESCHICHTE

Um 800 gründeten friesische Fernhändler eine Handelsniederlassung („Amuthon") am Schnittpunkt des Seeweges an der Küste und der Schifffahrt auf der Ems. 1050 wurden unter dem Grafen Hermann von Werl Silbermünzen mit der Aufschrift „Amuthon-Emuton-Emeten-Emden" geprägt. Im Jahr 1224 wurde eine Zollstätte errichtet und das erste Emder Handelsschiff im Londoner Hafen erwähnt. Nach der Gründung der Reichsgrafschaft Ostfriesland wurde Emden 1464 Haupt- und Residenzstadt der Landesherren, der Reichsgrafen Cirksena. Kaiser Maximilian I. verlieh der Stadt 1494/95 das Stapelrecht und das Stadtwappen. 1575 begann für Emden durch den Erfolg der Reeder und Kaufleute eine wirtschaftliche Blütezeit, in der die Stadt niederländisches Architekturgepräge erhielt. 1595 löste sich die Stadt in der „Emder Revolution" vom Landesherrn und wurde Stadtrepublik, deren Position sich durch eine neu eingeführte Staatsrechtslehre mit der Idee der Volkssouveränität noch stärkte. Nach dem Ende des Dreißigjährigen Krieges war Emden Sitz der kurbrandenburgischen Admiralität, die die Stadt vor allem als Basis für Übersee-Expeditionen nutzte. 1744 kamen Emden und Ostfriesland zu Preußen und 1815 zum Königreich Hannover und wurden 1866 Mitglieder des Norddeutschen Bundes. Der Bau mehrerer Kanäle im 19. Jh. stärkte Emdens Position als Hafenstadt weiter. Im Zweiten Weltkrieg wurden ca. 80 % der Stadt und damit die gesamte historische Bausubstanz bei einem Großangriff zerstört. Der Wiederaufbau dauerte bis in die frühen 1960er-Jahre hinein. Nach dem Krieg entwickelte sich die Seehafenstadt mit dem Beginn des Großschiffbaus auf den Werften (1950), der Ansiedlung des VW-Werks (1964) und der Gründung zahlreicher Kultur- und Bildungseinrichtungen wie der Fachhochschule Oldenburg-Ostfriesland-Wilhelmshaven (1974 bzw. 2001) und der Kunsthalle (1986) zum wirtschaftlichen und kulturellen Zentrum Ostfrieslands mit heute ca. 52000 Einwohnern.

RUNDGANG DURCH DEN HISTORISCHEN STADTKERN

Der Rundgang beginnt am Ratsdelft. Auf dem direkt im Stadtzentrum gelegenen mittelalterlichen Hafenbecken sind drei schwimmende Museen zu besichtigen. Das historische Museumsfeuerschiff „Deutsche Bucht" wurde 1914-1918 auf der Meyer Werft in Papenburg gebaut und ist damit die älteste intakte Feuerschiffsmaschinenanlage. Seit 1984 liegt es im Ratsdelft und besitzt sogar ein Trauzimmer. Auf dem Seenotrettungs-kreuzer „Georg Breusing" sind die komplette Ausstattung, nautische Einrichtungen, Besatzungsunterkünfte und Maschinenanlagen zu sehen. Der Herings-Segellogger „AE 7 Stadt Emden" zeugt von der großen Bedeutung der Heringsfischerei für Emden seit dem 18. Jh. Das Rathaus am Delft wurde 1574-1576 im

niederländischen Stil nach dem Vorbild des Antwerpener Rathauses erbaut und gilt heute als schönster Renaissance-Profanbau Niedersachsens. Nach der fast völligen Zerstörung im Zweiten Weltkrieg erfolgte in den Jahren 1959 bis 1962 der Wiederaufbau auf den alten Fundamenten. Das hier ansässige Ostfriesische Landesmu-

▼ Blick zum Rathaus am Delft

▼ Luftaufnahme der Stadtmitte mit Delft

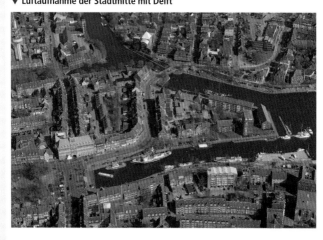

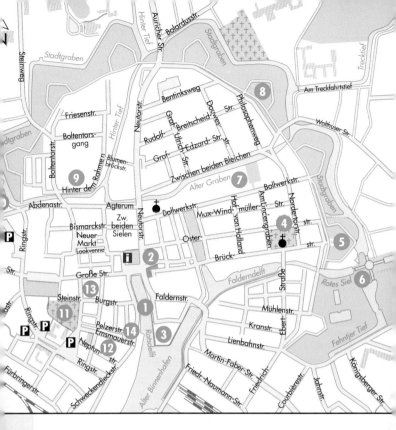

seum behandelt in seinen Sammlungen die Landes- und Kunstgeschichte, zeigt Gemälde des 16.-19. Jh., Kupferstiche und Kunsthandwerk sowie volkskundliche Ausstellungsstücke wie Möbel, Geräte und Trachten. Torfausgrabungsdarstellungen, Hafen- und Fischereibootmodelle, Bilder holländischer Schule, verschiedene Funde aus Ostfriesland und ein spezieller Deichraum runden die interessante Dokumentation ab. Seit seiner Wiedereröffnung im Jahr 2005 nach einem umfangreichen Umbau bezieht das Museum auch den europäischen Kontext verstärkt in sein Konzept ein. Im Rathaus befindet sich auch die größte stadteigene Waffensammlung Deutschlands, die Rüstkammer mit Beständen prunkvoller historischer Waffen aus dem 16. und 17. Jh. Vom Rathausturm ertönt sechs Mal täglich ein Glockenspiel und es bietet sich ein herrlicher Ausblick über Hafen, Wall und Stadtzentrum. Vor dem Übergang vom Rats- zum

▼ **Museumsfeuerschiff**
   Deutsche Bucht

Falderndelft erstreckt sich ③ Schreyers Hoek. Der Name der kleinen Landzunge geht darauf zurück, dass hier früher die Seemannsfrauen beim Auslaufen der Schiffe ihren Männern zum Abschied winkten. Auf der Landseite des Falderndelfts erinnern zwei Kanonen aus dem 17. Jh. an die 40 Jahre dauernde Epoche der brandenburgisch-afrikanischen Kolonisa-

▲ Hafenboot „Schreyers Hoek"

tion. Ein Stück weiter befindet sich das Niedersächsische Hafenamt Ems-Dollart, das um die Jahrhundertwende im neugotischen Stil erbaut wurde. Über den halbrunden Fenstern sind Seehunde und Seepferdchen zu sehen.

Von Schreyers Hoek geht man zurück zum Rathaus und biegt dann rechts in die Brückstraße ein. An der Kreuzung Brückstraße/Friedrich-Ebert-Straße ④ erblickt man linker Hand die Neue Kirche. Das ursprüngliche Gotteshaus wurde als barocke Kreuzkirche zur Zeit des Dreißigjährigen Krieges 1646 bis 1648 nach den Plänen von Martin Faber erbaut. Als Vorbild diente die Amsterdamer Nordkerk. Nach der Zerstörung im Zweiten Weltkrieg erfolgte 1949/50 der Wiederaufbau mit blauer Turmspitze, einer Nachbildung der Krone des habsburgischen Kaisers Rudolph II. Von der originalen Innenausstattung ist nur der Kronleuchter über dem Mittelblock erhalten, der 1648 von der Böttchergilde gestiftet wurde. Im oberen Bereich ist eine Hand zu erkennen, die den typischen Bött-

▼ Neue Kirche

cherhammer hält. Der Taufstein, eine Bentheimer Sandsteinarbeit, wurde in der zweiten Hälfte des 13. Jh. geschaffen und stand ursprünglich in der Kirche zu Jennelt. Erst in den 1970er-Jahren wurde der Taufstein in der Emder Kirche aufgestellt. Neben der Neuen Kirche steht das Gödenser Haus. Das älteste erhaltene Emder Haus diente einst als Kaserne, Eichamt, Amtsgericht, Adelssitz und Zuchthaus und wird heute als Studentenwohnheim genutzt. Von dem 1551 errichteten Häuptlingshaus blieben die Barocktreppe zum oberen Stockwerk des Gebäudes und das Allianzwappen der

ehemaligen Besitzer, der Familien Gödens und Fridag, das über dem großen Renaissance-Portal auf der Rückseite des Hauses angebracht ist, erhalten. Folgt man der Brückstraße weiter geradeaus, gelangt man zu den ⑤ **Wallanlagen**, die zwischen 1606 und 1616 nach Plänen des Festungsbaumeisters Geert Evert Piloot errichtet wurden und bis heute nahezu vollständig erhalten sind. Bis 1648 schützten die Anlagen mit ihren ursprünglich 11 Zwingern, von denen heute noch acht vorhanden sind, die Stadt erfolgreich vor dem Einmarsch feindlicher Truppen. Als Emden 1744 zusammen mit Ostfriesland preußisch wurde, verlor der Wall seine Funktion als Wehranlage. Im 19. Jh. wurden auf einigen Zwingern Mühlen erbaut. Seit 1824 widmet sich der Verschönerungsverein der Gestaltung und Bewahrung der Anlage. Auf einem 8 km langen Wegenetz kann man unter altem Baumbestand schöne Spaziergänge unternehmen. Rund um den 1927 angelegten Schwanenteich bekommt man einen Eindruck von der damaligen Gartenarchitektur. Der angrenzende Stadtteil Klein-Faldern überstand den Zweiten Weltkrieg unbeschadet und erinnert mit seiner Architektur noch heute an die Holländer, die als Religionsflüchtlinge nach Emden kamen. Die ⑥ **Kesselschleuse** erreicht man durch die Wallanlagen. Das in Europa einzigartige Bauwerk

▲ Gödenser Haus

wurde 1885/86 errichtet und arbeitet nach einer Modernisierung in den vergangenen Jahren heute vollelektronisch. Die Schleuse verbindet vier Kanäle mit unterschiedlichen Wasserständen: den Ems-Jade-Kanal, den Stadtgraben, das Fehntjer Tief und den Falderndelft. Jedes Jahr passieren ca. 2800 Schiffe den Kessel mit einem Durchmesser von 33 m. Neben ihrer Verkehrsfunktion erfüllt die Schleuse eine wichtige Aufgabe bei der Entwässerung, da ohne sie beispielsweise der Ems-Jade-Kanal schnell über die Ufer treten würde. An den Wallanlagen entlang geht man bis zur Bollwerkstraße, in die man links einbiegt. Hier stand einst die **Synagoge**. ⑦ Das jüdische Gotteshaus wurde 1835/36 erbaut und zeigte die große Bedeutung der jüdischen Gemeinde Emdens, die seit 1815 Sitz des ostfriesischen Landesrabbinats war. 1910 erfolgte eine Renovierung und Erweiterung. In der Reichspogromnacht am 9.11.1938 wurde die Synagoge niedergebrannt. An ihrem einstigen Standort erinnert heute ein Gedenkstein

▲ Vrouw Johanna Mühle auf dem Marienwehrster Zwinger

an die Opfer des Nationalsozialismus. Nach dem Zweiten Weltkrieg etablierte sich keine jüdische Gemeinde mehr, nur der jüdische Friedhof blieb erhalten. Die hinter dem Gebäude entlangführende Straße wurde 1998 nach einem Mitglied des jüdischen Widerstandes in Max-Windmüller-Straße umbenannt. Man kehrt durch die Bollwerkstraße zurück zu den Wallanlagen und folgt deren Verlauf nach links. Auf dem Marienwehrster Zwinger wurde 1804 die Vrouw Johanna Mühle erbaut. Der vom Emder Mühlenverein inzwischen renovierte Galerieholländer kann nach Absprache besichtigt werden. Von der Mühle überquert man den Philosophenweg und geht durch die Rudolf-Breitscheid-Straße, die auf die Neutorstraße, eine beliebte und teils überdachte Einkaufsmeile, trifft. Dieser folgt man nach links, biegt bald rechts ab, überquert das Hinter Tief und kommt links durch die Straße Hinter dem Rahmen zur Kunsthalle Emden. Der „Stern"-Gründer Henri Nannen ließ 1986 in seiner Heimatstadt ein Haus für seine Sammlung der Kunst des 20. Jh. als „lebendige Begegnungsstätte zwischen Bürgern und Bildern" errichten. Seine Sammlung umfasst als Schwerpunkte den deutschen Expressionismus und die Malerei der Neuen Sachlichkeit, u. a. mit Werken von Nolde, Kirchner, Macke, Beckmann, Kokoschka und

▼ Kunsthalle

Modersohn-Becker. Regelmäßig werden auch hochkarätige Sonderausstellungen gezeigt. Durch einen im Jahr 2000 eröffneten Erweiterungsbau konnte die Ausstellungsfläche auf 1700 m² verdoppelt werden, so dass auch die Schenkung des Münchner Galeristen Otto van de Loo mit Werken der Gruppen CoBra rund um Jorn und Alechinsky und der Künstlergruppe SPUR in einem angemessenen Rahmen gezeigt werden können. Angegliedert ist die 1983 von Eske Nannen gegründete Malschule mit Angeboten für alle Altersgruppen, die Kreativität, Fantasie und Vertrauen in die eigenen Fähigkeiten fördern sollen. Nach dem Besuch der Kunsthalle überquert man den Alten Graben. An der Boltentorbrücke steht der sog. Chinesentempel. Der historische Kiosk entstand 1927 als bedeutendes Bauwerk in der expressionistischen Stadtgestaltung unter dem Stadtbaurat Reinhold Haasis (1879-1953) und wird auch „Mützel-

burg" genannt, da seine Errichtung in die Amtszeit des Emder Oberbürgermeisters Mützelburg fiel. Nach Zerstörungen im Zweiten Weltkrieg wurde der Chinesentempel in leicht vereinfachter Form wieder aufgebaut. Die Abdenastraße führt zum ⑩ Wasserturm. Im Zuge der Neuordnung des städtischen Wassersystems initiierte der Oberbürgermeister Dr. Leo Fürbringer 1885 die neue Kanalisation der Altstadt. 1896/97 wurde das Wasserwerk in Tergast gebaut, das den 1910 errichteten Wasserturm am Meister-Geerds-Zwinger mit Trinkwasser versorgte. Der Turm aus Eisenbeton fasst 1000 m³ Wasser und wurde nach Sanierungsarbeiten 1973 und 1991 schließlich unter Denkmalschutz gestellt. Auch heute noch dient der architektonisch vom Ju-

▲ **Wasserturm**

gendstil inspirierte Turm der Erhöhung des Wasserdrucks. Hinter dem Wasserturm liegt der Emder Bahnhof. Auf dem Bahnhofsvorplatz kann man die letzte Dampflok besichtigen, die in Diensten der Deutschen Bundesbahn stand. Im Sommer ist der Führerstand zugänglich. An den Wochenenden können Kinder eine Fahrt mit der Minibahn mit teils historischen Dampflokomotiven im Maßstab 1:10 unternehmen. Vom Bahnhof folgt man zunächst der Ringstraße und biegt dann links in die Große Straße ⑪ ein, von der nach rechts die Kirchstraße abzweigt. Die Große Kirche wurde im Jahr 1240 erbaut und 1943/44 zerstört. Im 16. und 17. Jh. war

▲ Johannes-à-Lasco-Bibliothek in der Großen Kirche

die Große Kirche als Mutterkirche für den reformierten Protestantismus in Norddeutschland von zentraler Bedeutung für den Calvinismus. Tausende von Glaubensflüchtlingen fanden in Emden eine neue Heimat. Hier liegt das restaurierte Grab des Grafen Enno II. Sehenswert ist auch die restaurierte, monumentale Eingangswand im Antwerpener Renaissancestil, die 1560 bis 1563 von Cornelius Floris geschaffen wurde. Zwischen 1992 und 1995 wurde die Ruine, ergänzt durch moderne Architektur, wieder aufgebaut und dient seit der Fertigstellung als überregional wichtiges Studienzentrum. Hier ist ein Raum ganz eigener Art entstanden: Keine Kirche, aber ein Raum der Kirche, in dem Menschen Kunst und Kultur, Musik und Geschichte erleben können. Zwischen gotischen Backsteinbögen und funktionalem Interieur ist die Johannes-à-Lasco-Bibliothek mit ihrem wertvollen historischen Buchbestand untergebracht. Die 1559 in der reformierten Gemeinde begründete älteste Bibliothek Ostfrieslands wurde benannt nach dem polnischen Reformator und Humanisten. In einer ständigen Ausstellung sind Gemälde, alte Handschriften und eine moderne Grafiksammlung zu sehen. Wechselausstellungen sowie Konzerte, Vorträge und Lesungen ergänzen das Programm.

▼ Pelzerhäuser

Von der Großen Kirche führt geradeaus die Pelzerstraße weg. Nur einige wenige Häuser aus der Emder Blütezeit haben den Zweiten Weltkrieg überstanden: Zwei restaurierte Renaissance-Häuser, um 1585 erbaut im flämisch-niederländischen Stil, zeugen vom früheren Reichtum der Stadt und ihrer Bewohner. Die Pelzerhäuser 11 und 12 bieten neben dem Rathaussaal Platz für Wechselausstellungen des Ostfriesischen Landesmuseums, bei denen insbesondere Arbeiten einheimischer Künstler gezeigt werden. Parallel zur Pelzerstraße verläuft die Burgstraße. Hier lohnt das Bunkermuseum einen Besuch. Am 6. September 1944 wurde der historische Stadtkern Emdens durch einen Großangriff vollständig vernichtet und 78 % der Stadt insgesamt zerstört. Nur die 35 Luftschutzbunker ragten noch aus den sie umgebenden Trümmern. Aus der

▲ Dat Otto Huus

Erinnerung daran erwuchs der Wunsch, einen der noch vorhandenen 31 Bunker im Stadtkern in seiner ursprünglichen Funktion für die Öffentlichkeit zugänglich zu machen. 1995 wurde das Bunkermuseum eröffnet. Auf mehreren Etagen sind hier Zeugnisse zum Emden in der Zeit des Nationalsozialismus bis hin zur fast vollständigen Zerstörung und den Anfängen des Wiederaufbaus zu sehen. Durch die Burgstraße kehrt man zurück zum Ratsdelft und geht rechts am Wasser entlang bis zum Hafentor. Das 1635 vom Ratsherrn und Architekten Martin Faber entworfene Tor war einst in die Emsmauer eingefügt, die die Stadt vor Überflutungen schützen sollte. Über dem Torbogen ist eine Inschrift zu lesen: „Et Pons est Emdae, et Portus et Aura Deus" (Gott ist Emdens Hafen, Brücke und Segelwind). Im Fries verweist die Jahreszahl 1635 auf das Baujahr. Mit dem Ratsdelft hat man auch den Ausgangspunkt des Rundgangs wieder erreicht.

▼ Seglerparade an der Knock

SCHAUEN

■ Dat Otto Huus dokumentiert die Karriere des aus Emden stammenden Komikers Otto Waalkes anhand dieses kleinen musealen Schmunzelkabinetts. Weitere schöne Eindrücke von den über 150 km langen Wasserwegen im Herzen der Stadt kann man auf einer ■ Hafen- oder Kanalrundfahrt gewinnen. Das ■ Ökowerk Emden mit Miniaturdampfeisenbahn ist ein regionales Umweltbildungszentrum für kleine und große Ökologen und Gartenfreunde. Im ■ VW-Werk Emden sind Besichtigungen möglich. Das malerische ■ Petkum mit seiner alten Kirche und den idyllischen Fischerort ■ Ditzum verbindet eine Fähre. Typisch für die ■ Krummhörn sind Rundwarfendörfer, mächtige Backsteinkirchen und intakte Burgen. Ein beliebtes Ziel für Tagesausflüge ist die ■ Nordseeinsel Borkum mit ihrem hellen, weiten Sandstrand. Der Emder weiß auch bestens zu feiern, u. a. beim ■ Matjesfest im Mai und beim ■ Emder Delftfest im Sommer mit Drachenbootrennen.

Tourist-Information Emden, Alter Markt 2a, 26721 Emden, Tel: 04921/97400, Fax: 04921/97409, E-Mail: ti@emden-touristik.de, Internet: www.emden-touristik.de

SCHLEMMEN UND SCHLAFEN

Hotel-Restaurant Alt-Emder Bürgerhaus Renoviertes Jugendstil-Haus mit moderner Ausstattung (u. a. Sauna) direkt am Stadtwall. Fischrestaurant mit ostfriesischen Spezialitäten. Friedrich-Ebert-Straße 33, 26725 Emden, Tel: 04921/976100, Fax: 04921/976129

Hotel-Restaurant Faldernpoort Das Haus mit komfortablen Doppelzimmern befindet sich mitten im Stadtzentrum. Im Restaurant „Emder Fischerstube" werden Fisch- und Krabbenspezialitäten serviert. Attraktive Wochenend-Angebote. Courbiérestraße 6, 26725 Emden, Tel: 04921/97520, Fax: 04921/28761

Heerens Hotel Komfort-Hotel in ruhiger, zentraler Lage, gegenüber vom Stadtpark. Erstklassige Küche mit kulinarischen Wochen. Wochenend-Angebote. Friedrich-Ebert-Straße 67, 26725 Emden, Tel: 04921/23740, Fax: 04921/23158

Upstalsboom Parkhotel Unter altem Baumbestand, in der Nähe des historischen Stadtwalls. Komfortable, großzügige Gästezimmer mit stilvollen Accessoires. Wellness-Bereich mit Sauna, Dampfbad und Solarium. Das Parkrestaurant zeichnet sich aus durch eine leichte, kreative Küche. Wochenend- und Pauschalangebote, Brunch. Friedrich-Ebert-Straße 73-75, 26725 Emden, Tel: 04921/8280, Fax: 04921/828599

GIFHORN

Das idyllische Mühlenstädtchen in der Südheide liegt im Mündungswinkel der Flüsse Aller und Ise und erlangte einst große Bedeutung als Knotenpunkt der Salzstraße und der Kornstraße. Der historische Stadtkern wird geprägt von schönen Fachwerkhäusern.

ANFAHRT

- A 2 Hannover – Magdeburg. ■ B 4 von Braunschweig bzw. Uelzen.
- B 188 von Hannover bzw. Wolfsburg. ■ Bahnhof mit RE-Anschluss.

GESCHICHTE

Gifhorn wurde 1196/97 erstmals urkundlich erwähnt und erlebte im Mittelalter eine Blütezeit als Zoll- und Brückenort am Ise-Übergang im Schutze einer Burg, geprägt von Mühlen- und Handwerksbetrieben. Nach der Erwähnung als „oppidum" (befestigter Ort) im Jahre 1332 wurde Gifhorn 1364 als Ort mit Weichbildrecht genannt, der eine Verwaltung mit Bürgermeister und Rat, das Marktrecht und die niedere Gerichtsbarkeit besaß. Während der Hildesheimer Stiftsfehde von 1519 wurde Gifhorn fast völlig zerstört. Unter Herzog Franz von Gifhorn (reg. 1539-1549), erlebte die Stadt eine Phase des Wiederaufbaus und erhielt 1547 eine Städteverfassung. Unter dem Dreißigjährigen Krieg und dem Siebenjährigen Krieg hatte Gifhorn ebenso zu leiden wie unter den Folgen zweier schwerer Stadtbrände 1669 und 1725, wurde jedoch mit teils neuem Gesicht wieder aufgebaut. 1852 erhielt Gifhorn das Stadtrecht und wurde 1885 Kreisstadt des gleichnamigen Kreises. Die Industrialisierung vollzog sich vor allem auf der Grundlage der enormen Torfvorkommen im Gifhorner Moor und die Stadt erlebte, unterbrochen durch den Ersten Weltkrieg und die Inflation, bis zum Zweiten Weltkrieg einen

▲ Mühle von Sanssouci

wirtschaftlichen Aufschwung. In der Nachkriegszeit wuchs die Einwohnerzahl durch den Zustrom von Vertriebenen und Flüchtlingen, was sich in den 1970er-Jahren durch Eingemeindungen fortsetzte. Durch die deutsch-deutsche Teilung lag Gifhorn jahrzehntelang am Rand der BRD und rückte durch die politischen Veränderungen Ende der 1980er-Jahre wieder ins Zentrum Deutschlands.

RUNDGANG DURCH DEN HISTORISCHEN STADTKERN

1 Der Rundgang beginnt am Marktplatz, der umgeben ist von zahlreichen historischen Gebäuden. Im modernen Rathaus ist das Informationsbüro der Südheide Gifhorn GmbH untergebracht. Eine Ladenpassage lädt zu einem Bummel ein. Rechts zweigt die Straße Cardenap ab. Beim Eckhaus

2 (Hs. Nr. 1-3) handelt es sich um das Alte Rathaus mit dem Ratsweinkeller. In dem 1562 errichteten Gebäude mit reicher Holzschnitzornamentik befindet sich heute ein Restaurant. Auf der gegenüberliegenden Marktplatzseite beginnt der Steinweg. Hs. Nr. 2, das

▼ Altes Rathaus mit Ratsweinkeller

3 Höfersche Haus, wurde 1570 als Kauf- und Handelshaus erbaut. Über dem Eingang ist ein Spruch aus dem Psalm 71, ein Gebet um Schutz und Errettung, eingeschnitzt. Benannt ist das Haus nach einem Geschäftsmann, der im Bekleidungs- und Schuhhandel tätig war. Das Gebäude befindet sich heute noch in Familienbesitz und beherbergt ein Schuhgeschäft. Gegenüber erhebt sich

4 die St. Nicolai-Kirche. Das in den Jahren 1733 bis 1744 im protestantischen Barock erbaute Gotteshaus ist dem Schutzheiligen der Kaufleute und Fernfahrer, dem Heiligen Nikolaus, geweiht. Da Gifhorn an wichtigen Handelswegen lag, besuchten wahrscheinlich viele Händler und Fuhrleute die

▲ St. Nicolai-Kirche und neues Rathaus

Kirche bei ihrer Rast in der Stadt. Zur sehenswerten Innenausstattung gehören u. a. der reich verzierte Kanzelaltar und die berühmte Christian-Vater-Orgel aus dem Jahr 1748. Auf der gleichen Straßenseite, zwei Häuser

5 weiter, erreicht man das Kavalierhaus (Steinweg 3). Herzog Franz ließ das Gebäude 1546 errichten, da die Schlossgemächer nicht immer genügend

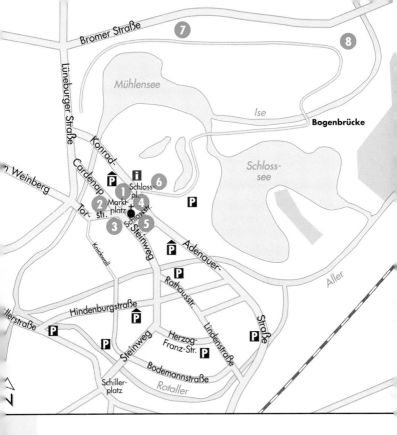

Platz zur Unterbringung auswärtiger Gäste boten. Bauherr war Caspar von Leipzig, 1539 bis 1543 Schlosshauptmann und ab 1543 Marschall und leitender Beamter am Hof von Herzog Franz. Seit die letzte Bewohnerin Anfang der 1990er-Jahre auszog, ist im Kavalierhaus ein Museum für Wohnkultur untergebracht. An der Einrichtung, die von der Jahrhundertwende bis in die 1960er-Jahre reicht, wurde nichts verändert. Eine Besichtigung ist nur in einer begrenzten Gruppengröße und nach vorheriger telefonischer Anmeldung (Tel: 05371/88175) möglich. Nun geht man links vom Kavalierhaus die Gasse mit dem Namen Kavalierstweete entlang, überquert an der Fußgängerampel die Konrad-Adenauer-Straße und folgt dem Fußweg geradeaus zum Welfen-

▼ Kavalierhaus und Langer Jammer

schloss. Herzog Ernst der Bekenner beauftragte den Baumeister Michael Clare mit dem Bau, der von 1525 bis 1581 dauerte. Die einzelnen Schlossbauten wurden mit modernen Befestigungsanlagen versehen. Herzog Franz lebte während seiner Regentschaft 1539 bis 1549 im Schloss und erweiterte es beträchtlich. In seine Zeit fiel auch die Fertigstellung der Schlosskapelle (1547) im Stil der frühen Renaissance mit spätgotischen Stilelementen, die eine der ersten protestantischen Sakralbauten Deutschlands war. Herzog Franz fand dort in einem schlichten Sarkophag seine letzte Ruhestätte. Da er keine männlichen Nachkommen hatte, gingen Amt und Schloss wieder an Celle über. Seitdem wohnte im Kommandantenhaus der Schlosshauptmann und später im Ablagerhaus der Erste Beamte des Amtes Gifhorn. Bis ungefähr 1705 weilten im Schloss häufig fürstliche Jagdgäste. Heute sind im Schloss überwiegend Büroräu-

▲ Kulturinstitut „Die Brücke"

me der Kreisverwaltung untergebracht. Das Historische Museum im Kommandantenhaus zeigt Ausstellungen zur Historie des Schlosses sowie Exponate zur Ur- und Frühgeschichte, zu Stadtentwicklung und Naturkunde. Darüber hinaus bildet das Welfenschloss einen stimmungsvollen Rahmen für kulturelle Veranstaltungen wie Konzerte, Vorträge und Kunstausstellungen. Vom Schloss kann man nun auf bekanntem Weg zum Ausgangspunkt am Marktplatz zurückkehren oder den Rundgang erweitern: In ca. 20 Minuten erreicht man durch die Schlosswiesen am Ufer der Ise, vorbei an modernen Skulpturen mit Blick zur russischen Holzkirche und über die Bogenbrücke, das 1980 eröffnete Internationale Mühlen-Freilichtmuseum. Auf dem 10 ha großen, durch Gewässer und unterschiedliche Bepflanzungen aufgelockerten Freigelände sind 16 Originalmühlen zu besichtigen, u. a. ein Nachbau der Potsdamer Sanssouci-Mühle; teilweise ist auch der Innenbereich zugänglich. In einer 800 m² großen Ausstellungshalle kann man über 50 maßstabsgetreue Modelle von Wind- und Wassermühlen aus aller Welt bewundern. Der „Dorfplatz" ist umgeben von drei Fachwerkhäusern im niedersächsischen Stil. Das Backhaus, das Brothaus und das Trachtenhaus laden zur Besichtigung ein - und natürlich auch zum Genießen des ofenfrischen Brotes oder Streusel- und Butterkuchens! Auf dem Gelände des Internationalen Mühlen-Freilichtmuseums steht auch die russisch-orthodoxe Holzkirche des Heiligen Nikolaus. Die 27 m hohe Kirche ist von acht teilweise vergoldeten Kuppeln gekrönt und innen bis zur Spitze offen, wodurch ein großzügiger Raumeindruck entsteht. Im Inneren sind außerdem Nachbildungen vieler kostbarer Ikonenmalereien zu besichtigen.

▲ Heidschnucken in der Heide

Angrenzend an das Internationale Mühlen-Freilichtmuseum fällt ein weiterer Bau mit goldenen Kuppeln auf. Das Kulturinstitut „Die Brücke" ist einem altrussischen Kloster nachempfunden. Der 20 m hohe Glockenturm wird gekrönt von der Statue des Heiligen Joseph, dem Schutzpatron der Handwerker. Rund um einen Innenhof sind dreistöckige Gebäude angeordnet, die zukünftig Werkstätten und Ateliers für bis zu 40 Künstler beherbergen können. Alljährlich sollen hier kunsthandwerklich talentierte Menschen aus Russland von internationalen Handwerkern in den Bereichen Kunstschmiede, Glockengießerei, Kunstdruckerei und Ikonenmalerei ausgebildet werden. Die Schirmherrschaft über das europäische Institut zur Förderung internationalen Kunsthandwerks hat Michail Gorbatschow inne.

▼ Luftaufnahme des Internationalen Mühlen-Freilichtmuseums

CHAUEN

Herrliche Ausblicke über Gifhorn eröffnen sich vom ■ Aussichtsturm auf
dem Katzenberg und vom ■ Wasserturm mit Panorama-Café. Mit dem
■ Erholungsgebiet Bernsteinsee und dem ■ Tankumsee bei Isenbüttel besitzt die Umgebung von Gifhorn gleich zwei große Bade- und Freizeitpara-
diese. Bei Kanufahrern und Anglern erfreuen sich die Flüsse ■ Aller und
■ Ise großer Beliebtheit. Einen wahrhaft süßen Aufenthalt verspricht das
■ Rausch Schokoland in Peine mit SchokoMuseum und SchokoKino und
allem Wissenswerten rund um den Kakao. Der ■ Erse Park in Uetze ist ein
gepflegter Natur- und Gartenpark. Gifhorn liegt im Süden der ■ Lüneburger Heide, die man auf einem hervorragend ausgebauten Rad- und Wanderwegenetz erkunden kann. Auf eine lange Tradition blickt das ■ Gifhorner
Schützenfest zurück, das alljährlich im Juni stattfindet. Zahlreiche Besucher
zieht im Spätsommer auch das ■ Altstadtfest mit buntem Musik- und Unterhaltungsprogramm an.

Südheide Gifhorn GmbH, Marktplatz 1, 38518 Gifhorn, Tel: 05371/88175,
Fax: 05371/88311, E-Mail: info@suedheide-gifhorn.de, Internet: www.
suedheide-gifhorn.de

SCHLEMMEN UND SCHLAFEN

Hotel-Restaurant Alte Münze Zentral gelegener kleiner Familienbetrieb
mit gemütlichen Gästezimmern und gutbürgerlicher Küche. Fallerslebener
Straße 5-7, 38518 Gifhorn, Tel: 05371/52771, Fax: 05371/52180

Café im Speicherhof In einem Fachwerkhaus werden Vegetarisches und
Kulinarisches, Kunst und Kurioses sowie Ausstellungen und Ambiente ge-
boten. Steinweg 10, 38518 Gifhorn, Tel: 05371/54150

Gifhorner Brauhaus Im Brauhaus mit Saal und dem größten Biergarten
der Stadt genießt man deutsche Küche in freundlicher, uriger Atmosphäre.
Jede Woche Live-Musik und Sonntagsbrunch. Moderne, neu eingerichtete
Gästezimmer. Schützenplatz 1, 38518 Gifhorn, Tel: 05371/960860

Landcafé Neubokel In idyllischer Dorflage im Ortsteil Neubokel werden
die Gäste mit Kaffee und frischem selbst gemachtem Kuchen verwöhnt,
bei schönem Wetter auch auf der Terrasse. Alter Kirchweg 2a, 38518 Gif-
horn-Neubokel, Tel: 05371/13533, Fax: 05371/13534

Hotel-Café-Restaurant Löns-Krug In dem traditionsreichen Haus mit
liebevoll eingerichteten Zimmern fühlte sich schon der berühmte Heide-
dichter und Namensgeber wohl. Prämierte regionaltypische Küche mit
Heidschnucken- und Ziegenspezialitäten sowie Saisongerichten. Hermann-
Löns-Weg 1, 38518 Gifhorn-Winkel, Tel: 05371/53038, Fax: 05371/140404

GOSLAR

Die „Tochter des Berges", wie der Arzt und Humanist Euricius Cordes Goslar 1522 metaphorisch bezeichnete, zählt zu den schönsten Städten im Harz. Die Altstadt und das ehemalige Erzbergwerk Rammelsberg zählen seit 1992 zum UNESCO-Weltkulturerbe der Menschheit.

ANFAHRT

■ A 7 Göttingen – Hannover, Ausfahrt Rhüden (Harz). ■ B 6 von Salzgitter bzw. Wernigerode. ■ B 241 von Osterode am Harz. ■ Bahnhof mit RB- und RE-Anschluss.

GESCHICHTE

Im 10. Jh. entwickelte sich eine Bergbausiedlung im Tal an der Gose allmählich zur Stadt Goslar. 1005, 1009 und 1015 wurde erstmals eine Pfalz in Goslar erwähnt, wohl ein Vorgängerbau der heutigen Kaiserpfalz. Im 11. und 12. Jh. wuchs Goslar zu einer mittelalterlichen Großstadt mit fast 5000 Einwohnern, Stadtbefestigung und insgesamt 9 Kirchen heran, deren wirtschaftliche Basis Bergbau und Hüttenwesen bildeten. Unter den Staufern wurde die Kaiserpfalz damals nach zwischenzeitlichem Bedeutungsverlust wieder ein wichtiger Herrschaftsort. Goslar bekam 1330 das Stadtrecht verliehen und wurde bald darauf Freie Reichsstadt. 1356 erwarb Goslar Gericht und Zehnten am Rammelsberg pfandweise vom Herzogtum Braunschweig-Wolfenbüttel, das jedoch seit 1525 von seinem Rückkaufsrecht Gebrauch machen wollte und die Rückgabe im „Riechenberger Vertrag" von 1552 schließlich auch durchsetzte. Bis dahin erlebte Goslar eine wirtschaftliche Blütezeit, in der das heute noch größtenteils erhaltene mittelalterliche Stadtbild entstand. 1528 wurde in Goslar die Reformation eingeführt, während das Herzogtum katholisch blieb. Durch den Fürstenabsolutismus und den beginnenden Überseehandel wurde die Freie Reichs- und Hansestadt Goslar Mitte des 16. Jh. zum unbedeutenden Landstädtchen. Der Dreißigjährige Krieg sowie zwei Stadtbrände 1728 und 1780 brachten Leid und Zerstörung mit sich. 1802 gelangte Goslar in preußischen Besitz und verlor seinen Status als Freie Reichsstadt, profitierte aber von der Integration in einen Staatenverband und zahlreiche Reformen. Nach der Entdeckung neuer Erzvorkommen im Rammelsberg 1859 gewann das Bergwerk wieder an Bedeutung. Den Zweiten Weltkrieg überstand die Stadt ohne Bombenangriffe. 1988 wurde der Bergwerksbetrieb eingestellt und die Anlage in ein Besucherbergwerk und Bergbaumuseum von internationalem Rang (seit 1992 UNESCO-Weltkulturerbe) ausgebaut.

RUNDGANG DURCH DEN HISTORISCHEN STADTKERN

1 Ausgangspunkt des Rundgangs ist der Marktplatz, das Herz der Altstadt. Der Marktbrunnen bildet das Zentrum des Marktplatzes und besteht aus Elementen aus mehreren Jahrhunderten. Die untere Brunnenschale entstand im 12. Jh. als größter romanischer Bronzeguss überhaupt. Etwa 100 Jahre später wurde die obere Schale mit ihrem Sockel ursprünglich als eigenständiger Brunnen geschaffen. Der Korpus des Adlers, der den Brunnen als Symbol der Stadt krönt, stammt aus dem frühen 13. Jh., die Krone wahrscheinlich erst aus dem 18. Jh. Das Rathaus wurde ebenfalls über mehrere Jahrhunderte hinweg errichtet. Mit dem Bau des Ostflügels, dessen Arkaden sich zum Marktplatz öffnen, wurde Mitte des 15. Jh. begonnen. In den folgenden 400 Jahren kamen immer wieder neue Anbauten hinzu. Seine heutige Gestalt erhielt das Rathaus vorwiegend im 16. Jh., der Blütezeit der Freien Reichs- und Hansestadt. Die Freitreppe wurde 1537 angebaut. Bis heute dient das Rathaus als Amtssitz des Oberbürgermeisters. Die Rathausdiele, in der der Stadtrat tagt, ist mit einem Geweihleuchter aus dem 15. Jh. und einem schönen Sternenhimmel an der Holzdecke geschmückt. Der Huldigungssaal im Rathaus entstand zwischen 1505 und 1520 als Ratssitzungssaal. Die Wände, die Decke und die Fensternischen sind komplett mit Tafelgemälden ausgekleidet, von denen jedes einzelne als hochwertiges Kunstwerk, gekrönt von Rankenschnitzwerk, zum imposanten Raumeindruck beiträgt. Nach einer aufwändigen Restaurierung schützt heute moderne Sicherheits-, Licht- und Klimatechnik den Huldigungssaal vor dem Verfall. An der Ostseite des Marktplatzes zieht das Kämmereigebäude alle Blicke auf sich, wenn das Glockenspiel mit Figurenumlauf (täglich um 9, 12, 15 und 18 Uhr) die Geschichte des Rammelsberger Bergbaus von der sagenumwobenen Entdeckung durch den Ritter Ramm bis zur Neuzeit

▼ Altstadthaus

▲ Glockenspiel
auf dem Marktplatz

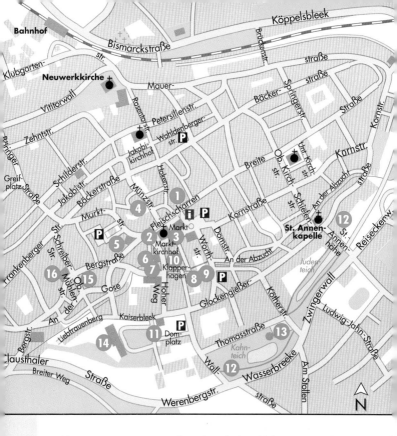

erzählt. Die Firma Preussag stiftete das Glockenspiel 1968 anlässlich des 1000-jährigen Bestehens des Rammelsberger Bergbaus. In direkter Nachbarschaft zum Rathaus entstand 1494 die Kaiserworth als Gildehaus der Tuchhändler und Gewandschneider, die mit der prunkvollen Gestaltung des Gebäudes ihren Einfluss und Wohlstand zeigten. Durch die mehrfache Überbauung der Fassade sind verschiedene Stilrichtungen zu erkennen. Die barocken Kaiserfiguren stehen in gotisch geschmückten Nischen. Eine Besonderheit ist das Dukatenmännchen an der Ecke Worthstraße. Die Konsolfigur wurde schon ganz unterschiedlich interpretiert: Sie könnte als Rechtsdenkmal an den brutalen Brauch erinnern,

▼ Kaiserworth

säumige Schuldner mit nacktem Gesäß auf einen Stein aufzutauchen. Ähnlich wie ein Goldesel könnte das Dukatenmännchen aber auch den Menschheitstraum symbolisieren, ohne Arbeit zu Geld im Überfluss zu kommen. Seit beinahe 200 Jahren ist in der Kaiserworth das gleichnamige Hotel untergebracht. Überragt wird der Marktplatz von der Marktkirche St. Cosmas und Damian, die in der Mitte des 12. Jh. nach dem Vorbild des Goslarer „Doms" erbaut wurde. Die romanischen Glasfenster stellen das Martyrium der Schutzheiligen dar. Zur sehenswerten Innenausstattung gehören ein Taufbecken, die Kanzel aus der Renaissance und der barocke Altar. Mit wenigen Schritten erreicht man vom Marktplatz den Schuhhof, den alten Marktplatz. Das Gildehaus der Schuhmacher und Lohgerber, ein Fachwerkbau mit Arkadengang, wurde nach einem Brand 1780 neu aufgebaut. Man verlässt den Schuhhof durch die Münzstraße und gelangt zum Zinnfigurenmuseum, das in einem Ausspann aus dem 17. Jh. untergebracht ist und anhand von Zinnfiguren-Dioramen die 1000-jährige Geschichte des kaiserlichen, bürgerlichen und kirchlichen Goslar und des Bergbaus am Rammelsberg zeigt. Sonderausstellungen

▼ Blick auf den Marktplatz, das Herz der Altstadt

ergänzen die Dauerpräsentation. Durch den Münzgarten erreicht man die

⑤ Marstallstraße und die Marktstraße, der man nach links zum Bäckergilde-
haus folgt. Ein Wappenstein datiert den steinernen Unterbau auf um
1501, das Fachwerkobergeschoss mit Erker wurde 1557 aufgesetzt. Durch
die Marktstraße kehrt man zurück zum Marktkirchhof, wo sich am Beginn

⑥ des Hohen Weges das Brusttuch befindet, ein vor allem im Bereich des
ehemaligen Speichergeschosses reich ge-
schmücktes Patrizierhaus, das heute ein

▼ Im Puppenmuseum

Hotel beherbergt. Der Hohe Weg verbindet
den Markt- und den Pfalzbezirk mit der
Königsbrücke. Ein Stück weiter erreicht man

⑦ das Musikinstrumente- und Puppenmuseum. Die international bekannte Privatsammlung führt ihre Besucher anhand von
interessanten Exponaten wie einer Geige
aus Meißener Porzellan oder Rock 'n' Roll-
Gitarren durch die Musikgeschichte. Nostalgie versprühen das historische Spielzeug
sowie die Puppen und die Puppenstuben.
Eine reizvolle Verbindung zwischen den beiden Bereichen stellt das Miniatur-Musik-
instrumentenmuseum her, das als kleinstes
seiner Art sogar im Guinness-Buch der Re-
korde verzeichnet ist. Folgt man nun dem
Klapperhagen nach links, kommt man zur
letzten noch erhaltenen Goslarer Mühle.

⑧ Die Lohmühle wurde im frühen 16. Jh. errichtet und wurde zuletzt als Zement- und
Lohmühle betrieben. Im Westflügel sind
große Teile der historischen Antriebstechnik
und des Stampfwerkes zu sehen. Aus Baum-
rinde, der „Lohe", wurde hier Säure gewonnen, die wiederum für die Gerberei genutzt

▲ Abzucht

wurde. Besichtigungen sind über das Gos-
larer Museum zu vereinbaren bzw. im Rahmen von Stadtführungen möglich.
Durch den Klapperhagen geht man bis zur Kreuzung mit der Königstraße.

⑨ Rechter Hand an der Ecke lohnt das Goslarer Museum einen Besuch. In
einer 1514 errichteten Stiftskurie werden umfangreiche Sammlungen zur
Geschichte und Kunstgeschichte Goslars und zur Geologie und Mineralogie
der Region gezeigt. Besonders erwähnenswerte Exponate sind der be-

rühmte Krodo-Altar aus dem frühen 12. Jh., das Goslarer Evangeliar aus dem 13. Jh., eine Münzsammlung mit über 1000 Goslarer Prägungen, die „Bergkanne" von 1477 und das Original des Goslarer Brunnenadlers aus dem 14. Jh. Auch der Alltag der städtischen Bürger in 10 Jahrhunderten wird beleuchtet. Nach der Besichtigung

▲ Großes Heiliges Kreuz

des Goslarer Museums kehrt man durch den Klapperhagen zurück zum Hohen Weg und erreicht das Große Heilige Kreuz. Das 1254 gegründete Hospital widmete sich der Armenfürsorge und bot nicht nur bedürftigen und gebrechlichen Menschen sowie Waisen, sondern auch Pilgern und anderen Durchreisenden eine Unterkunft mit Verpflegung. In einem Seitenflügel sind heute moderne Altenwohnungen untergebracht. In den kleinen „Pfründnerstübchen" kann man Kunsthandwerkern bei ihrer Arbeit über die Schulter blicken und ihre schönen Produkte erwerben. Der Hohe Weg führt direkt zum Domplatz mit der Domvorhalle. Im 11. Jh. ließ Heinrich III. am Fuße der Kaiserpfalz die Stiftskirche St. Simon und Judas errichten, die als Muster für viele romanische Kirchen diente und zahlreiche Reichsbischöfe und Berater am königlichen Hof hervorbrachte. Nachdem das Gotteshaus baufällig geworden war, wurde es bis auf die Eingangshalle abgerissen. Vom Domplatz lohnt sich ein Abstecher durch die Wallstraße zu den ehemaligen Wallanlagen. Zusätzlich zur Stadtmauer schützten ein innerer Graben, ein hoher, steiler Wall, ein äußerer Graben, der zum Teil mit Wasser geflutet werden konnte, und die Feldmauer die Stadt. Da die Anlagen den Angriffen moderner Waffen nicht mehr standhalten konnten, wurden sie im späten 18. Jh. eingeebnet und als Gartengrundstücke an Goslarer Bürger verkauft. Zwischen Wallstraße und St. Annenhöhe blieben die Wallanlagen als beliebtes Erholungsgebiet erhalten. In diesem Abschnitt beeindruckt der 1517

▼ Zwinger

errichtete Zwinger, der mit bis zu 6,50 Meter starken Mauern und einem Außendurchmesser von ca. 25 Metern zu den mächtigsten zeitgenössischen Festungsbauten gehörte. Mit diesen Ausmaßen fasziniert der Zwinger seine Betrachter auch heute noch, obwohl 1857 das hohe Kegeldach abgenommen wurde. Heute ist hier neben einem Restaurant und Ferienwohnungen ein privat geführtes Museum des späten Mittelalters untergebracht. Ein unvergessliches Erlebnis für kleine Besucher sind die Kindergeburtstage mit Ritterschlag. Nach einem Spaziergang entlang der Teiche und Grünanlagen kehrt man zurück zum Domplatz. Die benachbarte Kaiserpfalz wurde zwischen 1040 und 1050 ebenfalls unter Heinrich III. erbaut und war über 200 Jahre Schauplatz bedeutender Reichs- und Hoftage, die die deutsche und europäische Geschichte entscheidend beeinflussten. Im Süden schließt sich die Pfalzkapelle St. Ulrich an. Unter einer mit der Darstellung Heinrichs III. geschmückten Grabplatte ruht das Herz des 1056 verstor-

▲ **Kaiserpfalz**

benen Kaisers, während sein Leichnam nach Speyer überführt wurde. Im späten 19. Jh. wurden beide Gebäude einer umfangreichen Restaurierung unterzogen und dabei der Saal des Kaiserhauses durch den Historienmaler H. Wislicenus ausgemalt. In der Kaiserpfalz dokumentiert eine umfangreiche Ausstellung die Geschichte des Wanderkaisertums. Über den Liebfrauenberg und die Obere Mühlenstraße erreicht man das Haus des Glocken- und Erzgießers Magnus Karsten, Zur Börse. Das Renaissance-Fachwerkhaus von 1573 ist mit Sonnenrosenornamenten und Spruchschwellen geschmückt und beherbergt heute ein Hotel und Restaurant. In der gegenüber beginnenden Schreiberstraße steht das Siemenshaus. Das 1693 errichtete Stammhaus der Industriellenfamilie Siemens zählt zu den größten und besterhaltenen Bürgerhäusern der Stadt. Das barocke Patrizierhaus mit malerischem Innenhof diente nicht nur als Wohnsitz, sondern auch als Betriebsgebäude mit großer Toreinfahrt, gepflasterter Durchfahrt und viel Speicherraum im mehrgeschossigen Dachboden sowie in den Anbauten. Vom Siemenshaus ist es durch die Bergstraße und die Fleischscharren nicht mehr weit zurück zum Ausgangspunkt des Rundgangs am Marktplatz.

135

SCHAUEN

In Goslar lohnen weitere Kirchen und Kapellen wie die ■ Neuwerkkirche
oder die ■ St. Annenkapelle einen Besuch. Für Freunde moderner Kunst
sollte das ■ Mönchehaus Museum ebenfalls auf dem Besichtigungsplan
stehen. Das ■ UNESCO Weltkulturerbe Rammelsberg kann man auf verschiedenen Führungen durch das ehemalige Bergwerk erkunden und dabei
Kultur- und Bergbaugeschichte hautnah erleben. Am Rammelsberg bietet
der im 14. Jh. erbaute ■ Maltermeisterturm mit Ausflugsgaststätte herrliche
Ausblicke über Goslar und ist Ausgangspunkt schöner Wanderwege. Der
■ Okerstausee ist eine der größten Talsperren im ■ ■ Harz, der natürlich auch
mit seinem höchsten Berg, dem sagenumwobenen ■ Brocken (1142 m)
zahlreiche Urlaubsgäste und Ausflügler anlockt.

🛈 Tourist-Information/Goslar marketing gmbh, Markt 7, 38640 Goslar, Tel:
05321/78060, Fax: 05321/780644, E-Mail: tourist-information@goslar.de,
Internet: www.goslar.de

SCHLEMMEN UND SCHLAFEN

🍴🛏 **Der Achtermann Hotel und Altdeutsche Stuben** 4-Sterne-Hotel mit
500-jähriger Tradition, direkt in der historischen Altstadt. Individuell
eingerichtete Zimmer, großer Wellnessbereich. Das Restaurant in der
Burganlage bietet in geschmackvollem Ambiente regionale und internationale Gerichte. Café-Bistro, Hotelbar, Gruppenangebote. Rosentorstr.
20, 38640 Goslar, Tel: 05321/70000, Fax: 05321/7000999

🍴 **Der Andechser im Ratskeller** Im historischen Kreuzgewölbe des Rathauses werden dem Gast Speisen und Getränke nach bayerisch-klöster-
licher Art serviert. Vom Biergarten kann man das Glockenspiel beobachten. Markt 1, 38640 Goslar, Tel: 05321/392090, Fax: 05321/392093

🍴🛏 **Hotel Kaiserworth und Restaurant Die Worth** Prachtvolles, 500 Jahre
altes Gebäude in der historischen Altstadt. Vielfältige kulinarische Köstlichkeiten erwarten den Gast im stilvoll eingerichteten Restaurant. Markt 3,
38640 Goslar, Tel: 05321/7090, Fax: 05321/709345

🍴🛏 **Hotel Niedersächsischer Hof** Im Herzen der Kaiserstadt, gegenüber
dem Bahnhofsplatz, liegt dieses renovierte Hotel mit 63 Komfortzimmern.
Im Restaurant gibt es internationale Spezialitäten und regionale Gerichte.
Klubgartenstraße 1-2, 38640 Goslar, Tel: 05321/3160, Fax: 05321/316444

🛏 **Ramada Hotel Bären** Verkehrsgünstig am grünen Stadtrand von Goslar
gelegenes Hotel mit 165 komfortablen Zimmern der Kategorien Standard,
Superior und De Luxe. Krugwiese 11a, 38640 Goslar, Tel: 05321/7820,
Fax: 05321/782304

136

GÖTTINGEN

„Mais Dieu que les roses sont belles à Göttingen, à Göttingen ..." – „Mein Gott, sind die Rosen schön in Göttingen" heißt es in einem französischen Chanson. Neben ihrer Schönheit besticht die Stadt aber vor allem durch ihre Weltoffenheit und ständig wechselnde Vielfalt.

ANFAHRT

■ A 7 von Kassel bzw. Hannover. ■ B 3 von Hannoversch Münden bzw. Einbeck. ■ B 27 von Eschwege bzw. Herzberg am Harz. ■ Bahnstation mit ICE-Anschluss.

GESCHICHTE

Erstmals urkundlich erwähnt wurde das Dorf „Guitingi" 953. Zu dieser Zeit bedeutender war jedoch die Pfalz im heutigen Teilort Grone, die im 10. und 11. Jh. mehrmals Regierungssitz des Deutschen Reiches war. Die Gründung der Stadt Göttingen erfolgte dann in der zweiten Hälfte des 12. Jh. Um 1230 erlangte Göttingen die Stadtrechte. In der Folgezeit erlebte es eine wirtschaftliche Blüte und erreichte weitgehende politische Unabhängigkeit. Auf dem Höhepunkt dieser Entwicklung trat es 1351 der Hanse bei (bis 1572). Ende des 15. Jh. begann der wirtschaftliche und politische Niedergang. Diese Entwicklung fand 1690 mit dem Verlust der Stadtrechte ihren Abschluss. Zudem hatte 1597 die Pest verheerend in der Stadt gewütet und im Dreißigjährigen Krieg wurde Göttingen zweimal belagert und erobert. Einen Wendepunkt der Geschichte stellte die feierliche Eröffnung der Universität 1737 dar. In der Folgezeit setzte ein wirtschaftlicher Aufschwung, eine rege Bautätigkeit und eine Veränderung des geistigen Klimas ein. Dies zeigte sich, als 1831 in der „Göttinger Revolution" erstmals die Nationalbewegung in Erscheinung trat. Im Jahr 1833 erfanden Gauß und Weber den Telegraphen und 1837 wandten sich die „Göttinger Sieben", Professoren der Universität, gegen den Bruch der Staatsverfassung durch König Ernst August. 1854 legte der Anschluss an das Eisenbahnnetz den Grundstein für einen Erfolg der Industrialisierung. Im Jahr 1866 kam Göttingen, das seit 1813 dem Kurfürstentum Hannover angehört hatte, zu Preußen. Im Zweiten Weltkrieg blieb die Stadt weitgehend unzerstört, verlor durch die deutsche Teilung aber einen Teil ihres traditionellen Umlandes. Ihre Lage an der wichtigsten Nord-Süd-Verbindung der Bundesrepublik ermöglichte Göttingen jedoch die Teilhabe am „Wirtschaftswunder". Die Einwohnerzahl verdoppelte sich in den vergangenen 50 Jahren nahezu auf 130 000.

RUNDGANG DURCH DEN HISTORISCHEN STADTKERN

① Der Rundgang beginnt am Alten Rathaus am Markt. Der Kernbau entstand um 1270; 1369-1443 erfolgte die Erweiterung zum Rathaus. Das Gebäude verfügt über eine reizvolle Laube, eine Halle mit Wandmalereien und mittelalterliche Dorntze mit vollständig erhaltener gotischer Heizanlage. Das einst im Rathaus untergebrachte Gefängnis wurde

▲ Altes Rathaus am Markt

② 1979-81 vollständig restauriert. Direkt davor befindet sich der Gänseliesel-Brunnen mit dem 1901 aufgestellten Gänseliesel, dem Wahrzeichen der Stadt. Sie ist das „meistgeküsste Mädchen der Welt", da nach altem Brauch jeder frisch promovierte Doktor der Universität die Figur küssen

③ muss. Ebenfalls in unmittelbarer Nähe steht das Lichtenberg-Denkmal aus Bronze, das an den berühmten Physiker und Philosophen Georg Christoph Lichtenberg (1742–1799) erinnert. Es wurde 1992 von dem albanischen Künstler Fuat Dushku geschaffen. In Sichtweite, an der Ecke Johannisstraße und Kornmarkt, liegt der ehemalige „Schuhhof". Von diesem 1251 errichteten, ältesten Gildehaus der Stadt ist nur noch der gotische Gewölbekeller erhalten, in dem heute eine Gaststätte untergebracht ist. Direkt an der Straßenecke kennzeichnet eine Metallplatte im Pflaster den

④ sogenannten „Vierkirchenblick". Von dieser Stelle kann man die Kirchen St. Albani, St. Jacobi, St. Johannis und St. Michael sehen. An der Ecke stehend, wendet man sich nun nach links und folgt der Johannisstraße. An der nächsten Ecke erhebt sich die 1300-1344 erbaute

⑤ Kirche St. Johannis. Es handelt sich um eine dreischiffige gotische Hallenkirche mit romanischem Nordportal. Sie ist die Rats- und Stadtkirche. Im 62 m hohen Nordturm findet man ein altes Turmwächterzimmer, das bis vor einigen Jahren von Studenten bewohnt wurde. Vor dem Hauptportal von

⑥ St. Johannis biegt man links in die Paulinerstraße ab. Die Fachwerkhäuser aus dem

▼ Kirche St. Johannis

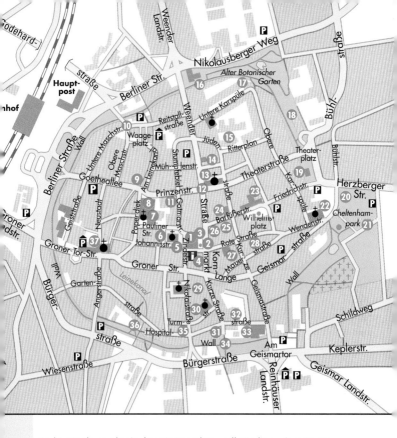

15. bis 18. Jh. wurden in den 1970er-Jahren vollständig saniert. Das Haus Nr. 6 ist das älteste durch eine Inschrift gekennzeichnete Haus der Stadt. Es wurde 1495 erbaut. Am Ende der Paulinerstraße biegt man nach rechts in den Papendiek ein und erreicht die Paulinerkirche, die erste gotische Kirche in Göttingen. Sie wurde 1331 als Kirche eines Dominikanerklosters eingeweiht und steht architektonisch in der Tradition der Bettelorden. Früher war sie ein Wallfahrtsort mit Reliquien des Thomas von Aquin. Im Jahr 1529 fand der erste lutherische Gottesdienst Göttingens in ihren Mauern statt. Im 16. Jh. wurde das Gotteshaus säkularisiert und ein Päda-gogicum eingerichtet. Im Jahr 1737 bildete es die Keimzelle der Universität. Seit 1812 ist die Paulinerkirche ein Teil der Universitätsbibliothek. Heute werden hier wechselnde Aus-stellungen gezeigt. Direkt im Anschluss liegt die Nieder-

▼ Paulinerkirche

sächsische Staats- und Universitätsbibliothek. Sie wurde 1734 gegründet und gehört heute mit 5,4 Mio. Bänden zu den größten Bibliotheken in Deutschland. Im Altbau beherbergt sie wertvolle Handschriften und seltene Drucke. 1992 wurde sie durch einen Neubau auf dem Campus der Universität (Platz der Göttinger Sieben) erweitert. Im Akademiehof da-

▲ Grätzelhaus

hinter steht das Lichtenberg-Denkmal von Professor Volker Neuhoff aus dem Jahr 1992. Von der Bibliothek geht man den Papendiek weiter bis zur nächsten Kreuzung. Dort wendet man sich nach links in die Goetheallee.

9 Auf der rechten Straßenseite befindet sich das Grätzelhaus, welches von 1739-1741 als Wohnhaus des wohlhabenden Tuchfabrikanten Grätzel erbaut wurde. Der vornehmste Barockbau der Stadt - 1998/99 restauriert - legt Zeugnis von der wiederauflebenden wirtschaftlichen Blüte der Stadt in dieser Zeit ab. Von der Goetheallee biegt man bei nächster Gelegenheit

10 rechts in die Obere Maschstraße ab. Nun geht man direkt auf das Synagogen-Mahnmal zu, das sich an der Kreuzung von Oberer und Unterer Maschstraße befindet. Der italienische Künstler Corrado Cagli schuf die Plastik aus Bronze und Stahl am Platz der 1938 niedergebrannten Synagoge. Zur Erinnerung an die Opfer des Holocaust wurden 1995 im unteren Teil fünf Bronzetafeln mit den Namen der Opfer aus Stadt und Landkreis Göttingen angebracht. Von der Oberen Maschstraße erreicht man über eine kurze Gasse den Waageplatz. Schließlich überquert man den Leinekanal und folgt rechts der gleichnamigen Straße. Bei nächster Gelegenheit wendet man sich nach links in die Mühlenstraße und dann wieder nach rechts in den Stumpfebiel. An der nächsten Ecke zur Prinzenstraße steht

11 das Lichtenberghaus. Hier wohnte der berühmte Physiker, Mathematiker, Aphorismen-Schreiber und Philosoph Georg Christoph Lichtenberg (1742-1799). Heute ist es ein Künstlerhaus mit Galerie. Vom Lichten-

▼ Kirche St. Jacobi

berghaus überquert man die Gotmarstraße und folgt der Prinzenstraße.

⑫ An der Kreuzung mit der Weender Straße befindet sich der „Nabel", mit der Bronzeskulptur „Der Tanz" des Bremer Künstlers Bernd Altenstein.

⑬ Direkt daneben erhebt sich die Kirche St. Jacobi mit 72 m hohem Turm. Sie ist die bedeutendste gotische Kirche Göttingens und wurde von 1361-1459 erbaut. Den wertvollen Doppelflügelaltar schuf 1402 ein unbekannter Meister. 1998/99 konnte die vollständige Restaurierung des Gotteshauses abgeschlossen werden. Dabei wurden fünf neue Motivfenster eingebaut und der Innenraum nach dem Vorbild der Renaissance gestaltet. Nach Verlassen der Kirche geht man nun rechts die Weender Straße entlang. Auf der rechten Seite erreicht man nur ein

⑭ kurzes Stück entfernt das Schrödersche Haus. Das Renaissance-Fachwerkhaus des Tuchmachers Jürgen Hovet wurde 1549 erbaut und ist reichlich mit Schnitzereien verziert. Besonders zu beachten sind Weberschiffchen und Weberkamm oberhalb des Torbogens, die Zeugnis vom Beruf des Erbauers ablegen. Von der Weender Straße geht es nach rechts in die Jüdenstraße und von dort links auf den Ritterplan. An der

⑮ linken Seite befindet sich das Städtische Museum, das über reichhaltige Sammlungen zur Geschichte und Kulturgeschichte der Stadt und der Region Südniedersachsen verfügt. Gezeigt wird auch sakrale und angewandte Kunst. Im Jahr 1592 wurde das Gebäude im Stil der Renaissance als Hardenberger Hof erbaut. Es ist das einzige er-

▲ Städtisches Museum

haltene Adelspalais der Stadt. Nach dem Besuch des Museums kehrt man wieder auf die Weender Straße zurück und folgt dieser nach rechts ein

⑯ gutes Stück. Nach Überquerung des Walles erreicht man das Auditorium Maximum. Es wurde 1862-1865 als Hörsaalgebäude errichtet. In Standbildern und Bildnismedaillons sind berühmte Gelehrte und die Gründer der Universität Georgia Augusta verewigt. Vom Auditorium zurückkehrend, wendet man sich nach links auf den Ernst-Honig-Wall. Der Rest der 1362-1577 erbauten Befestigung Göttingens ist heute eine Promenade rund um die Altstadt. Im Jahr 1763 wurde er mit Linden bepflanzt. An dieser Stelle des Walls befindet sich der 1736 zu beiden Seiten des Wegs angelegte

⑰ Alte Botanische Garten. Die historischen Gewächshäuser lohnen allemal

ein Verweilen. Dem Wall folgend erreicht man nach einem guten Stück
das Deutsche Theater am Theaterplatz. Es wurde 1888/89 vom Oldenburger Hofbaumeister Gerhard Schnitger errichtet und dem dortigen
großherzoglichen Hoftheater nachempfunden. Seinen Namen erhielt es
1950 vom damaligen Intendanten Heinz Hilpert. Auf der gegenüberliegenden Seite des Theaterplatzes findet man die Völkerkundliche
Sammlung des Instituts für Ethnologie der Universität. Unter den etwa
17.000 ethnographischen Lehr- und Forschungsexponaten befinden sich
unter anderem die Cook-Forster-Sammlung aus der Südsee und die Ba-
ron von Asch-Sammlung aus der arktischen Polarregion aus dem 18. Jh.

Vom Ausgang wendet man sich
nach rechts, biegt direkt links
in die Herzberger Landstraße
ein und danach gleich wieder
rechts in die Lange Geismarstraße. Auf der gegenüberliegenden Seite erstreckt sich der
Albaniplatz mit der Stadthalle.
An der Terrasse dieses 1962-64
errichteten Veranstaltungsge-
bäudes ist das Bronzerelief
„Die Stadt" von Professor Jürgen Weber zu sehen. An den
Platz schließt sich der Chelten-
ham-Park an. Die Grünanlage wurde 1976 nach der englischen Partnerstadt Göttingens
benannt. Darin befindet sich
das Rohns'sche Badehaus, eine 1972/73 erstellte Rekonstruktion des ersten öffentlichen
Badehauses der Stadt aus dem
Jahr 1820. Ein Stück weiter liegt
der Schwänchenteich. Im Park
kann man dazu Reste des Gra-

▼ Deutsches Theater

▲ Aula der Universität

ben- und Wallsystems der ehemaligen äußeren Befestigungsanlagen bewundern. Zurück auf der Langen Geismarstraße, die in den Albanikirchhof
übergeht, ragt an der Ecke zur Oberen Karspüle die Kirche St. Albani auf.
Die gotische Hallenkirche wurde im 15. Jh. erbaut. Ihr Vorgängerbau war
die älteste Kirche der Stadt, das Gotteshaus von „Guitingi". Der Altar, den

Hans von Geismar 1499 gestaltet hat, beeindruckt mit wunderschönen Malereien. Ein Stück weiter die Obere Karspüle entlang, biegt man links in die Friedrichstraße ein und folgt dieser bis zum Wilhelmsplatz. Auf der rechten Seite erhebt sich die Aula der Universität, ein klassizistisches Gebäude, das 1835-37 zum hundertsten Geburtstag der Universität erbaut wurde. Das Giebelrelief von Ernst von Ban-del stellt die vier Fakultäten Theologie, Jura, Medizin und Philosophie dar. Im Innern sind der große Festsaal mit wertvollen Herrscher-portaits und das historische Universitätsge-fängnis, der Karzer, besonders sehenswert. Vor dem Gebäude wacht das Denkmal Wil-helms IV., der das Bauwerk stiftete. Auf der anderen Seite des Platzes liegt die Alte Mensa. Man überquert nun den Wilhelms-platz und erreicht die Ecke Barfüßerstraße/ Jüdenstraße. Hier befindet sich die Junkern-schänke. Das Gebäude wurde 1446 als gotisches Fachwerkhaus errichtet und 1547-1549 im Stil der Renaissance umgebaut. Es ist mit reichhaltigen Schnitzereien versehen, die Motive aus der Bibel darstellen. Auf dem Eckpfosten findet man eine Abbildung des Erbauers und seiner Ehefrau. Nur ein

▲ Stadtbummel

kleines Stück weiter die Barfüßerstraße entlang liegt linker Hand das Haus des Abel Bornemann. Dieses Fachwerkhaus von 1536 vereinigt Elemente der Gotik und der Renaissance und verfügt über eine „Utlucht", einen Erker im ersten Stock. Von hier hat man zur Passage „Börnerviertel".

Ein kleines Stück weiter, befindet sich die Ratsapotheke an der Ecke zur Weender Straße. Sie wurde 1322 gegründet und ist seit 1557 im jetzigen Gebäude untergebracht. Nun ist man wieder am Ausgangspunkt des Rundgangs angekommen. Von hier aus kann man noch einen weiteren, etwas kürzeren Rundweg beginnen. Vom Gänseliesel-Brunnen wendet man sich nach links in die Rote Straße. Das Haus Rote Straße 25 auf der rechten Seite ist ein typisches gotisches Wohnhaus und das älteste Fachwerkhaus der Stadt von 1276. Ein Stück der Roten Straße folgend, trifft man auf das Gebäude Nr. 34, die Holbornsche Stiftung. Der massive Steinbau wurde 1266 errichtet und ist damit das älteste Haus der Stadt. Darunter liegt ein aufwändiger Kreuzgrat-Gewölbekeller mit romanischer Säule. Das Gebäude ist der einzige romanische Profanbau Göttingens.

Heute hat hier die Stadtarchäologie ihre Heimat und es sind wechselnde Ausstellungen zu sehen. Am Ende der Roten Straße biegt man scharf rechts in die Mauerstraße ein. Dieser folgt man bis zur Einmündung in die Lange Geismarstraße. Von dieser wendet man sich nach links in die Kurze Straße.

Das Fachwerkhaus im Renaissancestil mit der Nr. 12 ist der Ort, an dem der berühmte Wanderarzt Dr. Eisenbart sein Testament verfasste. Heute befindet sich darin das Restaurant Schwarzer Bär. Ebenfalls in der Kurzen Straße wartet auf den Besucher eine weitere Sehenswürdigkeit. Ein paar Schritte weiter erreicht man die Kirche St. Michael. Sie ist die erste katholische Kirche der Stadt, die nach der Reformation von 1787-89 gebaut wurde. Der neobarocke Turm wurde 1892 fertiggestellt. Der Kurzen Straße folgt man danach weiter bis an die Kreuzung mit der Hospitalstraße. Dort steht das Wöhler-Denkmal. Es wurde 1890 von dem Künstler Ferdinand Hartzer geschaffen und erinnert an den Chemiker Friedrich Wöhler (1800-1882). Mit der synthetischen Herstellung von Harnstoff schuf der Wissenschaftler 1828 eine Grundlage für die moderne Chemie. Die dazugehörige Formel ist vor dem Denkmal in das Straßenpflaster eingelassen. Nun geht man links die Hospitalstraße entlang und trifft auf der linken Seite bald auf das Junge Theater. Das 1836 erbaute Wohnhaus war Heimat des Altertumswissenschaftlers Carl Ottfried Müller. Im Jahr 1957 wurde an dieser Stelle das Junge Theater gegründet. Außerdem beherbergt das

▼ Accouchierhaus

▲ Gauß-Weber-Denkmal

Gebäude das Kommunikations- und Aktionszentrum (KAZ). Auf dem dahinter liegenden Platz findet an mehreren Tagen ein Wochenmarkt statt. Folgt man im Anschluss der Hospitalstraße bis zum Ende, liegt an der Ecke zur Kurzen Geismarstraße das Accouchierhaus. Hier war bis 1896 die erste Frauenklinik Deutschlands beheimatet. Der Bau im Stil des frühen Klassizismus, der 1785-91 errichtet wurde, besitzt ein architektonisch interessantes Treppenhaus. Heute ist hier das Musikwissenschaftliche Semi-

▲ **Bismarckturm**

nar zuhause, das über eine schöne Sammlung von Musikinstrumenten verfügt. Man geht nun rechts und trifft am Ende der Kurzen Geismarstraße wieder auf den Wall. Diesem folgt man nach rechts. Nach wenigen Minuten passiert man das Gauß-Weber-Denkmal. Es erinnert an die Erfindung des elektromagnetischen Telegraphen 1833, der die Sternwarte mit einem weiteren Gebäude der Universität verband, durch Carl Friedrich Gauß und Wilhelm Weber. Das Monument wurde 1899 von Ferdinand Hartzer errichtet. Etwas näher zur Bürgerstraße steht die Bronzebüste des Dichters Gottfried August Bürger (1747–94), geschaffen von Gustav Eberlein. Zweigt man ein Stück weiter vom Wall rechts in die Nikolaistraße ab, kann man die Stadtmauer mit Wachturm bewundern. Die Reste der ersten inneren Stadtbefestigung stammen aus dem 13. Jh. Der Wachturm ist der einzige von insgesamt 15, der erhalten geblieben ist. Wenn man nun auf den Wall zurückkehrt, erreicht man ein Stück weiter das so genannte Bismarckhäuschen. In diesem Turm der Wallbefestigung von 1459, der als einziger der neueren Anlage noch existiert, wohnte der spätere Reichskanzler Otto von Bismarck 1833 als Student. Sein Arbeitszimmer kann besichtigt werden. Der Weg führt nun noch ein kurzes Stück auf dem Wall entlang, bis man in die Angerstraße einbiegt und dieser bis zum Ende folgt. So geht man direkt auf die Kirche St. Marien zu. Sie wurde vom Deutschritterorden gegründet. In der dreischiffigen gotischen Hallenkirche sind Reste des Flügelaltars von Berthold Kastrop aus dem Jahr 1524 erhalten. Das ehemalige Tor zur Neustadt bildet das Fundament des Glockenturms. Das Gebäude nebenan ist die „Kommende". Der 1318 errichtete Bau diente dem Deutschritterorden als Wirtschaftshof. Von der Groner-Tor-Straße in Richtung Innenstadt gelangt man nach links in den Papendiek und von dort über die Johannisstraße zurück zum Ausgangspunkt am Alten Rathaus.

▼ **Kirche St. Marien**

SCHAUEN

Für Interessierte ein Muss ist die von 1803-1816 erbaute ■ Sternwarte mit einer Sammlung astronomischer Instrumente. Die dazugehörigen Beobachtungsstationen auf dem ■ Hainberg können besichtigt werden. Auch der ■ Campus der Universität am Nikolausberger Weg lohnt einen Besuch. Einige Kilometer außerhalb der Stadt in Ebergötzen befindet sich das ■ Europäische Brotmuseum. Im selben Ort liegt die ■ Wilhelm-Busch-Mühle, die dem berühmten Dichter als Motiv für seine vielgelesene Geschichte von Max & Moritz diente.

i Tourist-Information, Altes Rathaus, Markt 9, 37073 Göttingen, Tel. 0551/499800, Fax 0551/4998010, E-Mail: tourismus@goettingen.de, Internet: www.goettingen-tourismus.de

SCHLEMMEN UND SCHLAFEN

Kleiner Ratskeller Göttingens älteste Gaststätte in einem romantischen Fachwerkhaus. Gewölbekeller. Neun Fassbiersorten. Kalte und warme Küche. Jüdenstr. 30, 37073 Göttingen, Tel./Fax: 0551/ 57316.

Kreuzgang Uriges Restaurant im Gewölbekeller der ehemalligen Schustergilde mit Sitzgelegenheiten auf dem Marktplatz. Gepflegte Gastlichkeit. Am Markt 8, 37073 Göttingen, Tel: 0551/47322, Fax: 0551/ 43345.

Zum Schwarzen Bären Historisches Gasthaus. Deutsche und internationale Küche von rustikal bis raffiniert. Große Weinkarte und dunkles Bärenbier. Kurze Str. 12, 37073 Göttingen, Tel: 0551/58284, Fax: 0551/5315668.

Hotel Freizeit Inn Tagungs- und Eventhotel mit First Class-, Comfort-, Standard- und Nichtraucherzimmern sowie drei Bars, Bistro, Bier- und Weinstube und Orangerie mit Brunnenplatz und Terrasse. Großes Sport- und Wellnessangebot. Dransfelder Straße 3, 37079 Göttingen, Tel: 0551/9001-0, Fax: 0551/9001-100

Leine Hotel Stadtnahes Hotel mit 101 modern eingerichteten Zimmern und hellem, freundlichem Frühstücksraum. Groner Landstraße 55, 37081 Göttingen, Tel: 0551/5051-0, Fax: 0551/5051-170

Hotel Rennschuh Familienbetrieb mit komfortablen Zimmern und Suiten sowie Wellnessbereich (Schwimmbad, Sauna, Solarium). Kegelcenter, Veranstaltungsräume. Restaurant mit reichhaltiger Auswahl an regionalen und internationalen Spezialitäten. Kasseler Landstr. 93, 37081 Göttingen, Tel: 0551/90090, Fax: 0551/9009199

Hotel Stadt Hannover Stilvoll renoviertes Hotel in ruhiger Innenstadtlage, 250 m vom Bahnhof entfernt. Goetheallee 21, 37073 Göttingen, Tel: 0551/54796-0, Fax: 0551/45470

HAMELN

HAMELN Die „Rattenfängerstadt" liegt im idyllischen Weserbergland. In der liebevoll und aufwändig sanierten Altstadt zeugen viele historische Gebäude im Stil der Weserrenaissance vom Wohlstand der einstigen Hansestadt. Ein Musical und ein Freilichtspiel lassen die Rattenfängersage lebendig werden.

ANFAHRT

■ B 217 von Hannover. ■ B 1 von Paderborn. ■ B 83 aus Richtung Rinteln bzw. Höxter. ■ Bahnhof mit S-Bahnanschluss vom ICE-Bahnhof Hannover.

GESCHICHTE

Um 800 gründete die Reichsabtei Fulda am Weserübergang ein Benediktinerkloster. Im 11. Jh. wurde Hameln Marktort, um 1200 erfolgte die erstmalige Erwähnung als Stadt („civitas"). Herzog Albrecht von Braunschweig bestätigte die bereits bestehenden Rechte der Stadt 1277 mit einem Privileg. Im Jahre 1284 ereignete sich die „Rattenfängersage": Ein Rattenfänger, der von den Bürgern der Stadt Hameln keinen Lohn für seine erfolgreiche Arbeit erhalten hatte, soll sich gerächt haben, indem er mit seinem Flötenspiel die Kinder der Stadt anlockte und entführte. 1426 trat Hameln der Hanse bei, verließ den Städtebund jedoch 1572 wieder. Die lange Tradition von Hameln als Mühlenstadt begann 1635 mit dem Bau der ersten Mühle auf dem Werder. Um 1664-1684 wurde Hameln zur welfischen Festung ausgebaut. 1734 wurde eine unter staatlicher Leitung errichtete Weserschleuse eröffnet. Während des Siebenjährigen Krieges stand Hameln unter wechselnder französischer und englischer Besatzung. 1819 passierte der erste Weserdampfer die Stadt. Auf Befehl Napoleons wurden 1808 die Festungsanlagen geschleift. Um 1829/32 setzte die Industrialisierung in der Textilbranche und in der Papiererzeugung ein. Für einen leichteren Zugang zur Stadt sorgte die 1839 erbaute, neue Hängebrücke über die Weser. 1866 wurde Hameln mit dem Königreich Hannover preußisch, ein Jahr später selbstständige Stadt in der neuen Provinz Hannover. Die Eröffnung der Bahnlinie Hannover – Hameln – Altenbeken im Jahre 1872 verlieh Hameln einen weiteren Aufschwung. Im Zweiten Weltkrieg verursachten die Sprengung der Brücken sowie Brände heftige Zerstörungen in der Stadt. Die vorbildliche Sanierung der Altstadt (ab 1969) und die Einrichtung von Fußgängerzonen (ab 1975) ermöglichen es dem Besucher bis heute, das historische Flair zu genießen. Mit 60 000 Einwohnern ist Hameln heute das wirtschaftliche, kulturelle und touristische Zentrum des Weserberglandes.

RUNDGANG DURCH DEN HISTORISCHEN STADTKERN

„Auf den Spuren des Rattenfängers", die auch auf dem Straßenpflaster zu erkennen sind, beginnt der Rundgang an der Garnisonkirche, die von den Hamelnern wegen der oxidierten Kupferhaube ihres achteckigen Dachaufbaus auch „Grüner Reiter" genannt wird. Die 1713 erbaute Kirche diente bis 1843 der Garnison Hameln als Gotteshaus. Von 1830 bis 1835 wirkte hier der Theologe und Dichter geistlicher Lieder Karl Johann Philipp Spitta als Garnisonprediger und Gefängnisseelsorger. Seit 1929 ist in dem Gebäude die Stadtsparkasse untergebracht. Gegenüber der Garnisonkirche steht das 1602/03 errichtete Rattenfängerhaus, welches seinen Namen seit ungefähr 1900 wegen einer Inschrift an der Bungelosenstraße trägt: „ANNO 1284 AM DAGE JO-

▲ Rattenfängerhaus

HANNIS ET PAULI WAR DER 26 JUNII DORCH EINEN PIPER MIT ALLERLEI FARVE BEKLEIDET GEWESEN CXXX KINDER VERLEDET BINNEN HAMELEN GEBON TO CALVARIE BI DEN KOPPEN VERLOREN" (= „Im Jahre 1284 am Tage Johannis und Pauli war der 26. Juni durch einen Pfeifer mit allerlei Farbe bekleidet gewesen 130 Kinder in Hameln geboren zu Kalvarie bei den Koppen verloren"). Erbauer des Hauses war der Ratsherr Hermann Arendes. Das Gebäude zeigt alle Stilelemente der Weserrenaissance, die sich durch reiche Giebelverzierungen, Schmuckleisten mit Wappen und Inschriften sowie kunstvoll geschmückte Erkerausbuchtungen, so genannte „Utluchten", auszeichnet. Sowohl die Verzierungen an der Fassade als auch der große Saal weisen auf

die repräsentative Funktion des Gebäudes hin. Der Rundgang führt weiter durch die Osterstraße. Hs. Nr. 12 wurde 1576 im Auftrag des Ratsherren Jost Rike errichtet und mit niederländisch inspirierten Elementen der Renaissance gestaltet. In einer rautenförmigen Öffnung

▼ Osterstraße

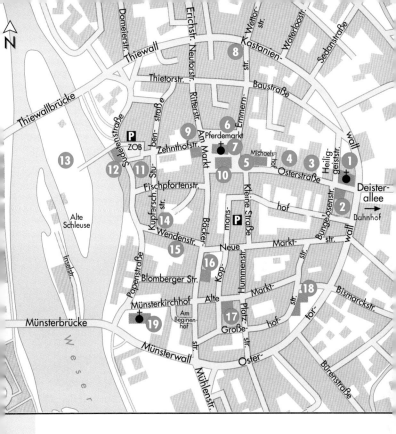

des Schweifgiebels erblickt man einen vollplastischen „Neidkopf". Das Portal wird eingerahmt von zwei schlichten „Utluchten". Ebenfalls in der Osterstraße steht das Leisthaus, das Cord Tönnies für den Patrizier und Kornhändler Gerd Leist 1585/89 erbaute. Die mit Elementen der späten Weserrenaissance reich geschmückte Fassade ist teilweise noch im Originalzustand erhalten: Die Werksteingliederung durch Säulen, Gesimse, das Roll- und Beschlagwerk und die Giebelkonstruktion mit Voluten und Obelisken stammen ebenso aus der Erbauungszeit wie die Utlucht mit acht Tugendallegorien auf dem Brüstungsfries, einer vollplastischen Lukretia-Figur im Giebelfeld und einem vergoldeten Neidkopf in der Giebelspitze. Neid- und Abwehrköpfe sollten nicht etwa den Betrachter erschrecken, sondern Neid und Unheil, z. B. durch Brand, Hochwasser, Missernten, Hungersnot und Krankheiten, vom Haus abhalten. Die Wandflächen wurden im Zuge der letzten Restaurierung mit Ziegelsteinstruktur bemalt, die auf niederländischen Einfluss hindeutet und in der Weserregion in dieser Form der Bauornamentik einzigartig ist. Seit 1975 ist das Leisthaus durch eine Brücke im ersten Obergeschoss mit dem Stiftsherrenhaus verbunden, das sich auf der gegenüberliegenden Seite des Michaelishofes befindet. Friedrich Poppendiek, Kaufmann und Bürgermeister, ließ das Stiftsherrenhaus im Jahre 1558 erbauen. In drei Bereichen der Fassade ist reicher ornamentaler und figürlicher Schmuck zu sehen, nämlich zwischen Erdgeschoss und Obergeschoss, zwischen dem 1. und dem 2. Obergeschoss und unter der Dachtraufe. Neben den antiken Planetengöttern in der Traufzone erkennt man viele biblische Motive: Gottvater, Christus, Apostel, David, Simson, Kain und Abel. Seinen Namen erhielt das Stiftsherrenhaus, da so zahlreiche religiöse Bildwerke nur einem geistlichen Herren zugetraut wurden. Im Stiftsherrenhaus und im Leisthaus ist das Stadtmuseum untergebracht, das anhand interes-

▲ Leist- und
   Stiftsherrenhaus

santer Exponate die Stadtgeschichte, das Hamelner Kunsthandwerk und die Rattenfängersage dokumentiert. Diese ständigen Ausstellungen werden durch Sonderpräsentationen bereichert. Nun geht man weiter durch die Osterstraße bis zur Kreuzung mit der Emmernstraße, in die man rechts einbiegt. Am Pferdemarkt erreicht man die

6 Skulptur „Die Öffnung des Eisernen Vorhangs", die vom Bildhauer Wolfgang Dreysse aus Quedlinburg in Form einer Litfasssäule gestaltet wurde. Die Hamelner Firma Adolf Vogeley nahm 1992 ihr 100-jähriges Jubiläum zum Anlass, die Skulptur zu stiften. Der Firmeninhaber Hans-Wilhelm Vogeley wollte den Wegfall der innerdeutschen Grenze zum Thema des Kunstwerks machen. Die Skulptur erzählt von den Begebenheiten nach der Grenzöffnung. Unter den Figuren erkennt man u. a. die Frauengestalt aus Delacroix' Bild „Die Freiheit führt das Volk auf die Barrikaden", den Quedlinburger Bürgermeister mit seinem Rathaus im Arm, eine Kerze als Symbol des friedlichen Umschwungs im Herbst 1989 - und ein Vogelnest als Anspielung auf den Auftraggeber. Der Markt, der an den Pferdemarkt anschließt, wird überragt

7 von der Marktkirche St. Nicolai, die 1220-1230 als frühgotische Gewölbebasilika auf den Fundamenten zweier älterer Gotteshäuser errichtet wurde. Um die Mitte des 13. Jh. erfolgte der Umbau zur Hallenkirche aus Bruch- und Sandsteinquadern. Im Laufe ihrer Geschichte wurde die Marktkirche durch Kriegseinwirkungen mehrfach zerstört. Besonders schlimm wurde das Gotteshaus von einem Artillerieangriff am 5.4.1945 getroffen und brannte ab. In den Jahren 1957-59 erfolgte der Wiederaufbau in äußerlich unveränderter Form. Durch die Ritterstraße verlässt man nun den Markt und erreicht geradeaus durch die Neutorstraße und dann rechts entlang des Kastanienwalls die beiden letzten noch erhaltenen Türme der ehemaligen Stadtbefestigung, die 1808 unter Napoleon I. geschleift wurde. Der erste Turm wurde 1333 erwähnt, später existierten 22 Türme. Der Haspelmathturm wurde um 1500 errichtet. Benannt wurde der Turm nach dem Hamelner Tierarzt Friedrich Haspelmath, der den Stadtturm kaufte und als Ausstellungsraum für seine Kunstsammlung nutzte. Später wurden die Werke dem Kunstverein übergeben und sind heute im Museum Hameln zu sehen. Seit der Sanierung 1991 beherbergt der Turm die Künstlergruppe Arche. Der Pulverturm entstand ebenfalls im Mittelalter. Eine Sanierung und die Erweiterung durch einen Anbau erfolgten 1995. Seither befindet sich im Turm die Glashütte Hameln, in der man Glasbläsern bei ihrer Arbeit zusehen und die hochwertigen Produkte auch erwerben kann. Zur Glashütte gehören des Weiteren eine Glasgalerie, wechselnde Glaskunstausstellungen und die Glasgravurabteilung. Die zwischen Haspelmath- und Pulverturm verlaufende Stadtmauer wurde 1990-94 in ihrer ursprünglichen Form neu aufgebaut. Auf bekanntem Weg kehrt man wieder zurück zum Markt. Rechter Hand, an der Kreuzung Markt/Zehnthofstraße, erblickt man das Dempterhaus, das 1607/08 für den

▼ Ornamente
am Leisthaus

▲ Masken am
Stiftsherrenhaus

Bürgermeister Tobias von Deventer (oder Dempter) errichtet wurde, wie auch die lateinische Inschrift über dem Eingang besagt: „Tobias von Dempter und Anna Bocks ließen mich erbauen". Die Eltern Tobias von Dempters hatten im 16. Jh. die Niederlande (Deventer) aus religiösen Gründen verlassen. Bänderungen gliedern die Fassade in der Horizontalen. Glatte, unbehandelte Bänder wechseln sich ab mit Bändern aus Bossenquadern, die kleine, gleichmäßige Einkerbungen aufweisen, den sog. „Kerbschnitt".

Die darüber liegenden ehemaligen Speichergeschosse und die Dachge-
schosse wurden in Fachwerkbauweise mit reicher Beschlagwerkornamentik
ausgeführt. Diese Verzierungen gehen auf das Schmiedehandwerk zurück
und erinnern an Beschläge von hölzernen Truhen oder Türen. Zusätzlich
aufgelockert wird die Sandsteinfassade
durch die elegante Utlucht mit ihrer interessanten Bekrönung. Ebenfalls am Markt, an
der Einmündung der Osterstraße, befindet

(10) sich das Hochzeitshaus, das letzte im Stil
der Weserrenaissance errichtete Gebäude
in Hameln. Es entstand 1610-17 als Fest-
und Feierhaus der Bürgerschaft. Bereits ein
Jahr nach der Fertigstellung hemmte der
Dreißigjährige Krieg die Bautätigkeit. Die
Schmuckelemente am Haus erinnern stark
an die Gestaltung des Schlosses Hämelschenburg, so dass beide Bauwerke dem
aus Barntrup stammenden Eberhard von
Wilkening zugeschrieben werden. An den
Stirnseiten des Renaissancebaus fallen besonders die hohen Volutengiebel auf. Unter

▲ Hochzeitshaus

den kunstvoll geschmückten Giebeln der
Zwerchhäuser an der südlichen Traufenseite befanden sich die Eingänge
zu einer Weinschänke, der Ratswaage und der Rats-Apotheke, die ab 1821
von Friedrich Wilhelm Sertürner, dem Entdecker des Morphiums, geleitet
wurde. Der große Festsaal war im zweiten Stockwerk untergebracht. Vom
Glockenspiel ertönt täglich um 9.35 Uhr das Rattenfängerlied „Wandern
ach wandern durch Berg und Tal" und um 11.35 Uhr das Weserlied „Hier
hab ich so manches liebe Mal mit meiner Laute gesessen". Um 13.05 Uhr,
15.35 Uhr und 17.35 Uhr stellt das Figuren- und Glockenspiel die Rattenfängersage dar. Seit 2005 ist im Hochzeitshaus eine Ausstellung der „Erlebniswelt Renaissance" untergebracht. Dieses Kultur- und Freizeitpro-
jekt vernetzt Stadtensembles und Schlösser und zeigt verschiedene Aspekte der Renaissance-Epoche und ihre spannenden Parallelen zur Gegenwart. Im Hochzeitshaus dokumentiert die Erlebnisausstellung auf einer
Fläche von 1200 m² alles Wissenswerte zu den Themenbereichen Alltag,
Kunst und Wissenschaft in der Renaissance. Durch die Fischpfortenstraße,

(11) die an der Südwestecke des Marktes beginnt, erreicht man das Wilhelm-
Busch-Haus. Der berühmte Zeichner und Dichter besuchte hier gelegentlich
Verwandte. Das Gebäude wurde Mitte des 16. Jh. als giebelständiges,

dreigeschossiges Haus mit Vorkragungen des 2. Ober- und Dachgeschosses errichtet. Die beiden unteren Geschosse waren ursprünglich in der älteren Ständerbauweise konstruiert. Um 1850 erfolgte eine Neugestaltung der Fassade in Stockwerksbauweise. Das Fachwerk ist mit Fächerrosetten und Flechtbändern reich verziert. Mit Perlstäben besetzte Taubänder schmücken die Füllhölzer und Schwellen. Nun folgt man der Fischpfortenstraße bis zur Weser, biegt rechts ein in die Sudetenstraße und gelangt schließlich linker Hand zur Pfortmühle. Der sechsgeschossige, flachgedeckte Ziegelbau mit Attika wurde 1894 vom Unternehmer F.-W. Meyer errichtet. Pilaster sowie die sich abwechselnden gelben und hellen Ziegel gliedern die Fassade. Die Pfortmühle zeugt als einziges historisches Gebäude in Hameln vom Mühlengewerbe und ist somit ein bedeutendes Industriedenkmal aus dem 19. Jh. Der Mühlstein im Stadtwappen erinnert an die einst große Bedeutung der Getreidemühlen und der Bäckerinnung. Der Stromerzeuger der Mühle wurde durch Turbinen angetrieben und ist heute im Restaurant in der Pfortmühle zu sehen. Die Stadt Hameln sanierte das Gebäude 1992 und richtete hier die Stadtbücherei ein. Direkt neben der Pfortmühle führt eine Brücke hinüber auf das so genannte „Werder". Diese Insel liegt mitten in der Weser, die die westliche Grenze der Hamelner Altstadt bildet. 1999 schuf man hier ein Freizeit- und Erholungsgebiet mit Café, Biergarten, Kinderspielplätzen, schönen Fußwegen und gepflegten Gartenanlagen, das sich bei den Hamelnern großer Beliebtheit erfreut. Nach einem Spaziergang über das Werder kehrt man zurück zur Pfortmühle, wendet sich dort nach rechts in die Sudetenstraße und biegt an der übernächsten Kreuzung links in die Wendenstraße ein. An der Einmün-

▼ **Der Rattenkönig
mit seinem Gefolge**

▼ **Freilichtspiel - der Rattenfänger von Hameln**

dung der Kupferschmiedestraße kann man ein Glanzstück der Fachwerk-
architektur bewundern, das vermutlich um 1530 errichtete und 1560 durch
die Ratsherrenfamilie Hollenstedt erbaute Bürgerhus. Das dreigeschossige
Eckhaus weist zwei Utluchten und eine abknickende Durchgangsdiele
auf, d. h. das Eingangsportal und die hintere Ausfahrt sind diagonal versetzt. Besonders auffallend ist die Eckutlucht. Reiche Varianten des Roset-
tenmotivs und die Farbenpracht verleihen dem lange Zeit als Brauhaus
genutzten Gebäude Lebendigkeit. Im zweiten Obergeschoss findet man
an den Fenstern so genannte Vorhangbögen als Verzierung. Die Eckinschrift
in lateinisch und in gotischen Minuskeln ist die längste erhaltene Haus-
inschrift in der Hamelner Altstadt. In den
1980er-Jahren erfolgte eine aufwändige
Sanierung. Schräg gegenüber erblickt man
das Lückingsche Haus. Mit dem Bürgerhus
hat es die abknickende Durchgangsdiele
als Merkmal gemeinsam. Das giebelständige, dreigeschossige Haus wurde im Stil
der Spätrenaissance erbaut. Das Zurück-
springen des Eingangs erzeugt zwei vorge-
täuschte Utluchten. Die Brüstungsplatten
sind mit reicher Beschlagwerkornamentik
geschmückt. Im Jahre 1638 wurde das Haus
von Henni Wichmann und seiner Frau Mag-
dalena Schwartze erbaut. Der Bauherr ließ
u. a. den Psalm 127 aus der Luther-Bibel
(Psalm 126 in der lateinischen Bibel) anbringen: „Wo der Herr nicht das Haus bauet,
so arbeiten umsonst die dran bauen. Wo

▲ Bürgerhus

der Herr nicht die Stadt behütet wacht der Wächter umsonst." An der
nächsten Kreuzung (Wendenstraße/ Bäckerstraße) erblickt man linker
Hand gegenüber die Löwen-Apotheke. An der Apotheke vorbei gelangt
man zum Kopmanshof, an dem man sich nach rechts wendet und den
Rattenkrug passiert. Das auch als „Rikehaus" bezeichnete Gebäude wurde von Cord Tönnies, der auch für das Leisthaus verantwortlich zeichnete,
1568 für den Patrizier Johann Rike errichtet. Am Ende des Kopmanshofs
steht die Kurie Jerusalem. Die um 1500 geschaffene Fachwerkkonstruktion
zeigt mit ihrer Art der Verzimmerung, den verwendeten mächtigen Hölzern
und dem dezenten Balkenschmuck typisch gotische Stilelemente. Im Jahre
800 wurde in Hameln durch die Reichsabtei Fulda ein Benediktinerkloster
gegründet und um 900 in ein Stift umgewandelt. Die Kurien, d. h. die

Häuser der Stiftsherren, gruppierten sich um das Münster. Zwei der Kurien trugen die Namen biblischer Städte. Neben der „curia Jerusalem" existierte eine „curia Bethlehem". Heute befindet sich das Gebäude in städtischem Besitz und beherbergt ein öffentliches Kinderspielhaus mit Jugendmusik- und Kindermalschule, das mit einer Auszeichnung der Vereinigung „Europa Nostra" prämiert wurde. Vom Kopmanshof zweigt die Großehofstraße ab, an deren

18 Eingang sich der Redenhof befindet, das Wohnhaus eines Adelshofes von 1568. Der Bauherr, Ernst von Reden, war 1545 Vertreter des Landesherren in Burgdorf und 1572

▲ Vor dem Rattenkrug

Statthalter am Hof in Celle. 1568 gab er das schlichte Haus in Auftrag und ließ Teile eines mittelalterlichen Wohnturms in das Gebäude integrieren. Durch zwei halbkreisförmige Aufsätze an der Giebelspitze, die häufig als „Welsche Giebel" bezeichnet werden, bezog man auch Stilelemente der Weserrenaissance mit ein. Durch die Großehofstraße und die Bäckerstraße gelangt man zum Münsterkirchhof mit der letzten Sehenswürdigkeit des

19 Rundgangs, dem Münster St. Bonifatius. Das älteste Gotteshaus Hamelns stellt in Verbindung mit der Klostergründung den Ursprung der Stadt dar. In den Jahrhunderten nach der Umwandlung in ein Stift erfolgten mehrere Aus- und Umbauten, die dem Münster seine heutige Gestalt als Hallenkirche mit Schiffen verschiedener Breite verliehen. Die wechselvolle Geschichte

setzte sich fort, als durchziehende napoleonische Truppen das Gotteshaus 1803 als Pferdestall und Lagerhaus nutzten. 1870 bis 1875 und nochmals genau hundert Jahre später wurde das Münster aufwändig saniert und ist heute ev.-luth. Gemeindekirche. Um zum Ausgangspunkt des Rundgangs zurückzukehren folgt man der Bäckerstraße, biegt rechts in die Osterstraße ein und erreicht an deren Ende die Garnisonkirche.

▼ Münster St. Bonifatius

SCHAUEN

Nicht entgehen lassen sollte man sich natürlich das ■ Rattenfänger-Frei-
lichtspiel und das ■ Musical „Rats", die auf der Hochzeitshausterrasse
die Sage lebendig werden lassen. Ganz geruhsam kann man die herrliche
Landschaft des Weserberglandes bei einer ■ Schifffahrt auf der Weser
genießen. Der ■ HefeHof, eine denkmalgeschützte, ehemalige Zuckerraffinerie, präsentiert sich heute als moderne Erlebniswelt mit Geschäften,
Gastronomie, einer Kleinkunstbühne u.v.m. Das 12 km südlich von Hameln
gelegene ■ Schloss Hämelschenburg gilt als eines der schönsten Schlösser
Norddeutschlands. Die Innenräume des Weserrenaissance-Baus mit großer
Kunstsammlung lohnen ebenso einen Besuch wie die Gartenanlage, die
Wirtschaftsgebäude und die Kirche. Das ■ Stift Fischbeck mit seinem einzigartig erhaltenen Kreuzgang stellt ein bedeutendes Denkmal niedersächsischer Romanik dar.

i Hameln Marketing und Tourismus GmbH, Deisterallee 1, 31785 Hameln,
Tel: 05151/957821 und 957822, Fax: 05151/957840, E-Mail: touristinfo@
hameln.de, Internet: www.hameln.de

SCHLEMMEN UND SCHLAFEN

🛏 **Hotel Garni Forum** Ruhig gelegenes, modern eingerichtetes Hotel in der
Nähe des historischen Altstadtkernes, mit gepflegtem Ambiente und auf-
merksamem Service. Dachterrasse, Fahrradverleih und -abstellräume.
Sandstraße 3a, 31785 Hameln, Tel: 05151/41880, Fax: 05151/45399

🍴🛏 **Hotel Jugendstil** Denkmalgeschützte Gründerzeitvilla in ruhiger Innenstadtlage. In den großzügigen, rollstuhlgerechten Gasträumen und Zimmern
harmonieren Stuck und Jugendstilmalereien mit modernstem Komfort.
Die Bar „Rattenfalle" bietet eine kleine Imbisskarte. Kostenlose abschließ-
bare Fahrradunterstellmöglichkeiten, Pauschalarrangements. Wettorstr. 15,
31785 Hameln, Tel: 05151/9558-0, Fax: 05151/9558-66

🍴🛏 **Hotel Zur Krone** Im Herzen der Altstadt in einem Fachwerkhaus von
1645. Liebevoll und individuell eingerichtete Zimmer und Suiten. Gemütliches Restaurant mit vielseitiger Speisekarte von rustikalen Schmankerln
bis zu delikaten Gaumenfreuden. Osterstraße 30, 31785 Hameln, Tel:
05151/907-0, Fax: 05151/907-217

🍴 **Museums-Café** Klassisches Café im Stiftsherrenhaus. Eigene Konditorei
und Konfiserie mit Spezialitäten wie Hamelner Torte, Stiftsherrentorte und
Rattenfänger-Torte. Reichhaltiges Speiseangebot aus der kreativen deutschen Küche, auch für den kleinen Hunger. Osterstraße 8, 31785 Hameln,
Tel: 05151/21553, Fax: 05151/24330

HANN. MÜNDEN

Alexander von Humboldt soll Hann. Münden einst als „eine der sieben schönst gelegenen Städte der Welt" bezeichnet haben. Die Drei-Flüsse-Stadt am Zusammenfluss von Werra und Fulda zur Weser besticht durch ihre über 700 Fachwerkhäuser und ihre herrliche Lage im Naturpark Münden.

ANFAHRT

■ A 7 oder B 3 Kassel – Göttingen. ■ B 80 von Bad Karlshafen bzw. Witzenhausen. ■ Bahnhof mit stündlicher RB- und RE-Verbindung zu den ICE-Bahnhöfen Kassel-Wilhelmshöhe und Göttingen.

GESCHICHTE

Hannoversch Münden wurde zwischen 1155 und 1183 durch thüringische Landgrafen gegründet und 1183 erstmals urkundlich erwähnt. Herzog Otto I. von Braunschweig verlieh der Stadt im Jahr 1247 das Stapelrecht, d. h. alle durch Münden reisenden Kaufleute mussten ihre Waren abladen und den Bürgern drei Tage lang zum Kauf anbieten. Dieses Privileg brachte Münden schnell Wohlstand und Reichtum, was sich in vielen prächtigen Gebäuden widerspiegelt, die damals entstanden. 1442 besaß Münden einen Burg- und Stadtgraben. Von 1488 bis 1585 war Münden Residenzstadt der Herzöge von Braunschweig-Lüneburg-Calenberg-Göttingen. 1540 führten Herzogin Elisabeth und Bischof Corvin die Reformation ein. Nach dem Brand des gotischen Schlosses im Jahr 1560 wurde es im Stil der Weserrenaissance wieder aufgebaut. In den Jahren 1603 bis 1618 wurde auch das gotische Rathaus im Stil der Weserrenaissance erweitert. Im Dreißigjährigen Krieg wurde Münden nach dreitägiger Belagerung durch Tilly erobert. 1697 erhielt Münden ein Stadtreglement, das mit Änderungen bis 1823 gültig war. Am 11.11.1727 starb der berühmte Doktor Eisenbart in Hann. Münden. Von 1753 bis 1854 war die Fayence-Fabrik der Familie Hanstein in Hann. Münden ansässig, die für ihre prächtigen Netzvasen berühmt war. 1776 wurden hessische Soldaten nach Amerika verkauft und in Münden verschifft. Die intensiven Sanierungsbemühungen im historischen Stadtkern wurden mit zahlreichen Prämierungen wie der Goldauszeichnung beim Wettbewerb „Stadtgestalt und Denkmalschutz im Städtebau" (1978) und der „Europa Nostra"-Medaille (1984) belohnt. Die im Rahmen des Expo-Projektes 2000 geschaffenen „Wasserspuren" mit interaktiven Wasserspielen und künstlerischen Wasserschauplätzen bereichern das Stadtbild zusätzlich. In elf Ortsteilen hat das „Fachwerkjuwel im Weserbergland" heute ca. 25 000 Einwohner.

RUNDGANG DURCH DEN HISTORISCHEN STADTKERN

Der Rundgang beginnt am Rathaus, das zwischen 1603 und 1618 im Stil der Weserrenaissance rund um einen gotischen Saalbau aus dem 14. Jh. erweitert wurde. Heute sind im Rathaus die Tourist-Information und ein Teil der Stadtverwaltung mit dem Standesamt untergebracht. Die zum Rathausplatz hin gerichtete Fassade ist reich geschmückt mit einem prächtigen Portal, drei Zwerchhäusern und einem zweigeschossigen Erker, einer sog. „Utlucht". Auch die Innenräume sind äußerst sehenswert. In der Unteren Rathaushalle stellen Wandmalereien, 1927 bis 1929 geschaffen von Prof. Rudolf Siegmund, wichtige Stationen aus der Stadtgeschichte dar. Die Obere Rathaushalle, das frühere „Hochtiedshus", bildet bis heute den stimmungsvollen Rahmen für Ausstellungen und Empfänge. Reich geschmückte Portale und Kamine gliedern die Wände. Vor dem Trauzimmer hinterließen zahlreiche Brautpaare persönlich gestaltete Holzherzen zur Erinnerung an ihren ganz besonderen Tag. Im Rathausgiebel zeigt ein Glockenspiel (täglich um 12, 15 und 17 Uhr) die Praktiken des Doktor Eisenbart, der 1663 in Oberviechtach geboren wurde und 1727 in Hann. Münden verstarb. Auch die jeden Sommer

▼ Glockenspiel
  im Rathausgiebel

▼ Blick über den Marktplatz zum Rathaus

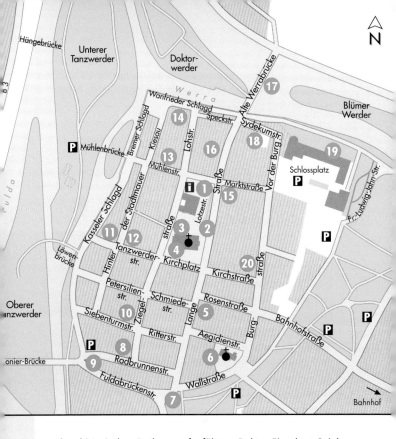

vor dem historischen Rathaus aufgeführten Doktor-Eisenbart-Spiele erinnern an den wandernden Handwerkerarzt, der im gesamten deutschsprachigen Raum auf Märkten praktizierte und entgegen seines Rufs als Scharlatan und Quacksalber Heilungserfolge vorweisen konnte. Jeden Samstag im Sommerhalbjahr um 13.30 Uhr hält „Doktor Eisenbart" außerdem eine „Kleine Sprechstunde" ab. Vom Markt gelangt man durch die Lotzestraße zum ehemaligen Küsterhaus (Hs. Nr. 4) von St. Blasius, das 1457 errichtet wurde und damit das älteste mit Datum, Inschriften und Zierelementen versehene Fachwerkhaus in Niedersachsen ist. Die St. Blasius-Kirche ging aus einer früheren romanischen Basilika hervor, von der im Innenraum noch Reste sichtbar sind. Der Chor und das Ostjoch wurden Ende des 13. Jh. errichtet, die übrigen Bereiche zwischen 1487 und dem Ende des 16. Jh. Das Langhaus der großzügigen Hallenkirche wird von einem Kreuzrippengewölbe mit achteckigen Pfeilern getragen. Ebenfalls am Kirchplatz steht die Primariatspfarre (Hs. Nr. 7). Das zwischen 1570 und 1580 erbaute Haus diente von 1804 bis 1962 als Primariatspfarre St. Blasius. Die Fassade ist im südniedersächsischen Renaissancestil gestaltet. Antike Ornamente schmücken das Quergebälk. Im Zwerchhaus sind die originalen Schiebefenster erhalten. Im Rahmen des EXPO-2000-Projekts „Wasserspuren" wurden die drei zentralen Innenstadtplätze unter künstlerischen, ökologischen und wasserhydraulischen Gesichtspunkten in Zusammenarbeit mit Bürgern und Schülern, Planern, Künstlern und der Verwaltung umgestaltet. Mit interaktiven Wasserspielen, künstlerisch gestalteten Luftfeuchtigkeitsmessern, wasser- und nebelspeienden Stelen und anderen Objekten soll die Bedeutung des Wassers für die Drei-Flüsse-Stadt nochmals besonders hervorgehoben werden. Durch die Lange

⑤ Straße erreicht man das Sterbehaus des Doktor Johann Andreas Eisenbart (Hs. Nr. 79). Im ehemaligen Gasthaus „Zum wilden Mann" starb der Wanderarzt 1727. Zum 200. Todestag wurde vor dem Haus eine Statuette aufgestellt. An der nächsten Kreuzung biegt man links in die Aegidienstraße ein, die zum Aegidienplatz führt.

⑥ Anstelle der heutigen St. Aegidienkirche stand hier einst eine gotische Kirche und Kapelle aus dem 12. Jh., die 1626 durch eine Explosion zerstört und 1684 wieder aufgebaut wurde. An der Nordseite der Kirche ist die Gruftplatte des Doktor Eisenbart zu sehen. Von der Kirche folgt man der Wall-

⑦ straße zur Rotunde. In dem einzigen erhaltenen Rest des oberen Stadttores, das zum Befestigungsring der Stadt gehörte, befindet sich heute eine Gedenkstätte für die Gefallenen der beiden Weltkriege und an

▲ Fährenpfortenturm,
auch Hagelturm

seiner Südseite ein Mahnmal für die Opfer der Gewalt in der Zeit zwischen 1933 und 1945. Von der Rotunde geht man ein Stück an der Langen Straße entlang, bis nach links die Radbrunnenstraße abzweigt. An der nächsten

⑧ Kreuzung steht die Windmühle (Ziegelstraße 66). Das Fachwerkhaus wurde um 1400 errichtet und ist damit eines der ältesten Fachwerkgebäude der Stadt in mittelalterlicher Ständerbauweise. Den Abschluss der Radbrun-

⑨ nenstraße bildet der Fährenpfortenturm. In dem ehemaligen Befestigungsturm wurde bis in die 1980er-Jahre Hagelschrot industriell im Turmgießverfahren produziert, weswegen der Turm auch immer häufiger als „Hagelturm" bezeichnet wird. Die einstigen Arbeitsbedingungen und -methoden sind heute im hier ansässigen Museum der Arbeit zu sehen.

Der Turm kann bestiegen werden und bietet eine herrliche Aussicht über die Altstadt. Auf der Kasseler Schlagd geht man nun ein Stück an der Fulda entlang und biegt dann rechts in die Siebenturmstraße ein. Das um 1660 errichtete Fachwerkhaus mit Fabeltieren (Hs. Nr. 12) weist den längsten in Hann. Münden zu findenden Hausspruch auf. Über 28 Fische und Fabeltiere aus Fluss und Meer zieren die Füllhölzer. Jetzt geht man zurück bis zur nächsten Kreuzung und folgt der Straße Hinter der Stadtmauer nach rechts. An der Kreuzung mit der Tanzwerderstraße fällt linker Hand das Fachwerkhaus mit Schaufenster (Hinter der Stadtmauer 26) auf, das aus ursprünglich zwei Häusern entstand. Die obersten Geschosse stammen aus der Zeit um 1530 (links) bzw. um 1480 (rechts). Nach schweren Hochwasserschäden 1766 mussten sie durch ein barockes Erd- und 1. Obergeschoss abgestützt und unterfangen werden. Das Schaufenster an der Ecke wurde 1878 eingerichtet. Gegenüber steht das Fachwerkhaus mit Muschel- und Narwalmotiven (Tanzwerderstraße 14). Auf den Füllhölzern sind Narwalmotive zu sehen, während die Balkenköpfe mit stilisierten Muschelbildern verziert sind. Folgt man der Straße Hinter der Stadtmauer weiter und geht dann kurz rechts in die Mühlenstraße, gelangt man zu einem Spätgotischen Fachwerkhaus (Hs. Nr. 11). 1582 erfolgte

▲ Die Alte Werrabrücke - eine der ältesten Steinbrücken Norddeutschlands

ein umfassender Umbau. Neben antiken Ornamenten sind Blendarkaden in der Erkerbrüstung angebracht. Geradeaus gelangt man durch die Kiesau zum Ufer der Werra. An der Wanfrieder Schlagd steht der Packhof, der um 1838 als Lagerhaus für Waren, die auf den Flüssen transportiert wurden, gebaut wurde. Seit 1992 wird das Gebäude als stimmungsvoller Veranstaltungsort genutzt. Durch die Lohstraße kommt man zurück zum Markt und geht links an diesem entlang. An der Ecke Marktstraße/Lange Straße erblickt man rechter Hand das Stattlichste Bürgerhaus der Stadt (Lange Straße 29). Das 1554 errichtete Gebäude ist reich verziert und weist feine Konstruktionselemente auf. Die Zwerchhäuser verfügen noch über Ladeluken. Das Rokoko-Türgewände stammt von 1764. Auf der Langen Straße orientiert man sich jetzt wieder in Richtung Werraufer. Das hessisch-fränkische Fachwerkhaus mit Doppeltorgewände (Hs. Nr. 20) ist mit kunstvoller Taubandornamentik verziert. Der damalige Besitzer Matheus Bruns ließ 1592 ein Doppeltorgewände einfügen, das erst 1970 hinter einer Bretterverkleidung wiederentdeckt und schließlich rekonstruiert wurde. Die Profilierung an den Rundbögen wird dominiert von Muschelrosetten, die als Schmuckelement in Hann. Münden eher selten vorkommen. Man geht weiter zum Fluss. Die Alte Werrabrücke von 1250 zählt zu den ältesten Steinbrücken Norddeutschlands. Im Zuge des Ausbaus der Chaussee zwischen Kassel und Hannover 1777/78 mussten die ehemals vorhandenen Überdachungen und Brückentürme abgerissen werden. Auf dem Doktorwerder bietet sich die Möglichkeit zu einer Verschnaufpause während des Rundgangs. Die Parkanlagen auf der malerischen kleinen Insel werden aufgelockert durch Skulpturen des Mündener Bildhauers Wüpper (1911-1995) und Installationen des EXPO-begleitenden Kunstprojektes „3 Räume - 3 Flüsse". Der EXPO-Themenpfad Wasser vermittelt Wissenswertes rund um das nasse Element. Ein Denkmal erinnert an die Gründung des mitteldeutschen Sängerbundes 1839. Zurück am Ufer, folgt man der

⑱ Sydekumstraße nach links. Das beeindruckende Fachwerkhaus Ochsenkopf (Hs. Nr. 8) wurde 1528 in mittelalterlicher Ständerbauweise errichtet, eine Restaurierung erfolgte 1975/79. Die Sydekumstraße führt direkt

⑲ zum Welfenschloss, das im Jahre 1501 auf einer alten Burganlage durch Herzog Erich I. von Braunschweig-Lüneburg im gotischen Stil fertig gestellt wurde. Nach einem Brand 1560 wurde das Schloss durch Herzog Erich II. im Stil der Weserrenaissance wieder aufgebaut. Im Rahmen von Führungen können zwei herzögliche Gemächer mit einzigartigen Renaissance-Fresken besichtigt werden. Das Städtische Museum im Welfenschloss zeigt Exponate zur Stadtgeschichte, zum Fernhandel, zum Land- und Schiffsverkehr, zum Bildhauer Gustav Eberlein sowie zur Archäologie. Außerdem kann man Produkte der Mündener Fayence-Manufaktur der Familie Hanstein (1753-1854) bewundern. Regelmäßige Sonderschauen ergänzen die Dauerausstellung. Den Schlossplatz verlässt man nun in südlicher Richtung

⑳ durch die Burgstraße. Hs. Nr. 19 ist das in Teilen älteste Fachwerkhaus der Stadt, es wurde 1381 erbaut. Die Kirchstraße führt über den Kirchplatz zurück zum Ausgangspunkt des Rundgangs am Rathaus.

▼ Der „Wasserteppich" - Teil der „Wasserspuren"

SCHAUEN

Einen Überblick über die Stadt kann man sich von der ■ Tillyschanze aus verschaffen. Der Aussichtsturm ist in ca. 20-30 Minuten Fußweg zu erreichen und liegt am Rande des sagenumwobenen ■ Reinhardswaldes, in dem das Dornröschenschloss ■ Sababurg mit seinem Tierpark große und kleine Besucher begeistert. In einer Drei-Flüsse-Stadt dürfen Angebote für ■ Kanutouren und ■ Schiffsausflüge, z. B. die ■ Drei-Flüsse-Rundfahrt um die Stadt sowie Fahrten auf der ■ Weser oder der ■ Fulda natürlich nicht fehlen. Hann. Münden kann als Drehscheibe der ■ Fernradwege bezeichnet werden, die von hier aus in die Flusstäler starten. Gut erschlossene Radwege führen auch durch den ■ Naturpark Münden, der von Flüssen und großen Mischwäldern geprägt wird und vielfältige Freizeitmöglichkeiten zum Wandern, Paddeln, Angeln, Floßfahren, Golfen und Segelfliegen bietet. Ca. 20 km nördlich von Hann. Münden liegt das romanische ■ Kloster Bursfelde. Hier finden alljährlich von Mai bis August die ■ Bursfelder Sommerkonzerte statt.

i Touristik Naturpark Münden e. V., Rathaus, Lotzestraße 2, 34346 Hann. Münden, Tel: 05541/75-313 oder 75-343, Fax: 05541/75404, E-Mail: Tourist-Info@Hann.Muenden.de, Internet: www.hann.muenden.de

SCHLEMMEN UND SCHLAFEN

Fahrrad- und Familienhotel Aegidienhof In zwei liebevoll sanierten Fachwerkhäusern empfangen den Gast individuell eingerichtete Doppel- und Familienzimmer. Fahrradabstellraum, Radfachgeschäft im Haus. Aegidienstraße 7/9, 34346 Hann. Münden, Tel: 05541/9846-0, Fax: 05541/9846-20

Hotel Alte Rathausschänke Familien- und fahrradfreundliches Hotel inmitten der historischen Altstadt mit komfortablen, mit Liebe zum Detail ausgestatteten Zimmern. Ziegelstraße 12, 34346 Hann. Münden, Tel: 05541/8866, Fax: 05541/12005

Hotel-Restaurant-Café Alter Packhof Direkt an der Fulda gelegenes, mehrfach prämiertes Haus mit behaglichen Komfortzimmern. Vielseitige Speisekarte mit saisonalen und regionalen Spezialitäten. Hausgemachte Kuchen und Torten, große Weinauswahl. Fahrradgarage und -verleih. Bremer Schlagd 10-14, 34346 Hann. Münden, Tel: 05541/9889-0, Fax: 05541/9889-99

Ratsbrauhaus Im gemütlichen Ambiente der Erlebnisgastronomie kann man ein leckeres Essen und dazu natürlich selbst gebrautes Bier genießen. Markt 3, 34346 Hann. Münden, Tel: 05541/957107, Fax: 05541/957108

HANNOVER

Der Schriftsteller Karl Krolow beschrieb die niedersächsische Landeshauptstadt als eine „große Stadt mit kühlen Wimpern, unter denen die alten Augen blitzen". Die „Großstadt im Grünen" besticht durch ihre gelungene Mischung aus historischen Bauten und moderner Architektur.

ANFAHRT

- A 7 Kassel – Hamburg. ■ A 2 Dortmund – Berlin. ■ B 217 von Hameln. ■ B 188 von Gifhorn. ■ B 3 von Celle. ■ ICE-Bahnhof.

GESCHICHTE

Die Stadt „am hohen Ufer" („Honovere") entwickelte sich im Mittelalter auf einer hochwassergeschützten Terrasse an einem Leine-Übergang und erhielt bald die Stadtrechte, die 1241 von Herzog Otto dem Kind bestätigt wurden. Im 14. und 15. Jh. entstanden drei Kirchen, das Alte Rathaus und eine Stadtmauer mit drei Toren. Außerdem trat die Stadt der Hanse bei.

Im Zuge der Reformation wurde Hannover 1533 evangelisch. Im Dreißigjährigen Krieg besetzten 1625 dänische Truppen die Stadt. Unter dem Welfenherzog Georg von Calenberg wurde Hannover 1636 zur Residenzstadt. Mit der Krönung des Kurfürsten Georg Ludwig zum englischen König Georg I. 1714 begann die bis 1837 andauernde Personalunion zwischen Hannover und Großbritannien, ab 1814 war Hannover Residenzstadt des zum Königreich erhobenen Fürstentums Hannover. In diese Zeit fiel auch die Gründung der heutigen Universität (1831). Von Deutschlands

▲ Stadtzentrum mit Maschsee

erstem Durchgangsbahnhof Hannover verkehrten ab 1843 Züge nach Lehrte. Mit der Annexion durch Preußen wurde Hannover Provinzhauptstadt. Der 1916 eingeweihte Mittellandkanal stellte eine weitere wichtige Verkehrsverbindung für Hannover dar. Im Zweiten Weltkrieg wurde das Stadtzentrum bei 88 Bombenangriffen zu 85 % zerstört, jedoch bald mit neuem Gesicht wieder aufgebaut. Mit der ersten Exportmesse 1947 begann Hannovers Aufstieg zu einer der führenden europäischen Messestädte, zu denen die niedersächsische Metropole u. a. mit der CeBIT auch heute noch gehört. Ein weiterer Höhepunkt in der Stadt- und Messegeschichte war die Ausrichtung der Weltausstellung EXPO 2000.

RUNDGANG DURCH DEN HISTORISCHEN STADTKERN

Zu den Sehenswürdigkeiten Hannovers führt der „Rote Faden", eine gut 4 km lange, auf den Straßenbelag aufgemalte, rote Leitlinie. In Anlehnung daran wird auch dieser Rundgang beschrieben. Ausgangspunkt ist der Hauptbahnhof, der 1876 bis 1879 als erster deutscher Durchgangsbahnhof erbaut wurde. Am Ernst-August-Platz hat auch der Hannover Tourismus Service seinen Sitz. Man verlässt den Ernst-August-Platz nach links durch die Luisenstraße und passiert die Galerie Luise. Die 1987 eröffnete Einkaufspassage lädt in exklu-sivem Ambiente zu einem Bum-mel durch die über 40 Geschäf-te und zu einer Einkehr in der Trend- und Erlebnisgastrono-mie ein. Gegenüber liegt die etwas kleinere Kröpcke-Pas-sage mit einem hochwertigen Boutique-Angebot und einem Bistro. Die Luisenstraße endet am Opernplatz mit der Oper, die zu den schönsten klassizis-tischen Bauwerken ihrer Art zählt. Hofbaurat Georg Ludwig Laves musste den Bau erst ge-gen den Widerstand von König Ernst August durchsetzen, der 1837 meinte: „Nie stimme ich diesem völlig absurden Gedan-ken zu, ein Hoftheater auf der grünen Wiese zu errichten". 1852 weihte sein Sohn, der blin-de König Georg V., das Opern-haus ein. Nach der Zerstörung

▼ Blick vom Opernplatz auf die Oper

▲ Die Georgstraße - eine Flaniermeile

durch einen Bombenangriff im Juli 1943 konnte es bereits fünf Jahre später wieder eröffnet werden und gehört zu den renommiertesten Opernhäusern der Welt. Vom Opernplatz führt die Georgstraße als Flaniermeile und Fußgängerzone zum Aegidientor. Einst würdigten die Hannoveraner hier ihren König Georg III. („Schorse"), der 1814 bis 1820 in Personalunion als König von Großbritannien und Hannover regierte, an Sommersonntagen mit dem „Schorsenbummel". Diese Tradition wird

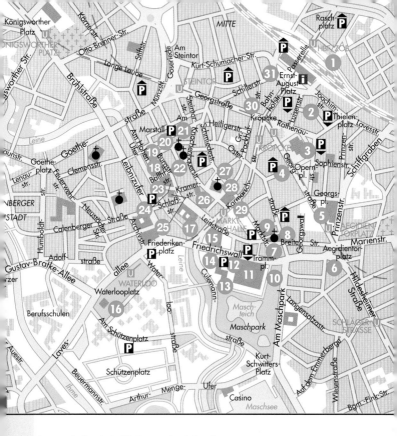

heute als feuchtfröhliches Spektakel auf-
rechterhalten. Auf der Grünfläche neben
der Oper erinnert seit 1994 das vom italienischen Künstler Michelangelo Pistoletto gestaltete Mahnmal des Vereins „Memoriam"
an die Verfolgung und Deportation von
Juden unter dem NS-Regime. Auf dem Platz
sind außerdem Skulpturen von Louis Stro-
meyer (1804-1876, Pionier der orthopädi-
schen Chirurgie), Karl Karmarsch (1803-
1879, einer der bekanntesten Techniker des
19. Jh.) und Heinrich Marschner (1795-
1861, Hofkapellmeister) zu sehen. Mit dem
⑤ Georgsplatz erreicht man das Banken-
viertel. An der Ecke Rathenaustraße/Ge-
orgsplatz fällt sofort das Haus der Deutschen Bank auf. Die 1856 gegründete Han-

▼ **Ernst-August-Platz**

noversche Bank gab das imposante Gebäude im Stil der französischen Spätgotik in Auftrag und bezog es im Jahr 1900. Das hier untergebrachte Niedersächsische Münzkabinett umfasst die größte und bedeutendste Sammlung hannoverscher und niedersächsischer Münzen. Neben der Deutschen Bank haben auch die Landeszentralbank und die Norddeutsche Landesbank hier ihren Sitz. Links daneben steht die im Tudor-Stil erbaute Börse. Im Schatten alter Bäume gelangt man über den Georgsplatz zur Breiten Straße. Rechter Hand an einem Verbindungsweg zwischen Georgswall und Osterstraße ist ein in voller Höhe erhaltener Rest der Stadtmauer von 1337 zu sehen. Das Kloster Loccum, das in Hannover einen Stadthof unterhielt, verpflichtete sich 1320 zum Bau der Mauer.

6 Am imposanten Haus des Kaffeehändlers Ernst Grote (Breite Straße 10) befand sich einst das Aegidientor, das erstmals um 1300 erwähnt und 1748 beim Bau der Aegidienneustadt abgerissen wurde. Bevor man die Osterstraße überquert, sollte man einen Blick auf die mit Weinlaub

7 und Efeu überwucherte Ruine der Aegidienkirche werfen, die heute ein Mahnmal für die Opfer von Kriegen und Gewalt ist. Wahrscheinlich existierte hier schon im 10. Jh. eine kleine Kapelle. An ihrer Stelle wurde im 12. Jh. eine romanische Basilika erbaut, deren Westwand zum Teil erhalten ist. 1347 begann der Bau der gotischen Hallenkirche, die den Ursprung der Reformation in Hannover bildete. 1943 zerstörte ein Bombenangriff das Gotteshaus bis auf die Außenmauern und den barocken Turmrest. Im Inneren der Ruine regen die Skulptur „Demut" vom hannoverschen Bildhauer

▲ Aegidienkirche

Prof. Kurt Lehmann und die Friedensglocke, ein Geschenk der Partnerstadt Hiroshima von 1985, zum Nachdenken an. Vom erneuerten Turm erklingt mehrmals täglich ein Glockenspiel. An einem Strebepfeiler des Chors stellt ein Andachtsrelief sieben betende Männer unter dem Kreuz dar, wodurch die Bezeichnung „Siebenmännerstein" entstand. Der im Volksmund

8 gebräuchliche Name „Spartanerstein" bezieht sich auf die Legende von den Verteidigern des Döhrener Stadtturms, die 1490 bei einem Überfall Herzog Heinrich des Älteren umgekommen sein sollen. Der Rundgang

9 führt vorbei am „KUBUS", einer der ungefähr 40 Galerien in Hannover. In die hier stattfindenden Ausstellungen wird auch der große Platz hinter der Galerie integriert. Im Foyer der nahe gelegenen Volkshochschule trifft

▲ Rathaus mit Maschteich

man erneut auf Reste der Stadtmauer, die hier mit den Überbleibseln eines Turms in eine Schmuckwand umgewandelt wurden. Von der Passage zwischen der VHS und einem Hotel erblickt man nun bereits Hannovers Wahrzeichen, das Rathaus. Mit einem kleinen Umweg erreicht man den ⑩ Bogenschützen, der seinen Pfeil genau auf das Rathaus richtet. Das Original der 200 kg schweren Bronzeskulptur steht in München. Auf dem Trammplatz befindet sich seit 1996 der Klaus-Bahlsen-Brunnen mit zwei Fontänen, die aus zwei Halbkreisen mit Schachbrettmuster sprühen. Das ⑪ 1901 bis 1913 erbaute Rathaus ist ein typisches Beispiel für den Stil der wilhelminischen Epoche. Um im sumpfigen Grund ein stabiles Fundament zu schaffen, mussten 6026 Buchenpfähle in den Boden gerammt werden. An der Vorderfront sind Darstellungen von Fürsten und Stadtvätern, Ministern und Kirchenmännern, Heiligen und Fabelwesen zu sehen. Über den Fenstern des ersten Geschosses zeigt ein Steinfries in neun Bildern bedeutende Ereignisse der Stadtgeschichte.

In der prachtvollen, 38 m hohen Rathaushalle wurde 1946 das Land Niedersachsen ausgerufen. Hier dokumentieren vier Stadtmodelle die Entwicklung der Stadt. Ein beeindruckendes Erlebnis ist der Blick von der Rathauskuppel, die man über einen Schrägaufzug, eine technische Rarität, erreicht. Hinter dem Rathaus erstreckt sich der Maschpark. In direkter Nachbarschaft

▼ Kestner-Museum

⑫ zum Rathaus steht das Kestner-Museum. Die Außenfassade, ein Würfel aus Beton-Gitterwerk mit 5000 Fenstern, wurde eigentlich nur als Schutz um den alten, klassizistisch geprägten Museumsbau von 1889 errichtet. Das Museum wurde von kunstsinnigen Bürgern gefördert, vor allem von August Kestner, der als hannoverscher Geschäftsträger beim Vatikan in Rom eine große Sammlung zusammengetragen hatte. Sein Neffe und Erbe Hermann Kestner vermachte die Kunstwerke der Stadt, die durch eine Sammlung über mittelalterliche Kunst und Kunstgewerbe ergänzt wurden. Schräg gegenüber dem Kestner-Museum gibt es an der ansonsten sehr sachlich gestalteten Fassade der städtischen Bauverwaltung ein prächtiges

⑬ Wappenportal zu entdecken, das 1736 als Tor des Maultier-stalls am Königsworther Platz entstand und bei den Bomben-angriffen 1943 erhalten blieb. 1955 wurde es als Eingang zum Bauamt wieder errichtet. Direkt am Friedrichswall steht das

⑭ Laveshaus. Der Baumeister er-richtete dieses Haus zwischen 1822 und 1824 für seine Fami-lie und wohnte bis zu seinem

▲ BUS STOP mit Anzeigerhochhaus

Tod im zweiten Geschoss. 1908 kaufte die Stadt das Laveshaus und das anschließende Atelier, in dem der Sohn des Baumeisters als Kunstmaler arbeitete. Heute hat hier die niedersächsische Architektenkammer ihren

⑮ Sitz. Nur 50 m weiter errichtete Laves 1832 das Wangenheimpalais. Nachdem zehn Jahre lang Georg V. hier gewohnt hatte, diente das Gebäude als Rathaus und heute als Sitz des niedersächsischen Ministeriums für Wirtschaft, Technologie und Verkehr. Vor dem Palais fällt einer der acht hannoverschen BUS STOPS auf. Die ausgefallenen, von internationalen Künstlern gestalteten Bushaltestellen machen das Warten seit 1994 zum Vergnügen. Auf dem weiteren Weg über den Friedrichswall und die Laves-

⑯ allee erblickt man schon von weitem die Waterloo-Säule, die an den gemeinsamen Sieg der Preußen, Briten und Hannoveraner gegen Napoleon am 18.6.1815 in der Schlacht bei Waterloo erinnert. An Sonn- und Feier-tagen kann man bei schönem Wetter die 47 m hohe, von der Siegesgöttin Viktoria gekrönte Säule erklimmen, die ebenfalls von Laves errichtet wurde. Der gegenüberliegende Sandsteinbau wurde 1712 bis 1720 nach Plänen des französischen Architekten Remy de la Fosse errichtet und beherbergt heute das Niedersächsische Hauptstaatsarchiv. Das Denkmal

davor stellt Graf Carl von Alten dar, der in Waterloo als General unter Wellington in der königlich deutschen Legion gegen die Franzosen kämpfte. In unmittelbarer Nachbarschaft beginnt das Regierungsviertel mit dem Niedersächsischen Landtag im Leineschloss, den man über eine 1686 nach Entwürfen des italienischen Baumeisters Hieronimo Sartorio erbaute Brücke erreicht. Von der Brücke erblickt man die Neustädter Kirche, in der der Philosoph Gottfried Wilhelm Leibniz bestattet ist. In Richtung Altstadt ist das Bronzedenkmal der „Göttinger Sieben" zu sehen, das vom italienischen

▲ Waterloo-Säule

Künstler Floriano Bodini gestaltet wurde. Die dargestellten sieben Göttinger Professoren beugten sich 1837 nicht der Obrigkeit, sondern beriefen sich auf die Verfassung. Am Standort des Leineschlosses befand sich seit dem 13. Jh. ein Minoritenkloster, dessen Mönche jedoch nach Einführung der Reformation die Stadt verließen. Als Herzog Georg von Calenberg 1636 seine Residenz nach Hannover verlegte, ließ er bis 1640 auf dem Gelände das Leineschloss errichten. 1826 wurde der imposante klassizistische Portikus durch den Hofbaumeister Georg Ludwig Laves angefügt. Während das Schloss im Zweiten Weltkrieg bis auf die Umfassungsmauern zerstört wurde, überstand der Portikus die Bombenangriffe unbeschadet. Der Wiederaufbau des Schlosses mit der Erweiterung um den Südflügel mit dem Plenarsaal erfolgte von 1956 bis 1962. Seither hat hier der Niedersächsische Landtag seinen Sitz. Vom Schloss spaziert man nun am hohen Ostufer der Leine entlang; das „hon overe" gab der Stadt ihren Namen. Jeden Samstag findet hier ein Flohmarkt statt. Bunte Akzente setzten die drallen „Nanas" von Niki de St. Phalle, die inzwischen zu einem der Wahrzeichen der Stadt geworden sind. Die amerikanische Künstlerin (1930-2002) entstammte einem französischen Adelsgeschlecht und hinterließ der niedersächsischen Landeshauptstadt die weltweit größte Sammlung von Skulpturen, Gemälden und Zeichnungen. Die

▼ „Nanas" am Leineufer

Stadt verlieh Niki de St. Phalle die Ehrenbürgerwürde und benannte eine
beliebte Einkaufsmeile nach ihr. Über die Promenade erreicht man den
⑱ Beginenturm. Der einst mächtigste Turm der Stadtbefestigung wurde
1357 erstmals genannt. Für seinen Bau verwendete man die Steine der
abgebrochenen romanischen Marktkirche. Die Bronzestatue des jungen
Mannes mit einem Pferd an der Hand erinnert an die einst an dieser Stelle
bestehende Pferdetränke. Von hier ist auch die Clemenskirche zu sehen.
Das Gotteshaus wurde 1711 bis 1718 von Tomaso Giusti erbaut. Aus fi-
nanziellen Gründen konnte die ursprünglich von Giusti konzipierte Kuppel
damals jedoch nicht verwirklicht werden
und wurde erst beim Wiederaufbau nach
dem Zweiten Weltkrieg aufgesetzt. Giusti
war ein Schüler des italienischen Architekten Longhena, der auch für die Kirche Santa
Maria de la Salute am Canale Grande in
Venedig verantwortlich zeichnete - die Ähn-
lichkeit mit diesem berühmten Gotteshaus
⑲ ist also kein Zufall! Durch das Marstalltor
betritt man nun die schmucke Altstadt.
Das Tor mit dem Staatswappen von König
Georg I. von Großbritannien und Hannover
gehörte zum 1714 von Remy de la Fosse
errichteten Reithaus und befand sich einst
außerhalb der Stadtmauer am Ende der
Burgstraße. In der Altstadt reihen sich zahl-

▲ Marstalltor

reiche Fachwerkhäuser aus dem 16. und 17. Jh. aneinander, die nach dem
Zweiten Weltkrieg aus anderen Straßenzügen zusammengetragen und
hier als Ensemble wieder aufgebaut wurden. Zu den sehenswertesten
⑳ Gebäuden gehört das Älteste Bürgerhaus von Hannover. Das Vorderhaus
von 1566 weist kunstvolle Verzierungen im Gebälk auf; das Hinterhaus
wurde bereits 1564 errichtet. Hier beginnt eines der malerischsten Wohnviertel der Stadt. Der Goldene Winkel entstand nach dem Zweiten Weltkrieg
㉑ rund um die Kreuzkirche. In dem 1333 vollendeten Gotteshaus sollte
man sich unbedingt den Passionsaltar von Lucas Cranach und die Ikonen-
sammlung in der Sankt-Annen-Kapelle ansehen. An der Südseite der Kreuz-
㉒ kirche steht die Duve-Kapelle. Johann Duve war einer der erfolgreichsten
Geschäftsleute und schillerndsten Persönlichkeiten seiner Zeit. Der Bau-
unternehmer stiftete ein Armenhaus, dessen Bewohner jedoch für ihn arbeiten mussten. Für den Wiederaufbau der vom Sturm zerstörten Turmspitze
der Kreuzkirche spendete er 100 Taler, verdiente an dem Projekt aber 3000

Taler und ließ danach die Duve-Kapelle für sich und seine Familie errichten. Die von ihm gestiftete Taube, plattdeutsch „Duve", kann als erste Außenwerbung in der Stadt angesehen werden. Im Gegenzug für die Finanzierung des Barockaltars in der Marktkirche ließ er sich und seine Frau als biblische Figuren verewigen. Trotz seines

▲ Am Ballhof

Konkurses blieb sein selbst geschaffenes positives Ansehen als Wohltäter erhalten. 1916 wurde ein Brunnendenkmal enthüllt, das seine guten Werke als „Sämann" symbolisch darstellt und heute am Leibnizufer steht. Durch die schmale Kreuzstraße erreicht man den Ballhof. Herzog Georg Wilhelm ließ den schönsten Profanbau der Stadt von 1649 bis 1664 für Hoffeste und für das damals in der Hofgesellschaft beliebte Federballspiel errichten. Später wurde der Ballhof für Konzerte und Theateraufführungen genutzt. Heute dient der Ballhof als Theater und Probenbühne der Niedersächsischen Landestheater und wurde 1990 durch einen Neubau von Thilo Mucke ergänzt. Der Ballhofbrunnen wurde 1975 aufgestellt. Geht man zurück in Richtung Marstalltor, gelangt man zum Historischen Museum, dessen

▼ Holzmarktbrunnen mit Historischem Museum

Ausstellungen das Leben der hannoverschen Bürger in den letzten vier Jahrhunderten und das Leben am kurfürstlichen Hof dokumentieren. Die

㉕ Burgstraße führt weiter zum Holzmarkt. Das Leibnizhaus war an anderer Stelle im Zweiten Weltkrieg zerstört worden und wurde hier originalgetreu wieder aufgebaut. Die Renaissancefassade wurde aus Obernkirchener Sandstein rekonstruiert. Gottfried Wilhelm Leibniz wurde 1676 als Rat und Leiter der Bibliothek von Herzog Johann Friedrich an den hannoverschen Hof berufen und diente dort 40 Jahre lang. Der Philosoph, Mathematiker, Physiker, Jurist sowie Sprach- und Geschichtsforscher lebte von 1698 bis zu seinem Tod am 14.11.1716 in diesem Haus. Heute sind in dem Gebäude moderne Tagungsräume untergebracht. Vor dem Leibnizhaus steht der Holzmarkt-Brunnen, der 1896 von Oskar Winter anlässlich des 100-jährigen Jubiläums seiner Firma gestiftet wurde. Man verlässt den Holzmarkt

▼ Leibnizhaus (Mitte)

㉖ durch die Kramerstraße, die zum Bummeln und Flanieren einlädt. Kurz vor der Marktkirche lohnt rechter Hand ein schmuckes Fachwerkhaus eine nähere Betrachtung. Hier lebte von 1537 bis 1561 der Braumeister Cord Broyhan, der 1526 ein helles Bier entwickelte und somit das Braugewerbe als dritte wichtige Erwerbsquelle der Stadt neben dem Handwerk und dem Handel etablierte. Vor dem Eckhaus (Kramerstraße 25) markiert ein Kreuz im Pflaster den einzigen Punkt, von dem aus man alle innerstädtischen Kirchtürme sehen kann. Das Kreuz kennzeichnet darüber hinaus eines der sieben Wahrzeichen, das Handwerksburschen

▲ Altes Rathaus
und Marktkirche

auf Wanderschaft kennen mussten, um ihren Aufenthalt in Hannover zu beweisen. Mit dem Markt hat man nun das Zentrum erreicht, von dem aus sich die Stadt einst entwickelte. Im Viertel der Kaufleute und Hand-

㉗ werker wurde im 14. Jh. die Marktkirche errichtet. Der Kirchturm blickt auf eine kuriose Baugeschichte zurück: Bei der Hälfte der vorgesehenen Höhe ging das Geld aus, so dass er eine verkürzte Turmspitze erhielt. In der Marktkirche fand das Urbild des „Deutschen Michel" seine letzte Ru-

174

hestätte: General Johann Michael von Obentraut führte im Dreißigjährigen Krieg ein deutsch-dänisches Heer gegen Tilly und wurde tödlich verletzt. Gegenüber der Marktkirche steht das Forum, in dem regelmäßig Sonderausstellungen des Landesmuseums stattfinden. Das Alte Rathaus stammt in seinen ältesten Teilen von 1410. Im Zuge einer Sanierung 1844 wurde der ursprüngliche Zustand des Alten Rathauses aus der Zeit um 1500 wieder hergestellt. 1999 erfolgte eine Renovierung des gesamten Gebäudes mit einer großzügigen Neugestaltung des Innenbereiches. Ein Gang um das Rathaus lohnt sich. Von der Schmiedestraße erblickt man am äußeren rechten Bogenfenster die Darstellung des „Luderziehens". Das mittelalterliche Volksspiel entspricht ungefähr dem in Süddeutschland noch heute verbreiteten „Fingerhakeln". Zur Karmaschstraße hin befindet links die ehemalige Gerichtslaube am Alten Rathaus. Bei schönem Wetter wurde hier einst unter freiem Himmel Recht gesprochen. Der Trakt beherbergt heute das Standesamt und das Stadtarchiv. Neben dem Portal erkennt man einen Fratzenkopf, der vermutlich als Neidkopf böse Geister abwehren sollte. Auch dieser Fratzenkopf musste von Handwerksburschen auf Wanderschaft als Wahrzeichen genannt werden, um ihren Besuch in Hannover zu belegen. In der Markthalle auf der anderen Seite der Karmaschstraße kann man auf kulinarische Entdeckungsreise durch Europa gehen. Ungefähr 50 in- und ausländische Händler bieten in dem 1955 errichteten Ge-

▲ Kröpcke-Uhr

bäude, liebevoll auch als „Bauch von Hannover" bezeichnet, ihre Delikatessen an. Von der Markthalle kommt man in den modernen Teil der Innenstadt mit zahlreichen Kaufhäusern, aber auch noblen Geschäften. Die Kröpcke-Uhr, ein originalgetreuer Nachbau, ist einer der beliebtesten Treffpunkte in Hannover. Das ursprüngliche Café Kröpcke wurde im Krieg zerstört, das zweite musste beim U-Bahn-Bau weichen. An der Kröpcke-Uhr beginnt die Passerelle, eine der längsten unterirdischen Einkaufszeilen, die wieder zurück zum Hauptbahnhof führt. Auf dem Bahnhofsvorplatz steht das Denkmal von König Ernst August, dem ersten hannoverschen König nach der Personalunion mit Großbritannien. Auch die Statue wird oft als Treffpunkt vereinbart, im Volksmund „unterm Schwanz" genannt.

SCHAUEN

Der ■ Maschsee wurde 1934 bis 1936 künstlich angelegt und ist heute Hannovers beliebtestes Erholungsgebiet mitten in der Stadt. Neben Restaurants, einem Strandbad, einem Bootshafen und -verleih sowie Fahrten mit dem Linienfährschiff lockt alljährlich das ■ Maschseefest mit einem bunten Unterhaltungsprogramm unzählige Besucher an. Am Maschseeufer präsentiert das ■ Sprengel Museum hochkarätige Kunst des 20. Jh., u. a. von Picasso, Nolde, Beckmann und Klee. Am Maschpark zeigt das ■ Niedersächsische Landesmuseum interessante Sammlungen zu Kunst- und Kulturgeschichte sowie Natur- und Völkerkunde. Ein Muss für jeden Hannover-Besucher sind die ■ Herrenhäuser Gärten. Der ■ Große Garten, ein von Sophie von der Pfalz geschaffener Barockgarten, bildet zusammen mit dem ■ Georgengarten im englischen Landschaftsstil und dem als botanischen Garten gestalteten ■ Berggarten eine weitläufige Anlage. Die Herrenhäuser Gärten sind alljährlich auch Schauplatz vieler Veranstaltungen wie der ■ Festwochen Herrenhausen mit „Herrenhausen Barock" (Konzerte, Theater, Musical), dem ■ Kleinen Fest im Großen Garten (Deutschlands erfolgreichstes Kleinkunstfestival) und dem ■ Internationalen Feuerwerkswettbewerb. Auf eine lange Tradition blickt das größte ■ Schützenfest der Welt zurück, dessen Höhepunkt der ■ Schützenausmarsch, Europas längster Festzug mit Schützen, Musik- und Spielmannszügen, Festwagen und Pferdegespannen bildet. Der ■ Erlebnis-Zoo Hannover zeigt in vier Themenbereichen Tiere aus aller Welt. Die „Bootsfahrt auf dem Sambesi" bringt den Besuchern Giraffen, Zebras, Nashörner und Flusspferde so nah wie noch nie. Im prächtigen Dschungelpalast kann man sich von den majestätischen Tieren Indiens verzaubern lassen. Auf dem Pfad zum Gorillaberg wandelt man auf den Spuren der Evolution vom Menschenaffen zum Menschen. Auf dem niedersächsischen Meyers Hof kann man inmitten ländlicher Idylle viele heimische Bauernhoftiere entdecken und den Tag im Biergarten ausklingen lassen. Das ■ Steinhuder Meer, Nordwestdeutschlands größter Binnensee, ist der Mittelpunkt des gleichnamigen Naturparks, den man u. a. auf einem ■ Moor-Erlebnispfad erkunden kann. Das Steinhuder Meer ist außerdem ein ausgesprochen beliebtes Wassersportrevier (Segeln, Baden). Der „Auswanderer", ein historischer Holzkahn, bringt Ausflügler zur auf einer Insel gelegenen ■ Festung Wilhelmstein. ■ Schloss Marienburg thront auf einer Bergkuppe über dem Calenberger Land.

ℹ️ Hannover Tourismus Service, Ernst-August-Platz 2, 30159 Hannover, Tel: 0511/12345-111, Fax: 0511/12345-112, E-Mail: info@hannover-tourism.de, Internet: www.hannover-tourism.de

SCHLEMMEN UND SCHLAFEN

Backöfle Im stilvollen Fachwerkstübchen genießt man Deftiges, Feines und Vegetarisches je nach Saison. Lauschiger Innenhof und Terrasse. Mittelstraße 11, 30169 Hannover, Tel: 0511/18524, Fax: 0511/7694074

City Hotel Flamme Zentral und ruhig gelegenes Kreativhotel mit mediterranem Ambiente, geräumigen Zimmern und Studios, Sauna, Solarium. Lammstr. 3, 30161 Hannover, Tel: 0511/ 3888004, Fax: 0511/3888005

Central-Hotel Kaiserhof Neu gestaltetes Haus im Herzen Hannovers. Alle Zimmer und Suiten bieten exquisiten Komfort. Das Restaurant Brunnenhof lockt mit internationalen Gerichten und hauseigenen Konfiserie-Spezialitäten. Innenhof, Biergarten, Bar. Ernst-August-Platz 4, 30159 Hannover, Tel: 0511/3683-100, Fax: 0511/3683-114

Restaurant Kartoffelhaus Auf der reichhaltigen Speisekarte stehen vielseitige Kartoffelspezialitäten und kreative Schnitzelvariationen. Oskar-Winter-Straße 8, 30161 Hannover, Tel: 0511/660297, Fax: 0511/2627062

Grand Hotel Mussmann In zentraler Lage - Oper, Schauspielhaus, Museen und Maschsee sind in wenigen Gehminuten erreichbar - bietet das Haus Zimmer und Suiten in luxuriösem Ambiente, Sauna u. a. Ernst-August-Platz 7, 30159 Hannover, Tel: 0511/3656-0, Fax: 0511/3656-145

Lühmanns Hotel Am Rathaus Mitten im Zentrum. Die Zimmer sind stilvoll und zeitgemäß eingerichtet. Zur gutbürgerlichen Küche mit modernen Akzenten genießt man ausgesuchte Weine aus aller Welt. Friedrichswall 21, 30159 Hannover, Tel: 0511/32626-8, Fax: 0511/326269-968

Maritim Stadthotel Hannover Nicht weit von Rathaus und Bahnhof entfernt, empfängt den Gast erstklassiger Komfort. Kulinarische Köstlichkeiten gibt es im Restaurant „Le Cordon Rouge". Hildesheimer Straße 34-40, 30169 Hannover, Tel: 0511/98940, Fax: 0511/9894900

Maestro - Gastronomie im Künstlerhaus In stilvoll eingerichteten Räumen und im Biergarten lässt man sich von deutscher Küche mit italienischen und asiatischen Einflüssen verwöhnen. Sophienstraße 2, 30159 Hannover, Tel: 0511/3008575, Fax: 0511/3008574

Fischrestaurant Seestern Das traditionsreiche Haus entstand vor über 50 Jahren als erstes Fischrestaurant dieser Art in Hannover. Traditionelle Gerichte, aber auch moderne Fischspezialitäten der Saison. Andreaestr. 2, 30159 Hannover, Tel: 0511/238783, Fax: 0511/3538660

Weinloch Altstadt Gemütliches Altstadtlokal im historischen Kellergewölbe. Saisonale Weinangebote wie Federweißer, aber auch Bierspezialitäten ergänzen die reichhaltige Weinauswahl. Die Bistro-Küche serviert leckere Kleinigkeiten. Burgstraße 33, 30159 Hannover, Tel: 0511/322748, Fax: 0511/21978562

177

HILDESHEIM

Die junge Großstadt mit alter Geschichte bildet das kulturelle Zentrum zwischen Harz und Heide, Weser und Elbe. Beim Spaziergang durch den historischen Stadtkern möchte man Wilhelm von Humboldt zustimmen, der den Marktplatz einst als „schönsten Marktplatz der Welt" bezeichnete.

ANFAHRT

- A 7 Göttingen – Hannover. ■ B 1 von Braunschweig bzw. Salzhemmendorf.
- B 444/494 von Peine. ■ ICE-Bahnhof.

GESCHICHTE

Mit dem Bau einer Marienkirche und der Gründung eines Bistums am Schnittpunkt alter Handelswege schuf Ludwig der Fromme im Jahr 815 die Basis zur Entstehung einer Stadt. 872 wurde der erste steinerne Dom durch Bischof Altfried geweiht. Im 11. Jh. erlebte das Bistum eine Blütezeit unter den Bischöfen Bernward (993-1022) und Godehard (1022-1038), die große bedeutende Kirchen errichten ließen. Zwischen Domburg und Michaelishügel entwickelte sich die Stadt.

1196 wurde die flämische Dammstadt, um 1215 die Neustadt gegründet. Das wachsende Selbstbewusstsein der Bürger zeigte sich im bereits 1217 erwähnten Rathaus und dem um 1300 selbst verliehenen Stadtrecht, das den bischöflichen Stadtvogt der bürgerlichen Gerichtsbarkeit unterstellte. Zwischen 1345 und 1460 etablierten die Bürger eine fortschrittliche, demokratische Verfassung. Der wirtschaftliche Erfolg spiegelte sich im Beitritt zur Hanse im Jahr 1367 wider. Nach-

▲ Keßlerstraße

dem die Alt- und Neustadt 1583 vereinigt wurden, erfolgte 1806 der endgültige Zusammenschluss. 1802/03 wurde das ehemalige Stift Hildesheim säkularisiert. 1813 fiel Hildesheim an das Königreich Hannover, bevor es 1866 Preußen zugeschlagen wurde. Am 22.3.1945 zerstörte ein schwerer Bombenangriff die Stadt. Beim Wiederaufbau wurden die Reste der ursprünglichen Gebäude behutsam restauriert. 1985 erklärte die UNESCO den Dom und die Michaeliskirche zum Welterbe der Menschheit. Das heutige Stadtbild wurde 1984 bis 1990 vollendet durch die Wiederherstellung des historischen Marktplatzes und seiner schmucken Fachwerkhäuser aus verschiedenen Jahrhunderten.

RUNDGANG DURCH DEN HISTORISCHEN STADTKERN

Der Stadtrundgang folgt der „Hildesheimer Rosenroute": Der Weg zu den Sehenswürdigkeiten ist durch weiße, auf das Pflaster gemalte Rosen markiert. Die Rose symbolisiert für Hildesheim das Werden und Fortbestehen. Der „Tausendjährige Rosenstock" am Dom ist weltberühmt. Der Sage nach geht die Stadt nicht unter, solange die „Hildesheimer Rose" blüht und gedeiht. Ausgangspunkt des Rundgangs ist der Historische Marktplatz, der bereits 1160 erwähnt wurde. Das Rathaus drückt das wachsende Selbstbewusstsein und den zunehmenden Einfluss der Bürger aus. Der gotische Bau entstand zwischen 1246 und 1290 und wurde später durch viele Um- und Anbauten verändert bzw. ergänzt. Nach der Verstärkung der Außenmauern erfolgte 1445 ein weiterer Umbau. Am 22.3.1945 wurde das Rathaus durch einen Bombenangriff schwer beschädigt

▼ **Rathaus**

▼ **Historischer Marktplatz mit Blick auf den Marktbrunnen, das Knochenhauer-Amtshaus und die Stadtschänke**

und in vereinfachter Form wieder aufgebaut. Erhalten blieb der Ratskeller mit seinen alten Gewölben. In der Rathaushalle ist u. a. das Keramik-Relief des Knochenhauer-Amtshauses zu sehen. Neben dem Rathaus steht das im 15. Jh. in mehreren Abschnitten von der Familie von Harlessem errichtete Tempelhaus. Das Gebäude ist inspiriert von orientalischen Vorbildern. Der Name soll vom Tempel der Juden stammen, der sich einst hier befunden haben kann. Der schöne Renaissance-Erker wurde 1591 angefügt. In den Brüstungsfeldern des Ober-

geschosses ist das Gleichnis vom verlorenen Sohn dargestellt. Die Besitzerfamile Gerstenberg gibt die „Hildesheimer Allgemeine Zeitung" heraus, die seit 1705 erscheint und damit die älteste deutsche Tageszeitung ist. Ebenfalls an der Südseite des Marktplatzes wurde 1986 der zweite Neubau der Stadtsparkasse Hildesheim mit drei historischen Fassaden eingeweiht. Das stattliche Wedekindhaus wurde 1598 erbaut und weist für die niedersächsische Renaissance typische Vorbauten, sog. Ausluchten, auf. Die Fassade besteht ausschließlich aus Eichenholz und ist durch reiche Schnitzereien geschmückt. Neben Figuren, Wappen und Ornamenten findet man hier auch symbolische Darstellungen von Tugenden, Lastern und den freien Künsten. Das 1755 errichtete Lüntzelhaus schließt sich direkt an das Wedekindhaus an. Aus der Familie Lüntzel gingen der Bürgermeister Christoph Lüntzel, der Geschichtsschreiber und Justizrat Hermann Lüntzel und der Stifter des „Roemermuseums", Senator Hermann Roemer, hervor, dessen Mutter eine geborene

▼ Rathausarkaden

▲ Am Knochenhauer-Amtshaus

Lüntzel war. Den Abschluss der Reihe bildet das Rolandstift, das in Alt-Hildesheim als eines der schönsten Barockhäuser angesehen wurde. Der wohlhabende Kaufmann und Senator Erasmus Roland stiftete 1769 das Wohnhaus für arme Bürgertöchter, das nach ihm benannt wurde. Auf dem massiven Haus sitzt ein gotischer Treppengiebel mit spitzbogigen Fenstern. Die kunstvoll geschmückte barocke Eingangstür überstand glücklicherweise den Zweiten Weltkrieg unbeschadet. Die Westseite des Marktplatzes wird

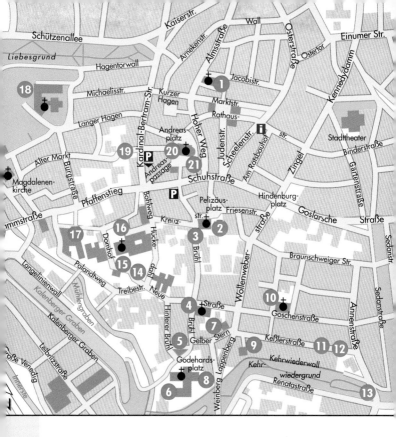

geprägt von den wieder aufgebauten Zunfthäusern der Fleischer und Bäcker. Das 1529 errichtete Knochenhauer-Amtshaus drückte seinerzeit nicht nur bürgerlichen Einfluss und Wohlstand aus, sondern stellt auch ein herausragendes Bauwerk der Spätgotik dar und gilt als „schönstes Holzhaus der Welt". Ein nach 1945 auf gleichem Grundstück erbautes Hotel wurde 1986 abgerissen und das Knochenhauer-Amtshaus bis 1989 unter großem Aufwand und unter Verwendung traditioneller Handwerkstechniken originalgetreu wieder errichtet. Heute dokumentiert hier das Stadtmuseum die Hildesheimer Stadtgeschichte vom Mittelalter bis zur Gegenwart. Zu den Exponaten zählen u. a. Teile einer mittelalterlichen Badestube, des Fürstbischöflichen Tafelsilbers sowie Nachbildungen des Hildesheimer Silberfundes. Das etwas kleinere Bäckeramtshaus neben dem Knochenhauer-Amtshaus stammte ursprünglich von 1451, brannte jedoch 1579 und 1945 nieder und wurde gemeinsam mit dem Knochenhauer-Amtshaus wieder hergestellt. An der Nordseite des Marktplatzes fallen ebenfalls drei liebevoll rekonstruierte Gebäudefassaden auf: die ehemalige Stadtschänke (links), ein schmuckes Rokokohaus (Mitte) mit sehenswerter Eingangshalle und das ehemalige Wollenweber-Gildehaus. Bereits 1383 wurde der Marktbrunnen erstmals erwähnt, der seine heutige Gestalt im Renaissance-Stil um 1540 erhielt. Auf der achteckigen steinernen Brunnenschale ist auf zwei Seiten das von Putten gehaltene Stadtwappen zu sehen. Die Blumensäule trägt einen Schildträger in Rüstung, wodurch der Brunnen seinen volkstümlichen Namen „Rolandsbrunnen" erhielt. 1986 wurde der rekonstruierte Marktbrunnen aufgestellt. Geht man nun links am Rathaus vorbei, erkennt man an dessen Nordostecke die „Garenmathe", einen Messstab aus Metall, der einst von den Tuchhändlern als geeichtes Längenmaß benutzt

wurde. Jetzt biegt man rechts ab in die Scheelenstraße, eine einladende Fußgängerzone. Nach der Überquerung der Schuhstraße erreicht man durch die Altpetristraße die Kreuzkirche. Im Jahre 1079 gründete Bischof Hezilo (1054-1079) das Kollegiatstift zum Heiligen Kreuz für 15 Kanoniker, das bis 1810 bestand. Trotz seiner heutigen Nutzung als Kirche ist das Gebäude wohl der älteste Profanbau der Stadt. Bischof Bernward (993-1022) soll hier eine Torhalle (Vorwerk) zum Schutz des Domes vor An-

▲ **Marktbrunnen**

greifern errichtet haben. Hezilo ließ dann für das von ihm gegründete Stift das Querhaus und den Chor bauen. Im 12. bis 14. Jh. wurden die Seitenschiffe durch Kapellen erweitert. Ihr heutiges barockes Erscheinungsbild erhielt die Kirche im 18. Jh. Im Innenraum ergänzen sich mittelalterliche und barocke Stilformen zu einem harmonischen Miteinander. Beim Verlassen der Kreuzkirche erblickt man durch die Kreuzstraße das imposante, 1888 bis 1891 errichtete Gebäude des ehemaligen Regierungspräsidiums, das von 1823 bis 1977 seinen Sitz in Hildesheim hatte und dann im Zuge der Bezirksreform nach Hannover verlegt wurde. Seither wird das „Regierungsgebäude" vom Niedersächsischen Landesamt für Soziales, Jugend und Familie und vom Sozialgericht genutzt. Neben der Kreuzkirche steht die Choralei, die als Wohnhaus für die Schüler der Stiftsschule und die Chorsänger des Kreuzstiftes diente. Die Bausubstanz stammt vor allem in den beiden Untergeschossen mit ihren rein romanischen Formen noch weitgehend aus der Zeit nach 1184. Nachdem die Choralei im Zweiten Weltkrieg ausgebrannt war, erfolgte 1952 der Wiederaufbau. Heute nutzt die Marienschule der Ursulinen die Räume. Direkt daneben schließt sich die 1491 erbaute Kreuzpropstei an. 1672 wurde der auf doppelten Steinkonsolen ruhende Erker angefügt, der bis heute erhalten ist und in den Neubau integriert wurde. Durch den Brühl erreicht man die Seminarkirche, hinter der ein kleiner Vorhof des ehemaligen Kapuzinerklosters liegt. Als vermutlich dritte Kapuzinerkirche an dieser Stelle wurde das Gotteshaus von 1766 bis 1772 als Saalkirche mit einer von italienischen Vorbildern inspirierten Barockfassade errichtet. Der Eingang wird eingerahmt von zwei Nischen mit Figuren des Heiligen Franz von Assisi (links) und des Heiligen Antonius von Padua (rechts) sowie von einer Marienstatue oberhalb. Im 1812 aufgelösten Kapuzinerkloster ist seit 1834 das bischöfliche Priesterseminar untergebracht. Nun verlässt man den Brühl und folgt kurz der Neuen Straße, vorbei an der einstigen Kirche des ehem. Dominikanerklosters St. Paul, das von 1238 bis 1543 bestand. Das Gotteshaus blickt auf eine wechselvolle Geschichte zurück und wurde bis zu seiner Zerstörung 1945 u. a. als Kornspeicher und Stadthalle genutzt. Das heutige Gebäude, in das die Kirchenruine gekonnt integriert wurde, beherbergt ein Altenheim. Die acht neu geschaffenen Heiligenfiguren wurden 1985 in den Fassadennischen platziert. Von der Neuen Straße biegt man links in den Hinteren Brühl ein. Dieser Straßenzug überstand den Krieg weitgehend unbeschadet und wird von teils aus dem 16. Jh. erhaltenen Fachwerkhäusern gesäumt. Das am Ende der Straße linker Hand gelegene Wernersche Haus kann als schönstes erhaltenes Fachwerkhaus der Stadt angesehen werden. Der Domsekretär Philipp Werner ließ es 1606 errichten - auf eigene Kosten, wie zwei Inschriften in deutscher und lateinischer Sprache belegen. Der reiche Figurenschmuck stellt Kaiser Heinrich II. (Schüler der Hildesheimer Domschule), Ludwig den Frommen (Gründer des Bistums Hildesheim), Karl den Großen, Bischof Bernward und die Jungfrau Maria sowie Allegorien der Tugenden und der Laster dar.

▲ St. Godehardikirche

Schräg gegenüber, am Beginn der Häuserzeile, befindet sich der Chorabschluss des Langhauses der ehemaligen Nikolaikapelle. Das 1146 geweihte Gotteshaus diente bereits im ausgehenden Mittelalter als Salzspeicher und wurde später als Wohngebäude umgestaltet. Auch nach dem Wiederaufbau in der Nachkriegszeit befinden sich hier wieder Wohnungen. Die nächste Station des Stadtrundgangs ist die St. Godehardikirche, die im 12. Jh. als Benediktiner-Klosterkirche zu Ehren des 1131 heilig gesprochenen Bischofs Godehard errichtet wurde. Die doppelchörige Basilika ist gekennzeichnet durch eine harmonische Gebäudegliederung vor allem in der Chorpartie und wird dominiert vom Vierungsturm. Das Nordwestportal wird durch ein Tympanon-Relief mit den Halbfiguren des Erlösers zwischen den Heiligen Godehard (mit Modell der Kirche) und Epiphanius betont. Im Innenraum weisen die schlanken Säulen reiche Ausschmückungen mit Figuren und Ornamenten auf. Von der Ausstattung verdienen besonders das Chorgestühl von 1466, die Holzplastik des Kirchenpatrons aus dem 15. Jh. und der Benediktaltar von 1518 im rechten Querschiff Beachtung, der als herausragende Leistung spätgotischer Schnitzkunst gilt. Um die beiden Westtürme herum gelangt man zur Fachhochschule für Verwaltung und Rechtspflege. Das Gebäude erlebte eine wechselvolle Geschichte. Im 12. Jh. als Kloster entstanden, diente es im 19. Jh. als Staatsgefängnis, ab 1923 als Segeltuchfabrik und danach als Amtsgericht. Beim Umbau zur heutigen Form im Jahre 1968 konnte die historische Bausubstanz weitgehend erhalten bleiben, u. a. die südliche Außenwand mit den sechs Bogenfenstern im Bereich des ehemaligen Refektoriums der Mönche. Bei den Umbauarbeiten entdeckte man eine Sonnenuhr von 1497 und eine barocke Wappentafel mit einer Darstellung der St. Godehard-Basilika aus dem Jahr 1589, die in die Neugestaltung des Gebäudes integriert wurden. Wieder vorbei an der Godehardikirche folgt man nun der „Rosenroute" in die Straße Gelber Stern. Dieser Name entstand durch die Glättung des Ursprungsnamens „Geiler Stert". Durch den auf der Straßenseite gegenüber liegenden Torweg der Vereinigten Fünf Hospitäler (heutige Fachhochschule) gelangt man zu einem im Hof gelegenen, 13 Gefach langen, zweistöckigen Hospitalgebäude. Das Fachwerkhaus vom Ende des 15. Jh. stellt ein typisches Beispiel der Hildesheimer Frühgotik dar. Zurück auf der Straße Gelber Stern, kann man das eindrucksvolle historische Fachwerkensemble nochmals bewundern. Von der „Rosenroute" abweichend,

▲ Durchgang
Kehrwiederturm

erreicht man nach wenigen Schritten durch den Gelben Stern das älteste Fachwerkgebäude. Das Haus des Waffenschmieds wurde 1548 errichtet und ist mit prächtigen Renaissancedekoren verziert. Über der Haustür ist ein Waffenschmied mit Hammer und darunter neben der Jahreszahl Radschloss und Kettenkugel als Zunftsymbole dargestellt. Heute ist hier das Neißer Heimatmuseum untergebracht, das die enge Verbundenheit Hildesheims mit der schlesischen Patenstadt widerspiegelt. Man kehrt zurück zum Gelben Stern und erreicht über den freien Platz die Straße Am Lappenberg. Hier stand einst die Synagoge, die in der Reichspogromnacht 1938 niedergebrannt wurde und an die heute ein Denkmal erinnert. Die Seitenflächen des Würfels sind mit Inschriften versehen. Die aufgesetzte Bronze-

▲ Am Kehrwiederwall

plastik stellt die Stadt Jerusalem dar, die von vier Löwen, dem Wappentier des Stammes Juda, getragen wird. Am Lappenberg reihen sich auch kleine Handwerkerhäuser aneinander, die unbeschadet die Bombenangriffe im Zweiten Weltkrieg überstanden. Vom Lappenberg biegt man nun rechts in die Keßlerstraße ein. Das Viertel der Kesselschmiede war bereits 1309 urkundlich belegt. Rechts erblickt man den Kehrwiederturm. Der 18 Meter hohe Turm blieb als einziger Torturm der Stadtmauer erhalten und hieß ursprünglich „Kehrwehr", da die Stadtmauer hier einen rechten Winkel bildete, also eine Kehre machte. In dem weithin sichtbaren Wahrzeichen befindet sich eine Glocke aus dem Jahr 1465. Die obere Turmstube wird vom Kunstverein Hildesheim für Ausstellungen genutzt. Wieder zurück in der Keßlerstraße, führt ein kurzer Abstecher nach links in die Knollenstraße zur Ev. St. Lambertikirche, die in den Jahren 1473 bis 1488 als Pfarrkirche der Neustadt anstelle einer älteren Anlage als dreischiffige, gewölbte Hallenkirche im Stil der Spätgotik errichtet wurde. Nach der teilweisen Zerstörung 1945 erfolgte bis 1952 der Wiederaufbau. Zur Ausstattung gehört u. a. das um 1410/20 geschaffene Altarbildwerk, das als eines der bedeutendsten niedersächsischen Werke seiner Zeit gilt. Neben der Kirche erstreckt sich der Neustädter Markt mit dem Katzenbrunnen. Die 1215 gegründete Neustadt wurde planmäßig um diesen Platz herum angelegt und war bis zur Vereinigung mit der Altstadt 1583 eine selbstständige Stadt. Zurück in der Keßlerstraße passiert man Fachwerkhäuser, die teilweise noch aus der Renaissance (1500-1650) stammen. Hs. Nr. 69 auf der rechten Seite ist ein besonders stattlicher Barockbau. Bald darauf erreicht man, ebenfalls rechter Hand gelegen, die Ehem. Dompropstei, die durch einen Fachwerktorbau mit Vorhof von der Straße getrennt ist. In dem 1730 vollendeten Barockgebäude mit Holzfachwerk, großzügiger Fensterfront und geschwungener Freitreppe hatte der Hildesheimer Dompropst seinen Sitz, an den von jedem Haushalt der Hauszins sowie von

185

den Markthändlern das Standgeld zu bezahlen war. Seit 1804 befindet sich das Gebäude im Besitz der St. Johannis-Loge „Pforte zum Tempel des Lichts". Auf dem Areal der Ehemaligen Großvogtei von 1662 erhebt sich ein ebenfalls sehenswerter Barockbau mit prächtigem Portal, der zusammen mit einem Neubau vom Niedersächsischen Landesinstitut für Lehrerfortbildung und Unterrichtsforschung genutzt wird. Die Vögte erhoben einst die Zinsen und Standgelder für den Propst. Jetzt biegt man nach rechts in die Annenstraße ein und folgt bald dem Kehrwiederwall nach rechts. Ebenso wie der sich anschließende Langelinienwall gehörte der Kehrwiederwall zu den mittelalterlichen Befestigungsanlagen, die heute noch über die Hälfte des alten Stadtkerns umgeben und im Schatten von Linden zu einem Spaziergang mit schönen Ausblicken auf die Stadtsilhouette, den mit Wasser gefüllten Kalenberger Graben und die umliegenden Parks einladen. Den Langelinienwall verlässt man nach rechts durch den Stichweg und biegt von dort über eine kleine Brücke erneut rechts in den Palandtweg ein, an dessen Ende man der Treibestraße nach links folgt. Linker Hand erinnert die Stinekenpforte („stinkende Pforte") an den mittelalterlichen Brauch, Fäkalien in die damals hier noch offen fließende Treibe zu schütten. Von der Stinekenpforte lohnt sich ein Blick zurück auf die Karthaus, das 1660 erbaute doppelgeschossige Torhaus des einst hier gelegenen Karthäuserklosters. Heute steht hier das St. Bernward-Krankenhaus. Durch die Stinekenpforte betritt man nun den Dombezirk. Gleich rechts befindet sich das Gymnasium Josephinum, die älteste Schule Hildesheims, die aus der Domschule Ludwigs des Frommen hervorging. Besondere Beachtung verdient die erhalten gebliebene Giebelfassade von 1694. Neben dem Dom lohnt sich ein Besuch des Diözesan-Museums, dessen umfangreiche Sammlungen religiöser Kunstwerke zu den bedeutendsten ihrer Art

▲ Bernwardstüren

in Deutschland gehören. Gegenüber dem Dom-Hauptportal fällt der imposante Gebäudekomplex des Generalvikariats auf. Bereits seit Ende des 16. Jh. hatte die Stiftsregierung im Bischofshof ihren Sitz und auch heute noch wird hier das größte deutsche Bistum verwaltet. Das heutige Gebäude geht auf den unter Fürstbischof Clemens August im Jahre 1753 fertiggestellten Neubau zurück. Neben dem Dom erinnert ein 1893 von

Ferdinand Hartzer geschaffenes Denkmal an Bischof Bernward. Am Modell zu seinen Füßen ist der ursprüngliche Bau der Michaeliskirche zu sehen, wie er auch nach dem Zweiten Weltkrieg wieder errichtet wurde. Seit 1985 gehört der Hildesheimer Dom zum UNESCO-Weltkulturerbe. Seine Ursprünge reichen zurück in das Jahr 815, als Kaiser Ludwig der Fromme, veranlasst durch ein Reliquienwunder, auf dem heutigen Domhof eine Marienkapelle erbauen ließ. Unter Bischof Altfried (851-847) entstand der erste steinerne Dom, der jedoch 1046 durch ein Feuer zerstört wurde. Bischof Hezilo (1054-1079) ließ dann die kreuzförmige, dreischiffige Basilika erbauen, die nach der Zerstörung im Zweiten Weltkrieg in ihrer ursprünglichen Form wieder errichtet wurde. Der zu Beginn des Rundgangs erwähnte Tausendjährige Rosenstock rankt sich um die Apsis. Von der in Europa einzigartigen mittelalterlichen Ausstattung, die unter anderem Lichterkronen, Reliquienschreine und Bronze-

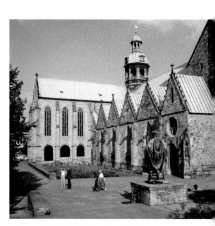

▲ Dom (UNESCO Welterbestätte)

taufbecken umfasst, sollen hier zwei besondere Glanzpunkte erwähnt werden. Die 1015 in der bischöflichen Gießhütte gefertigten Bernwardstüren zählen zu den ältesten Bronzetüren des Mittelalters. Auf den beiden fast 5 Meter hohen und über 1 Meter breiten Türflügeln sind in 16 rechteckigen Bildfeldern Szenen aus dem Alten und dem Neuen Testament dargestellt. Ein weiteres Bronze-Kunstwerk ist die Christussäule (um 1020), die bis in das 19. Jh. in der Michaeliskirche stand und erst dann in den Dom überführt wurde. Das spiralförmig aufsteigende Reliefband zeigt 24 Szenen aus dem Leben Jesu, von der Taufe im Jordan bis zum Einzug in Jerusalem. Vom Domhof gelangt man durch das auch als „Düstere Pforte" bezeichnete Paulstor zum Roemer- und Pelizaeus-Museum, das aus dem 1844 gegründeten Roemer Museum und dem 1911 eingerichteten Pelizaeus Museum hervorging. Benannt wurde das Museum nach seinen wichtigsten Förderern: Hermann Roemer (1816-1894) und Wilhelm Pelizaeus (1851-1930) schufen mit ihren großzügigen Stiftungen die Grundlage der Sammlungen. Anhand von insgesamt ca. 1 Million Exponate dokumentiert das Museum die Geschichte der Welt in Sammlungen zur Natur-

kunde, Völkerkunde, Kunst und Kulturgeschichte. Die Altägypten- und Alt-
Peru-Sammlungen zählen zu den bedeutendsten in Europa. Sonderausstellungen, der Museumspädagogische Dienst mit Workshops, Führungen und Publikationen sowie Veranstaltungen in Zusammenarbeit mit
Kultureinrichtungen und Künstlern ergänzen das attraktive Angebot des
Museums. Verschiedene Räumlichkeiten, u. a. der Dachpavillon, stehen
für Feiern und Tagungen zur Verfügung. In der Nähe des Museums befindet
sich das Haus der Landschaft, in dem heute das Stadtarchiv untergebracht
ist. Der Domherr Anton von Bocholtz ließ das Gebäude 1715 als Kurie
errichten und mit einer schönen Barockfassade versehen. 1820 kam das
Haus in den Besitz der Landschaft. Diese damaligen Landstände mit
Vertretern der Domkurie, der Klöster und Stifte, der Ritterschaft und der
Städte, kontrollierten die Regierungsgewalt der jeweiligen Fürstbischöfe.

Nun folgt man der Dammstra-
ße kurz nach rechts, überquert
diese an der Ampel und folgt
dann der Burgstraße, eine der
ältesten Straßen der Stadt. Ihren Namen erhielt sie, weil sie
den Domhügel („Domburg")
mit dem Michaelishügel verband, auf dem sich die Michaeliskirche erhebt. Seit 1985
gehört auch die Michaeliskirche zum UNESCO Weltkulturerbe. In den Jahren 1010 bis
1022 unter Bischof Bernward

▲ **St. Michaeliskirche
(UNESCO Welterbestätte)**

als Klosterkirche erbaut, wurde das Gotteshaus 1033 von Bischof Godehard
vollendet und geweiht. Die Kirche St. Michael stellt ein herausragendes
Beispiel für die ottonische und romanische Baukunst dar. Die Außenansicht
wird geprägt von strenger Symmetrie, von klaren, geometrischen Formen.
Die beiden wuchtigen Vierungstürme bilden einen interessanten Gegensatz
zu den schlanken Rundtürmen. Im Inneren der Kirche beeindruckt die be-
malte Holzdecke, die auf einer Fläche von ca. 27,6 x 8,7 Metern den Jesse-
boom, den Stammbaum Christi, darstellt. Das Deckenbild aus dem 13. Jh.
ist das älteste noch erhaltene romanische Monumentalgemälde nördlich
der Alpen. Weitere sehenswerte Ausstattungsteile sind die bemalten
Stuckreliefs der Chorschranke vom Ende des 12. Jh. und der um 1520 geschaffene Marienaltar. Seit der Reformation 1542 ist die Michaeliskirche
eine evangelische Pfarrkirche. Die Krypta mit dem Grab des Heiligen Bern-

ward wird dagegen weiterhin von der katholischen Magdalenengemeinde genutzt. Von der Kreuzung Burgstraße/Alter Markt führt die „Rosenroute" nun weiter nach links durch die Straße Alter Markt. An deren Ende fällt eine an dem Schulneubau angebrachte Renaissance-Auslucht auf. Dieser durchgehende, mit Fenstern versehene Erker gehörte einst zum Haus des Asmus von Roden am Pelizaeusplatz. An Alt-Hildesheim erinnern hier außerdem ein Teilstück des 1586 errichteten und ebenfalls im Krieg zerstörten Kaiserhauses sowie ein altes Mauerstück mit dem Wappen eines Domherren. Der Alte Markt geht über in die Eckemekerstraße, das einstige Wohnviertel der Weißgerber („Erchmacher"). Rund um die Andreaskirche bzw. ihre Vorgängerbauten hatten sich ein Handwerkerviertel und der „Kleine Markt" (Andreasplatz) entwickelt, der sich sein mittelalterliches Flair am stärksten von allen städtischen Plätzen bis zur Zerstörung im Zweiten Weltkrieg bewahren konnte. Die 1530 erbaute Alte Münze ist das einzige Gebäude, das im ursprünglichen Zustand erhalten blieb. Hier wurden bis 1772 städtische Münzen geprägt, bevor das Haus zum Wohngebäude umgestaltet wurde. Die Ursprünge der Andreaskirche liegen in einer dem Apostel Andreas geweihten Bürgerkirche, die schließlich durch eine 1140 fertig gestellte romanische dreischiffige Basilika mit Querhaus und quadratischem Chor ersetzt wurde. Dieses romanische Gotteshaus wurde wiederum abgerissen, da die selbstbewusst gewordene Bürgerschaft eine repräsentative Kirche im neuesten Stil erbauen wollte. Die imposante dreischiffige Basilika mit fünfseitigem polygonalem Chor und Umgang mit Kapellenkranz entstand in mehreren Abschnitten vom ausgehenden 14. bis zum Beginn des 16. Jh. 1945 brannte die Kirche bis auf die Umfassungsmauern nieder und wurde 1956 bis 1965 wiederaufgebaut. Nur ein Messingtaufbecken aus dem Jahr 1547 blieb von der alten Ausstattung erhalten. Heute beeindruckt das Kircheninnere mit zeitgenössischen Kunstwerken wie der Portaltür und dem Abendmahlrad über dem Altar von Ulrich Henn und dem Glasfenster von Kurt Sohns in der Taufkapelle. Vom Turm bietet sich ein herrlicher Rundblick. Ihre besondere religionsgeschichtliche Bedeutung gewann die Andreaskirche, als nach der Zustimmung zur Reformation durch den Rat und die Bürgerschaft Luthers Freund Johannes Bugenhagen hier die erste evangelische Predigt hielt. Seitdem ist die Andreaskirche evangelische Pfarrkirche. In der Nähe der Andreaskirche, Richtung Schuhstraße/Hoher Weg, steht das romantische Huckup-Denkmal. Das 1905 vom Bildhauer Roeder geschaffene Denkmal stellt eine Hildesheimer Sagenfigur, eine Verkörperung des schlechten Gewissens, dar und überstand den Zweiten Weltkrieg wie durch ein Wunder unbeschadet. Über den Hohen Weg erreicht man wieder den Marktplatz.

189

SCHAUEN

Das ■ Kloster Marienrode wurde im 12. Jh. als Augustinerkloster gegründet, war ab dem 13. Jh. ein Zisterzienserkloster und wird heute von Benediktinerinnen bewohnt. Die Gebäude stammen aus dem 15. bzw. 17. Jh. Noch mehr Kunstschätze gibt es entlang des neu konzipierten ■ Radweges zur Kunst zwischen Bad Gandersheim, Hildesheim und Sarstedt zu entdecken. Hoch über dem Leinetal thront das vieltürmige, neugotische ■ Schloss Marienburg, das in seinem Museum die Geschichte des hier ansässigen Welfenhauses und des Königreiches Hannover dokumentiert. Zu einem Bummel durch den historischen Stadtkern mit vielen Fachwerkhäusern und einem Spaziergang im Kurpark mit mächtigen Gradierwerken lädt ■ Bad Salzdetfurth ein. Das dortige ■ Stadthistorische Salz- und Kalibergbaumuseum gibt interessante Einblicke in die Stadtgeschichte und in den Alltag in Kali- und Salzbergwerken. Einen Tag voller Spaß bieten der ■ Familienpark Sottrum mit Spielbereichen, Lehrpfaden und kuriosen Museen und das ■ RASTI LAND, ein Rafting-Abenteuer im Reich der Saurier.

i tourist information, Rathausstraße 18-20, 31134 Hildesheim, Tel: 05121/ 1798-0, Fax: 05121/1798-88, E-Mail: tourist-info@hildesheim.com, Internet: www.hildesheim.de

SCHLEMMEN UND SCHLAFEN

Parkhotel Berghölzchen Ruhige Lage in Citynähe. Die 80 Zimmer sind geschmackvoll nach internationalem Standard ausgestattet. Kreative, gutbürgerliche Küche mit saisonalen Akzenten. Am Berghölzchen 1, 31139 Hildesheim, Tel: 05121/979-0, Fax: 05121/ 979-400

Berghotel Brockenblick Auf dem Höhenrücken des Spitzhutes gelegenes, familiär geführtes Haus mit modernen Gästezimmern. Das Restaurant verwöhnt die Gäste mit Saisonspezialitäten, Wildgerichten und süßen Genüssen aus der hauseigenen Konditorei. Anfahrt von der B 6, 31141 Hildesheim, Tel: 05121/34585, Fax: 05121/34756

Hotel Bürgermeisterkapelle Zentral gelegenes Haus mit komfortablen Zimmern (60 Betten). Im Restaurant werden leichte, kreative Menüs und Gerichte der deutschen Küche serviert. Rathausstraße 8, 31134 Hildesheim, Tel: 05121/17929-0, Fax: 05121/17929-99

Hotel Le Meridien 4-Sterne-Hotel mit 110 Standard-, Superior- und Deluxe-Zimmern am Marktplatz. Sauna, Schwimmbad, Fitnessbereich, Garage. Das Restaurant Gildehaus bietet anspruchsvolle internationale Küche und regionale Spezialitäten. Club House Bar mit Cocktailkreationen aus aller Welt. Markt 4, 31134 Hildesheim, Tel: 05121/300600, Fax: 05121/ 134298

HOLZMINDEN

Die „Stadt der Düfte und Aromen" liegt direkt an der Weser am Rande des Naturparks Solling-Vogler, der zu attraktiven Wanderungen und Radtouren einlädt. Die historischen Sehenswürdigkeiten kann man „immer der Nase nach" auf einem duftenden Rundgang erkunden.

ANFAHRT

■ B 64 von Paderborn bzw. Bad Gandersheim. ■ B 83 aus Richtung Hameln bzw. Hofgeismar. ■ B 446/B 241/B 497 aus Richtung Göttingen. ■ Bahnhof mit RB- und NordWestBahn-Anschluss.

GESCHICHTE

Der Name der Stadt ist abgeleitet von der hier in die Weser mündenden Holzminde, deren Name wiederum „Waldbach" bedeutet. Holzminden wurde um 1200 durch die Grafen von Everstein neben deren Burg gegründet und mit städtischen Rechten versehen, die 1245 schriftlich festgehalten und bestätigt wurden. Ab 1408 befand sich die Stadt im Besitz der Welfen und war seit 1519 Teil des Fürstentums Braunschweig bzw. Wolfenbüttel. Bis 1941 gehörte Holzminden zum späteren Herzogtum und schließlich Freistaat Braunschweig. Von den Folgen des Dreißigjährigen Krieges erholte sich die Stadt nur langsam und blieb lange Zeit eine Ackerbürgerstadt mit vielen Handwerksbetrieben und etwas Handel. Einen Aufschwung brachten die Gründung des Eisenwerks und die Ansiedlung anderer Gewerbezweige im 18. Jh. Die älteste Baugewerkschule Norddeutschlands wurde 1831 in Holzminden gegründet. Aufgrund von Reformen wurde die Stadt ein Jahr später Sitz der Verwaltung des Kreises Holzminden. Für eine verbesserte Infrastruktur sorgte neben der Wasserversorgung und Kanalisation, mehreren Schulbauten und der Einrichtung eines Krankenhauses auch der Anschluss an das Eisenbahnnetz im Jahr 1865. Im 19. Jh. wandelte sich auch die Industrie. Die einst bedeutende Verarbeitung von Holz und Sollingsandstein wurde abgelöst durch andere Zweige. 1874 wurde die Geruchs- und Geschmacksstofffirma Haarmann & Reimer gegründet, in der das künstliche Vanillin-Aroma erfunden wurde. Die beiden Weltkriege brachten wirtschaftliche Not und menschliches Elend über Holzminden, doch die Stadt erholte sich durch die Ansiedlung moderner, erfolgreicher Unternehmen, ein gut funktionierendes Bildungswesen als Sitz der Fachhochschule Hildesheim-Holzminden-Göttingen und ein reiches Kulturangebot. Die Kreisstadt hat heute mit den eingemeindeten Sollingorten Neuhaus, Silberborn und Mühlenberg ca. 21 000 Einwohner.

RUNDGANG DURCH DEN HISTORISCHEN STADTKERN

Getreu dem Motto „Holzminden - Stadt der Düfte und Aromen" präsentiert Holzminden seine Sehenswürdigkeiten in Verbindung mit einem „Duftenden Stadtrundgang". An allen markanten Punkten sind Stelen aufgestellt, an denen man verschiedene Düfte genießen kann. Ausgangspunkt des Rundgangs ist die Fachhochschule Hildesheim-Holzminden-Göttingen, die aus der 1831 gegründeten Baugewerkschule hervorging. Der Grundstein des heutigen Gebäudes wurde am 25.4.1898 gelegt, die Einweihung fand am 16.8.1902 statt. Das ursprünglich historische Gebäude mit verzierten Giebeln entstand nach Plänen des Architekten Karl Opitz und wurde nach der Zerstörung durch einen Brand 1945 in schlichteren Formen wieder aufgebaut. An der Fassade sind ein Zimmermann und ein Maurer in Überlebensgröße als Vertreter der wichtigsten Bauhandwerker zu sehen. Das Zentrum des Gebäudes bildet ein glasgedeckter Lichthof. Hinter der Fachhochschule erstreckt sich eine Parkanlage, die zu Spaziergängen einlädt. Das 1869 eingeweihte Haarmann-Denkmal erinnert an Friedrich Ludwig Haarmann (1798-1864), den Gründer der Baugewerkschule. Südöstlich des Denkmals liegt der Untere Teich, der als einer von drei Teichen im 18. Jh. angelegt und von der Holzminde gespeist wurde. Als Stauwerke versorgten sie mehrere

▲ Haarmann-Denkmal

Mühlen und Industriebetriebe mit Wasserkraft, u. a. die Mitte des 18. Jh. gegründete Eisenhütte, die sich am Standort des heutigen Fachhochschulgebäudes befand. Der Obere Teich liegt teilweise auf dem Werksgelände der Firma „symrise", die 2003 durch die Fusion der traditionsreichen Duft- und Aromastoffhersteller Haarmann & Reimer und Dragoco entstand. Im Park sind einige Objekte des KunstStadtrundganges zu sehen, die junge Künstler im Rahmen der Bildhauersymposien bis 1999 schufen. Nach dem Parkspaziergang verlässt man den Haarmannplatz auf der Oberen Straße und biegt bei der ersten Möglichkeit links ab. Sofort fällt ein hohes Torhaus auf, das Reichspräsidentenhaus. Nach den ursprünglichen Planungen aus dem Jahr 1927 sollten der verstorbene Reichspräsident Ebert sowie die ermordeten Minister Erzberger und Rathenau mit einem Gedenkstein geehrt werden. Stattdessen initiierte die Stadtverwaltung ein Gebäude mit Jugendheim und zwei Wohnungen für Kriegshinterbliebene, das die

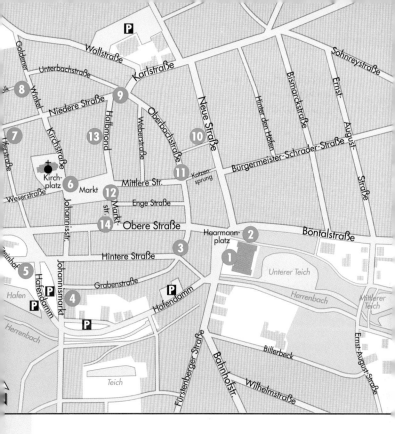

Institution des Reichspräsidenten allgemein und parteiübergreifend würdigen sollte. Das nach Entwürfen von Walther Schrader und Leopold Scherman erbaute Torhaus überbrückte den 1910 entstandenen Straßendurchbruch zwischen Altstadt und Hafendamm und wurde am 6.9.1929 eingeweiht. Die Inschrift in der Durchfahrt wurde mehrfach je nach der politischen Entwicklung verändert bzw. ergänzt, zuletzt 1990. Täglich um 9, 12, 15 und 18 Uhr ertönt das Glockenspiel mit den Figuren des „Meisterumzuges" der Fachhochschulabsolventen. Nun folgt man der Grabenstraße zum Johannismarkt mit dem Tilly-Haus. Obwohl nicht belegt werden kann, dass der Feldherr während des Dreißigjährigen Krieges wirklich in dem Haus untergebracht war, erhielt

▼ Tillyhaus am Johannismarkt

▲ Blick von der Weser auf das Alte Pfarrhaus und die Jugendherberge

es seinen Namen. Besonders beeindruckend ist das Renaissanceportal, dessen Inschrift „1609" auf die Aufstellung des Hauses in Holzminden verweist. Naturwissenschaftliche Untersuchungen des Holzes im Dachgebälk zeigten, dass das Gebäude zuvor in Bevern, vermutlich im Bereich des heutigen Schlossareals, gestanden hatte. Die in der Nähe gelegene Weserbrücke ist bereits das dritte Bauwerk an dieser Stelle. Die ursprüngliche Brücke aus dem Jahr 1885 wurde gegen Ende des Zweiten Weltkrieges gesprengt. Der 1950 eröffnete Nachfolgebau war im für die damalige Zeit typischen Stil mit einer Tragkonstruktion aus Stahlblechträgern und einer als flacher Kreisbogen konstruierten Oberkante gestaltet. Die heutige, 2000/2001 erbaute Brücke greift diese Elemente auf. An den Pfeilern der Brüstungsmauern sind ein Pferd, das auch in den Landeswappen von Niedersachsen und Nordrhein-Westfalen erscheint, und ein Keiler als charakteristisches Tier aus dem Solling, zu sehen. Die Bronzegüsse entstanden nach Modellen des Bildhauers Lorenz Zilken aus Höxter-Corvey. An der Durchfahrt der Hafenbahn dokumentieren Hochwassermarken den Wasserstand aus vergangenen Jahrzehnten. Weitere Hochwassermarken befinden sich an den Gebäuden Johannismarkt 1 und Weserstraße 5.

⑤ Direkt an der Weser liegt das Alte Pfarrhaus. Eine Inschrift datiert das ehemalige Querdielenhaus mit zweigeschossiger Utlucht an der Nordseite sowie vorkragenden Ober- und Dachgeschossen auf das Jahr 1662. Es beherbergte zeitweise die Wohnung des Pastors der Lutherkirche. Insbesondere die ganze zur Weser gerichtete Giebelfront wurde erneuert. Die Jugendherberge entstand in mehreren Bauabschnitten ab 1951 und wurde 1955 eröffnet. Der Turm soll an die längst verschwundene Eversteiner Burg erinnern, die einst hier stand. An der Wand neben dem Turm ist ein farbiges Wappen der Stadt Holzminden zu sehen, auf dem eine Palisade (Holzminden hatte im Mittelalter keine Stadtmauer) mit drei Türmen abgebildet ist. Der Eversteiner Löwe im Tor des mittleren Turmes verweist auf die Grafen von Everstein, die Holzminden einst das Stadtrecht verliehen. Südlich der Jugendherberge befindet sich der Rest des 1837 angelegten Hafens, von dem ein Teil beim Bau des jetzigen Hafenbahngleises zugeschüttet werden musste. Vom Johannismarkt zweigt nach rechts die Hintere Straße ab, in der sich typische Ackerbürgerhäuser mit ihren großen Einfahrten und zweigeschossigen Dielen aneinanderreihen. Aufgrund der schwierigen wirtschaftlichen Situation betrieben viele Bürger neben ihrem Handwerk noch Landwirtschaft. Durch die Johannisstraße geradeaus erreicht man den Markt, an dem sich die Lutherkirche erhebt. Die ursprünglich Maria geweihte Kirche wurde 1231 erstmals erwähnt und war im Spätmittelalter wohl dreischiffig. Das heutige, zweischiffige Gotteshaus stammt aus dem letzten Viertel des 16. Jh. und wurde im Zeitraum zwischen 1898 und 1900 umfassend erneuert und erweitert. Von der älteren Innenausstattung sind zwei Epitaphe vom Anfang des 17. Jh. erhalten. Ansonsten ist der Kirchenraum vom Stil des Historismus geprägt. Vom Markt folgt man nun der Weserstraße und biegt dann rechts in die Uferstraße ein. An der nächsten Kreuzung steht rechter Hand das Alte Gymnasium (heute „Schule an der Weser"). Die Grundsteinlegung fand am 21.7.1824, die Einweihung am 18.9.1826 statt.

▲ Fachwerkhaus mit großem
Dielentor am Johannismarkt

Der klassizistische, verputzte Massivbau aus Sollingsandstein wurde vom Kammerbauinspektor Karl Liebau entworfen. Besonders aufwändig gestaltet ist die Fassade an der Weserstraße: Den Mittelrisalit schmückt ein Arabesken-Fries. Im Dachgeschoss befanden sich ursprünglich Wohnungen für zehn Stipendiaten. Zu den berühmtesten Schülern des Alten Gymnasiums zählten der Chemiker Robert Wilhelm Bunsen (1811-1899) sowie der Pädagoge, Sprachforscher, Schriftsteller und Verleger Joachim Heinrich Campe (1746-1818). Folgt man von der Schule der Uferstraße weiter geradeaus, erreicht man den Kolk. Die Bezeichnung verweist auf einen versumpften Teich, der hier einst lag und in den das Wasser des Mühlengrabens mündete, bevor es in die Weser floss. Zu dieser Zeit befand sich

195

Direkt an der Weser gelegen ist Holzminden, die Stadt der Düfte und Aromen, ein idealer Ausgangspunkt für Radwanderungen in das reizvolle Oberwesertal oder für Wandern und Mountainbiken im Naturpark Solling-Vogler mit den beiden Ortschaften Neuhaus im Solling und Silberborn.

Holzminden
Stadt der Düfte und Aromen

- geführte Stadtrundgänge
- geführte Duftrundgänge
- Weserradweg
- Radfahren ohne Gepäck
- altes Fährhaus
- Tillyhaus
- Severinsches Haus
- Raabe-Brunnen
- Glocken- und Figurenspiel
- viele kulturelle Veranstaltungen in der Stadthalle

Hochsolling
Neuhaus im Solling und Silberborn

- staatlich anerkannte Kurorte
- reizvolle Wanderlandschaft für Jedermann
- Wandern ohne Gepäck
- geführte Mountainbike-Touren
- Mountainbike-Region
- Mountainbike-Cup
- Hochmoor Mecklenbruch
- Wildpark mit Waldmuseum
- energiereicher Paganini-Born
- Bahnengolfanlage
- Hubertusreitjagd
- Schloss Neuhaus
- Aussichtsturm Hochsolling

www.holzminden.de

Stadtinformation Holzminden
Obere Straße 30
37603 Holzminden
Tel. 0 55 31/93 64 23
Fax 0 55 31/93 64 30

Kurverwaltung Neuhaus im Solling
Haus des Gastes
37603 Holzminden-Neuhaus
Tel. 0 55 36/10 11
Fax 0 55 36/13 50

Verkehrsamt Silberborn
Dorfgemeinschaftshaus
37603 Holzminden-Silberborn
Tel. 0 55 36/2 23
Fax 0 55 36/15 27

hier die Fetkötersche Mühle. Die heutige Bebauung entstand 1987. Der Weserkai wird vom 1940/41 erbauten Speicher dominiert. Da er unmittelbar an der Altstadt liegt, wurde seine Fassade besonders schön gestaltet. Das Dach wurde mit den ortsüblichen Sandsteinplatten gedeckt. In der Straße „Goldener Winkel" befindet sich das Raabe-Haus (Hs. Nr. 3), in dem der 1831 in Eschershausen geborene Schriftsteller Wilhelm Raabe einen Teil seiner Kindheit verbrachte. Die Niedere Straße führt zum Raabe-Brunnen aus dem Jahr 1927,

der ebenfalls an den Autor erinnert. Die vom Bildhauer Ludwig Isenbeck geschaffene Figur stellt Klaus Eckenbrecher dar, eine Gestalt aus Raabes Roman „Der heilge Born". Zwei Sandsteinpfeiler mit wichtigen Daten aus der Stadtgeschichte markieren den einstigen Standort des Niederen Tores, eines der drei Stadttore. Nachdem es

▲ Marktplatz

seine militärische Funktion längst verloren hatte, wurde es 1767 während des Ausbaus der Karlstraße abgerissen. Vom Raabe-Brunnen folgt man zunächst der Oberbachstraße und biegt bei der ersten Gelegenheit links ab zum Rathaus, das 1844/45 ursprünglich als Schulgebäude errichtet und nach dem Bau der Schule in der Karlstraße 1876/77 zum Rathaus umgestaltet wurde. Der zweigeschossige Massivbau ist durch Gesimse und den dreigeschossigen Mittelrisalit reizvoll gegliedert. Durch Umbauten, u. a. Dachgauben, Fenster und die Verlegung der Eingänge, wurde das Haus mehrfach verändert. Schräg gegenüber befindet sich das 1839/41 errichtete und damit älteste Gebäude der Kreisverwaltung, das ebenfalls durch seine schöne Fassade auffällt. Nun geht man auf der Neuen Straße bis zur nächsten Kreuzung und biegt rechts ab zum Torhaus Katzensprung. Ursprünglich stand hier ein Wohnhaus, das für den Bau des Verbindungsweges zur Neuen Straße jedoch abgerissen wurde. Um neuen Wohnraum zu schaffen, errichtete man 1922/23 das Torhaus nach dem Entwurf des Stadtbaumeisters Leopold Scherman. Nach der Nutzung als Bürogebäude wurde hier 1926 das städtische Heimatmuseum eröffnet. In unmittelbarer Nähe des Katzensprungs stand die Synagoge der im 18. und 19. Jh. blühenden jüdischen Gemeinde. Rund um das Torhaus erinnern Gedenktafeln an die jüdischen Opfer des Nationalsozialismus. Durch die Mittlere Straße, eine mit Wasserspielen reizvoll gestaltete Fußgängerzone,

⑫ erreicht man den Marktplatz. In seiner heutigen Form und Größe entstand das Zentrum der Altstadt erst im 19. Jh. Hier standen das 1821 abgebrochene Rathaus und das Brauhaus, das 1858 abgerissen wurde. Der große Brunnen in der Mitte des Platzes wurde 1891 fertig gestellt, nachdem Holzminden Wasserleitungen bekommen hatte. In der Nordostecke ruht sich der „Ackerbürger" aus. Die Bronzeplastik eines Bauern erinnert an die Stadtbewohner, die wegen der schwierigen Wirtschaftslage neben ihrem Handwerk auch Landwirtschaft betrieben. Von dieser Zeit zeugen auch die bereits erwähnten Ackerbürgerhäuser in der Hinteren Straße. In der Südostecke des Marktplatzes zeigt das bronzene Stadtrelief die Altstadt zwischen Weser und Haarmannplatz im Zustand des Jahres 1995. Der deutlich erkennbare, halbkreisförmige Grundriss der Altstadt, der sich an die Weser anlehnt, geht auf das Mittelalter zurück. In nördlicher Richtung führt die aufgrund ihres gekrümmten Verlaufs so benannte Halbmondstraße vom Marktplatz weg. Hier lohnt vor allem das Severinsche Haus (Hs.

⑬ Nr. 9) eine nähere Betrachtung. Das für Holzminden charakteristische Durchgangsdielenhaus wurde hier mit einem dritten Geschoss abgewandelt. Die einzelnen Geschosse kragen an der kunstvoll geschmückten Fassade hervor. An den Schwellhölzern sind mehrere Inschriften zu lesen. Eine Besonderheit im Holzmindener Raum sind die Dächer und Wandverkleidungen aus Sandsteinplatten. Der dafür verwendete, zwischen Bodenwerder und Bad Karlshafen abgebaute Buntsandstein lässt sich in besonders dünne Platten aufspalten. Überquert man den Marktplatz nochmals in südlicher Richtung und geht weiter in die Marktstraße, kann man den Rundgang durch die „Stadt der Düfte und Aromen" angemessen

⑭ am Duftbrunnen beenden. Bei der Umgestaltung der Oberen Straße zur Fußgängerzone wurde das Thema „Duft" aufgegriffen. Neben dem Platz des Baumes und dem Platz des Wassers widmet sich der Platz der Düfte besonders der Duftindustrie Holzmindens. In den Platz aus gelben Betonplatten sind Wassersiele eingelassen, denen jeweils ein Duft, erkennbar an den Symbolen in der Edelstahlabdeckung, zugeordnet ist. An jedem Wochentag ist ein anderes Duftfeld aktiv, aus dem dann eine kleine Fontäne sprudelt. Die Obere Straße führt zurück zum Haarmannplatz.

▼ Severinsches Haus

SCHAUEN

Vor den Toren Holzmindens erstreckt sich der ■ Naturpark Solling-Vogler, der ausgezeichnete Wander- und Radwandermöglichkeiten bietet. Der ■ Wildpark Neuhaus mit Waldmuseum ist ein Erlebnis für die ganze Familie. Auch im abwechslungsreichen ■ Oberwesertal sind attraktive Radwanderungen möglich. Sehenswert ist die alte Weserstadt ■ Höxter, in deren unmittelbarer Nähe ■ Kloster Corvey liegt. Die ■ Porzellanmanufaktur Fürstenberg im gleichnamigen, hoch über der Weser gelegenen Schloss ist eine der ältesten in Deutschland. ■ Schloss Bevern zählt zu den bedeutendsten Baudenkmalern der Weserrenaissance. Die Münchhausenstadt ■ Bodenwerder hat neben ihrem berühmtesten Sohn, dem Lügenbaron, eine schöne Altstadt mit schmucken Fachwerkhäusern, Wehrtürmen und tausendjähriger Klosterkirche zu bieten. In der „Stadt der heißen Quellen" ■ Bad Karlshafen, in der Barockzeit planmäßig angelegt, sprudelt seit 1838 eine heilkräftige Sole, die heute in modernen Kureinrichtungen genutzt wird. Ein Höhepunkt im Holzmindener Veranstaltungskalender ist das renommierte, alle zwei Jahre stattfindende ■ Internationale Straßentheater-Festival.

Stadtinformation Holzminden, Obere Straße 30, 37603 Holzminden, Tel: 05531/9364-0, Fax: 05531/936430, E-Mail: kulturamt@holzminden.de, Internet: www.holzminden.de

SCHLEMMEN UND SCHLAFEN

Hotel Buntrock Gemütliche Gästezimmer. Im Restaurant werden Fischspezialitäten und vegetarische Gerichte angeboten. Wassersport, Radwandern. Karlstraße 23, 37603 Holzminden, Tel: 05531/93730, Fax: 05531/120221

Café-Restaurant Felsenkeller Das traditionelle Aussichtslokal mit Biergarten bietet Spezialitäten der Saison. Hoher Weg 24, 37603 Holzminden, Tel: 05531/4624, Fax: 05531/10053

Hotel Hellers Krug Fachwerkhaus aus dem Jahre 1721 in ruhiger Lage mit 38 geschmackvoll eingerichteten Zimmern sowie Restaurant mit gutbürgerlicher Küche. Altendorfer Straße 19, 37603 Holzminden, Tel: 05531/2001, Fax: 05531/61266

Hotel garni Rosenhof Nur wenige Minuten von der Innenstadt entfernt in einem kleinen Park mit altem Baumbestand. Stilvolles, individuelles Ambiente. Die Zimmer sind mit zeitgenössischer Kunst und wertvollen Antiquitäten eingerichtet. Marmorbäder, Wintergarten, Terrasse. Sollingstraße 85, 37603 Holzminden, Tel: 05531/995900, Fax: 05531/995915

LEER

Die Stadt am Wasser ist stark von der Handelsschifffahrt geprägt und wird deshalb auch das „Tor Ostfrieslands" genannt. Sehr reizvoll ist die Umgebung mit beschaulichen Fehndörfern, sehenswerten Burgen und der Weite der ostfriesischen Landschaft.

ANFAHRT

- A 31 aus Richtung Köln. ■ A 28 aus Richtung Bremen über Oldenburg.
- B 70 aus Richtung Meppen/Papenburg. ■ B 436 von Wilhelmshaven.
- Bahnhof mit IC-Anschluss.

GESCHICHTE

Keramikfunde in Leer und Logabirum belegen, dass sich bereits zwischen 3200 und 1800 v. Chr. auf dem heutigen Leeraner Stadtgebiet sesshaft gewordene Nomaden ansiedelten. Im Jahr 791 n. Chr. gründete Friesenapostel Liudger in Leer die erste Kirche Ostfrieslands östlich der Ems. „Hleri iuxta ad fluvium Lade"; mit diesen Worten wird Leer in der Vita Liudgers von 850 bezeichnet. Es ist die erste Erwähnung Leers in einem schriftlichen Dokument. Mit der vom Häuptling Fokko Ukena im Jahr 1421 errichteten Fokkenburg erhielt Leer seine erste Festungsanlage, die jedoch bereits 10 Jahre später durch ostfriesische Häuptlinge belagert und zerstört wurde. 1435 entstand in Leerort eine Festung, die im Laufe der Jahre zu einem starken Bollwerk ausgebaut wurde. Durch die Lage an Leda und Ems wurde der Handel in Leer vor allem von der Schifffahrt bestimmt. Auch das Emder Stapelrecht, das 1494 in Kraft trat, konnte die Entwicklung Leers zu einer bedeutenden Handelsstadt nicht verhindern. Das Stapelrecht besagte, dass Handelsschiffe, die die Ems und die Leda befahren wollten, ihre Waren drei Tage lang in Emden zum Verkauf anbieten mussten. Erst 1843 wurde das Stapelrecht vollständig aufgehoben. 1508 erhielt Leer von Edzard dem Großen die Marktrechte. Großen Einfluss auf den gewerblichen Betrieb der Leinenweberei und den Handel hatten im 16. Jh. eingewanderte niederländische Mennoniten. Auch andere produzierende Gewerbe wie die Seifensiederei und die Leimsiederei wurden in Leer ansässig. Obwohl Leer schon lange die Bedeutung und die Größe einer Stadt besaß, verlieh König Georg IV. dem Flecken erst 1823 die Stadtrechte. Die Anbindung an das Eisenbahnnetz und der Bau des tideunabhängigen Hafens sowie die Verbesserung des Hochwasserschutzes im 19. Jh. ebneten Leer den Weg für die Entwicklung zu einem modernen und weltoffenen Mittelzentrum mit heute ungefähr 34 000 Einwohnern.

RUNDGANG DURCH DEN HISTORISCHEN STADTKERN

① Das wohl berühmteste Gebäude Leers ist das Rathaus, das mit seinem hohen Backsteinturm schon seit Ende des 19. Jh. das Stadtbild prägt. Im Innenraum des im deutsch-niederländischen Renaissancestil errichteten Gebäudes kann man wunderschöne Deckenmalereien, Mosaikfußböden und beeindruckende Festsäle bewundern. Im Ratskeller bewirtet das gleichnamige Restaurant seine Gäste. Das Verkehrsbüro Leer veranstaltet regelmäßig Führungen, bei denen man auch einen Blick vom Rathausturm werfen kann. Die Rathausstraße ist das Schmuckstück Leers und lädt zu einer Zeitreise ein. Dabei führt der

▼ Haus Samson

② Weg am Haus Samson vorbei, das 1643 im Stil des niederländischen Frühbarocks erbaut wurde. Seit 1800 befindet sich das Gebäude im Besitz der Familie Wolff, die in den Räumlichkeiten eine Weinhandlung betreibt. Das Museum im ersten und zweiten Stockwerk kann während der Geschäftszeiten besichtigt werden und vermittelt einen Einblick in die Wohnkultur des 18. und 19. Jh. Weiter geht es Richtung Hafen

▼ Rathaus, davor die Waage am Hafen

in die Neue Straße. Das Gebäude mit der Hausnummer 1 ist weithin als

③ die Waage bekannt. Im Jahr 1714 wurde es von der reformierten Gemeinde in Leer erbaut, die das Wiegerecht an allen Handelsgütern besaß. Seit 1921 ist das Gebäude, in dem bis 1946 öffentlich gewogen wurde, im Besitz des Heimatvereins. Auf die ursprüngliche Funktion des Hauses weisen Waagschalen über den Eingängen zum Wiegeraum hin. Seit 1768 ziert eine Sonnenuhr die Fassade. Die Waage gilt als eines der schönsten Barockgebäude Ostfrieslands und beherbergt heute ein Restaurant. Am Ufer vor

④ der Waage ist der Museumshafen ganzjährig zugänglich. Hier haben historische Schiffe einen Liegeplatz gefunden. Die Uferpromenade ist gesäumt von restaurierten und gut gepflegten Kuttern, Schleppern und anderen Schiffen, die sich aus nächster Nähe bewundern lassen. Alle zwei Jahre im Sommer geben sich im Museumshafen traditionelle Schiffe aus dem In- und

⑤ Ausland ein Stelldichein. Das Heimatmuseum nur ein paar Schritte weiter auf der gegenüberliegenden Straßenseite, gibt einen umfangreichen Einblick in die Geschichte Leers. Schwerpunkte bilden die ostfriesische Wohnkultur, historische Kleidung und die Schiffahrt. Außerdem sind zahlreiche Gemälde ostfriesischer Maler zu bewundern. Schon im Jahr 1912 waren in der Haneburg ein paar Zimmer als Ausstellungsräume eingerichtet. 1933/34 musste das Heimatmuseum in die Neue Straße umziehen. Im Laufe der Jahre wurden 15 Räume mit Stücken, die zu einem großen Teil von Bürgern Leers gestiftet wurden, eingerichtet. Es sind ostfriesische Wohnräume mit Fliesenkaminen mit geschnitzten und bemalten Möbelstücken des 18. und 19. Jh. zu

▲ Sonnenuhr
an der Waage

sehen. Auch ein kleiner Laden, ein „Kruideneerswinkel", ist zu besichtigen. Zwei Modelle veranschaulichen die Ausdehnung der Siedlung Leer in den Jahren 1590 und 1870. Die Leeraner Schifffahrt wird durch über 20 Schiffsmodelle dokumentiert, die in einem gesonderten Raum ausgestellt sind. In der Mitte des Raumes ist ein Fehntjer Tjalk aus dem Jahr 1906 in seiner Originalgröße ausgestellt. Sonderausstellungen zu verschiedenen Themen ergänzen das Museumsangebot. Zeitzeugen der Geschichte Leers sind auch die beiden Gebäude, die das Museum beherbergen. Es handelt sich

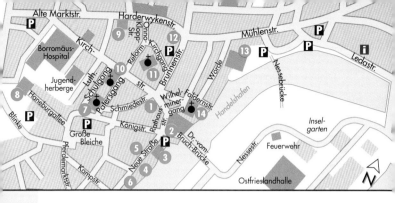

um ein 1791 erbautes Patrizierhaus (Hs. Nr. 14) mit Nebengebäude. Geht man die Neue Straße weiter Richtung Süden, erreicht man auf der Hafenseite das Böke-Museum. Das Museum zeigt in wechselnden Ausstellungen Werke des Leeraner Bildhauers Karl-Ludwig Böke. Doch auch andere Künstler, die ab der zweiten Hälfte des 20. Jh. in der Region gewirkt haben und aktuelle Kunst werden hier ausgestellt.

Werken Bökes begegnet man nicht nur im Museum. Die „Teelke", eine anmutige junge Frau mit Teekanne und Tasse, steht gegenüber dem Teemuseum. Das „Meerwiefke", eine Nymphe, ist im Skulpturengarten an der Neuen Straße anzutreffen. Vom Böke-Museum geht es weiter nach rechts in die Kampstraße, dieser folgt man bis zur Einmündung in die Pferdemarktstraße. Hier biegt man rechts ab und geht weiter bis zur Königstraße. Die Lutherkirche mit dem goldenen Schwan auf der Spitze des Glockenturms befindet sich auf der linken Straßenseite. Der Schwan ist das Kennzeichen für eine evangelisch-lutherische Kirche. Dieses Symbol ist auf den Ausspruch des tschechischen Reformators Jan Hus' zurückzuführen, der als Ketzer verbrannt worden ist und auf dem Scheiterhaufen sich als Gans bezeichnete und seinen Nachfolger als

▼ Museumshafen

▲ Im Heimatmuseum

Schwan. Später wurde der Schwan auf Martin Luther bezogen. Die Orgel ist ein Neubau aus dem Jahr 2002. Es ist die fünfte Orgel, die seit 1675 eingebaut wurde. Die Steine, die für den Bau der Kirche verwendet wurden, stammen zu einem großen Teil vom Kloster Thedinga, das 1283 in Nüttermoor erbaut wurde. Nachdem das Benediktinerkloster mehrere Male zerstört und wieder aufgebaut wurde, brach man es 1674 endgültig ab. Die Steine wurden von Fürstin Christine Charlotte für den Bau der Lutherkirche zur Verfügung gestellt. Ein Stifterbildnis von ihr ist auf der Südseite im Inneren zu bewundern. Da die Gemeinde stetig wuchs, wurden im Laufe der Jahre mehrere Anbauten notwendig. Erst 1764 wurde von König Friedrich dem Großen die Erlaubnis zum Turmbau erteilt. Besonders sehenswert sind die dem Barock nachempfundenen Deckenmalereien, die 1910 bei der Restaurierung der Kirche vom Kirchenmaler Ebeling aus Hannover geschaffen wurden. Zurück über die Königstraße und die Pferdemarktstraße

8 folgt man der Haneburgallee bis zur Haneburg. Im Jahr 1570 wurde das Querhaus der Haneburg erbaut. 1621 kam der Südflügel im Stil der Renaissance hinzu. Der Nordflügel entstand 1671. Der Bauherr Droste Didrich

Arend Hane gestaltete das Anwesen zu einem reinen Wohnschloss. Während des Nationalsozialismus diente das Gebäude als Bauernschule und es erfolgte der Bau des Ostflügels. Seit Mitte der 1970er-Jahre ist die Burg in Besitz des Landkreises und Sitz der Volkshochschule. Im Sommer finden Veranstaltungen im Schlossgarten statt. Eine Besichtigung ist nur von außen möglich. Vorbei am Al

▲ **Die Haneburg**

tenheim und am Borromäushospital gelangt man zur Alten Marktstraße. Der Rundweg führt nach rechts, wo sich nach einigen Metern der Straßenna

9 me in Harderwykensteg ändert. Die Harderwykenburg, vor der man nun steht, wurde um 1480 erbaut, befindet sich in Privatbesitz und wird noch heute von ihren Eigentümern bewohnt. Die Besichtigung einer der ältesten noch erhaltenen Burgen Ostfrieslands ist deshalb nur von außen möglich. Dem Harderwykensteg in westlicher Richtung folgend, führt der Weg weiter nach rechts in die Onno-Klopp-Straße. Über den Reformierten Kirchgang gelangt man zur Kirchstraße, wo seit 1775 die katholische

10 St. Michaelskirche steht. Lange Zeit war es den Katholiken in Leer nicht gestattet ein eigenes Gotteshaus zu errichten und die Messen wurden in Privathäusern abgehalten. Erst mit der Herrschaft Preußens über Ostfriesland 1744 wurde den Katholiken die freie Ausübung ihres Glaubens erlaubt. Die katholische Kirche trägt den Namen des Erzengels Michael, der mit dem Teufel in Gestalt eines Drachens kämpfte. Rechts vom Altarraum stellt eine Skulptur aus dem 16. Jh. genau diesen Kampf dar. Die Kirchturmspitze ziert ein Wetterhahn. Der Hahn auf der Spitze katholischer Kirchen verweist auf Petrus und somit auch auf den Papst. Zurück über den Reformierten Kirchgang, erreicht man auf der rechten Seite die ⑪ Große Reformierte Kirche, die im Rahmen von Stadtführungen besichtigt werden kann. Sie wurde zwischen 1785 und 1787 als barocker Zentralbau errichtet. Der Grundriss des Gebäudes hat die Form eines griechischen Doppelkreuzes. Die reformierte

▲ Turm der Großen
Reformierten Kirche

Gemeinde hält sich strikt an das Bilderverbot, und so findet man in der Kirche keinen Altar und auch kein Kreuz. Die Kanzel, die aus dem Jahr 1609 stammt, bildet das Zentrum des Kirchenraums. Das Kirchendach wird von vier Säulen getragen. Der romanische Taufstein, der um 1200 gefertigt wurde, stammt noch aus der Vorgängerkirche. Die Wetterfahne auf der Kirchturmspitze ist ein Schiff. Das Schiff soll die Verbundenheit

mit der Hafenstadt Leer symbolisieren und an die Fahrt Jesu mit seinen Jüngern über den See Genezareth erinnern, bei der sie in einen Sturm kamen. Vom Reformierten Kirchgang führt der Weg weiter nach links in die Brunnenstraße. Das Teemuseum befindet sich im Gebäude mit der Hausnummer 33. Wer an Ostfriesland denkt, der muss auch an Tee denken, und so ist es auch nicht verwunderlich, dass in Leer diesem Volksgetränk ein ganzes Museum gewidmet ist. Vom Anbau in den Ursprungsländern bis zur ostfriesischen Teezeremonie wird alles rund um die Teeverarbeitung und die Zubereitung erläutert.

Über die Lagerung und die Vermarktung des Tees durch Werbung im Laufe der Jahre wird ebenso informiert wie über die Zeiten von Teeschmuggel und Teenot. Interessant ist auch die Ausstellung alter Haushaltsgeräte und Öfen im Zusammenhang mit dem Tee. Die Tee-Akademie weiht Interessierte bei einer fachkundigen Teestunde in die Geheimnisse der ostfriesischen Teezeremonie ein (Anmeldung erforderlich, Mindestteilnehmerzahl 8 Personen). Vom Museum folgt man der Mühlenstraße und biegt rechts in die Wörde ein. Das große Gebäude im niederländischen Barock wurde ursprünglich als Herrensitz der Familie Rheden erbaut. Heute sind hinter seinen Mauern die Räume des Amtsgerichts zu finden. Der Bau

▼ Gebäude des Amtsgerichts

▲ Dächer der Altstadt

kann nur von außen besichtigt werden. Geht man die Wörde Richtung Hafen entlang, trifft man in der Faldernstraße auf die Mennonitenkirche. Die Mennonitengemeinde in Leer besteht seit 1540. Die Einwanderung niederländischer Mennoniten um 1570 führte zu einer Ausweitung der Leinenweberei und des Handels in Leer. Nach dem Abriss der alten Kirche wurde 1825 die jetzige Kirche im Stile des Klassizismus errichtet. Über den Wilhelminengang gelangt man wieder auf die Rathausstraße.

SCHAUEN

Freiherr Philipp von Wedel ließ 1730 die ■ Philippsburg errichten. Die Burg befindet sich in Privatbesitz und ist leider nur von außen zu besichtigen. Einmal im Jahr findet im Park die berühmte Märchennacht statt. Die ■ Evenburg ist eine alte Wasserburg aus dem Jahr 1650, die 1861/62 im neugotischen Stil umgebaut wurde. Nachdem sie im Zweiten Weltkrieg beschädigt wurde, erwarb sie 1975 der Landkreis und restaurierte sie. Die prachtvolle Allee macht aus der Evenburg ein beliebtes Ziel für Spaziergänge. Die Überreste der ältesten Kirche Leers, die ■ Krypta, sind täglich zu besichtigen. Seit 1955 ist sie Gedenkstätte für die Opfer beider Weltkriege. Nicht weit von der Krypta kann man auf den ■ Plytenberg steigen. Er hat eine Höhe von 9 m und einen Durchmesser von 64 m und wurde im 15. Jh. als Ausguck für die Festung Leerort errichtet. Alljährlich im Oktober findet in der Altstadt seit der Verleihung der Marktrechte 1508 der ■ Gallimarkt statt.

Stadt Leer, Tourist-Information, Ledastr. 10, 26789 Leer, Tel: 0491/919696-70, Fax: 0491/919696-69, E-Mail: touristik@leer.de, Internet: www.leer.de

SCHLEMMEN UND SCHLAFEN

Akzent-Hotel Ostfriesenhof In herrlicher Lage direkt am Deich. Das 4-Sterne-Hotel mit mehr als 60 Komfortzimmern bietet seinen Gästen eine Badelandschaft mit Hallenschwimmbad, Whirlpool, Sauna, Dampfsauna und Solarium. In der Gastronomie werden erlesene Fischspezialitäten, leichte Gerichte und typisch ostfriesische Menüs angeboten. Nichtraucherzone, Frühstücks-Café, Pilsstube, Wintergarten, Pauschalangebote. Groninger Straße 109, 26789 Leer, Tel: 0491/6091-0

Best-Western Hotel Frisia Friesisches 4-Sterne-Hotel in zentraler Lage mit komfortablen Zimmern, auch behindertengerecht. Zwei Fahrstühle, urige Hotelbar „Fischerkate", Saunalandschaft, Solarium, kostenfreie Fahrradgarage, preiswerte Gruppen- und Programmangebote. Bahnhofsring 16, 26789 Leer, Tel: 0491/92840

Hotel-Café Am Markt Haus im Herzen der City von Leer. Komfortzimmer, Frühstücksbüffet. Im Café-Restaurant mit Blick auf den Hafen werden vor allem ostfriesische Spezialitäten offeriert. Sommerterrasse. Mühlenstr. 36, 26789 Leer, Tel: 0491/925580

Hotel-Restaurant Lange Hotel mit gemütlichen Zimmern. Die Speisekarte bietet dem Gast schmackhafte Fleisch- und Fischgerichte mit Produkten der Region. Vielfältiges Wein- und Biersortiment. Schwimmbad, Solarium, Sauna. Zum Schöpfwerk, 26789 Leer, Tel: 0491/919280

LINGEN (EMS)

Die größte Stadt des Emslandes blickt auf eine bewegte Geschichte zurück, die sich in den vielen historischen Gebäuden widerspiegelt. Die malerische Landschaft rund um die Kulturstadt mit Charme und Charakter lädt zu ausgiebigen Rad- und Wandertouren ein.

ANFAHRT

■ A 31 aus Richtung Meppen bzw. Gronau. ■ B 213 von Nordhorn bzw. Cloppenburg. ■ B 214 aus Richtung Bersenbrück/Diepholz. ■ Bahnhof mit IC- und RE-Anschluss.

GESCHICHTE

Lingen (Ems) wurde 975 erstmals urkundlich erwähnt. Aufgrund der günstigen Lage an der Emsfurt entwickelte sich südlich vom älteren Dorf Altenlingen die Ortschaft Lingen an der Kreuzung zweier historischer Fernhandelswege, der Flämischen und der Friesischen Straße. Die seit Anfang des 12. Jh. in Lingen regierenden Grafen von Tecklenburg verliehen dem Ort im 13. Jh. das Marktrecht und schließlich die Stadtrechte. Unter mehrfach wechselnden Landesherren erfolgte in den kommenden Jahrhunderten der Ausbau zur mächtigen Festung. 1555 kam die Grafschaft Lingen gemeinsam mit den Niederlanden an die spanische Krone. Die Reformation und die damit zusammenhängenden Konflikte zwischen Spanien und den Niederlanden führten erneut zu häufigen Besitzerwechseln. 1632 bis 1638 wurde die Festung Lingen geschleift. Mit dem Übergang an das Haus Oranien im Jahr 1633 begann eine wirtschaftliche und kulturelle Blütezeit, in der viele repräsentative Bauwerke entstanden und 1697 die bis 1819 bestehende Universität gegründet wurde. 1702 kamen Stadt und Grafschaft Lingen an Preußen, nach den Napoleonischen Kriegen von 1815 bis 1866 an das Königreich Hannover. In dieser Epoche wurden Überlandchausseen, der Emskanal und die Hannoversche Westbahn gebaut, mit der der Anschluss an das Eisenbahnnetz erfolgte. 1866 gelangte Lingen wieder in preußischen Besitz. Der Bau des Dortmund-Ems-Kanals 1892 bis 1899 verbesserte die Infrastruktur weiter. Nach dem Zweiten Weltkrieg erlebte die Stadt einen wirtschaftlichen Aufschwung, vor allem durch die Erschließung von Erdölfeldern, die Ansiedlung neuer Industriebetriebe und den Bau des Kernkraftwerks. Heute besitzt Lingen als führendes Wirtschaftszentrum der Region ein vielseitiges kulturelles Angebot für seine ca. 56000 Einwohner und die zahlreichen Gäste, die sich vom historischen Charme der Stadt bezaubern lassen.

RUNDGANG DURCH DEN HISTORISCHEN STADTKERN

Der Rundgang beginnt am zentralen Platz der Stadt „Am Markt". Das 1583 erbaute Haus der Kivelinge (Hs. Nr. 8) gehört zu den ältesten Bürgerhäusern der Stadt und fällt besonders durch seinen unregelmäßigen Grundriss und sein steiles Satteldach auf. Im ursprünglichen Zustand sind der geschweifte Sandsteingiebel und sein Fensterformat erhalten. Benannt wurde das Gebäude nach seinen Besitzern: Die „Kivelinge", die Lingener Junggesellen-Schützen, erwarben das Haus 1964 und sanierten es 1981 umfassend. Der Zusammenschluss lediger Bürgersöhne hat seinen Ursprung im Jahr 1372. Berühmt wurde die Vereinigung durch die erfolgreiche Verteidigung der Stadt gegen Plünderungen und feindliche Attacken. Heute tragen die „Kivelinge" ehrenamtlich zum kulturellen und gesellschaftlichen Leben der Stadt bei. Das

▼ Haus der Kivelinge

Historische Rathaus nimmt zwar nur eine Grundfläche von ca. 100 m^2 ein, prägt das Stadtbild jedoch entscheidend und bringt das bürgerliche Selbstbewusstsein vergangener Jahrhunderte zum Ausdruck. In den Jahren 1555 bis 1558 wurde das Rathaus anstelle eines Vorgängerbaus errichtet. Typisch für nordwestdeutsche Häuser, gab es im Erdgeschoss ursprünglich eine offene Gerichtslaube mit drei Arkaden. 1663 entstand der Treppengiebel nach niederländischem Vorbild. Nach der Schließung der offenen Arkaden wurde die zweiläufige Freitreppe mit Balkonplattform zum Obergeschoss angefügt, von der die Anordnungen des Magistrats und die Gerichtsurteile ver-

▲ Historisches Rathaus

kündet wurden. Im Giebelfeld oberhalb der Tür ist das von zwei Löwen gehaltene Stadtwappen zu sehen. Die drei Türme zeugen von den ehemaligen Stadttürmen. Das Glockenspiel im Rathausturm wurde der Stadt 1952 zum damaligen Kivelingsfest von den Kivelingen geschenkt und 2002 durch ein Figurenspiel, ebenfalls eine Gabe der Bürgersöhne, ergänzt. Das Historische Rathaus bildet heute den stimmungsvollen Rahmen

209

für offizielle Empfänge und Trauungen. Am Marktplatz reihen sich einige
3 Bürgerhäuser (Hs. Nr. 16-20) aneinander, die auch insgesamt das Stadtbild
dominieren. Die ältesten erhaltenen Bauten entstanden nach dem großen Stadtbrand von 1548 als kleine, giebelständige Fachwerkhäuser, bevor
nach niederländischem Vorbild auch sehenswerte Backsteinbauten errichtet
4 wurden. Die Alte Posthalterei zählt zu den geschichtsträchtigsten Häusern
Lingens und fällt inmitten der Giebelhäuser als mächtiger, zweigeschossiger
Fachwerkbau mit Walmdach besonders auf. Die Stallungen auf der Rückseite
des 1653 errichteten Gebäudes weisen auf seine Nutzung als Poststation
der reitenden Post von Amsterdam über Lingen nach Hamburg hin. Bis
1851 diente das Haus als Postgebäude und beherbergt seit der Sanierung
1980 ein gemütliches Restaurant. In nordwestlicher Richtung führt die
5 Große Straße vom Marktplatz weg. Beim Haus Körner (Hs. Nr. 6) handelt
es sich nach neuesten Erkenntnissen wahrscheinlich um das älteste Bürgerhaus der Stadt. Anhand des Fälljahres der Bauhölzer konnte der Bau auf
1560 datiert werden. Das zweigeschossige Gebäude beeindruckt durch
seinen steinernen Schaugiebel mit Staffelgliederung. Das zugehörige
Hinterhaus (Schlachterstraße 13) wurde 1568 erbaut. Nach dem großen Stadtbrand 1548 wurden
diese beiden Häuser also als
erste neu errichtet. Bald darauf

6 erreicht man die Hutmachers
Deele, ein 1772 als kleines
Bürgerhaus errichtetes Fachwerkgebäude. 1912/13 wurde
ein weiteres Geschoss aufgesetzt und 1948 die bemalten
Schnitzereien und Verzierungen
durch den Bildhauer und Holz-
schnitzer Erich Ricken ange-

▲ Entlang der Ems

bracht. Heute lädt ein im alt-
emsländischen Stil eingerichtetes Restaurant zur Einkehr ein. Von der
7 Großen Straße zweigt scharf rechts die Kirchstraße ab, die zur Evan-
gelisch-reformierten Kirche führt. Das in unterschiedlichen Epochen
entstandene Gotteshaus spiegelt die wechselvolle Geschichte Lingens
wider. Der mächtige romanische Westturm wurde als ältester Teil der
Kirche vermutlich in der ersten Hälfte des 13. Jh. gebaut und überstand
auch den Verfall der restlichen Kirche im 16. Jh., in dessen Folge eine
Fachwerkkirche an den Turm angebaut wurde. Der Chorraum mit spätgotischen Fenstern wurde zur Zeit des Dreißigjährigen Krieges 1628/29

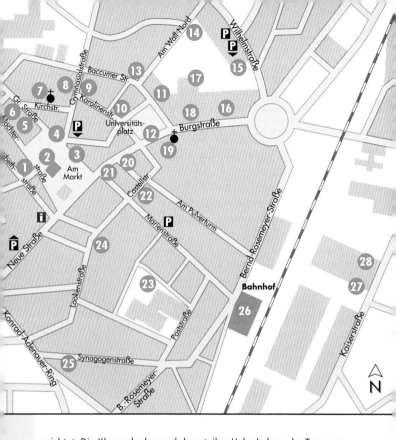

errichtet. Die Klangarkaden und den steilen Helm bekam der Turm um 1750. Das Langhaus entstand etwas später gegen Ende des Barocks von 1770 bis 1772 zwischen dem mittelalterlichen Turm und dem Sandsteinchor. Diese Saalkirche mit Holzdecke wurde nach Plänen des Architekten Jan Schrader erbaut. Nachdem die Kirche bis 1633 den katholischen Bürgern gehört hatte, musste sie nach dem Übergang Lingens an die Oranier an die Reformierten abgetreten werden. Folgt man der Kirchstraße bis zu ihrem Ende und biegt links in die Gymnasialstraße ein, kommt man zum 1855 gegründeten Alten Krankenhaus, das ursprünglich in einem kleinen Wohnhaus untergebracht war. 1889/91 entstand der Neubau, zunächst mit elf Fensterachsen, und wurde bis 1913 um acht Fensterachsen in Richtung Marktplatz vergrößert. Das sichtbare Ziegelmauerwerk des zweigeschossigen Gebäudes auf hohem Kellersockel ist vor allem im Bereich der Giebel mit vielfältigen Ziegelmustern geschmückt. Auch die Fenster in den Giebeln sind durch neugotische Elemente hervorgehoben. In der Nische über dem einstigen Eingang steht der Namensgeber des Krankenhauses und der katholischen Kirche in der Burgstraße, der Heilige Bonifa-

211

tius. Ab 1951 wurde das St. Bonifatius-Krankenhaus bis heute durch Neubauten mit entsprechenden Fachabteilungen erweitert und ist seit 1981 akademisches Lehrkrankenhaus der Medizinischen Hochschule Hannover mit einer Krankenpflegeschule und einem Schwesternwohnheim. Gegenüber dem Krankenhaus steht die Stadt- und Hochschulbibliothek. In dem 1986 eröffneten Neubau steht den Einwohnern, Besuchern und den Studenten der Fachhochschule ein vielseitiges Medienangebot zur Verfügung. Außerdem finden Autorenlesungen und Ausstellungen statt. Durch die Karolinenstraße gelangt man zum Universitätsplatz, an dem zwei Gebäude an die Blütezeit Lingens als Wissenschaftsstadt erinnern. Das Professorenhaus wurde 1684/85 im Auftrag von Prinz Wilhelm III. von Oranien als zweigeschossiger, vierflügeliger Fachwerkbau rund um einen quadratischen Innenhof errichtet. Zur Zeit der Universität (1697-1819) befanden sich im Erdgeschoss die Lehrerwohnungen und Wirtschaftsräume und im Obergeschoss die Unterkünfte für ca. 50 Schüler der Lateinschule. Heute sind im Professorenhaus das Theaterpädagogische Zentrum der Emsländischen Landschaft, eine Fachakademie für Theater, Spiel, Tanz und Zirkus, das Europäische Zentrum des Weltamateurtheaterverbandes AITA/IATA und das Theatermuseum für junge Menschen untergebracht, das die Entwicklung der unterschiedlichen Theaterformen dokumentiert. Die Lateinschule wurde 1678 bis 1680 ebenfalls von Prinz Wilhelm III. von Oranien eingerichtet. In der „illustren-lateinischen Schule" wurden Grammatik, Rhetorik und Dialektik gelehrt, bevor sie 1697 zu einer Universität mit den vier klassischen Fakultäten Theologie, Jurisprudenz, Philosophie und Medizin ausgebaut wurde. Beim Übergang Lingens an Preußen 1702 blieben alle Einrichtungen der Oranier erhalten. Nach ihrer Blütezeit im 18. Jh. erfolgte 1819 die Umwandlung in ein Gymnasium. Heute ist in dem Gebäude die Kunstschule des Kunstvereins Lingen untergebracht. Als Aula der Universität diente anfangs die Kreuzkirche. Unter preußischer Regierung entwickelte sich ab 1727 eine evangelisch-lutherische Gemeinde, für die nach Plänen den Landesbaumeisters F. Bielitz aus Minden in den Jahren 1733 bis 1737 ein Gotteshaus errichtet wurde. 1888 wurde eine Erweiterung notwendig, wobei aus

▲ Professorenplatz
mit Kreuzkirche

Platzmangel der bisherige Saal zum Querschiff umgewandelt und der dortige Altar in eine Seitennische versetzt wurde. Entlang dieser neuen Achse wurde an das Querschiff ein Saalbau als Hauptschiff angebaut. Nördlich des Universitätsplatzes befindet sich das 1733 im holländischen Stil erbaute Bürgerhaus (Baccumer Straße 9). Die Fassade mit dem „Glockengiebel" wurde 1972 nach dem Abriss des baufällig gewordenen Hauses aus Originalteilen wieder errichtet. Folgt man nun weiter dem Wall-Nord, lädt der Garten der Justiz zu einer Verschnaufpause im Schatten alter Bäume ein. Der Park entstand um die Mitte des 17. Jh. als barocker Garten des Lingener Richters Sylvester Dankelman. Am Ende des Wall-Nord biegt man rechts in die Wilhelmstraße ein. Die Musikschule des Emslandes ist in der 1923 bis 1925 erbauten ehemaligen Dienstvilla des Bürgermeisters untergebracht. Das Gebäude mit Walmdach fällt vor allem durch seine dreigeteilte Fassade mit einem vorspringenden Mittelteil auf, der von zwei Kolossalsäulen eingerahmt wird. Über dem Portal ist das in Stein gemeißelte Stadtwappen zu sehen. Nun geht man weiter an der Wilhelmstraße entlang und folgt an der großen Kreuzung der Burgstraße nach rechts. Im rechter Hand gelegenen, ehemaligen Gebäude der Landeszentralbank dokumentiert seit 1994 das Emslandmuseum die Geschichte und Kultur der Stadt Lingen und des südlichen Emslandes. Sonderausstellungen zu zeitgeschichtlichen Themen sowie das Archiv und die Bücherei des Museums runden das Angebot ab. Zum Museum gehört auch das ehemalige Kutscherhaus des Palais Dankelman. Das Fachwerkhaus auf massivem

▼ Alte Musikschule

▲ Kutscherhaus

Sockel wurde 1728 erbaut und beherbergt heute eine Ausstellung zu alter Emsländer Bau- und Wohnkultur, u. a. mit einer alten Bauernküche, einer Schlafkammer, einem Barockzimmer, einem Bürgerzimmer und einem Biedermeier-Salon. Außerdem werden zahlreiche emsländische Zinngegenstände sowie niederländische Fayencen und Wandfliesen präsentiert. Rund um das offene Herdfeuer finden Lesungen und Veranstaltungen des Heimatvereins Lingen statt, und man kann sich in historischem Ambiente das Ja-Wort geben. Das Palais Dankelman wurde 1646 vom Vizedrosten

213

und Richter Sylvester Dankelman errichtet und war damals das größte und höchste Gebäude in der Stadt. Der Massivbau mit mächtigem Quadersockel besitzt ein hohes, dreigeschossiges Satteldach. Auf der Rückseite des Gebäudes gelangt man über eine Freitreppe im Innenhof zum Eingangsportal, das mit typischen Renaissanceelementen und dem Wappen der Familie Dankelman verziert ist. Um 1717 wurde das Gebäude

▲ Palais Dankelman

im barocken Stil umgestaltet und durch die Toranlage ergänzt. 1969 bis 1971 erfolgten eine aufwändige Restaurierung und die Erweiterung um mehrere Anbauten. Noch heute ist im Palais Dankelman das Amtsgericht untergebracht. Gegenüber dem Palais Dankelman erhebt sich die St. Bonifatiuskirche. Durch die politischen Ereignisse nach der Reformation wurde der Einfluss des katholischen Bevölkerungsanteils in Lingen sehr geschwächt, so dass erst 1820 unter der Herrschaft des Königreichs Hannover ein Kirchenneubau initiiert werden konnte. Von 1833 bis 1836 entstanden das Langhaus und ein kleiner Chor nach den Plänen des Bauinspektors Josef Niehaus aus Haselünne. Erst 1904 bis 1906 wurde der 64 m hohe, dreigeschossige, quadratische Turm angefügt. Ein achtseitiger, spitzer Helm krönt den Turm, der von zwei kleineren Türmen flankiert wird. Portal, Fenster und Fries weisen typisch romanische Verzierungen auf. 1907 erfolgten die Vergrößerung des Chors und der Sakristeiräume und ihre Ausschmückung im neuromanischen Stil. Der klassizistische Innenraum des Hauptschiffes beeindruckt den Betrachter durch das mächtige Tonnengewölbe und die hohen Säulenreihen. Folgt man der Burgstraße weiter in Richtung Universitätsplatz, erblickt man linker Hand das Haus Hellmann, wohl das prächtigste Bürgerhaus des Emslandes. Das stattliche, reich verzierte Fachwerkhaus wurde 1641 als eines der ersten Häuser nach dem Schleifen der Festung erbaut. Auch stilistisch stellte das Haus eine Neuerung im Lingener Stadtbild dar. Statt im damals üblichen niederländischen wurde das Haus Hellmann im Osnabrücker Stil errichtet. Charakteristisch für diesen Bautyp sind die vorkragenden Fachwerkgiebel mit geschnitztem Ro-

▼ Bonifatiuskirche

settenschmuck und schönem Ziegelmuster. Besondere Beachtung verdienen auch die lateinischen, niederdeutschen und hochdeutschen Inschriften.

21 Ein kleines Stück weiter steht das Haus Wichmann, das anhand von eisernen Mauerankern auf das Jahr 1655 datiert werden konnte und als zweigeschossiges Fachwerkhaus mit Dachgeschoss und Treppengiebel zur Burgstraße erbaut wurde. Die alte Backsteinfassade liegt unter Putz. Ein dezent verziertes Sandsteinportal, vermutlich aus dem 18. Jh., umrahmt die Haustür. Das Haus Wichmann ist ein typisches Beispiel für den niederländischen Baustil, der sich im 17. Jh. über ganz Norddeutschland verbreitete und gekennzeichnet ist durch Fassaden mit Treppengiebeln und sichtbares Ziegelmauerwerk mit Sandsteinelementen. Am Standort des Hauses Wichmann und der angrenzenden Gebäude verlief einst der

22 Burggraben, der im 17. Jh. zugeschüttet und überbaut wurde. Den Pulverturm, den letzten Überrest der im 17. Jh.
abgetragenen Lingener Festung, erreicht man durch die gleichnamige Straße. Im Kern stammt er aus dem späten Mittelalter und wurde 1961 von den „Kivelingen" auf den alten Fundamenten neu errichtet. Die barocke Toranlage vor dem malerischen Garten des Pulverturmes gehörte einst zum Haus des oranischen Drosten Rutger von Haersolte an der Lookenstraße. Vom Pulverturm geht man auf der Castellstraße bis zur Kreuzung, folgt dann der Marienstraße nach links und biegt nach kurzer Zeit rechts ab. Der Parkhaushügel zeigt, wie Parkmöglichkeiten optimal in eine Gartenanlage integriert werden können. Der Machurius-

23 brunnen am Fuße des Hügels wurde vom Lingener Maler und Bildhauer Friedrich Kunst gestaltet und der Stadt 1972 von den Kivelingen geschenkt. Der Legende nach sprachen die Lingener Bürger über den bö-

▼ Giebel Haus Hellmann

▲ Machuriusbrunnen

sen Geist Machurius als Strafe für seine schlimmen Taten einen Bann aus. Er durfte die Stadt erst wieder betreten, wenn es ihm gelänge, einen mit Wasser gefüllten Eimer nach Lingen zu bringen. Da der Eimer durchlöchert war, kam der Geist nur einen Hahnenschritt pro Jahr voran und wurde nie wieder in der Stadt gesehen. Durch die Marienstraße und die Lookenstraße

24 gelangt man zum Andreasplatz. Im ganzen Lingener Stadtgebiet entstehen

durch das Zusammentreffen von abknickenden und versetzt verlaufenden Straßen solche reizvollen Plätze. Seinen Namen erhielt der Andreasplatz vom berühmten Medicus Andreas Wesken, der im 17. Jh. seine Patienten in seinem Haus an diesem Platz behandelte. Vermutlich stiftete er auch die Figur des Heiligen Andreas von 1695 am Haus Lookenstraße 10. Man geht nun weiter durch die Lookenstraße bis zum Konrad-Adenauer-Ring, dem man kurz nach links folgt, bis wiederum nach links die Synagogen-straße abzweigt. Die Jüdische Schule wurde 1878 zusammen mit einer Synagoge errichtet. Bis zum Zweiten Weltkrieg wurden in der Schule jüdische Kinder unterrichtet. In der Reichspogromnacht wurde das Gotteshaus zerstört, während das Schulgebäude erhalten blieb, 1939 in Privatbesitz überging und u. a. als Pferdestall genutzt wurde. Seit 1988 steht die Schule unter Denkmalschutz und wurde 1998 von der Stadt Lingen erworben und restauriert. Als eines von wenigen erhaltenen Gebäuden zeugt sie heute von den einst im Emsland ansässigen jüdischen Gemeinden. Eine Dauerausstellung dokumentiert die Geschichte der Lingener Juden vom 17. Jh. bis zu den Deportationen der letzten jüdischen Familien 1941/42 nach Riga und Theresienstadt, wo die meisten von ihnen ermordet wurden. Die Synagogenstraße mündet in die Bernd-Rosemeyer-

㉖ Straße, an der sich der Bahnhof befindet. Das stattliche Gebäude - Bahnhöfe waren damals die Visitenkarten der Eisenbahngesellschaften - wurde 1860 nach Entwürfen der Königlich-Hannoverschen Eisenbahn-Direction errichtet und ist von Symmetrie geprägt: Die beiden Seitenflügel sind ebenso spiegelbildlich gleich wie die Fassade des Bahnhofsvorplatzes und die Bahnsteigseite. Nach einer Sanierung im Jahr 2004 erstrahlen die Ziegelmauern wieder in altem Glanz. Wie der Bahnhof entstanden auch die

㉗ Hallen des ehemaligen Eisenbahnausbesserungswerks im Zuge des Baus der Hannoverschen Westbahn von Hannover nach Emden. Die Industriehallen wurden 1854 bis 1858 als Reparaturwerkstatt erbaut und bis 1919 durch Anbauten erweitert. Bis nach dem Zweiten Weltkrieg war

das Ausbesserungswerk einer der wichtigsten Arbeitgeber der Stadt mit über 2000 Mitarbeitern zu Beginn des 20. Jh. Im Jahr 2000 kaufte die Stadt Lingen das Werksgelände und baute die Hallen 31 und 51, die 1856 errichtet wurden und damit die ältesten noch erhaltenen Gebäude auf dem Grundstück sind, zu einem IT-Dienstleistungszentrum mit Büro- und Laborräumen sowie Veranstal-

▲ Halle IV des ehemaligen
Eisenbahnnausbesserungswerkes

tungsflächen um. In den Hallen I bis III werden zukünftig einige Institute der Fachhochschule Osnabrück/Standort Lingen und die Berufsakademie Lingen untergebracht sein. Die 1908 erbaute Halle IV erwarb die Stadt bereits Ende der 1980er-Jahre und restaurierte sie ab 1992. Das Innere der vierschiffigen Halle wurde nach dem „Haus-im-Haus-Prinzip" gestaltet. Die einzelnen Raumelemente sind durch Flure, Treppen und Übergänge verbunden, und die daraus entstehenden Straßen, Wege und Plätze wirken wie eine überdachte Stadt. Der Komplex vereinigt „Medien - Wirtschaft

㉘ - Kunst unter einem Dach". Seit 1997 zeigt die Kunsthalle des Kunstvereins Lingen hier Wechselausstellungen zeitgenössischer Kunst von international renommierten, aber auch jungen Künstlern. Die Halle IV beherbergt außerdem ein Radiostudio, Tagungsräume für 200 Personen, einige Bereiche der Fachhochschule Osnabrück/Standort Lingen, mehrere Wirtschafts- und Medienunternehmen sowie ein Bistro. Vom Bahnhof überquert man die Bernd-Rosemeyer-Straße und kehrt durch die Marienstraße zurück zum Ausgangspunkt „Am Markt".

SCHAUEN

Vom ■ Wasserturm, dessen oberer Bereich als Ausstellungsraum und Trauzimmer dient, genießt man eine herrliche Aussicht über die Stadt. Auf der ■ Wilhelmshöhe befinden sich inmitten einer schönen Parkanlage mehrere kulturelle Highlights wie das Theater, ein Kino und ein Restaurant. Durch Lingen führen attraktive Radwanderrouten, wie die ■ Emsland-Route und der ■ Emsradweg. Die ■ Oranierroute führt auf ca. 1800 km durch Städte und Regionen in Deutschland und den Niederlanden, die historische Verbindungen mit dem Hause Oranien-Nassau besitzen, und bietet sowohl landschaftliche als auch kulturhistorische Höhepunkte. Auch Lingen (Ems) gehört dazu! Vielseitige Wassersportmöglichkeiten bietet der nördlich von Lingen gelegene ■ Speichersee Geeste. Das ■ Kivelingsfest entführt seine Besucher alle drei Jahre in das Mittelalter mit historischem Markt, Festumzug und Krönungszeremonie. Bei ■ Ems-Schifffahrten kann man die malerische Flusslandschaft genießen.

ℹ Verkehrsverein Lingen (Ems) e. V., Elisabethstraße 14-16, 49808 Lingen (Ems), Tel: 0591/9144-144, Fax: 0591/9144-149, E-Mail: touristik@lingen.de, Internet: www.lingen.de

SCHLEMMEN UND **S**CHLAFEN

🍴 🛏 **Hotel Am Wasserfall** Auf einer Halbinsel zwischen Ems und Dortmund-Ems-Kanal mit Panoramablick auf Wasserfall und Schiffsverkehr. Stilvolle Zimmer, Fitness- und Wellnessbereich. Diverse Restaurants von gutbürgerlich bis gehoben, von regional bis international. Am Wasserfall 2, 49808 Lingen (Ems)-Hanekenfähr, Tel: 0591/8090, Fax: 0591/2278

🍴 🛏 **Gasthof „Dorfkrug Thien"** Traditionsreicher Familienbetrieb seit 1855, direkt am Dortmund-Ems-Kanal mit Bootsanleger. Gut ausgestattete Zimmer, Festsaal, Kaminzimmer. Forstweg 9, 49808 Lingen (Ems), Tel: 0591/62693, Fax: 0591/6107871

🍴 🛏 **Parkhotel Lingen** Persönlich geführtes, zentral gelegenes Hotel mit komfortablen Zimmern, Sauna und Bett&Bike Service. Das Restaurant bietet moderne, leichte Küche, bei schönem Wetter auch auf der Terrasse im Park. Pauschalangebote. Marienstraße 29, 49808 Lingen (Ems), Tel: 0591/912160, Fax: 0591/54455

🍴 🛏 **Hotel-Gasthof Zum Märchenwald** Attraktives Hotel mit gehobener Ausstattung in ruhiger Lage. Im Restaurant genießt man neben heimischen Gerichten auch Saisonspezialitäten von der wechselnden Zusatzkarte. Rad- und Wanderpauschalen. Vennestraße 25, 49808 Lingen (Ems)-Darme, Tel: 0591/91284-0, Fax: 0591/91284-50

LÜNEBURG

„De sulte dat is Luneborch" – Lüneburgs Geschichte ist untrennbar mit den reichen Salzvorkommen verbunden. Das „weiße Gold" brachte der „Stadt auf dem Salz" Wohlstand, der sich bis heute in sehenswerten historischen Gebäuden widerspiegelt.

ANFAHRT

■ A 250 von Hamburg. ■ B 4 von Uelzen. ■ B 209 aus Richtung Soltau bzw. Lauenburg. ■ B 216 von Dannenberg (Elbe) bzw. von der A 7 Hannover – Hamburg, Ausfahrt Garlstorf. ■ Bahnhof mit IC- und metronom-Anschluss.

GESCHICHTE

Zum Zeitpunkt der ersten urkundlichen Erwähnung 956 bestanden in Lüneburg bereits die Burg, das Kloster St. Michaelis auf dem Kalkberg sowie die Saline, die die Keimzellen der weiteren Entwicklung bis ins 13. Jh. unter den Billungern und dann unter den Welfen bildeten. 1247 verlieh Herzog Otto das Kind Lüneburg das Stadtrecht. Die Salzgewinnung brachte Lüneburg großen wirtschaftlichen Erfolg und Einfluss in der Hanse. Nach Rückschlägen durch den Prälatenkrieg Mitte des 15. Jh. erlebte die Stadt ab der zweiten Hälfte des 15. Jh. eine wirt-

schaftliche und politische Blütezeit, in der viele neue Gebäude entstanden und die Stadt ihre faktische Unabhängigkeit von ihrem Stadtherren stabilisierte. Nach der Reformation gewannen die Fürsten wieder an Einfluss, u. a. durch die im Dreißigjährigen Krieg zu ihren Gunsten revidierte Stadtverfassung. Auch das 18. Jh. brachte keine Verbesserungen, um 1800 gehörte Lüneburg sogar für kurze Zeit zum Reich Napoleons.

▲ Heide

Im 19. Jh. löste das Speditionswesen die Saline als wichtigsten Wirtschaftszweig ab, aber mit der Saline wurde das neue Solebad betrieben. Die Industrialisierung setzte sich, gefördert durch den Bahnanschluss 1847, mit dem Eisenwerk, der chemischen Fabrik der Saline und der Portlandzementfabrik durch. Auch als Verwaltungszentrum und Sitz der Preußischen Bezirksregierung und verschiedener Gerichte gewann Lüneburg an Bedeutung. Im 20. Jh. entwickelte sich Lüneburg zum wichtigen Bildungsstandort mit Pädagogischer Hochschule bzw. Universität und einer Zweigstelle der FH Nordostniedersachsen und hat heute ca. 70 000 Einwohner.

RUNDGANG DURCH DEN HISTORISCHEN STADTKERN

1 Ausgangspunkt des Rundgangs ist der Marktplatz mit dem Rathaus, das zu den schönsten mittelalterlichen Rathäusern Deutschlands gehört. Ab 1230 wurde über mehrere Jahrhunderte hinweg an dem Rathaus gearbeitet, so dass es keinen einheitlichen Bau, sondern ein Ensemble aus einzelnen Gebäuden darstellt. Eine Besichtigung des Rathauses ist gleichzeitig ein Spaziergang durch verschiedene Stilepochen. Gotisch sind die Gerichts- laube, der Fürstensaal, das Alte Archiv, die Kanzlei und die Bürgermeister- körkammer. Die große Ratsstube zählt mit ihren kunstvollen Holzarbeiten zu den schönsten deutschen Renaissance-Sälen. Aus dem Barock stammen der Huldigungssaal und die Marktfassade, die von 1704 bis 1720 nach Entwürfen des Baumeisters Georg Schultz

entstand. Im Turm befindet sich ein Uhrwerk mit einem Glockenspiel, das aus 41 Glocken aus Meißener Porzellan besteht. Man ver- lässt den Marktplatz bzw. den Ochsenmarkt nun durch die Reitende-Diener-Straße. In der Mitte des 16. Jh. stiftete der Bürger- meister Hinrik Garlop die sog. Garlopen- häuser als Wohnhäuser für die reitenden Diener der Stadt Lüneburg, die als Kuriere und Briefträger tätig waren, aber auch die Ratsherren auf den seinerzeit nicht unge- fährlichen Überlandreisen begleiteten. Be- sondere Beachtung verdienen die Wappen der Garlops und angeheirateter Familien.

▲ Rathaus

2 Am Anfang der Reitende-Diener-Straße liegt der Klosterhof, das ehemalige Franziska- nerkloster. In den dortigen Prediger-Witwenhäusern lebten in der zweiten Hälfte des 16. Jh. die Hinterbliebenen lutherischer Geistlicher, die dafür zu Lebzeiten in die Prediger-Witwenkasse eingezahlt hatten. Der Straße Hin-

3 ter der Bardowicker Mauer folgt man zur St. Nicolai-Kirche, die in der Mitte des 16. Jh. in der Nähe des Hafens erbaut wurde und vor allem den in der Umgebung lebenden Flussschiffern und den mit der Handelsschiff- fahrt verbundenen Handwerkern als Gotteshaus diente. Im Zuge zahlrei- cher Restaurierungen erhielt die Basilika ihre heutige Gestalt vor allem im 19. Jh. Nachdem der ursprüngliche Turm von 1587 bereits 1831 wegen Baufälligkeit abgerissen werden musste, wurde bis 1895 ein neugotischer Neubau erstellt. Der Innenraum konnte seinen mittelalterlichen Charakter

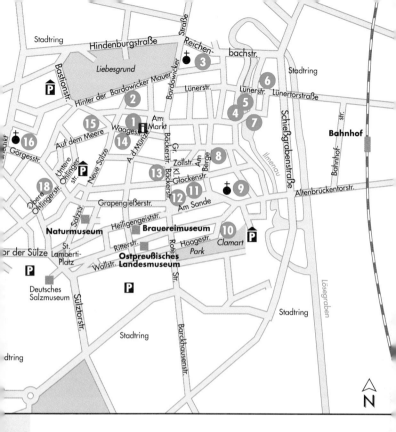

bewahren. Das Mittelschiff ist von einem achtzackigen Sternengewölbe überspannt, das einzigartig in Norddeutschland ist. Außerdem sind bedeutende gotische Malereien und Schnitzereien zu bewundern. Durch die Lüner Straße gelangt man zum Stintmarkt, auf dem früher vor allem Stint, ein im Mittelalter besonders beliebter Fisch, gehandelt wurde. Heute

kann man hier einen gemütlichen Kneipenbummel unternehmen und das Geschehen an der Ilmenau beobachten. Am Stintmarkt ist auch Lüneburgs heimliches Wahrzeichen zu sehen: Der Alte Kran wurde bereits 1346 urkundlich erwähnt und besteht seit 1792 in seiner heutigen Form. Im 19. Jh. hob er als eine seiner letzten Lasten eine Lokomotive für die Braun-

▼ Stintmarkt

221

schweig-Vienenburger Bahn, die von England auf dem Wasserweg nach Lüneburg transportiert worden war. Einige Schritte weiter erreicht man

(6) das Kaufhaus, das ursprünglich den Namen „Dat Heringshus" trug. Dank der reichen Salzvorkommen brachten die Verarbeitung und der Handel mit dem Ostseehering hohe Gewinne ein. 1959 wurde das Kaufhaus mit Ausnahme der 1742 erbauten Barockfassade durch Brandstiftung zerstört.

(7) Die Lüner Mühle und die Abtsmühle stammen aus dem 16. Jh. und waren bis in das 20. Jh. in Betrieb. Während die Lüner Mühle für das Kloster Lüne arbeitete, gab das Michaeliskloster die Abtsmühle an eine Ratsfamilie weiter. Durch den 1530 erbauten Turm, die „Abtswasserkunst", wurde Wasser in die Stadt geleitet und auf diesem Wege einzelne Patrizierhäuser mit Wasser versorgt. Das historische Gebäudeensemble gehört heute zu einem Hotel. Durch die Il- menaustraße und die rechts abzweigende Conventstraße kommt man zur Straße Am Berge, in der das älteste datierbare Bürger- haus der Stadt steht. Das 1466 errichtete

▲ Der Alte Kran

(8) Brömse-Haus wurde nach seinem vermu- teten Erbauer und Besitzer Dietrich Brömse benannt und weist ein reich profiliertes gotisches Portal auf. Am Ende der

(9) Straße erhebt sich die St. Johanniskirche. Bereits 1297 als Taufkirche erwähnt, zählt sie zu den ältesten Niedersachsens und diente als Vorbild für viele norddeutsche Hallenkirchen. Zu einem Wahrzeichen der Stadt hat sich mittlerweile der 108 m hohe, nach Südwesten geneigte Kirchturm entwickelt. In der fünfschiffigen Hallenkirche mit beinahe quadratischem Grundriss befanden sich einst 39 Altäre. Der berühmte Hochaltar mit Ge- mälden von Hinrik Funhoff und die Orgel mit prächtigem Barockprospekt lohnen eine nähere Betrachtung. Hier erlernte der junge Johann Sebastian Bach das Orgelspielen von seinem Onkel Georg Böhm, der von 1698 bis

(10) 1733 als Kantor und Komponist an der St. Johanniskirche wirkte. Die Rats- wasserkunst sollte einst die „Abtswasserkunst" übertreffen und ver- sorgte die Saline mit Frischwasser, das durch ein kompliziertes Pumpen- system aus Holz transportiert wurde. Der neugotische Wasserturm entstand 1906/07 auf Resten mittelalterlicher Wallanlagen und steht nach seiner Stilllegung seit 1985 unter Denkmalschutz. Die Aussichtsterrasse in 56 m Höhe eröffnet herrliche Ausblicke auf Lüneburg und Umgebung,

bei gutem Wetter von Hamburg bis Uelzen. Heute bildet der Turm den stimmungsvollen Rahmen für Hochzeiten und andere Feiern, Kulturveranstaltungen, Ausstellungen etc. Vor dem Wasserturm erstreckt sich der älteste Platz der Stadt, Am Sande, der im Mittelalter nicht gepflastert, d. h. sandig, war und daher seinen Namen erhielt. Die Kaufleute stellten hier ihre Pferdegespanne und Ochsenkarren ab, kauften und verkauften ihre Waren und zogen nach einer Übernachtung in einem der vielen Gasthöfe in östlicher Richtung weiter. Heute kann man hier an den verschiedenartigen Giebelhäu-

▲ **Wasserturm**

sern entlang flanieren. Gegenüber der St. Johanniskirche beeindruckt das Gebäude der heutigen Industrie- und Handelskammer, das 1548 ursprünglich als Brauhaus errichtet und über Jahrhunderte auch zu diesem Zweck genutzt wurde. Vom Platz Am Sande sind auch einige interessante Museen nach kurzem Fußweg zu erreichen. Das Ostpreußische Landesmuseum widmet sich der Geschichte, Kultur und Natur Ostpreußens und arbeitet für weitere Forschungsvorhaben eng mit Museen sowie Wissenschafts- und Kultureinrichtungen in Polen, Russland und Litauen zusammen. Außerdem hat hier das Kulturreferat für Ostpreußen seinen Sitz, das im Auftrag der Bundesregierung beispielsweise Kulturveranstaltungen,

▼ **Der älteste Platz der Stadt „Am Sande"**

▲ Ostpreußisches Landesmuseum

Jugendaustauschprogramme und Studienreisen organisiert. Alles Wissenswerte rund um den beliebten Gerstensaft erfährt man im Brauereimuseum, dem einzigen seiner Art in Norddeutschland. Das Naturmuseum zeigt interessante Sammlungen zu Natur und Umwelt. Das Deutsche Salzmuseum stellt die Bedeutung des „weißen Goldes" für die Entwicklung der Stadt Lüneburg und ihre Bewohner dar. Vom Platz Am Sande folgt man nun der Kleinen und der Großen Bäckerstraße. Die Rathsapotheke entstand 1598 als städtische Einrichtung, die von einem vom Rat bestimmten Apotheker geleitet wurde. Bereits seit 1475 ergänzte dessen Wissenschaft die Arbeit des angestellten Stadtphysikus, der ungefähr einem heutigen Arzt entsprach. Besondere Beachtung verdient die reich geschmückte Renaissancefassade. An einem Schmuckbogen über der Eingangstür sind eine Frau mit einem Hund und eine Frau mit einem Affen zu sehen. Die beiden Tiere symbolisieren die für einen damaligen Apotheker wichtigen Sinne, d. h. der Hund steht für den Geruch, der Affe für den Geschmack. Auch ein Besuch des historischen Innenraumes lohnt sich! Von der Großen Bäckerstraße zweigt am Markt links die Waagestraße ab, in der ein bauchiges Haus, das „Schwangere Haus" auffällt. Die Steine sind mit Gipsmörtel vom Lüneburger Kalkberg, der richtigerweise Gipsberg heißen müsste, verfugt. Aufgrund des sprichwörtlichen Fleißes der Lüneburger kam es gelegentlich vor, dass der Gips „totgebrannt" wurde. Dieser zu stark gebrannte Gips hat die Eigenschaft, im Laufe der Zeit recht viel Feuchtigkeit aufzunehmen und dehnt sich deshalb aus. Unmittelbar neben dem „Schwangeren Haus" steht das Geburtshaus des Komponisten

Johann Abraham Peter Schulz, von dem so bekannte Melodien wie „Der Mond ist aufgegangen" und „Ihr Kinderlein kommet" stammen und an den eine Gedenktafel am Haus erinnert. An der Kreuzung Waagestraße/ Neue Sülze erkennt man die Abbruchkante des Senkungsgebietes; das Gelände fällt zur Straße Auf dem Meere hin deutlich ab. Die Absenkungen entstanden, als sich durch das Abpumpen der Sole Hohlräume entwickelten. In der Straße Auf dem Meere sind malerische Wohn- und Handwerkerhäuser des 16. und 17. Jh. zu sehen. Der Rundgang führt weiter durch die Görgesstraße zum Johann-Sebastian-Bach-Platz mit der St. Michaelis-Kirche. Die erste Michaeliskirche befand sich auf dem Kalkberg, musste jedoch mit dem zugehörigen Kloster verlegt werden und wurde von 1376 bis 1418 in das Stadtgebiet am Fuße des Kalkberges gebaut. Die übrigen Klostergebäude wurden Anfang des 18. Jh. abgebrochen. Durch die Geländeabsenkungen neigen sich im Inneren schon die Säulen. Johann Sebastian Bach sang 1701/02 im Chor der Klosterschule St. Michaelis. Nun steigt man hinauf zum Aussichtspunkt am Kalkberg, der wie schon beim „Schwangeren Haus" erwähnt eigentlich Gipsberg heißen müsste. Der Kalkberg steht unter besonderem Schutz. Seit 1878 wird an der obersten Bergkuppe kein Gips mehr abgebaut, 1932 wurde auch der restliche Berg samt dem Gipsbruch zum Naturschutzgebiet erklärt. Ursprünglich überragte der Kalkberg mit 70 m als höchste Erhebung die Stadt und das Umland. Durch den jahrhundertelangen Gipsabbau besitzt er heute nur noch 1/16 seines ursprünglichen Umfangs bei einer Höhe von 58 m. Nichtsdestotrotz eröffnet sich von hier ein herrlicher Panoramablick über Lüneburg. In der Salzbrückerstraße geht man bis zur nächsten Kreuzung, an der man nach links der Oberen Ohlingerstraße folgt. Hier kann man Häuser im typisch norddeut-

▲ Elbtalaue

schen Baustil bewundern, die sich, mit den Dachschrägen zur Straße ausgerichtet, eng aneinanderreihen. Charakteristische Merkmale sind die Utluchten neben den Hauseingängen mit schrägem Dach und Sprossenfenstern. Weiter geradeaus durch die Untere Ohlingerstraße und dann rechts durch die Straße Auf dem Meere und die Waagestraße kehrt man zurück zum Ausgangspunkt des Rundgangs am Marktplatz.

SCHAUEN

Im sehenswerten ■ Kurpark mit einem Gradierwerk bietet das ■ Freizeitbad SaLü gesunden Badespaß mit großer Sauna- und Wellnesslandschaft und verschiedenen Solebecken. Im mittelalterlichen ■ Kloster Lüne zeigt das ■ Textilmuseum Weißstickereien, Bildteppiche und Banklaken aus dem 13. bis 16. Jh. Auf eine lange Tradition blicken die ■ Sülfmeistertage, das Fest der Salzsieder, zurück, das Ende September/Anfang Oktober die Besucher mit Musik, Tanz, Theater, wilden Wettspielen und einem prächtigen Festumzug begeistert. Besonders zur Blütezeit im August und September ist die ■ Lüneburger Heide ein beliebtes Ausflugsziel. Eine besondere Attraktion ist das ■ Doppelsenkrechtschiffshebewerk Scharnebeck, mit dem Sport- und Frachtschiffe in zwei riesigen Wassertrögen die 38 m hohe Stufe zwischen Elbmarsch und Geest im Elbe-Seitenkanal überwinden.

i Tourist-Information der Lüneburg Marketing GmbH, Rathaus/Am Markt, 21335 Lüneburg, Tel: 04131/2076620, Fax: 04131/2076644, E-Mail: touristik@lueneburg.de, Internet: www.lueneburg.de

SCHLEMMEN UND SCHLAFEN

Hotel Bargenturm Komforthotel in zentraler Lage mit Wellnessbereich. Im Restaurant „Salzkorn" werden regionale und internationale Gerichte unter dem Motto „Aromen, Düfte und Gewürze" angeboten. St. Lamberti-platz, 21335 Lüneburg, Tel: 04131/7290, Fax: 04131/729499

Hotel Bergström Historische, restaurierte Gebäude im Stadtkern mit modernen Zimmern. Fitness- und Saunabereich mit Pool. Leichte mediterrane Küche im „Marina Café". Pianobar, Vinothek. Bei der Lüner Mühle, 21335 Lüneburg, Tel: 04131/308-0, Fax: 04131/308-499

Hotel-Restaurant Bremer Hof Traditionsreicher Familienbetrieb in einem historischen Kaufmannshaus mit modern ausgestatteten Zimmern. Das Restaurant serviert kreativ zubereitete traditionelle norddeutsche Gerichte. Lüner Str. 12-13, 21335 Lüneburg, Tel: 04131/224-0, Fax: 04131/224-224

Ratskeller Lüneburg Im historischen Gewölbe und Gemäldesaal mit schönen Wandmalereien genießt man schmackhafte Saison- und Tages-gerichte und regionale Spezialitäten, u. a. Heidschnucken-Variationen. Am Markt 1, 21335 Lüneburg, Tel: 04131/31757, Fax: 04131/34526

Kunsthotel Residenz und Restaurant ClamArt Ruhige Lage am Kurpark. Die modernen Zimmer wurden individuell von Künstlern gestaltet. Das Restaurant verbindet in angenehmer Atmosphäre die französisch-exklusive mit der regionalen Küche. Wellnessbereich. Munstermannskamp 10, 21335 Lüneburg, Tel: 04131/759910, Fax: 04131/ 7599175

MEPPEN

„Stadt am Wasser - Stadt im Grünen" - dieser Slogan charakterisiert treffend die landschaftlich reizvolle Lage Meppens am Zusammenfluss von Ems und Hase. Die ehemalige Hansestadt bildet das geografische und wirtschaftliche Zentrum des Emslandes.

ANFAHRT

- A 31 oder B 70 Lingen (Ems) – Leer. ■ B 402 Niederlande – Haselünne.
- Bahnhof mit IC- und RE-Anschluss.

GESCHICHTE

Die Ursprünge von „meppium" (= an den Mündungen) reichen bis in das 8. Jh. zurück. Um 780 ließ Karl der Große im Zuge der Sachsenmissionierung neben dem bereits bestehenden Hof Meppen eine Taufkirche bauen. 834 wurde der Ort erstmals urkundlich erwähnt. 945/46 erhielt Meppen das Münz-, Markt- und Zollrecht. Mit der Erhebung zur Stadt 1360 durfte eine Befestigung mit Wall und Graben errichtet werden. Bereits für 1383 sind Stadtsiegel, Gilden und Ratsverfassung belegt. Die 1532 bis 1553 durchgeführte Reformation wurde 1612 zurückgenommen, Meppen wieder katholisch. 1762 wurde die Festung geschleift. Zwischen 1775 und 1803 erlebten Handel und Gewerbe eine Blütezeit, insbesondere durch den Anbau, die Verarbeitung und den Versand der Zichorie, eines Kaffeeersatzproduktes, und den Betrieb von Seifensiedereien. Nach dem Beschluss der Reichsdeputation 1803 wurde Meppen zur Landeshauptstadt der Grafschaft Meppen. 1810 bis 1813 gehörte die Stadt als Sitz einer kaiserlich-französischen Unterpräfektur zu Frankreich. Auf dem Wiener Kongress 1815 wurde das Emsland dem Königreich Hannover zugeschlagen, unter dessen Oberhoheit 1826 das Herzogtum Arenberg-Meppen mit Meppen als Hauptstadt eingerichtet wurde. Deutliche Verbesserungen in der Infrastruktur brachten der Bau des Hanekenkanals (1827-1835) und des Dortmund-Ems-Kanals (1892-1899) sowie der Eisenbahnanschluss (1856). 1866 wurde das Königreich Hannover mit dem Königreich Preußen vereinigt. Nach dem Zweiten Weltkrieg kam das Emsland zum neu gegründeten Bundesland Niedersachsen. 1946 suchte die letzte große Hochwasserkatastrophe mit mehreren Deichbrüchen rund um Meppen das Emsland heim. In den 1970er-Jahren vergrößerten Gebietsreformen und Eingemeindungen das Stadtgebiet und die Einwohnerzahl stetig. Seit 1977 ist Meppen Kreisstadt des Landkreises Emsland und heute ein lebendiges Mittelzentrum mit ca. 35 000 Einwohnern.

RUNDGANG DURCH DEN HISTORISCHEN STADTKERN

1 Ausgangspunkt des Rundganges ist das Rathaus, mit dessen Bau im Jahr 1408 begonnen wurde. Das schmale Untergeschoss wurde aus mächtigen Findlingen errichtet und ein erstes Geschoss aufgesetzt. Den Rathaussaal im ersten Stock erreichte man von außen über eine hölzerne Wendeltreppe. 1605 wurde der Bau um zwei weitere Geschosse aufgestockt. Um die Grundfläche dieser Stockwerke zu vergrößern, wurden sie vorgezogen und auf vier Säulen gesetzt. Diese sind durch Rundbogen miteinander verbunden, wodurch eine offene Laube entstand. Über dem mittleren Bogen dieser Gerichtslaube stellt ein Relief das Urteil Salomos dar, das die Richter wohl zu ebenso weisen Urteilen ermahnen soll. Der Ratssaal bildet heute den stimmungsvollen Rahmen für standesamtliche Trauungen. Neben dem Rathaus ließ der Arzt Nikolaus Vagedes im

▼ Rathaus

2 Jahr 1816 das Stadthaus errichten. Die Schnitzereien der Supraporte mit den Symbolen der ärztlichen Arbeit - Leben und Tod, Licht und Stundenglas - und der Seitenteile des Portals imitieren täuschend echt zeitgenössische Sandsteinarbeiten. Ab 1936 nutzte die Stadtverwaltung das Gebäude und es wurden seitlich und rückwärtig mehrere Anbauten angefügt. Im Treppenhaus des alten Gebäudes sind beachtenswerte Gemälde aus dem Besitz der Herzöge von Arenberg und eine qualitätsvolle Kopie des berühmten Gemäldes „Die Gesandten" von Hans Holbein d. J. aus dem Jahr 1533 zu sehen. Außerdem finden hier regelmäßig

▲ Stadthaus

Ausstellungen statt. Vom Markt überquert man die Hinterstraße und gelangt zum Nagelshof. Hier erinnert eine 1996 in der Nähe der 1938

3 zerstörten Synagoge errichtete Gedenkstätte an die während des NS-Regimes verfolgten und ermordeten jüdischen Bürger der Stadt. Linker Hand ist die Nachbildung eines Teils der Thoradekoration zu sehen. Die

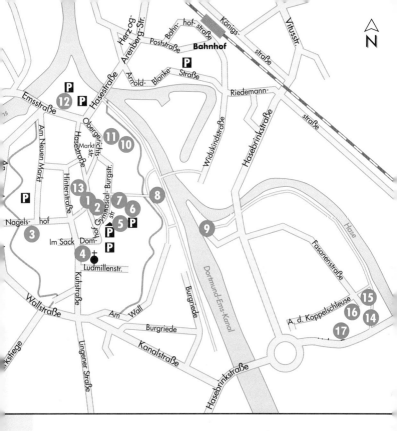

Vorlage, ein Originalbruchstück, wurde unter Lebensgefahr aus den Trümmern der Synagoge gerettet und wird heute in den USA aufbewahrt. Innerhalb des Davidsterns auf der rechten Seite werden die Namen der jüdischen Familien genannt, die zwischen 1933 und 1945 in Meppen lebten. Vom Nagelshof kehrt man zurück zur Hinterstraße und folgt dieser kurz nach rechts zum Domhof. Die Ursprünge der **Propsteikirche St. Vitus** gehen zurück auf die um 780 zur Zeit Karls des Großen erbaute kleine Taufkirche und eine später errichtete Basilika. Neu- und Umbauten wurden 1225, 1463 und 1870 durchgeführt. Im letztgenannten Jahr wurde auch das neue dreitürige Westportal im neugotischen Stil geschaffen. Das alte

▲ **Propsteikirche**

229

romanische Nordportal am ehemaligen Kirchhof ist hinter der Kreuzigungs-
gruppe erkennbar. Der verhältnismäßig niedrige Turm mit seinem Faltdach
ersetzte die im April 1945 zerstörte Turmspitze, die einst die Bäume auf
dem Wall überragte und so die Silhouette der Stadt prägte. Besondere
Beachtung verdient im Chorraum der imposante neugotische Flügelaltar,
den der „Petroleumkönig" Wilhelm Anton Riedemann, Erfinder der modernen Tankschiffe und Mitbegründer der heutigen Firma Esso, stiftete.
Seit März 1992 erklingt in der Kirche eine neue Hillebrand-Orgel. Der
Domhof geht über in die Gymnasialstraße. In dem kleinen Park zwischen
⑤ der Residenz und der Gymnasialkirche erinnert das Windthorst-Denkmal
an Ludwig Windthorst (1812-1891), Führer der Zentrumspartei und Meppener Abgeordneter im deutschen Reichstag unter Reichskanzler Bismarck,
dessen schärfster Kontrahent er im Kulturkampf war. Die Statue wurde
vom Bildhauer Heinrich Pohlmann geschaf-
fen und von W. und P. Gladenbeck in Fried-
richshagen in Bronzeguss ausgeführt. Die

▼ Jesuitenresidenz

⑥ Jesuitenresidenz wurde 1726-1729 unter
dem Superior Franz Kemper als für damalige
Verhältnisse äußerst stattliches Gebäude
errichtet. Die Jesuiten waren 1613 zur Ein-
leitung der Gegenreformation nach Meppen
gekommen. Der erste Superior, Pater Nikolaus Krebs, legte 1642 den Grundstein für
das Gymnasium. Heute gehört die Residenz
zum Windthorst-Gymnasium. Das ehemalige Refektorium mit prächtigem Barock-
kamin und Stuckdecke dient dem Rektor
als Büro. Neben der Residenz erhebt sich

⑦ die Gymnasialkirche, die 1743/46 im Stil
des Spätbarock und Frührokoko für das
Gymnasium erbaut wurde. Die blau-weiß
und rosa bemalten Säulen und Pfeiler im
Chor bestehen aus Eichenholz. Die beiden

▲ Gymnasialkirche

Seitenaltäre stammen vom berühmten Bau-
meister Johann Conrad Schlaun, der auch beim Bau von Schloss Au-
gustusburg in Brühl bei Köln sowie bei der Errichtung des Schlosses zu
Münster und des Jagdschlosses Clemenswerth mitwirkte. Zwei Gemälde
von Caspar de Crayer, einem Freund und Schüler Rubens', schmücken den
Chor. Besondere Beachtung verdienen auch die Holzschnitzereien von Jöllemann im Chorgestühl und in der Chorbalustrade sowie an der Kanzel,

▲ Blick auf die Höltingmühle zwischen Dortmund-Ems-Kanal und Hase

der Pietá, der Orgelbalustrade und den Beichtstühlen. Die Stuckdecke wurde von Josef Geitner aus Tirol kunstvoll gestaltet. Der Jesuitengang führt nun zum Stadtwall. Die Erhebung zur Stadt 1360 beinhaltete für Meppen auch das Recht zur Befestigung mit Wall und Graben. Die damals errichteten Anlagen wurden in den folgenden Jahrhunderten, den jeweiligen Anforderungen entsprechend, immer wieder aus- und umgebaut. Zu Beginn des Dreißigjährigen Krieges bestand die Festung als rechteckige Struktur mit schmalen, von einem Graben umgebenen Wallanlagen und einer Vorburg, der Paulsburg, im Osten der Hasebrücke. Der zuletzt sternförmige Grundriss der Bastionärfestung ist heute noch rund um die Altstadt nachvollziehbar. Der Verteidigungswall wurde 1762 geschleift, während der ehemalige Gegenwall, die sog. „Contrescarpe", mit seinen jahrhundertealten Bäumen zunächst als Hochwasserschutz erhalten wurde und heute als denkmalgeschützte Grünanlage zu Spaziergängen einlädt. Schräg gegenüber erblickt man auf der Landzunge zwischen Dortmund-Ems-Kanal und Hase die Höltingmühle. Die vermutlich 1639 errichtete Mühle wurde vom Hölting-Bürgerschützenverein einem Müller im friesischen Bockhorn abgekauft, in Eigenarbeit von den Vereinsmitgliedern abgebaut, verschifft und 1959/60 an ihrem heutigen Standort wieder aufgebaut. Mühlenführungen, auch mit Kaffee und Kuchen, können unter der Telefonnummer 05931/7177 gebucht werden. Man

▼ Zeughaus

231

▲ Stadtmuseum

folgt nun dem Verlauf des Stadtwalls zum
⑩ Zeughaus, das anstelle der Paulsburg 1752
im Auftrag von Kurfürst Clemens August
hier errichtet wurde und den in der Festung
Dienst tuenden Soldaten als Lager für Muni-
tion, Waffen, Uniformen und Kriegsgerät
diente. Im 19. Jh. befanden sich hier eine
Zichoriendarre und eine Seifensiederei der
Firma Frye, bevor das Haus mehrfach um-
gebaut wurde. Heute befindet sich das Zeughaus in Privatbesitz. In direkter
⑪ Nachbarschaft steht das Stadtmuseum (Arenbergische Rentei). Der
klassizistische Repräsentationsbau wurde im Auftrag des Meppener Kauf-
manns Ferdinand Frye 1805 vom Architekten August Reinking errichtet.
1835 erwarb die Herzoglich-Arenbergische Domänenkammer das Haus
und richtete hier Amts- und Wohnsitz des Rentmeisters ein. Der Heimatverein schuf schließlich ein sehenswertes Stadtmuseum mit umfassenden
Sammlungen und interessanten Exponaten, beispielsweise selbst geferti-
ten Modellen eines germanischen Gehöftes, der Paulsburg und der Festung
von 1760, das die Entwicklung der Stadt von der ersten Besiedlung bis

in das 19. Jh. hinein dokumentiert. Nach dem Museumsbesuch geht man auf der Obergerichtsstraße bis zur großen Kreuzung und dann links weiter auf der Emsstraße. Rechter Hand fällt das 1809 für den herzoglich-arenbergischen Kammerrat Heyl erbaute Heyl'sche Haus auf. Unter französischer Herrschaft in den Jahren 1810 bis 1813 übte Heyl das Amt des Präfekten aus, woher die gelegentliche Bezeichnung des Gebäudes als Präfektur rührt. Das Heyl'sche Haus wurde vom Architekten August Reinking entworfen. Im Inneren schmücken klassizistische Stuckarbeiten das Deckenoval sowie die Nischen und Supraporte über der Balkontür. Der Saal hat eigentlich einen viereckigen Grundriss, aber durch die raffinierte architektonische Gestaltung entsteht ein ovaler Eindruck. Das Heyl'sche Haus ist heute in ein in den 1970er-Jahren errichtetes Bankgebäude eingebunden. Der westliche Anbau der Bank aus dem Jahr 1998 wurde dem Stil des historischen Gebäudes angepasst. Zum Abschluss des Rundgangs kann man nun einen Bummel durch die Fußgängerzone unternehmen und kehrt so zum Ausgangspunkt zurück. Am Markt erinnert die Gedenktafel Wilhelm Anton Riedemann an das Geburtshaus des Meppener Ehrenbürgers. Der spätere Kommerzienrat Wilhelm Anton Riedemann wurde am 8.12.1832 hier geboren. 1863 ließ er sich als Kaufmann in Geestemünde nieder und etablierte sich später auch in Hamburg erfolgreich mit seinem Petroleumhandel. Riedemann wurde bekannt als Pionier der Tankschifffahrt und als Mitbegründer der „Deutsch-Amerikanischen Petroleum-Gesellschaft", der heutigen ESSO AG. Mit der Stiftung des neugotischen Flügelaltars und des Marienaltars in der Propsteikirche zeigte der 1920 verstorbene Geschäftsmann seine enge Verbindung zu seiner Heimat-

▲ Koppelschleuse

stadt. Vom Markt aus kann man jetzt den Rundgang erweitern. Auf bereits bekanntem Weg geht man zum Stadtwall zurück und überquert dann den Dortmund-Ems-Kanal. Durch die Widukindstraße erreicht man die Hasebrinkbrücke, auf der man die Hase überquert. Entlang des Flusses hält man sich nun links und gelangt zur Koppelschleuse am Ende des ehemaligen Ems-Hase-Kanals. Um den Schiffen an dieser Stelle den Abstieg zur Hase zu ermöglichen, wurde von 1824 bis 1828 die Koppelschleuse erbaut, deren Bezeichnung von ihrer Konstruktionsweise herrührt: Durch ein zweites Tor in der Mitte der Schleusenkammer entstehen zwei separate, gekoppelte Schleusenstufen. Dadurch konnte der bei Niedrigwasser der Hase entstehende Höhenunterschied von 4 m in zwei Etappen überwunden werden. Die hölzernen Schleusentore mussten manuell durch die Schleusenknechte geöffnet und geschlossen werden. Heute wird die Koppelschleuse nur noch zur Abführung des oberhalb der Schleusengruppe Meppen anfallenden Sickerwassers genutzt. In unmittelbarer Nähe lohnt das Kunstzentrum Koppelschleuse einen Besuch. Der um 1828 errichtete Gebäudekomplex diente einst als Sitz des königlich-hannoverschen Wasserbauinspektors. Heute präsentiert hier der Meppener Kunstkreis e. V. Wechselausstellungen regionaler und überregionaler zeitgenössischer Kunst. Zum klassizistischen Baudenkmal-Ensemble gehört auch ein moderner Museumsbau, das Ausstellungszentrum für die Archäologie des Emslandes. In der Dauerausstellung sind Funde, Modelle, Inszenierungen und Rekonstruktionen zu sehen, die die Kulturgeschichte des Emslandes von der Steinzeit bis zum Mittelalter dokumentieren und auch die Arbeitsweise der Archäologen zeigen. Sonderausstellungen runden das Museumsprogramm ab. Ebenfalls auf dem Areal an der Koppelschleuse befindet sich das 2001 eröffnete Jugend- und Kulturgästehaus. Das Gebäude und der umliegende Skulpturenpark, dessen Objekte die Achsen und Richtungsverläufe der Gartenanlage hervorheben, wurden von Franz Erhard Walther

▼ Kunstzentrum
   Koppelschleuse

▲ Herrenmühle

entworfen. Das Deutsche Jugendherbergswerk bietet hier hochwertige Unterkünfte an. Außerdem dient das Jugend- und Kulturgästehaus als interkultureller Treffpunkt des internationalen kulturellen Netzwerkes „Koppelschleuse" Meppen, das historische, ästhetische und kreative Kompetenz fördern möchte. Nach einem Spaziergang durch den Skulpturenpark kehrt man in den historischen Stadtkern zurück.

SCHAUEN

Auch die Meppener Stadtteile haben viel Sehenswertes zu bieten. Die
■ 1000-jährige Kirche in Bokeloh ist wohl eine der ältesten Kultstätten
des Emslandes und enthält noch Teile der mittelalterlichen Bausubstanz.
In der ■ Alten Schule Bokeloh dokumentiert eine Dauerausstellung die
Geschichte dieses Lehr- und Lernortes, aber auch die Aufenthalte des
Malers Otto Pankok (1893-1966). In ■ Apeldorn zeugt ein ■ Großsteingrab
von den Bestattungsritualen der Jungsteinzeit (ca. 2800 bis 1800 v. Chr.).
Am nordöstlichen Stadtrand von Meppen liegt die ■ Herrenmühle, die
bereits seit dem 16. Jh. als Korn-, Öl-, Walk- und Sägemühle betrieben
wurde und heute für Kulturveranstaltungen genutzt wird. Die inmitten
eines Waldes gelegene ■ Emsländische Freilichtbühne im Meppener
Stadtteil Esterfeld zählt zu den schönsten Freilichtbühnen Norddeutschlands. Idyllische Landschaften erlebt man in den Naturschutzgebieten
■ „Borkener Paradies" und ■ „Meppener Weide". Das ■ Ferienzentrum
Schloss Dankern ist ein großer Freizeitpark für die ganze Familie. Hochpro-
zentiges bieten die ■ Berentzen Brennereien mit Museum in Haselünne.

Tourist-Information Meppen (TIM), Markt 4, 49716 Meppen, Tel: 05931/
153-106, Fax: 05931/153-330, E-Mail: tim@meppen.de, Internet: www.
meppen.de

SCHLEMMEN UND SCHLAFEN

Altstadt-Hotel In dem zentral gelegenen Haus wird auf persönlichen
Service großer Wert gelegt. Das Café bietet ein reichhaltiges Frühstücksbüffet, selbst gebackene Kuchen und warme Gerichte. Fahrradkeller und
Trockenraum. Nicolaus-Augustin-Straße 3, 49716 Meppen, Tel: 05931/
93200, Fax: 05931/932041

Bootshaus essen & trinken In stilvollem Ambiente genießt man
gastronomische Vielfalt mit saisonalen Akzenten. Widukindstraße 22,
49716 Meppen, Tel: 05931/2848

Parkhotel Meppen Am Waldrand an der Freilichtbühne gelegen, mit
ruhigen Zimmern und stilvollem Restaurant. Auf der Parkterrasse wird im
Sommer gegrillt. Lilienstraße 21, 49716 Meppen, Tel: 05931/9790-0, Fax:
05931/ 979050

Hotel Schmidt am Markt Im Herzen der Stadt garantieren die Komfortzimmer einen angenehmen Aufenthalt. Das Restaurant mit Terrasse
verwöhnt die Gäste mit traditionell Emsländischem, feinen Fischgerichten
und vielseitigen Grillspezialitäten. Am Markt, 49716 Meppen, Tel: 05931/
9810-0, Fax: 05931/9810-10

NORTHEIM

„Dem sey nun wie es wolle, es ist eine feyne Stadt" – so begeistert äußerte sich der Chronist Lubecus schon vor 400 Jahren über Northeim. Der historische Stadtkern wird geprägt von liebevoll sanierten Fachwerkhäusern und ist umgeben von der gut erhaltenen Stadtmauer.

ANFAHRT

- A 7 Hannover – Kassel. ■ B 241 aus Richtung Uslar bzw. Goslar.
- Bahnhof mit RB-Anschluss.

GESCHICHTE

Als Keimzellen der Stadt Northeim können eine Siedlung aus vorchristlicher Zeit, ein fränkischer Königshof an der Kreuzung zweier wichtiger Handelswege (um 800) und ein Benediktinerkloster, in dessen Schutz sich eine Marktsiedlung entwickelte (um 1100), angesehen werden. 1252 erhielt Northeim das Stadtrecht, der Bau der Stadtmauer unter Einbeziehung des Klosters St. Blasien begann. Im 14. Jh. erwarb die Stadt das Markt- und das Münzrecht, erlebte in den beiden folgenden Jahrhunderten eine Blütezeit und war von 1384 bis 1554 Mitglied in der Hanse. 1539 wurde auf der Grundlage der vom Reformator Anton Corvin aufgestellten „Northeimer Kirchenordnung" die Reformation eingeführt. 1562 erfolgte die Auflösung des Klosters St. Blasien, dessen Klostergut jedoch heute noch besteht. Der wirtschaftliche Niedergang Northeims begann Ende des 16. Jh. und wurde durch den Dreißigjährigen Krieg beschleunigt, der Belagerungen, Plünderungen und Kontributionszahlungen mit sich brachte. Von den Folgen erholte sich die Stadt nur langsam ab der Mitte des 19. Jh. Von 1807-1813 fiel Northeim unter französische Herrschaft und gehörte zum Leine-Departement des Königreichs Westfalen. 1854 erhielt Northeim Anschluss an das Eisenbahnnetz und war ab 1878 Eisenbahnknotenpunkt, was die Ansiedlung von Industriebetrieben und Verwaltungsinstitutionen entscheidend begünstigte. Ab 1892 setzte die Industrialisierung ein, insbesondere im Bereich der Tabakverarbeitung sowie bei der Rhumemühle, einer Zuckerfabrik und der Gasanstalt. Im Zweiten Weltkrieg blieb der historische Stadtkern von Angriffen verschont, doch wurden am Rand der Altstadt und am Bahnhof schwere Schäden angerichtet. Im Zuge der Gebietsreform 1970/74 wurden 15 umliegende Gemeinden mit der Kernstadt vereinigt. 1976 begann die Restaurierung der historischen Altstadt. Heute hat Northeim ca. 31 000 Einwohner und ist durch Partnerschaften mit Städten in Frankreich, Polen und Österreich verbunden.

RUNDGANG DURCH DEN HISTORISCHEN
STADTKERN

Eine Erkundung der Northeimer Altstadt mit ihrem nahezu geschlossenen Bestand an Fachwerkbauten vom frühen 15. bis hin zum ausgehenden 19. Jh. beginnt mit gutem Grund auf dem Münsterplatz. Mit seiner vielgestaltigen Randbebauung ist er auch als die „gute Stube" der Stadt bekannt. Von dieser Örtlichkeit gingen vor rund 1200 Jahren erste Impulse

zur Siedlungsentfaltung aus. Das Kloster St. Blasien, das vom hier ansässigen Grafen Otto von Northeim geplant wurde, gilt als eine der Keimzellen Northeims. Bauliche Reste des Grafenhofes sind heute noch in Form der 1978 wiederentdeckten Grafengruft und im steinernen Sockelgeschoss der sog. Alten Lateinschule existent. Die Grafengruft ist über den heutigen Bürgersaal, den östlichen Kreuzgangflügel der im 15. Jh. gotisch erneuerten Klosteranlage zu erreichen. Zwei Treppenabsätze hinabsteigend, gelangt man zur Grablege der Northeimer Grafen. Das über dem neuzeitlichen Durchbruch zur Grabkammer angebrachte romanische Tympanon zeigt die Darstellung des Lammes Gottes. Kreuzesfahne und (abgeschlagener) Kelch symbolisieren den siegreichen Opfertod des Gottessohnes und das Glaubensgeheimnis der Eucharistie. Vier Sandsteinplatten markieren die Begräbnisplätze der geborgenen, untersuchten und wiederbestatteten Skelette. Von besonderem Interesse ist die vergrößerte photographische Abbildung der Bein- und Schädelverletzung mutmaßlich Ottos von Northeim. Wieder emporgestiegen, ergibt sich ein guter Blick auf die Spitzbogenarkaden des ehemaligen Kreuzganges mit ihrer modernen Bleiverglasung.

▼ Eine der Keimzellen Northeims - das Kloster St. Blasien

Die eingefügten Siegel- und Wappendarstellungen umreißen die geschichtlichen und politischen Bezüge, in welche die Stadt im Verlauf der Zeit
eingebunden war. Die nördliche Mauernische umfasst ein in drei Register
gestaffeltes Relief von 1983, welches die Stadtgeschichte bildhaft-plastisch
mit Darstellung der entsprechenden Personen nachvollziehbar macht. Als
Basis dient eine Altarmensa aus klösterlicher, d. h. katholischer Zeit. Reli-
quiengrab und Weihekreuze in der monolithischen Sandsteinplatte lassen
darauf schließen. Vom Kreuzgang aus zu betreten ist die St. Blasien-
Kapelle, wahrscheinlich die Sakristei der nach Einführung der Reformation
1539 überflüssig gewordenen Klosterkirche. Insofern bewahrt die Kapelle
stellvertretend Name und Patrozinium des aufgelösten Benediktinerklosters.
Das spätgotische Sternrippengewölbe mit teilweise vollplastisch ausge-
führten Schlusssteinen zeigt, zu welch baulicher Opulenz die Mönche sich
Ende des 15. Jh. aufschwingen konnten. Im Osten, dem Altar zugewandt,
findet sich der Titelheilige, St. Blasius, dem als gleichsam redendes Attribut
(St. Blasien - blasen) ein Signalhorn in die Hand gegeben ist. Sein Pendant im Westen stellt den Apostel Andreas dar. In zentraler Position wurde in vielschichtiger Symbolik Maria mit dem Jesusknaben angebracht.

Die nach Osten sich öffnende
Fensterbahn ist mit einer modernen Verglasung versehen -
in unzähligen Blautönen strömt
das Licht in das Kapelleninnere.
An der gegenüberliegenden
Wand hängt eine Tafelmalerei
nicht präzise zu bestimmender
Zeitstellung, welche eine Vision
des Mönchsvaters Benedikt
und zweier Gefährten der Dreifaltigkeit samt Gottesmutter
zeigt. Den Ort der abgegange-
nen Klosterkirche markiert bis

▲ Heimatmuseum

zum heutigen Tage der Münsterplatz als „Leer-Stelle" im Stadtbild.
Behauener Stein war begehrtes Baumaterial, das für die Stadtbewohner
bequem aus der verlassenen Kirche zu gewinnen war. Kirchenruine samt
umliegendem Kirchhof wurden bis weit in das 18. Jh. hinein als innerstädtischer Begräbnisort genutzt, ehe auf dem westlichen Wallabschnitt
der heute erst so genannte Alte Friedhof angelegt wurde. Ein in der heutigen Außenmauer, ehemals die nördliche Chorinnenwand der Kirche, ver-
mauerter Grabstein zeugt noch davon. War das Kloster als geistliche

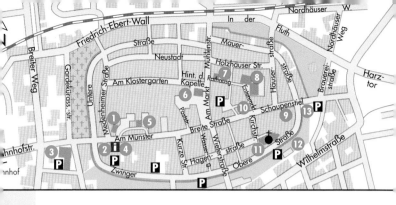

Einrichtung auch untergegangen, lebte es doch im Klostergut als land
wirtschaftlichem Betrieb bis 1971 in der Stadt fort. Damals erst entschied
man sich für die moderne Überbauung des Areals mit heute teils als un-
maßstäblich empfundenen Block- und Großbauten. Nach Verlassen des
Bürgersaals sich zunächst links haltend, ergibt sich ein Blick auf die aus
der Mauerflucht zurückspringende sog. „Alte Lateinschule". Sie besteht
aus zwei deutlich voneinander geschiedenen Bauteilen, einem steinernen
Sockelgeschoss und zwei aufgesetzten Fachwerkobergeschossen. Die auf
den Saumschwellen angebrachten Inschriften äußern ein Marienlob sowie
die Anrufung der Heiligen Dreifaltigkeit. Im steinernen Unterbau lassen
sich vermauerte Rundbogenöffnungen ausmachen - in ihm erkennt man
die Reste der romanischen Kapelle des einstigen Grafenhofes. Den westlichen Abschluss des Münsterplatzes bildet das imposante, freistehende
Hospital St. Spiritus. Das vom Grundriss her größte Fachwerkgebäude
der Stadt war bis zur Übernahme in städtische Verfügungsgewalt anfangs
des 16. Jh. klösterliche Herberge und Unterkunft durchreisender Pilger.
Der mit mächtigem Krüppelwalmdach versehene Bau trägt am südöstlichen
Eckständer zwei Datierungsinschriften. Im Jahr 1500 - einem „Jubeljahr"
- wurde in Erwartung großer Pilgerströme ein Erweiterungsbau vorge-
nommen. 1978 fand hier das Heimatmuseum sein Domizil: den buchstäblich größten Schatz in seinem Bestand bildet der Höckelheimer Münz-
fund von 1991, effektvoll präsentiert im Gewölbekeller. Wenige Schritte
entfernt erblickt man am Medenheimer Platz den westlichen Abschnitt
des die Stadt einst auf ca. 1750 m Länge umziehenden Mauerrings. Wohl-
erhalten zeigt sich der Abtsturm mit (erneuerter) Bohlenlage und dem
„Tillyloch". Derartige nach innen offene Schalentürme waren in regelmä-
ßigem Abstand stadtseitig an die Mauer gebaut. Sie dienten dem Aufstellen
der städtischen Geschütze. Genannte Öffnung ist eher als Schießscharte
denn als ein während der Belagerung im Dreißigjährigen Krieg 1627 ent-
standenes Einschussloch zu verstehen. Von der ursprünglichen Mauerlänge
sind immerhin rund zwei Drittel gut erkennbar noch heute im Stadtbild

vorhanden. Endgültig aufgebrochen wurde die baulich wie rechtlich zu verstehende Stadtbegrenzung des Hochmittelalters („Zinne und Mauer unterscheiden den Bürger vom Bauer") erst in der zweiten Hälfte des 19. Jh. Die neuzeitliche Schlupfpforte neben dem Abtsturm öffnet sich auf den 1788 angelegten Friedhof mit historischen Grabmonumenten und einem imposanten klassizistischen Mausoleum. Das Geländeprofil nach Norden zeigt deutlich den einstigen parallel zur Mauer verlaufenden Stadtgraben samt anschließendem Wall und äußerem Graben. Die beiden Letzteren mussten im Zuge der Demantelierung der Stadt im Dreißigjährigen Krieg eingeebnet werden. Über die Bahnhofstraße gelangt man in die Altstadt zurück. Das einst diese Ausfallstraße sichernde Höckelheimeroder Sollingtor hat nur spärliche Reste hinterlassen, nachdem es nach Mitte des 18. Jh. zunächst erweitert, im 19. Jh. jedoch gänzlich abgetragen wurde. Dasselbe Schicksal ereilte auch die beiden anderen in die Stadtmauer integrierten Toranlagen, die bis auf einen einzigen Bauzeugen am Oberen Tor völlig verschwunden sind. Der Straßenzug Am Münster, seit 1988 in die Fußgängerzone einbezogen, geht im weiteren Verlauf nahtlos in die bereits im Mittelalter so genannte Breite Straße über. Gesäumt von wohlerhaltenen Fachwerkhäusern aller Epochen und Stilrichtungen, als bürgerliche Wohnbauten sämtlich traufenständig an die Straßenfront der langgezogenen Grundstücke gestellt, bietet sie dem ortsfremden Besucher buchstäblich Orientierungshilfe - sie zieht sich in beinahe striktem West-Ost-Verlauf bis hinauf zum ehemaligen Oberen Tor. Besonders hervorzuheben aus dem reichhaltigen Northeimer Fachwerkbestand ist das sog. ④ **Reddersenhaus**. Anhand von Analysen des Baumaterials auf das Jahr 1420 datiert, gehört es zu den ältesten Bauwerken am Ort. Als typisches Ackerbürgerhaus konzipiert, ist die gebäudequerende Durchfahrtsdiele zum Hinterhofbereich am Spitzbogenportal deutlich auszumachen. Stall-, Scheunen-, Werkstatt- und andere Nutzbauten lagen im hinteren Hofbereich, Pumpbrunnen und „Herzhäuschen" nicht zu vergessen! Alle mit Braugerechtsame versehenen Bürgerhäuser verfügten ebenfalls über die ebenerdige Dielenhalle, denn hier wurde bis weit in die Neuzeit hinein nach Losverfahren der Reihebrau durchgeführt. Das Zwischengeschoss des Reddersenhauses zeigt als Dependance des gegenüberliegenden Museums eine Bürgerwohnung mit Mobiliar und Ausstattung des ausgehenden 19. Jh. Das über der prominenten Vorkragung liegende Obergeschoss und der Spitzboden unter dem Dach dienten nicht Wohnzwecken, sondern als Lager- und Speicherraum. Die ehemaligen Wirtschaftsgebäude im hinteren Hofbereich sind heute als Wohnungen ausgebaut; ein Atelier samt Wohnung wird von der örtlichen Kreissparkasse per Stipendium Künstlern zur

Verfügung gestellt. Ein schönes Beispiel renaissancezeitlicher Schnitzzier bietet der mit Fächerrosetten und anderen Ornamenten geschmückte **Ratskeller** (Am Münster 15). Als Stockwerksbau abgezimmert, ist er vergleichsweise jüngeren Datums als das unweit östliche gelegene Gebäude Breite Straße 22, ein großer gotischer Ständerbau. Dessen zurückgesetzte Ladenfront lässt den Eindruck einer offenen Verkaufshalle entstehen, wie es sie zur Blütezeit der der Hanse zugehörenden, mit Markt-, Münz-, und Zollrecht privilegierten Stadt gegeben haben mag. Bevor der durch einen weißen Pflasterstreifen markierte 10. Grad östlicher Länge überschritten wird, passiert man das zur Linken gelegene gründerzeitliche Reichspost-gebäude von 1894. Baumaterial hier wie auch beim angrenzenden Wohn-haus Breite Straße 67 und dem gegenüberliegenden Hotel „Deutsches Haus" ist industriell gefertigter Backstein. Architekturhistorisch zeigt sich hier ein schönes Ensemble in den eklektischen Stilformen des Historismus. Kurz bevor der sich nach Norden öffnende Raum des heutigen Marktplatzes erreicht ist, lässt sich ein Blick in die rechts aufwärts führende Wassergasse, Northeims „Strulle", werfen. Der Name verrät andeutungsweise die frühere Funktion dieses Weges, der eben nicht allein dem Fußgängerverkehr zu den südlichen Parallelstraßen vorbehalten war, sondern allwöchentlich eine Reinigung der mit Unrat, Mist und Dreck aller Art verunzierten Straßen ermöglichte. Ein schleusenartig zu öffnender Schieber in der am oberen Ende sich erhebenden Stadtmauer ermöglichte die Entleerung der dahinter liegenden Stadtteiche. Über offene Gossenzüge verteilte sich der Wasserstrom in der Stadt, den hineingekehrten Müll nach dem Gesetz der Schwerkraft talwärts schwemmend. Der Hauptsammler, vor rund 100 Jahren liebevoll euphemistisch als der „blaue Nil" bekannt, führte am tiefsten Punkt unter der Stadtmauer hindurch, bis er schließlich die nordwärts vorüberfließende Rhume erreichte. Wenig später gelangt man zum Marktplatz. Eine zwischen zwei Mauerzügen in das Pflaster eingelassene Tafel informiert darüber, dass auch dieser innerstädtische Freiraum ein sekundäres Platzgebilde darstellt. Die im Mai 1832 übrig gebliebene Brandruine des Rathauses - eine Abbildung findet sich auf genannter Tafel - wurde vollends geschleift. Die Stadtverwaltung behalf sich fortan mit baulichen Provisorien unterschiedlicher Nutzungsdauer, der Platz wurde zum Abhalten der Wochen- und Jahrmärkte freigegeben. Ort des Marktgeschehens war bis dato die Breite Straße gewesen; ein Straßenmarkt, dessen lichte Weite durch Ausklappen der „Läden" notwendigerweise eingeschränkt wurde. Anders als heute kaufte der Marktbesucher nicht im, sondern an oder vom Laden herunter ein! Besichtigt man die am unteren Ende des Platzes gelegene Marktkapelle (als innerstädtischer Seniorentreff

▲ „Alte Wache"

wochentags meist geöffnet), muss man zunächst die 1734 platzseitig vorgesetzte „Alte Wache", einen Fachwerkbau, durchschreiten. Ein Rundbogenportal führt über Treppenstufen in den Kapellenraum hinunter. Die Anfang des 20. Jh. eingebrachte Bildverglasung stellt in der östlichen Fensterbahn die ursprüngliche topographische Situation dar - viel Rathaus, wenig Marktplatz! Gegenüberliegend erkennt man unter den umlaufenden Innungswappen ein Zitat der herzoglichen Gildeprivilegierung von 1334. Beide Fenster fügte man anlässlich des Ausbaues der Kapelle zum Heimatmuseum 1912 ein. Die den Heiligen Fabian und Sebastian geweihte Kapelle hatte die Bürgerschaft in Erfüllung eines Gelübdes gegen die Pest nach der Mitte des 14. Jh. errichtet. Tiefe Einkerbungen im Gewände des sich einst zum Rathaus hin öffnenden Torbogens belegen die hoffnungsvolle

Gewinnung von Steinmehl, vertrauend auf dessen pharmakologische Wirkung auch bei weniger verheerenden Krankheiten. Die beiden Gewölbeschlusssteine der doppeljochigen Kapelle bilden im Osten ein Lamm Gottes mit dem Kelch, im Westen einen gänsegestaltigen Pelikan ab. Beide Darstellungen nehmen Bezug auf den Opfertod Jesu am Kreuz. Der westlich der Kapelle gelegene Stadtraum zeigt die flächensanierte Bebauung der 1970er Jahre. Nach Abbruchmaßnahmen des Klostergutensembles entstanden die für diese Zeit typischen Architekturen. Nur eine kurze Distanz ist zurückzulegen, bis man am Ende der mit schöner Gründerzeitarchitektur bebauten Ostseite des Marktplatzes, entstanden nach Beräumung einer ausgedehnten Stadtbrandfläche 1892, die Rathausgasse betritt. Gleich linker Hand findet sich dort das seltene Beispiel einer spätmittelalterlichen (7) Steinkammer oder Kemenate. Derartige Bauten vermochten den regelmäßig auftretenden Stadtbränden zu trotzen und schützten das in ihnen gelagerte Kaufmannsgut. Zudem verfügte eine Kemenate als luxuriöser Hausbestandteil über eine steingefasste Feuerstelle samt Rauchabzug über einen Kamin - daher denn auch der Name. Wahrhaft „steinreich" musste der Erbauer einer solchen Steinkammer gewesen sein, denn dieses kostspielige Baumaterial zu beschaffen konnte sich beileibe nicht jedermann (8) leisten. Der weitere Rundgang führt zunächst zum Entenmarkt. Das markante Rokokofachwerk des Rumannschen Hauses mit vorgesetzter doppelläufiger Freitreppe wurde von 1768 bis 1780 errichtet. Ab 1842 beherbergte das Gebäude die Stadtverwaltung inklusive Bürgermeisterwohnung, ehe Raummangel 1959 einen weiteren Umzug des Rathauses erzwang. Auf dem davor gelegenen Platz errichtete man 1993 das Mahn- und Denkmal für die ermordeten jüdischen Mitbürger. Vom Entenmarkt aus sollte man seine Schritte hinunter zur Holzhäuser Straße lenken. Die beschauliche Atmosphäre dort mit ihrer Anmutung „guter, alter Zeiten" darf jedoch nicht verkennen lassen, dass die Wohnhäuser und Grundstücke von insgesamt bescheidenem Zuschnitt sind. Wohnte die reiche Bürgerschaft in zentraler Lage entlang der Breiten Straße und der Mühlenstraße, fand sich zum Rande hin zunehmend ärmere Wohnbevölkerung. Auch Brauhäuser sucht man hier vergebens, doch nach liebevoller Restaurierung gewinnt man heute den Eindruck fast intimer Wohnqualität. Nach der Komplettsanierung seit den 1970er Jahren samt Entkernung und teilweise umfassender Begrünung der Hinterhöfe sicher eines der schönsten Quartiere in der Altstadt! Die Holzhäuser Straße mündet schließlich in die Häuserstraße. Abwärts blickend ist ein Mauerdurchbruch zu erkennen, der im 19. Jh. angelegt wurde, um Anschluss an die Richtung Eisenbahntrasse gelegenen Bau- und Gartengebiete zu gewinnen. Folgt man der Straße in südlicher Richtung aufwärts, sind auch hier beiderseits beeindruckende Fachwerkarchitekturen zu finden. Am oberen Ende gelangt man auf eine ⑨ platzartig erweiterte Kreuzung. Linker Hand erhebt sich das Prinzemeyersche Haus, als großzügig dimensionierter Rokokofachwerkbau mit zeittypischen Segmentbogenfenstern und Zwillingsständern versehen. Einmalig für ein Northeimer Bürgerhaus zeigt die der Straße zugewandte Treppenbrüstung eine steinerne Wappentafel. Sich stadteinwärts nach ⑩ rechts haltend, kommt man am Kassebeer-

schen Haus vorüber. Dieses einzige in Northeim mit Schnitzwerk im Vollschmuck überzogene Fachwerkhaus stellt den typischen Vertreter eines sog. Ackerbürgerhauses dar. Im Zwickel links über dem großen Torbogen erblickt man ein nicht allzu häufig überkommenes Beispiel einer Hausmarke. Durchnummerierte Straßen waren früher unbekannt, Häuser samt Ausstattung trugen vielmehr eine Marke und einen oft damit in Verbindung stehenden Namen. Die auf einem Brüstungsbrett des Obergeschosses zu lesende Inschrift ist memento mori und carpe diem zugleich - diesseitiger Lebensgenuss ist in Anbetracht menschlicher Vergänglichkeit moderat zu halten! 1566, dem

▲ **Kassebeersches Haus**

angegebenen Erbauungsjahr, war eine solche Einstellung gut nachzuvollziehen, war doch wieder einmal ein Tod und Verderben bringender Pestzug über die Stadt hereingebrochen. Der Besucher gelangt nunmehr über die ⑪ Kirchstraße zur Northeimer Stadtpfarrkirche St. Sixti. Sie hatte mit dem Wachstum von Siedlung und Einwohnerschaft stetig Schritt gehalten; ein romanischer, basilikaler Vorgängerbau wurde von den Bürgern mit Ausnahme des Turmuntergeschosses durch eine spätgotische Hallenkirche ersetzt. Ausstattungsstücke dieser Zeit sind trotz einschneidender, teilweise verlustreicher Renovierungsmaßnahmen Mitte des 19. Jh. in großer Zahl erhalten: Sakramentshäuschen, Taufbecken, mittelalterliche Bildverglasung und drei Altarretabel erfordern detailliertes Hinsehen des interessierten Besuchers! Von geradezu außerordentlicher Größe (und Klangwucht) erhebt sich im Westen die Gloger-Orgel, ab 1721 gebaut, die in weißgoldener Schönheit des Prospektes diese Königin der Instrumente zeigt. Ein besonderer Reichtum an Gewölbeschlusssteinen ist auch hier zu bewundern, Schmuckbedürfnis und Glaubenszuversicht gleichermaßen abbildend. Für

▲ Theater der Nacht

die Besichtigung dieser Kunstschätze sollte man sich viel Zeit nehmen. Nach Verlassen der Kirche kann von erhöhtem Standpunkt aus, hinaufgestiegen in Richtung des heutzutage parkartig angelegten Befestigungsringes, eine Besonderheit des Glockenturmes wahrgenommen werden. Der schiefergedeckte Turmhelm ist in völliger Symmetrie im Uhrzeigersinn verschraubt. Die Ursache dieses Phänomens ist nicht abschließend geklärt. Nur geringe Entfernung ist zu überwinden, ehe sich vor dem staunenden Auge eine faszinierende Aussicht auftut. Das „Theater der Nacht", eine phantastische Architektur über höchst profanem Kern, ist anthropomorphes (zwei Nasen!) und Drachenwesen in einem. Tatsächlich beherbergt es einen gestirnten Theatersaal, Café und Werkstätten unter seinem Drachendach, vom Abluftschwein gar nicht zu reden…! Wer hier nicht ins Schwärmen gerät! Entlang des an den Theaterbau anschließenden Mauerabschnittes kann man nun zum Oberen Tor schlendern. Direkt außerhalb des Stadtkerns erhebt sich nach Durchschreiten der ehemaligen Torgasse ein wuchtiger Bollwerksturm. Eine längst leere Nische wird von zwei Wappentafeln flankiert; jene zur Linken zeigt die welfischen Löwen (heraldisch eigentlich Leoparden), während die rechte mit dem Northeimer „N" belegt ist und sich devot verneigt: Northeim hatte beileibe nicht den Status einer unabhängigen Reichsstadt, sondern verblieb unter herrschaftlichem Zugriff der Herzöge von Braunschweig-Lüneburg bzw. der Kurfürsten und späteren Könige von Hannover. Zinnenkranz und Kegeldach sind romantisierende Ergänzungen des 19. Jh., als der Turm in den Gebäudekomplex und Betrieb der Northeimer Brauerei integriert wurde. Der bauliche Restbestand wird heute als Jugend- und Kulturzentrum genutzt. Durch die Breite Straße kehrt man anschließend zum Ausgangspunkt des Rundgangs am Münsterplatz zurück.

▼ Oberes Tor

SCHAUEN

Die ■ Northeimer Seenplatte ist die größte künstliche Seenplatte Europas und bietet ein schönes Strandbad und attraktive Wassersportmöglichkeiten (Segeln, Surfen, Tauchen, Angeln, Bootsverleih). Besonders geschützte Seenbereiche erfreuen sich größter Beliebtheit bei Vogelfreunden. In der Umgebung von Northeim gibt es zahlreiche Burgen und Ruinen. Besonders sehenswert sind die zu weiten Teilen erhaltene ■ Burg Plesse, die einen traumhaften Ausblick über das Leinetal bietet, und das ■ Welfenschloss Herzberg am Harz, das hoch über der Stadt thront und heute u. a. ein Zinnfigurenmuseum und eine Ausstellung zu Forstwirtschaft und Bergbau beherbergt. In ■ Fredelsloh kommen Freunde des Kunsthandwerks voll auf ihre Kosten und können sich hier an Keramikgegenständen, Glas- und Korbwaren, Bildern sowie Gold- und Silberschmuck erfreuen. Eine Besichtigung lohnt auch die dortige romanische Klosterkirche. Mit dem berühmten ■ Nationalpark Harz und dem malerischen ■ Eichsfeld liegen zwei reizvolle Naturgebiete vor den Toren von Northeim.

i Northeim Touristik e. V., Am Münster 6, 37154 Northeim, Tel: 05551/913066, Fax: 05551/913067, E-Mail: info@northeim-touristik.de, Internet: www.northeim-touristik.de

SCHLEMMEN UND SCHLAFEN

Hotel Garni Deutsches Haus In einem denkmalgeschützten, liebevoll restaurierten Gebäude erwartet den Gast ein gepflegtes, stilvolles Ambiente mit originalen, nostalgischen Möbeln und Bildern. Am Münster 27, 37154 Northeim, Tel: 05551/9141985, Fax: 05551/9141986

Waldhotel Gesundbrunnen Erlebnishotel mit bekannter Waldfreilichtbühne. Das Restaurant mit schöner Terrasse bietet eine gehobene regionale und internationale Küche, die man in verschiedenen Räumen wie Club- oder Kaminzimmer genießt. Am Gesundbrunnen, 37154 Northeim, Tel: 05551/6070, Fax: 05551/607200

Hotel-Restaurant Leineturm Traditionsreicher Familienbetrieb. Die geräumigen Zimmer haben Blick auf die Flussauen der Leine. Im gemütlichen Restaurant gibt es bodenständige Gerichte, aber auch lukullische Genüsse und monatliche kulinarische Aktionen. Leineturm 1, 37154 Northeim, Tel: 05551/97850, Fax: 05551/978522

Hotel-Restaurant Schere Seit 4 Generationen in Familienbesitz, in einem historischen Fachwerkensemble untergebracht. Bekanntes Restaurant, gemütliche Hotelbar, Snackbar. Individuell und zeitlos eingerichtete Zimmer. Breite Straße 24, 37154 Northeim, Tel: 05551/969-0, Fax: 05551/969-196

OLDENBURG

Die Kultur- und Universitätsstadt im Nordwesten besitzt eine sehenswerte historische Altstadt mit bauhistorischen Zeugen aus fünf Jahrhunderten, aber auch modernen Shopping-Welten. Das Renommee der Oldenburger Theater und Museen reicht weit über die Stadtgrenzen hinaus.

ANFAHRT

- A 28 Leer – Bremen. ■ A 29 von Wilhelmshaven bzw. Cloppenburg.
- ICE-Bahnhof.

GESCHICHTE

Bereits um 800 sicherte eine kleinere Befestigungsanlage an der Hunte den Flussübergang für die Handelswege von Bremen und Westfalen nach Friesland. In der Nähe lag auf einem hochwassergeschützten Geestrücken ein frühmittelalterliches Dorf, aus dem sich die spätere Stadt Oldenburg entwickelte und über dem die Grafen von Oldenburg Ende des 11. Jh. eine Burg errichteten. „Aldenburg" wurde 1108 erstmals urkundlich erwähnt, bildete das Verwaltungs- und Kulturzentrum der Grafschaft Oldenburg und bekam 1345 das Stadtrecht. Mitte des 15. Jh. wurde ein Graf von Oldenburg als Christian I. König von Dänemark, wodurch das Herrscherhaus zu europäischer Bedeutung aufstieg. Für die Stadt und die Grafschaft brachte das ausgehende Mittelalter eine Blütezeit, in der die Gebiete dank der Diplomatie von Graf Anton Günther sogar vom Dreißigjährigen Krieg verschont blieben. Der Graf starb kinderlos, so dass die Grafschaft von 1667 bis 1773 vom dänischen Königshaus regiert wurde. Die Pest (1667/68) und ein großer Stadtbrand (1676) brachten Leid und Zerstörung über die Stadt. Unter den Herzögen von Holstein-Gottorp erlebte Oldenburg einen erneuten

▲ In der Innenstadt

Aufschwung und wurde Residenzstadt und Großherzogtum. Die Stadt wurde im klassizistischen Stil umgestaltet und durch Parkanlagen bereichert. Nach der Abdankung des Großherzogs 1918 blieb Oldenburg weiterhin Hauptstadt des Freistaates Oldenburg. Nach dem Zweiten Weltkrieg, der keine größeren Zerstörungen hinterließ, wuchs Oldenburg durch die Aufnahme von 40000 Flüchtlingen und Vertriebenen schlagartig zur Großstadt mit heute ca. 158 000 Einwohnern.

RUNDGANG DURCH DEN HISTORISCHEN STADTKERN

▲ Blick vom Schlossplatz zum ehemaligen großherzoglichen Schloss

Der Rundgang beginnt am Schlossplatz, der mit seinen historischen Gebäudeensembles heute den stimmungsvollen Rahmen für Veranstaltungen und Märkte bildet. Die an Schloss und Schlossplatz vorbeiführende Straße gehörte einst zu dem wichtigen Handelsweg, der Bremen mit den Niederlanden und Friesland verband. Im Gebäude Schlossplatz 22 wurde im Jahre 1870 vom Buchhändler Schwartz die Ansichtspostkarte erfunden. Beim 1592 erbauten Haus Schlossplatz 16 handelt es sich vermutlich um das älteste Wohngebäude der Stadt; 1996 konnte das Baujahr eher zufällig datiert werden. Das ehemalige großherzogliche Schloss blickt auf eine komplizierte Baugeschichte zurück. Zu Beginn des 17. Jh. ließ Graf Anton Günther den Zentralbau errichten. Danach erfolgten immer wieder Veränderungen und Erweiterungen. Heute ist im Schloss das Landesmuseum für Kunst- und Kulturgeschichte untergebracht, das die Kulturgeschichte des Osnabrücker Landes vom Mittelalter bis in das 20. Jh. dokumentiert. Weitere Abteilungen sind im Augusteum und im Prinzenpalais zu sehen. Gegenüber dem Schloss steht die Neue Wache, die 1839 im für Oldenburg typischen klassizistischen Stil errichtet wurde und heute in den Komplex der Landessparkasse, der ältesten bestehenden Sparkasse der Welt, integriert ist. Vor dem Alten Ministerium, dem ebenfalls klassizistischen Gebäude neben der Neuen Wache, erinnert ein Denkmal an den Gründer

des modernen Oldenburgs, Herzog Peter
Friedrich Ludwig. Vom Schlossplatz geht
man nun weiter zum Marktplatz. Die fünf-
turmige evangelische Lambertikirche auf
der linken Seite ist eine der wenigen Rund-
kirchen in Deutschland. Nachdem der Vorgängerbau, eine gotische Hallenkirche aus
dem 13. Jh., 1791 teilweise eingestürzt war,
ließ Herzog Peter Friedrich Ludwig an ihrer
Stelle eine klassizistische Rundkirche nach
dem Vorbild des römischen Pantheons errichten und den hier angelegten Friedhof
einebnen. Später wurde die Kirche mit einem neugotischen Klinkermantel umgeben.
Gegenüber der Lambertikirche befindet sich
das Alte Rathaus. Der Backsteinbau aus
der Gründerzeit (1886-1888) weist einen

▼ Lambertikirche

ausgefallenen dreieckigen Grundriss sowie niederländische Stilelemente der Renaissance auf. An der schmalen Nordseite ertönt mehrmals täglich ein Glockenspiel. Der Marktplatzbereich vor dem Rathaus wurde 1978/79 in die Fußgängerzone integriert, die zum Großteil bereits 1967 entstand und inzwischen fast den kompletten mittelalterlichen Stadtkern umfasst. Damit war Oldenburg schon vor über 35 Jahren die erste deutsche Stadt mit einem so großen Fußgängerbereich. Die Lange Straße verbindet den Marktplatz mit dem früheren Heilig-Geist-Tor und gehörte zum mittelalterlichen Handelsweg, der bei Oldenburg die Hunte überquerte. Gegenüber dem Rathaus kann man durch den Lambertihof bummeln. Die glasüberdachte Passage entstand Ende der 1980er-Jahre auf dem Areal der ehemaligen Markthalle. Einige Schritte weiter erreicht man an der Einmündung der Kleinen Kirchenstraße das Degodehaus von 1502 mit seinem schmucken Fachwerkgiebel, das als eines von wenigen Gebäuden den Stadtbrand von 1676 überstand. Bis 1996 nahm man an, dass es der älteste Profanbau Oldenburgs ist. Von hier lohnt sich ein Abstecher in das Nikolaiviertel mit der Kleinen Kirchen-

straße, der Bergstraße und dem Nikolaigang. In dem malerischen Viertel laden kleine Geschäfte, Cafés und Restaurants zum Verweilen ein. In der Kleinen Kirchenstraße befindet sich auch die Tourist-Information. Geht man weiter durch die Lange Straße, verdienen drei Backsteingebäude besondere Beachtung. Die reich verzierten Häuser mit hohen Giebeln wur-

▲ Nordansicht Rathaus

den nach dem Stadtbrand 1676 erbaut. An der Ecke Lange Straße/Kurwickstraße stehen der Graf Anton Günther (1682) und die 1684 errichtete Hof-Apotheke, ein Stück weiter an der Kreuzung Wallstraße das Haus Renfordt von 1684. Auf dem Weg dorthin passiert man den inoffiziell als „Lefferseck" bezeichneten Platz, der durch das Zusammentreffen von Langer Straße und Achternstraße entsteht. Am Haus Renfordt geht man ein kurzes Stück in die Wallstraße hinein. Das hochgiebelige, große Speicherhaus (Hs. Nr. 24) wurde 1793 als Seifenfabrik erbaut, 1986-88 saniert und beherbergt heute Kunsträume der Volkshochschule. Die Wallstraße hat sich zur „gastronomischen Meile" entwickelt. Bald erreicht man den Waffenplatz, auf dem alljährlich der Tanz in den Mai, das Weinfest und andere Veranstaltungen stattfinden. Am Ende der Wallstraße war in Hs. Nr. 14, einem klassizistischen Gebäude von 1806, einst Oldenburgs erstes Lehrerseminar untergebracht. Heute befinden sich hier die City-Wache und das City-Management. Auf dem Weg zurück zur Langen Straße geht man direkt auf den 1467/68 erbauten Lappan zu. Ursprünglich gehörte das Wahrzeichen der Stadt als Glockenturm zur Kapelle des Heiligen-Geist-Spitals. Nach dem Stadtbrand wurde der einst spitze, gotische Helm durch eine welsche Haube ersetzt. Bis 1845 existierte beim Lappan ein bewachtes Stadttor. Man überquert nun den Heiligengeistwall, dessen Name auf die Festungsanlagen verweist, zur Heiligengeiststraße. Folgt man dann der Bahnüberführung der 91er-Straße nach rechts, erblickt man am Ende der Straße halb rechts das im Jahr 2000 eröffnete Horst-Janssen-Museum. Horst Janssen (1929-1995) war einer der bedeutendsten Zeichner und Grafiker des 20. Jh. Der Oldenburger Ehrenbürger, der seine Kindheit hier verbrachte, betätigte sich aber auch als Autor. Die Ausstellung präsentiert Zeichnungen, Aquarelle, Holzschnitte, Radierungen und Lithographien, aber auch persönliche Gegenstände wie Utensilien aus dem Arbeitszimmer. Im Erdgeschoss finden Wechselausstellungen statt. Das Horst-Janssen-Museum gehört als Erweiterung zu einem Gebäudekomplex, in dem das Stadtmuseum untergebracht ist. Den Kern des Museums bilden drei ehemalige Stadtvillen, die der Oldenburger Kunstmäzen Theodor Francksen in eine Stiftung einbrachte. Nördlich der oben genannten Bahnunterführung überquert die Heiligengeiststraße den Pferdemarkt. Rund um den 1803 weitläufig angelegten Platz entstanden klassizistische Kasernen- und Militärgebäude, von denen an der westlichen Nordseite noch die einstige Infanteriekaserne von 1836/37 erhalten blieb. An ihrer Rückseite wurde ein moderner Klinkerbau des

▼ Bergstraße

▲ Lappan

⑫ Neuen Rathauses angefügt. Auch die heutige Landesbibliothek an der
⑬ östlichen Nordseite diente einst als Kaserne. Das heutige Standesamt
beherbergte einst eine Militärschule und diente von 1848 bis in den Ersten
Weltkrieg als Sitz des Oldenburger Landtags. Im Zuge von Baumaßnahmen
wurde der Pferdemarkt in seiner heutigen Form umgestaltet. Nördlich des
Pferdemarktes steht an der Gabelung Alexanderstraße/Nadorster Straße
⑭ die kleine Gertrudenkapelle. Nun verlässt man den Platz an seiner Süd-
westseite, unterquert die Bahnlinie und gelangt schließlich in die Peter-
⑮ straße. Auf der rechten Seite erhebt sich die 1903 erbaute Garnisonkirche,

die von der langen Tradition
Oldenburgs als Militärstandort
zeugt. Auf der gegenüberliegenden Straßenseite befinden
sich das ehemalige Lehrerseminar und das Pressehaus der
Nordwest-Zeitung. Direkt danach überragt die 1873-1876
⑯ erbaute katholische Peterkir-
che die Wallschule von 1874,
die die älteste Turnhalle der
Stadt besitzt. An der Einmündung der Katharinenstraße di-

▲ Wallanlage mit PFL

⑰ rekt gegenüber erfährt man im Edith-Ruß-Haus bei Ausstellungen, Per-
formances, Präsentationsreihen, Workshops und Künstlergesprächen viel
Wissenswertes über Medienkunst. Dabei geht es weniger um die technische Umsetzung als viel mehr um den Einfluss der neuen Medien auf
das Leben und damit auch ihre Bedeutung für die Kunst. Das ehemalige
⑱ Peter Friedrich Ludwigs Hospital (PFL) wurde 1838-1841 erbaut und
dient heute unter anderem als Kulturzentrum der Stadt. Die Peterstraße
führt zum Friedensplatz, dessen Name an den Krieg von 1870-1871 erinnert.
Ursprünglich trug die Säule in der Mitte des Platzes eine Bronzefigur. Die
1894 errichtete methodistische Friedenskirche begrenzt den Platz an seiner
Westseite. Den Julius-Mosen-Platz, benannt nach dem Dichter aus dem
Vogtland, der von 1844 bis 1848 als Theaterdramaturg in Oldenburg wirkte, erreicht man nach wenigen Schritten, vorbei am Café Klinge, das schon
um 1900 als Klatsch- und Heiratsbörse beliebt war. Eine Bronzebüste nahe
der Einmündung in die Kurwickstraße erinnert an Julius Mosen. Auf dem
Theaterwall folgt man nun dem einstigen Verlauf der Befestigungsanlagen.
Auf der linken Seite erblickt man eine noch überwiegend vollständige
klassizistische Häuserzeile. Rechter Hand erhebt sich der Kuppelbau des

⑲ Oldenburgischen Staatstheaters. In der Nähe des Theaters steht eine 1996 enthüllte Bronzebüste des Publizisten und Friedensnobelpreisträgers Carl von Ossietzky, nach dem auch die Universität Oldenburg benannt wurde. Beim Theater verlässt man die Wallanlagen und biegt rechts in die
⑳ Roonstraße ein. Links liegt das Alte Gymnasium von 1878, zu dessen berühmtesten Schülern der Pädagoge Herbart, der Philosoph Jaspers und der Theologe Bultmann gehörten. 1998 wurden Teile des Gebäudes und wertvolle Sammlungen des Alten Gymnasiums bei einem Großbrand zerstört. Hinter dem Theater öffnet sich der parkähnlich gestaltete Cäcilienplatz mit prächtigen Villen des späten 19. Jh. Zwei Bronzebüsten stellen Helene Lange, eine Vorkämpferin der Frauenbewegung, und Karl Jaspers, einen wichtigen Vertreter der Existenzphilosophie, dar. In der ehemaligen Preußischen Gesandtschaft von 1885 ist heute eine Galerie untergebracht. Durch die Hindenburgstraße gelangt man in das Dobbenviertel, ein beliebtes Wohngebiet aus der Gründerzeit. Am Theodor-Tantzen-Platz erstrecken sich an den Dobbenteichen die beeindruckenden Gebäudekomplexe
㉑ ㉒ des ehemaligen Oldenburgischen Landtags und des Oldenburgischen Staatsministeriums (1914-1917). Von 1919 bis zum Verlust der Selbstständigkeit 1946 hatte hier der Landtag des Freistaates Oldenburg seinen Sitz.

andesmuseum Natur und Mensch

s Landesmuseum Natur und Mensch zählt zu
n ältesten Museen Nordwestdeutschlands und
eint heute moderne Ausstellungen, umfangrei-
e Sammlungen verschiedenster Fächer und in-
disziplinäre Forschungen unter einem Dach. Wir
d eine Kultureinrichtung, in der die Vielfalt der
gion von zentraler Bedeutung ist: Einmalig und
gewöhnlich ist die Darbietung der **Wechselbe-
hung zwischen Natur und Mensch.** Ausgangs-
nkt und Forum unserer Präsentationen sind die
ndschaften: **Moor, Geest, Küste und Marsch** zu-
nmen mit der Einzigartigkeit der **Hunte im Aqua-**
n. Mit der Kombination aus den Dauerausstel-
gen auf mehr als 1500 qm und einem umfas-

senden Angebot an wechselnden Sonderausstellungen zu verschiedensten Themen zeigen wir Innovationen, neue Perspektiven und eine moderne Erlebniswelt „Museum".

Museum
**Natur und
Mensch**
Oldenburg

Damm 38-44
26135 Oldenburg
Telefon: 04 41/92 44-3 00
Telefax: 04 41/92 44-399

1ail: Museum@NaturundMensch.de
rnet: www.NaturundMensch.de

Öffnungszeiten: Mo geschlossen, Di–Do 9 bis 17 Uhr, Fr 9 bis 15 Uhr, Sa/So 10 bis 17 Uhr

Eintritt: Einzelkarte 3 €/1,50 €;
Kinder ab 7 Jahren und Jugendliche bis 18 Jahren 1,50 €;
Familienkarte 5 € (2 Erwachsene und 2 Kinder 7-18 Jahren);
Gruppen ab 6 Personen 1,50 €;
Schulklassen 1 €/Person (Lehrkraft frei);

Führungen: Erwachsene 2 €, Kinder 1 €, jeweils zzgl. Eintrittspreis;
Führungsgebühr für Gruppen nach Voranmeldung Gruppen 35 € plus ermäßigtem Eintritt;
Schulklassen 25 € plus 1 € Eintritt/Person (Lehrkraft frei);

Cafeteria und **Museumsshop** können während der Öffnungszeiten aufgesucht werden.

Heute ist im ehemaligen Ministerium die Bezirksregierung Weser-Ems untergebracht. Über die Hindenburgstraße kehrt man zurück zum Cäcilienplatz und biegt dann in die Moltkestraße ein. Man folgt der Gartenstraße mit ihren prächtigen Villen nach links in Richtung Stadtzentrum und betritt an der großen Kreuzung am Theaterwall schließlich den herrlichen Schlossgarten, der 1803 bis 1805 im Auftrag von Herzog Peter Friedrich Ludwig als Nutzgarten für die Küche des Hofes, als Privatgarten für die herzogliche Familie und als Stadtpark angelegt und später durch Gehölze aus Übersee ergänzt wurde. Der 18 ha große englische Landschaftsgarten besitzt beeindruckende Rhododendron-Kulturen, einen romantischen Rosengarten und historische Gewächshäuser. Durch einen schmalen Ausgang an der Nordostseite verlässt man den Park bei der Mühlenhunte. Links erblickt man das im niederländischen Barockstil erbaute Elisabeth-Anna-Palais, das einst als Wohnsitz des letzten Großherzogs diente und heute das Sozialgericht beherbergt. Rechter Hand ist im Augusteum ein Teil des Landesmuseums für Kunst und Kulturgeschichte untergebracht. In dem 1867 im Stil der italienischen Renaissance errichteten Palazzo sind vorwiegend italienische und niederländische Gemälde vom 16. bis 18. Jh. und europäische Malerei vom Mittelalter bis zur Neuzeit zu sehen. Wechselausstellungen zur Malereigeschichte und zur Kunst der Gegenwart runden die ehemalige Großherzogliche Gemäldesammlung ab. Entlang der malerischen Mühlenhunte erreicht man bald das Landgericht (1862) und das 1902 im Stil des Historismus erbaute, mit Jugendstilelementen verzierte Amtsgericht. Zurück am Damm, sollte man unbedingt das Landesmuseum Natur und Mensch besuchen, das in einem 1879 errichteten Gebäude untergebracht ist. Bereits 1836 eröffnete Großherzog Paul Friedrich August das Naturhistorische Museum Oldenburg und erweiterte die Sammlungen stetig. In seiner heutigen Form präsentiert sich das Landesmuseum Natur und Mensch seit 1995. Das neue Konzept verbindet die naturkundlichen Aspekte mit der Kulturgeschichte Nordwestdeutschlands. Die Abteilungen zeigen Exponate aus den Themenbereichen Archäologie, Naturkunde und Völkerkunde, ergänzt durch Multimedia-Installationen und kurze Filmsequenzen. Eine Besonderheit dieses Museums ist die künstlerisch anspruchsvolle Gestaltung der Ausstellungen, u. a. durch plastische Karten, zentrale Großinstallationen und die liebevolle Darstellung kleinster Bestandteile aus den verschiedenen Landschaften wie Moor, Geest, Küste und Marsch. Museumspädagogische Angebote für Kindergartengruppen und Schulklassen sowie Führungen und Aktionen für Erwachsene wie beispielsweise Backen von steinzeitlichem Brot, Töpfern und Herstellung von Amuletten lassen den Museumsbesuch zu einem noch intensiveren Erlebnis werden. Regelmäßig finden Vorträge, Lesungen und Sonderausstellungen statt. Eine Cafeteria sorgt für das leibliche Wohl, und der Museumsshop lädt zum Stöbern ein. Am Ende des Damms überspannt die turmbewehrte Cäcilienbrücke den Küstenkanal. Mit 42 Metern Spannweite war das 1927 errichtete Bauwerk seinerzeit die größte Hubbrücke Europas. Auf dem Damm geht man jetzt wieder zurück in Richtung Stadtmitte. Das Prinzenpalais an der Ecke Damm/Huntestraße gehört zum Landesmuseum für Kunst und Kulturgeschichte und beherbergt die Galerie der Kunst des 19. und 20. Jh. In dem 1821 bis 1826 erbauten klassizistischen Palais lebten die verwaisten Enkel des Herzogs Peter Friedrich Ludwig, die Prinzen Alexander und Peter. Im Ersten Weltkrieg diente das Gebäude u. a. als Lazarett und war bis 2001 Behördensitz. An der Huntestraße ist daran anschließend eine Häuserzeile erhalten, die im 18. Jh. auf den ehemaligen Festungsanlagen gebaut wurde. In diesen sog. Kavaliershäusern lebten die An-

gehörigen des großherzoglichen Hofstaats. Zu diesen Häusern gehörte auch das 1882 errichtete alte Hallenbad, eines
der ersten in Deutschland. Die
Huntestraße führt direkt zum
Hafen. Der vordere Bereich des
Hafens, in dem heute Segel-
jachten und Motorboote liegen,
war bis in die jüngere Vergangenheit hinein von Silos, Lager-
schuppen und Krananlagen dominiert. Ein alter Kran zeugt

▲ Hafen

noch vom zentrumsnahen Güterumschlag mit See- und Binnenschiffen. Blickt man Richtung Osten, erkennt man den alten Wasserturm der Bahn und die Eisenbahnklappbrücke, die nach ihrem Bau als größte ihrer Art in Europa galt. Auf ihr können Züge von und nach Bremen die Hunte überqueren. Die beeindruckende Konstruktion lässt sich jedoch auch nach oben öffnen, um Schiffe passieren zu lassen. Weiter stadtauswärts findet man heute ausgedehnte Industrieanlagen auf beiden Seiten der Hunte. Oldenburg ist Niedersachsens umschlagsstärkster Binnenhafen. Über Weser und Hunte ist er auch für Seeschiffe zugänglich und durch den Küstenkanal mit dem Ruhrgebiet und den Benelux-Ländern verbunden. Vorbei am Stautorkreisel mit dem gleichnamigen, als Rundbau gestalteten Café, kehrt man durch die Poststraße wieder zum Schloss zurück.

CHAUEN

Der nördlich von Oldenburg gelegene Luftkurort ■ Rastede, einst herzogliche Sommerresidenz, beeindruckt durch das prächtige Schloss mit malerischem Park, die St.-Ulrichs-Kirche und das Erbprinzenpalais. Der Ortsbild wird geprägt von Bürgerhäusern der Gründerzeit und charakteristischen Backsteinhäusern. Ca. 10 km entfernt von Rastede bietet der ■ Tier- und Freizeitpark Jaderberg Vergnügen für die ganze Familie. Mit den Schiffen der „Weißen Flotte" kann man das ■ Zwischenahner Meer erkunden. Der See ist beliebt bei Seglern, Surfern und Anglern und besitzt schöne Badestellen. Das ■ Freilichtmuseum „Ammerländer Bauernhaus" am Seeufer zeigt den ammerländischen Lebensalltag vergangener Tage. Der ■ „Park der Gärten" in Bad Zwischenahn erfreut das Auge mit über 2000 Rhododendronarten und über 40 Themengärten wie Bauern-, Apotheker-, Stein- und Wassergarten.

Tourist-Information Oldenburg, Kleine Kirchenstraße 10, 26122 Oldenburg, Tel: 01805/938333, Fax: 0441/36161350, E-Mail: info@oldenburg-tourist.de, Internet: www.oldenburg-tourist.de

SCHLEMMEN UND SCHLAFEN

Antares Hotel Im Stadtzentrum, mit 114 Betten (u. a. Allergiker- u. Nichtraucherzimmer). Solarium, Sauna, Fitnessraum, Hausbar, Parkplätze, Garage. Staugraben 8, 26122 Oldenburg, Tel: 0441/9225-0, Fax: 0441/9225-100

Dormotel Heide Citynahes komfortables Wohnen. Wellnessbereich mit Schwimmbad, Whirlpool und Sauna. Anspruchsvolle regionale, internationale und saisonale Gerichte werden im Restaurant „Heidekate" serviert. Melkbrink 49-51, 26121 Oldenburg, Tel: 0441/8040, Fax: 0441/884060

Hotel-Gasthof Heinemann Familienbetrieb seit über 30 Jahren. In der Küche wird viel Wert auf jahreszeitliche Angebote, wie z. B. Lammwochen, gelegt. Klingenbergstraße 51, 26133 Oldenburg-Kreyenbrück, Tel: 0441/944100, Fax: 0441/48168

Hotel Wieting Traditionsreiches, zentral und ruhig gelegenes Haus mit modernen Zimmern. Im Restaurant werden ausgewählte Fischspezialitäten, Fleischgerichte, vegetarische Speisen und diätetische Schonkost angeboten. Damm 29, 26135 Oldenburg, Tel: 0441/924005, Fax: 0441/9240222

Hotel Wöbken Vor den Toren der Stadt gelegener Familienbetrieb, entstanden aus einem ehemaligen Ausflugslokal. Der Hotelbereich bietet zeitgemäßen Komfort, die Küche im „Hundsmühler Krug" mit Gartenbewirtung vor allem deftige norddeutsche Gerichte. Hundsmühler Straße 255, 26131 Oldenburg, Tel: 0441/955770, Fax: 0441/502324

OSNABRÜCK

OSNABRÜCK

Die drittgrößte Stadt Niedersachsens liegt reizvoll zwischen dem Teutoburger Wald und dem Wiehengebirge. Die liebevoll sanierte Altstadt lädt zum Bummel durch malerische Fachwerkgassen ein. Das vielfältige Kulturangebot umfasst renommierte Museen, Theater und Kunstgalerien.

ANFAHRT

■ A 30 Niederlande – Bad Oeynhausen. ■ A 33 von Bielefeld. ■ A 1 aus Richtung Bremen bzw. Münster. ■ Bahnhof mit IC Anschluss.

GESCHICHTE

Um 780 erbaute Karl der Große am Ufer der Hase eine steinerne Kirche. Diese Keimzelle des Bistums Osnabrück lag am Knotenpunkt wichtiger alter Handelsstraßen. Im Mittelalter entwickelte sich Osnabrück zu einem erfolgreichen Handelsort und erhielt 1002 das Markt-, Münz- und Zollrecht unter Heinrich II. und 1171 schließlich die eigene Gerichtsbarkeit. Als Stadt wurde Osnabrück erstmals 1147 erwähnt. Um das Jahr 1200 errichtete man zum Schutz vor feindlichen Angriffen die Stadtmauer. Von 1412 bis 1669 war Osnabrück Mitglied der Hanse. 1643 begannen in Osnabrück die Friedensverhandlungen im Dreißigjährigen Krieg, die mit dem am 25.10.1648 verkündeten Westfälischen Frieden ihren erfolgreichen Abschluss fanden. Zwischen 1649 und 1803 bestimmten abwechselnd katholische und evangelische Fürstbischöfe die Geschicke des Hochstifts Osnabrück, bevor die Stadt ab 1803 von französischen Truppen besetzt war. Mit der Eröffnung der Westbahn von Hannover nach Osnabrück erfolgte 1855 der Anschluss an das Eisenbahnnetz, der die Industrialisierung entscheidend förderte. Neue Bürger- und Arbeiterwohnviertel entstanden außerhalb des historischen Altstadtrings. Die Jahrhundertwende brachte zwei berühmte Söhne der Stadt hervor: 1898 wurde der Schriftsteller Erich Maria Remarque in Osnabrück geboren, 1904 kam der Maler Felix Nussbaum hier zur Welt. Im Zweiten Weltkrieg wurde Osnabrück insgesamt zu 69%, der historische Stadtkern sogar zu 85% zerstört. Der Wiederaufbau erfolgte unter Beibehaltung des ursprünglichen Stadtgrundrisses und der Silhouette. 1949 wurde Osnabrück mit über 100 000 Einwohnern zur Großstadt. Dem Strukturwandel in der Stahl- und Textilindustrie in den 1960er-/1970er-Jahren fielen zahlreiche Arbeitsplätze zum Opfer. Heute wird das Wirtschaftsleben der 165000-Einwohner-Stadt vor allem durch Metall verarbeitende Betriebe (Fahrzeugbau, Kupferverarbeitung), die Papierindustrie und das Transportgewerbe geprägt.

RUNDGANG DURCH DEN HISTORISCHEN STADTKERN

① Ausgangspunkt des Rundgangs ist das Rathaus des Westfälischen Friedens am Markt im Herzen der Stadt. Nach mehr als 25 Jahren Bauzeit wurde das spätgotische historische Rathaus 1512 vollendet. Im „Friedenssaal" wurde nach dem Dreißigjährigen Krieg der Westfälische Friede beschlossen. 42 Porträtgemälde zeigen die europäischen Gesandten, die am Friedenskongress teilnahmen, sowie die Herrscher jener Zeit, wie beispielsweise den französischen „Sonnenkönig" Ludwig XIV., den deutschen Kaiser Ferdinand III. und Königin Christina von Schweden. Die Schatzkammer birgt wertvolle Stücke wie den Kaiserpokal, die Nachbildung des Westfälischen Friedensvertrages („Osnabrücker Friedensinstrument") und die alte Schützenkette. Ein Modell zeigt die Stadt im Jahr 1633 und eine Dauerausstellung dokumentiert „Zerstörung durch und Aufbau nach dem Zweiten Weltkrieg". An das Rathaus schließt sich die ② Stadtwaage an. Das ehemalige Prüfamt der Zünfte wurde 1531 erbaut und beherbergt heute städtische Ämter sowie das Trauzimmer. In direkter Nachbarschaft erhebt sich die ③ Marienkirche. Die gotische Hallenkirche ist nach dem Dom das älteste

▼ Marienkirche

▼ Rathaus des Westfälischen Friedens (links) und Stadtwaage (rechts)

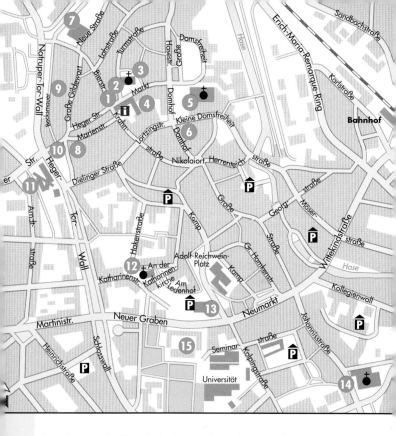

Gotteshaus in der Altstadt. Im Inneren lohnt der geschnitzte Altar von 1520 eine nähere Betrachtung. Vom Turm, den man über 191 Stufen besteigen kann, genießt man einen herrlichen Blick über die Stadt und ihr Umland. Auf der gegenüberliegenden Seite wird der Marktplatz von charakteristischen Osnabrücker Bürgerhäusern mit Treppengiebeln begrenzt.

④ Hier dokumentiert das Erich Maria Remarque-Friedenszentrum in einer Dauerausstellung Leben, Werk und weltweite Wirkung des in Osnabrück geborenen Schriftstellers. Themenbezogene Wechselausstellungen ergänzen diese Präsentation. Ein Info-Shop bietet vielseitige Materialien zum Thema an. Im Remarque-Archiv wird die weltweit umfassendste Materialsammlung von und über Remarque aufbewahrt. In unmittelbarer Nähe des Marktes stellt der neue Bürgerbrunnen die wichtigsten Ereignisse der Stadtgeschichte dar. Vom Markt geht man nun weiter zum Domhof.

⑤ Der Dom St. Petrus zählt zu den herausragenden romanischen Sakralbauten Deutschlands und ist vor allem von Stilelementen der Gotik und des Barock geprägt. Das Langhaus der Pfeilerbasilika wurde 1218 bis 1245 erbaut, der Chor folgte von 1245 bis 1277. Über der Vierung erhebt

259

▲ Die imposanten Türme des Dom St. Petrus

sich der imposante, achteckige Turm. Die ungleichen Westtürme waren
ursprünglich gleich schlank. Im Inneren sind insbesondere das bronzene
Taufbecken von Gerardus (1225), das größte Triumphkreuz Niedersachsens
(nach 1180) und der mehrflügelige Hochaltar (Anfang 20. Jh.) sehenswert.
Im Kreuzgang aus dem 12. Jh. befinden sich Domschatz und Diözesanmuseum. Die Domschatzkammer umfasst liturgische Geräte und Reliquiare
sowie wertvolle Kleinodien aus 1200 Jahren, u. a. hochwertige Kunstwerke
wie das Kapitelskreuz oder der Elfenbeinkamm Karls des Großen. Im 1918
gegründeten Diözesanmuseum sind Skulpturen, Gemälde und Textilien
aus dem Dom und dem Bistum vom 11. bis 18. Jh. zu sehen. Glanzstücke
sind die Kasel Bischofs Benno II. aus byzantinischer Seide und die Werke
des „Meisters von Osnabrück", der bedeutendsten Bildhauerwerkstatt
der Stadt im Spätmittelalter. Am Domhof befindet sich auch das Stadttheater, das mit seiner Jugendstilfassade zu den schönsten deutschen
Theaterhäusern gehört. Nach der schweren Zerstörung im Zweiten Weltkrieg konnten erst nach der Re-
novierung 1951 wieder regelmäßig Aufführungen stattfinden. 1996/97 erfolgte eine Erweiterung des Theaters, in dem
Opern, Operetten, Musicals,
Schauspiele und Tanztheater
gezeigt werden. Im seit 1982
bestehenden „emma-theater"
an der Lotter Straße werden

▼ Stadttheater

vorwiegend Stücke zeitgenössischer Autoren, Kammeropern sowie Kinder- und Jugendtheater aufgeführt. Nun spaziert man zurück über den Marktplatz und weiter durch die Heger Straße, die zu einem Bummel durch die vielen Kunsthandwerkerläden oder zu einem Abend in einer der zahlreichen gemütlichen Kneipen einlädt. Es lohnen sich Abstecher zum Willmannhaus in der Krahnstraße und zum Hotel Walhalla in der Bierstaße, zwei stattlichen Fachwerkhäusern. Am Ende der Bierstraße, am Platz des 20. Juli, erreicht man die **Kunsthalle Dominikanerkirche**. Die um 1300 errichtete, ehemalige Dominikanerkirche dient seit 1991 als Kunsthalle der Stadt Osnabrück, in der zeitgenössische Skulpturen, Installationen und Objekte gezeigt werden. Im Rahmen des alljährlichen European Media Art Festivals ist hier auch eine der umfassendsten Darbietungen internationaler Medienkunst zu sehen. Durch die Große Gildewart kehrt man zurück zur Heger Straße. Schräg gegenüber von der Einmündung erblickt man die **Lagerhalle**. Die einstige Eisenwarengroßhandlung ist heute ein soziokulturelles Zentrum, in dem Konzerte, ein Kabarettfestival, Theater- und Filmaufführungen sowie Partys und Vorträge veranstaltet werden. Vor dem Heger-Tor zweigt rechts die kleine Straße Bocksmauer ab. Hier blieb als ältester Turm der einstigen Stadtmauer der **Bucksturm** aus dem 13. Jh. erhalten, der zeitweilig auch als Gefängnis diente. Anschauliche Exponate zeigen den mittelalterlichen Schutz und das damalige Rechtsverständnis der Stadt Osnabrück. Zu den Ausstellungsstücken gehört auch der Eichenkasten, in dem Graf Johann von Hoya sechs Jahre lang gefangen gehalten wurde. Eine kleine Präsentation widmet sich den damaligen Hexenprozessen. Das **Heger-Tor** bildet den Abschluss der Heger Straße und wird auch Waterloo-Tor

▼ **Kunsthalle Dominikanerkirche**

▲ **Felix-Nussbaum-Haus**

genannt, weil es 1817 als Ehrendenkmal für die Osnabrücker Waterloo-Kämpfer entstand. Neben dem Heger-Tor
steht das vom amerikanischen
Architekten Daniel Libeskind
entworfene Felix-Nussbaum-
Haus. Das moderne Gebäude
beherbergt mit 180 Exponaten
die weltweit größte Sammlung
von Werken des 1904 in Osnabrück geborenen und 1944 in
Auschwitz ermordeten Künstlers Felix Nussbaum. In seinen
ausdrucksvollen Gemälden do-

▲ **Kulturgeschichtliches Museum
am Heger Torwall**

kumentiert er seine Lebensgeschichte - von der Geborgenheit einer bürgerlichen jüdischen Kaufmannsfamilie in Osnabrück über den schnellen
künstlerischen Erfolg in Berlin bis zu den schwierigen Jahren als emigrierter
Künstler und verfolgter Jude im besetzten Belgien. Direkt nebenan kann
man im Kulturgeschichtlichen Museum mit den Abteilungen Archäologie,
Kunsthandwerk und Design sowie Alltagskultur eine spannende Reise
durch die Osnabrücker Stadtgeschichte unternehmen. Außerdem sind die
„Sammlung Gustav Stüve" mit Gemälden des 16. bis 19. Jh. sowie umfangreiche grafische Sammlungen mit hochwertigen Stichen zu sehen. Vom
Heger-Tor folgt man dem Heger-Tor-Wall und biegt dann links in die

▼ **Heger-Tor, Ehrendenkmal für die Osnabrücker Waterloo-Kämpfer**

⑫ Katharinenstraße ein. Die Katharinenkirche, eine dreischiffige, klassisch-gotische Hallenkirche, stammt aus dem 14. Jh. und war einst Hofkirche von Ernst August I. Der 103,5 m hohe Turm ist der zweithöchste Kirchturm Niedersachsens. Über den Kirchenvorplatz und das Sträßchen Am Ledenhof
⑬ kommt man zum gleichnamigen Gebäude. Der Ledenhof ist das bedeutendste bürgerliche Gebäude Osnabrücks und besteht aus dem Hauptgebäude (Palas) mit Treppenturm und dem wesentlich älteren, höheren Steinwerk. Das Anwesen gehörte einst der einflussreichen Familie Leden.

Die markante diagonale Bemalung wurde nach historischen Vorlagen wieder hergestellt. Heute ist der Ledenhof Sitz des Literaturbüros Westniedersachsen und der Deutschen Stiftung Friedensforschung. Über den Neumarkt und die Johannis-
⑭ straße gelangt man zur Johanniskirche. Die erste gotische Hallenkirche im westfälischen Raum wurde von 1256 bis 1291 errichtet. Besondere Beachtung verdienen der Kreuzgang, das Sakramentshaus aus Sandstein (um 1440) sowie die

▲ Der Ledenhof -
Herrenhaus eines Adelshofes

Sakristei mit vier Gewölbefeldern um einen Mittelpfeiler (14. Jh.). Die imposante Westansicht erinnert stark an den Dom St. Petrus. Wie das bischöfliche Gotteshaus besitzt auch die Johanniskirche eine Doppelturmanlage mit einem bis in die halbe Höhe reichenden, festungsartigen „sächsischen Riegel". Von der Johanniskirche geht man gegenüber auf der schmalen Straße geradeaus und biegt dann rechts in die Kolpingstraße ein, in der man die Universität passiert. Dann folgt man dem Neuen Graben
⑮ nach links zum Schloss. Das ehemals fürstbischöfliche Schloss zählt zu den frühesten Barockschlössern Deutschlands und wurde ab 1668 von Ernst August I. und seiner Gemahlin Sophie von der Pfalz erbaut. Nachdem es im Zweiten Weltkrieg ausbrannte, wurde es anschließend als modernes Gebäude in historischer Fassade wieder errichtet. Heute wird das Schloss von der Universität genutzt. Zu einem Spaziergang lädt der ansprechend gestaltete Schlossgarten ein. Der Rückweg zum Ausgangspunkt des Rundgangs am Marktplatz führt über den Adolf-Reichwein-Platz, die Straßen Kamp und Nikolaiort und schließlich durch die Krahnstraße.

SCHAUEN

Im ■ Zoo Osnabrück kann man Tiere aus aller Welt in einem herrlichen Mischwald erleben. Der 188 m hohe ■ Piesberg überragt die Stadtsilhouette. Das dortige ■ Museum Industriekultur zeigt den harten Arbeitsalltag im Steinkohleabbau. Osnabrück liegt im ■ Naturpark Nördlicher Teutoburger Wald - Wiehengebirge, der durch ein gut ausgebautes Rad- und Wander-wegenetz erschlossen ist. Eines der spektakulärsten Zeugnisse der Vergangenheit sind die riesigen ■ Saurierspuren in Bad Essen. Südlich von Osnabrück liegt das Kneippheilbad ■ Bad Iburg mit seiner imposanten Doppelanlage von Schloss und ehemaligem Kloster. Auch der renommierte Kurort ■ Bad Rothenfelde begeistert den Besucher mit seiner eleganten Architektur.

i Tourist-Information Osnabrück | Osnabrücker Land, Bierstraße 22/23, 49074 Osnabrück, Tel: 0541/3232202, Fax: 0541/3232709, E-Mail: tourist-information@osnabrueck.de, Internet: www.osnabrueck.de

SCHLEMMEN UND SCHLAFEN

Advena Hotel Hohenzollern Das neue, erweiterte Komforthotel liegt vis-à-vis vom Hauptbahnhof und besticht durch seinen freundlichen Service und sein Wellness- und Fitness-Angebot. Im Restaurant Viva Pur genießt man regionale und internationale Spezialitäten. Theodor-Heuss-Platz 5, 49074 Osnabrück, Tel: 0541/33170

Restaurant La Vie Das vielfach ausgezeichnete Gourmet-Restaurant verwöhnt den Gaumen mit klassischer französischer Küche sowie leichten Saisongerichten mit viel Raffinesse, abgerundet durch eine große Auswahl an erlesenen Weinen aus aller Welt. Krahnstraße 1-2, 49074 Osnabrück, Tel: 0541/331150

Steigenberger Hotel Remarque Außergewöhnliches 4-Sterne-Hotel im Herzen Osnabrücks mit Komfortzimmern und Wellness-Bereich. Die kreativen Restaurants bieten Kochkunst auf höchstem Niveau. Natruper-Tor-Wall 1, 49076 Osnabrück, Tel: 0541/6096-0, Fax: 0541/6096-600

Schlossresidenz Das 1925 erbaute Haus verbindet Luxus mit der Intimität einer Privatvilla. Großzügige, individuell mit Antiquitäten eingerichtete Zimmer und Suiten, Sauna, Swimmingpool, Garten mit Sonnenterrasse. Schlossstraße 15, 49074 Osnabrück, Tel: 0541/338330

Romantik Hotel Walhalla Gegenüber von Rathaus und Marktplatz liegt dieses seit 1690 bestehende Haus. Individuell eingerichtete Zimmer, Sauna, Solarium, hoteleigene Tiefgarage, Gruppen- und Wochenendangebote. Das Restaurant mit Biergarten serviert eine ideenreiche, moderne Küche. Bierstraße 24, 49074 Osnabrück, Tel: 0541/34910, Fax: 0541/3491144

OSTERODE AM HARZ

Die landschaftlich reizvoll gelegene Sösestadt am Harzer-Hexen-Stieg besitzt einen sehenswerten historischen Kern mit einer gut erhaltenen Stadtmauer, über dem majestätisch die Ruine der alten Welfenburg und die mittelalterliche St. Aegidienkirche thronen.

ANFAHRT

■ A 7 aus Richtung Braunschweig bzw. Kassel, Ausfahrten Seesen (Harz) bzw. Northeim. ■ B 243 von Bad Gandersheim bzw. Nordhausen. ■ ICE-Anschlüsse in Göttingen und Braunschweig. IC-Anschluss in Northeim. 2 Bahnhaltestellen (Osterode Mitte und Osterode Leege).

GESCHICHTE

In einer Chronik des Klosters St. Peter in Erfurt wurde Osterode bereits um 1100 als „villa opulentissima", als blühender Ort bezeichnet. Die Burg sicherte die erste Marktsiedlung auf dem heutigen Rollberg. Im 12. und 13. Jh. erlebte Osterode aufgrund der Lage am Kreuzungspunkt der wichtigsten Handelswege einen wirtschaftlichen Aufschwung, die Bedeutung von Markt und Gericht wuchs stetig. Eine seit 1233 beurkundete Stadtmauer schützte Osterode vor Angriffen. 1238 wurden eine Bürgerschaft, ein Rat und die Neustadt erwähnt. 1261 erhielt Osterode ein Stadtsiegel, 1293 die Stadtrechte. Im 16. und 17. Jh. hatte Osterode unter einem großen Stadtbrand (1545), der Pest (1625-1627) und Kontributionszahlungen im Dreißigjährigen Krieg zu leiden. Im 18./19. Jh. stieg Osterode zu einem der wichtigsten Industriestandorte im Königreich Hannover auf, v. a. dank der Tuchmacher, Wollfabrikanten, Schuhmacher, Gerber, Eimermacher und Eseltreiber sowie des Kupferhammers. Der Eisenbahnanschluss 1871 gab dem Fremdenverkehr und dem Kurbetrieb entscheidende Impulse. 1885 wurde Osterode Kreisstadt im preußischen Regierungsbezirk Hildesheim. Die 1928-1931 erbaute Sösetalsperre sollte ein weiterer Anziehungspunkt für Besucher werden, doch die Osteroder hatten mit der Not nach dem Ersten Weltkrieg zu kämpfen. Der aufkommende Faschismus hatte schlimme Folgen für die jüdischen Einwohner. Nach dem Zweiten Weltkrieg wurden viele Vertriebene und Flüchtlinge in die Stadt integriert. In den Wirtschaftswunderjahren entwickelte sich Osterode zum Mittelzentrum und erfolgreichen Industriestandort. 1970 schlossen sich zehn Ortschaften zu einem „Groß-Osterode" mit ca. 30 000 Einwohnern zusammen. Die Wende in der ehemaligen DDR Anfang der 90er-Jahre rückte die Stadt aus ihrer einstigen Zonenrandlage wieder ins Zentrum Deutschlands.

RUNDGANG DURCH DEN HISTORISCHEN STADTKERN

① Ausgangspunkt des Rundgangs ist die Schachtrupp-Villa (Dörgestr. 40), die als Fachwerkbau mit Querverbretterung errichtet wurde. Die Vorderfront wird durch Freitreppe, Vorhalle, Balkon, Fenstertür im ersten Stock und Lünette sowie durch die Zusammenfassung des mittleren Fassadenabschnittes unter einem gemeinsamen Giebel gegliedert. Bei den Seitenfassaden wird dieses Gliederungsmotiv etwas abgewandelt. Im Geländer des Balkons, der das Dach der kleinen Säulenvorhalle an der Vorderfront bildet, findet sich das Wappen der Familie Schachtrupp, deren 1812 gegründete Bleiweißfabrik oberhalb von Osterode sich rasch zu einem der bedeutendsten Wirtschaftsbetriebe der Region entwickelte, dessen Erzeugnisse auch nach Amerika, Afrika und Asien exportiert wurden. Johann Friedrich Schachtrupp ließ 1819 mit dem Bau der Villa beginnen, die Fertigstellung zog sich bis 1828 hin. Die Stadt erwarb die klassizistische Villa 1858; der zugehörige Garten diente als Kurpark des damaligen Kurortes Osterode. Seit 1867 wurde das Gebäude für die Zwecke des städtischen Gymnasiums genutzt. Heute beherbergt es u. a. das städtische Verkehrs- und Reisebüro. Von der Schachtrupp-Villa aus folgt man der Straße Neustädter Tor und erblickt dort, hinter der Berufsbildenden Schule, einen Teil der

② alten Stadtmauer mit dem Sonnenturm und dem kleinen Pulverturm. Die Osteroder Stadt-

▲ Buntes Treiben

mauer wurde 1233 erstmals urkundlich erwähnt; sie war etwa 1700 m lang und besaß vier Tore: das Neustädter Tor, das Jacobitor, das Johannistor und das Marientor, die alle bereits im 19. Jh. abgebrochen wurden. Noch heute erinnern Straßennamen an diese Tore. Der Straße weiter folgend gelangt man auf den Spritzenhausplatz in der Neustadt. Herzog Otto das Kind ließ diese Neustadt ab 1238 erbauen und stattete sie mit den gleichen Rechten wie die etwas unterhalb gelegene ältere Stadt aus. Die klare Straßenführung, die sich deutlich von der oft verwinkelten Anlage der Altstadt unterscheidet, zeigt heute noch, dass dieser Stadtteil von Anfang an plan-

③ mäßig angelegt wurde. Am Gebäude der Neustädter Schule (Spritzenhausplatz 9/11) findet man Stilelemente der Schachtrupp-Villa wieder. Das für

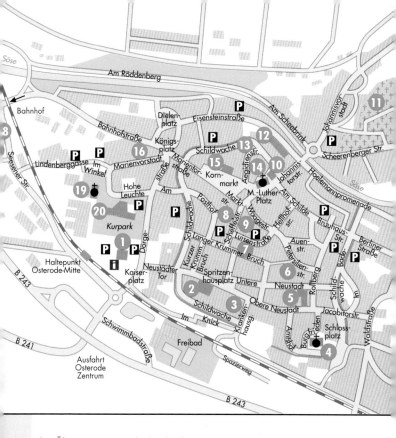

den Ökonom C. A. Friedrich Schachtrupp von 1833 bis 1835 in querver-
bretterter Fachwerktechnik erbaute Palais besitzt einen leicht erhöhten
Mittelrisalit aus fünf Achsen, der von einem Giebel überspannt wird. Lü-
nettenfenster, der Balkon mit dem Familienwappen und die Eingangsloggia
ergeben eine der Schachtrupp-Villa verwandte Betonung der Mitte, wenn
auch das Gebäude insgesamt feingliedriger wirkt. An der Nordseite des
Platzes steht, nicht weit vom Feuerwehrgerätehaus mit Schlauchturm,
das Fachwerkhaus Untere Neustadt 1. Dieses in der Mitte des 16. Jh. errichtete Gebäude besitzt ein reich verziertes Balkenwerk, das neben den
geschnitzten Sonnenrosen auch ein Kordelfries aufweist. Beachtenswert
sind auch die großen Fußwinkelhölzer an einigen der senkrechten Balken
(sog. Stiele), die man in der Region bei vielen Fachwerkhäusern aus dieser
Zeit finden kann. Man folgt nun dem Straßenzug der Unteren Neustadt,
um rechts in die Querstraße einzubiegen. Durch die Querstraße führt der
Rundgang nach links in die Straße Obere Neustadt weiter. In diesem
Bereich der Stadt lebten früher die meisten der sog. Ackerbürger, die ihre
Felder und Wiesen in der Gemarkung außerhalb der Stadt besaßen, deren

▲ St.-Jacobi-Schlosskirche

Hofgebäude jedoch innerhalb der Stadtmauer lagen. Auch heute noch weisen viele Gebäude, wie z. B. das Hs. Nr. 34, mit ihrer großen Toreinfahrt und dahinter liegender hoher Diele auf ihre ursprüngliche Nutzung als Ackerbürgerhof hin. Typisch für die Stadthäuser im Harzgebiet sind auch die mit der Traufe zur Straße stehenden Dächer. Mit dem Giebel zur Straße weisen meist nur die Eckhäuser und die besonders wichtigen oder repräsentativen Gebäude, wie auf diesem Rundgang noch zu sehen sein wird. Von der Straße Obere Neustadt gelangt man in die auf der rechten Seite einmündende Straße Amtshof, der man weiter folgt. Der Straßenname erinnert an die ehemalige Domäne des Amtes, deren Wirtschaftsgebäude sich in diesem Bereich befanden. Erst 1927 konnte, nachdem die Stadt die Domäne gekauft hatte, die heutige Wohnbebauung erstellt werden. Man erreicht nun das Amtsgericht und das Gebäude der St.-Jacobi-Schlosskirche. Wie Ausgrabungen ergeben haben, befand sich im Bereich der heutigen Kirche schon im 12. Jh. eine Kapelle, in deren Nähe der älteste Markt von Osterode gelegen haben mag. Seit 1233 lässt sich hier ein Nonnenkloster nachweisen, das nach der Regel der Zisterzienser lebte. Die Klosterkirche diente auch als Pfarrkirche für die Neustadt. Nach der Reformation und der Auflösung des Klosters erfolgte 1561 der Umbau zum landesherrlichen Schloss, wobei die St.-Jacobi-Kirche als Schlosskirche erhalten blieb. Nach dem Aussterben der Grubenhagener Linie der Welfen, an die auch das verwitterte Sandsteinwappen am Amtsgerichtsgebäude erinnert, hatte die Regierung für das Fürstentum bis 1689 im Schloss ihren Sitz. Später residierten hier nur noch der landesherrliche Amtmann sowie ein Obergericht bzw. das Amtsgericht, das noch heute den Südflügel des alten Schlosses nutzt. Die St.-Jacobi-Schlosskirche wurde in den Jahren 1751/1752 grundlegend umgebaut und erhielt damals ihre heutige Gestalt. Der Ost- und der Westflügel des alten Schlosses wurden 1894-1899 abgerissen, so dass heute nur noch der Nordflügel mit dem Kirchenschiff, dem Turm und dem ehemaligen Domänenpächtergebäude sowie der Südflügel mit dem Amtsgericht erhalten sind. Im Inneren der St.-Jacobi-Schlosskirche sind eine Mosesfigur aus dem 16. Jh., ein aus dem 12. Jh. stammender Taufstein, mehrere Epitaphe sowie der im 17. Jh. unter Verwendung älterer Altarflügel neu errichtete Altar besonders sehenswert. Das Kruzifix in der Seitenkapelle erinnert als Schöpfung eines französischen Kriegsgefangenen an die Zeit des Zweiten Weltkrieges. Von der St.-Jacobi-Schlosskirche gelangt man durch die Straße Burgfrieden über die Jacobitorstraße, deren Namen an das hier bis ins 19. Jh. befindliche Stadttor erinnert, zum Rollberg. Durch diesen Straßenzug lief früher der Verkehr aus dem Harzvorland in den Oberharz, da man hier über einen Schotterrücken bequem die Söseübergänge erreichen konnte. Man findet hier eine Reihe interessanter Fachwerkgebäude, die z. T. schon im 16. Jh. erbaut wurden. Das sog. Ritterhaus (Hs. Nr. 32), das seinen Namen der Holzfigur am Eckständer Rollberg/Untere Neustadt verdankt, wurde zwischen 1650 und 1660 errichtet und unterscheidet sich durch sein graphisch vielfältiges Fachwerk (Andreaskreuze mit gebogenen Armen und mit übergelegter Raute)

▲ Museum im Ritterhaus

sowie sein qualitativ aufwändiges Schnitzwerk von anderen Bürgerhäusern aus dieser Zeit. 1784/85 ließ der Wollwarenfabrikant Johann Ludolph Greve dieses Haus umbauen und u. a. die Windfangrahmung mit Rokoko-Ornamentik, die auch das Grevesche Familienwappen zeigt, anbringen. Seit 1936 wird dieses Gebäude als Museum genutzt. Rollbergabwärts findet man das Hs. Nr. 26 aus dem 16. Jh., das durch die zwei Narrenköpfe, die Flechtbänder sowie die für diese Region typischen Sonnenrosen auffällt. Man biegt nun links in die Petersilienstraße ein und folgt ihr bis zur Einmündung des Fußweges zum Spielplatz auf der linken Seite. Das etwas zurückversetzte Gebäude, der sog. von Behrsche Sattelhof, diente den hier in der Region begüterten Adelsfamilien von Behr bzw. ab 1596 von Oldershausen als Stadtwohnung. Das Familienwappen der von Behr findet sich noch heute über der Eingangstür. Über den Spielplatz gelangt man in den Langen Krummen Bruch. Erst die Errichtung von Häusern in diesem ursprünglich sehr feuchten Bereich schuf eine durchgängige Bebauung zwischen den älteren Straßenzügen der Alt- und der Neustadt. An Hs. Nr. 18 erinnert heute eine Gedenktafel an seine frühere Nutzung als jüdische Schule und Synagoge. Eine Jöddenstraße lässt sich in Osterode erstmals für das Jahr 1485 nachweisen. Die jüdische Gemeinde besaß seit dem 17. Jh. im Langen Krummen Bruch eine Synagoge. Die Juden hatten auch hier unter Erschwernissen zu leiden: So durften sie keine handwerklichen oder landwirtschaftlichen Berufe ausüben, sie mussten Sondersteuern zahlen und benötigten besondere Aufenthaltsgenehmigungen. Erst in der zweiten Hälfte des 19. Jahrhunderts erlangten die jüdischen Einwohner Osterodes

▲ Waagestraße mit Ratswaage

ihre Gleichberechtigung, nachdem bereits während der Zeit des Königreiches Westfalen (1807-1813) vorübergehend die Sondergesetze für Juden aufgehoben worden waren. Wirtschaftlich betätigten sie sich überwiegend als Viehhändler, Klein- und Trödelhändler oder als Geldwechsler. In der sog. „Reichspogromnacht" am 9.11.1938 wurde auch das Gotteshaus im Langen Krummen Bruch geschändet und sein Inventar zerstört. Diejenigen jüdischen Einwohner Osterodes, denen die Flucht ins Ausland nicht mehr gelang, wurden deportiert und in Konzentrationslagern ermordet. Das Gebäude mahnt zur Erinnerung, zum Nichtvergessen und zur Trauer. Aus dem Langen Krummen Bruch biegt man rechts in die Scheffelstraße ein. In dem Gebäude der Stadtbibliothek, das 1827 errichtet wurde, befand sich früher die Luisenschule (Höhere Töchterschule, Oberschule für Mädchen). Aus der Scheffelstraße führt der Rundgang nun rechts weiter in die Waagestraße. Mit ihrem hochgezogenen Giebel und ihrem Sonnenrosenschmuck fällt die Ratswaage (Hs. Nr. 18) besonders ins Auge. In diesem 1550 erbauten Haus wurden nicht nur Waren gewogen und gemessen, worauf der Waagebalken an der Fassade noch heute hindeutet, sondern es diente auch als Hochzeitshaus und als Posthalterei. Eine eigene Hochzeitsordnung regelte die Benutzung der Räume und den Ablauf der Feiern; daneben fanden auch kulturelle und andere gesellige Veranstaltungen in diesem Gebäude statt, das zeitweilig sogar ein Kino beherbergte. Ein Brand am 28.12.1969 beschädigte dieses dem bürgerlichen Gemeinschaftsleben dienende Bauwerk, dessen Vorderfront jedoch weitgehend unzerstört blieb und restauriert werden konnte. Ob das Horn-Wappen über dem Eingangsbogen mit der Umschrift „dat sin nicht alle Jeger de de horne blasen" auf den Erbauer oder die Posthalterei hindeutet, ist noch nicht geklärt. Interessant ist auch die Schreckmaske an der Giebelspitze, die Schaden vom Hause abwenden soll. Von der Waagestraße geht man links durch die Hellhofstraße bis zur Straße Am Schilde. In dieser Straße lebten früher überwiegend Handwerker und Händler, deren Bürgerhäuser nicht für eine landwirtschaftliche Nutzung eingerichtet

waren. Den Abschluss der Straße bildet die Vorderfront des „Alten Rathauses", dessen repräsentativer Bau das städtische Selbstbewusstsein widerspiegelte. Hier tagte der Rat, der - bevor sich eine Teilung der Gewalten durchsetzte - die Verwaltungsgeschäfte führte, Verordnungen erließ und Recht sprach. Das Erdgeschoss diente als Kaufhaus und Markthalle; im Weinkeller des Rates, dem Ratskeller, gab es einen Ausschank. Der große Stadtbrand im Jahre 1545 zerstörte das vermutlich im 14. Jh. errichtete Rathaus. An seiner Stelle entstand 1552, wahrscheinlich unter Verwendung der alten Grundmauern, das heutige Gebäude. Der Giebel des Rathauses, der ein annähernd gleichseitiges Dreieck bildet, wird durch einen fünf-seitigen Erker geteilt. Ursprünglich war der ganze Giebel mit reichem, ge-schnitztem Fachwerk versehen, das jedoch seit dem 13. Jh. ein Schiefer-behang verdeckt. Nur noch die Balkenköpfe und die Stützen des Erkers weisen auf die prächtige Ausgestaltung der Vorderfront hin. Unter dem Erker ist an Ketten die sog. Walfischrippe befestigt, die als eine Art Talisman die Stadt vor Überflutungen durch die Söse schützen sollte. Unter dem Erker findet sich auch ein von Füllhörnern eingefasstes „O", das im 17. und 18. Jh. als Stadtwappen verwendet wurde. Die an den Ecksteinfas-sungen angebrachten Jahreszahlen weisen auf das Baujahr 1552 bzw. spätere Fassadenerneuerungen (1737, 1799, 1871) hin. Die seitliche Frei-treppe erneuerte man 1843. Auf ihrem von Säulen getragenen Giebel findet sich das heute verwendete Stadtwappen, das auf ein mittelalterliches Siegel zurückgeht. Auf diesem Giebel steht eine Justitiafigur als Zeichen der früheren städtischen Gerichtsbarkeit. Die rückwärtigen Anbauten des Rathauses wurden 1361 und 1906 errichtet. Die Eseltreiberfigur vor dem Rathaus erinnert an die früheren Getreide- und Warentransporte in den Oberharz. Von der Vorderfront des Rathauses geht man in die Johannis-torstraße, die als einzige der vier aus der Stadt herausführenden Straßen noch ihre mittelalterliche Enge behalten hat. Jenseits der Söse erblickt man die Johannisvorstadt mit der St.-Johannes-Kirche und auf der Höhe rechts die Ruine der Alten Burg. Diese welfische Burg sicherte früher den Aufstieg in den Harz. Sie diente später, nachdem sie ihre Funktion als Verteidigungsanlage eingebüßt hatte, als Wohnstatt für Witwen der Gru-benhagener Herzöge. Man überquert die Söse nicht, sondern wendet sich nach links in die Eisensteinstraße, um auf den hinter dem Harzkornmagazin liegenden Parkplatz zu gelangen. Da der Oberharz für den Anbau von Ge-treide ungeeignet ist, man aber früher viele Arbeitskräfte für den Bergbau im Gebirge benötigte, musste die Nahrungsmittelversorgung der Bevölke-rung des Oberharzes durch entsprechende Lager- und Transportmög-lichkeiten gesichert werden. Aus diesem Grund errichtete man 1719 bis

▲ Osteroder Harzkornmagazin

1722 das Osteroder Harzkornmagazin. Das dort lagernde Brotgetreide, das aus verschiedenen Regionen hierher geliefert wurde, verkaufte der staatliche Magazinverwalter zu günstigen, festgesetzten Preisen an die Oberharzer. Auf dem Mittelgiebel an der der Söse zugewandten Seite findet sich das englisch-hannoversche Königswappen sowie etwas tiefer der Schriftzug „Utilitati Herzyniae" (= „Zum Nutzen des Harzes"), der nochmals auf die Zweckbestimmung dieses Gebäudes hinweist. Seit 1989 wird das Harzkornmagazin als neues Rathaus genutzt. Vom Parkplatz gelangt man durch einen Durchgang unter einem Haus in die Aegidienstraße, der man nach links folgt. Das sog. Kommandantenhaus (Hs. Nr. 1), das um 1600 erbaut wurde, beherbergte von 1619 bis 1690 die Lateinschule. Später diente es als Wohnhaus des Stadtkommandeurs, der die hier im 17. und 18. Jh. in Garnison liegenden Kompanien befehligte. Am Alten Rathaus vorbei gelangt man auf den Martin-Luther-Platz vor der Marktkirche St. Aegidien. Diese aus dem Mittelalter stammende Stadtkirche wurde nach dem großen Stadtbrand von 1545 wieder errichtet. Im Kirchturm an der Westseite befand sich noch bis 1936 die Wohnung des Turmwächters, der bei Feuer Alarm zu geben hatte. 1950 verkleidete man die Turmspitze mit Kupfer, nachdem die älteren, schiefergedeckten Aufbauten für den etwa 70 cm nach Westen überhängenden Turm zu schwer geworden waren. Im Inneren der Kirche verdienen der holzgeschnitzte Taufständer von 1589, die Kassettendecke, der im frühen Barockstil gehaltene Altar, welcher im 18. Jh. erweitert wurde, sowie die Grabplatten der letzten Grubenhagener Herzöge und ihrer Frauen besondere Beachtung. Auf der Südseite des Martin-Luther-Platzes sieht man die Ratsapotheke, die seit

▲ Fachwerk-Wohnhaus

1574 in Osterode besteht. Das heutige Gebäude der Apotheke wurde um 1600 errichtet, musste jedoch sehr viele Umbauten über sich ergehen lassen. Das Nebenhaus aus der zweiten Hälfte des 16. Jh. zeigt mit seinen Sonnenrosen und dem starken Überstand der oberen Balkenlage noch alte Bauformen. Der Rundgang führt nun weiter auf den Kornmarkt, der seit dem späten Mittelalter den Mittelpunkt des städtischen Lebens darstellt, auch wenn er nicht die älteste Marktstelle in Osterode ist. Nachdem ein Brand 1826 die Häuser an der Südseite (Postseite) des Kornmarktes und der Marientorstraße zerstört hatte, wurde beim Wiederaufbau die Baufluchtlinie zurückversetzt. 1850 vernichtete ein Feuer die Häuser auf der Nordseite der Marientorstraße und einen weit in den heutigen Platzbereich hereinragenden Gebäudekomplex, so dass der Platz erst zu diesem Zeitpunkt seine heutige Größe bekam. Beim Wiederaufbau verdoppelte man die Straßenbreite der Marientorstraße, um dem wachsenden Verkehr zu genügen. Beherrscht wird der Kornmarkt vom Rinneschen Haus. Dieses Gebäude errichtete man um 1610 für den Juristen Prof. Andreas Cludius, an den auch heute noch die Wappen und die Figuren „Justitia" und „Clementia" über dem Torbogen erinnern. Später wurde das Haus als Gasthof „Englischer Hof" genutzt, in dem 1824 Heinrich Heine auf seiner Harzreise übernachtete. Durch die Marientorstraße gelangt man nach Überquerung der Dörgestraße in die Straße Marienvorstadt. Die Marienvorstadt war früher ein eigenständiges Dorf vor den Toren Osterodes, das erst im Laufe der Zeit mit der Stadt verwuchs. Ein Stadtbrand im Jahre 1895 vernichtete die alte Bausubstanz in diesem Bereich. Vor der Besichtigung der Kernbereiche des alten Mariendorfes bietet sich die Möglichkeit, ein Zeugnis der Industriegeschichte Osterodes zu besuchen. Dazu geht man von der Marienvorstadt in die Lindenberggasse und unterquert die Bahnlinie, um dann rechts in die Seesener Straße einzubiegen. Im Bereich der Straßengabelung zwischen Seesener Straße und Rotemühlenweg befindet sich der alte Jornsche Kupferhammer. Seit 1579 ist eine Kupferschmiede in Osterode nachweisbar, seit 1682 wird an dieser Stelle ein Kupferhammer betrieben. Das von den Kupferhütten der Harzregion angelieferte Rohkupfer, sog. Garkupfer, verarbeitete man hier zu Blechen, Stäben und Kesselschalen. Mit der Wasserkraft des Mühlengrabens arbeiteten die Hämmer und das Gebläse des Schmelzofens, der noch bis in das 19. Jh. mit Holzkohle aus den Harzforsten betrieben wurde. Vom Rotemühlenweg gelangt man auf den Fabrikhof, wo das Hammerwerkgebäude von 1868 und das Herrenhaus aus dem Jahre 1825 sehenswert sind. Von der Seesener Straße hat man Zugang zum wieder hergerichteten Jüdischen Friedhof hinter dem Hammerwerkgebäude. Auf demselben Weg gelangt man wieder zurück in die Marienvorstadt, wo man rechts in die Straße Im Winkel einbiegt. Die im Vergleich mit der Kernstadt kleinen und niedrigen Häuser weisen heute noch auf die schlechte soziale Lage ihrer Erbauer hin. In der Marienvorstadt lebten und arbeiteten überwiegend Gerber und Weber, die nur geringe Einkünfte hatten. Durch die Straße Im Winkel erreicht man die Hohe Leuchte, in die rechts eingebogen wird. An der Stelle von Hs. Nr. 33 befand sich das seit 1270 nachweisbare Marienhospital, das später „Hospital zum Heiligen Geist" genannt wurde. In dieser Einrichtung pflegte und versorgte man Alte und Kranke. Das heutige Wohnhaus erinnert mit seiner Bauform an das letzte, 1975 abgebrochene Hospitalgebäude. Die rechts der Straße von einer Mauer umschlossene Marienkirche wurde im Jahre 1233 erstmals urkundlich erwähnt. Den Bau sanierte man im 19. Jh. und in den Jahren 1901/1902 grundlegend, ohne dass jedoch der Charakter der alten Dorfkirche verloren ging. Im Inneren der Kirche befindet sich ein von Barthold Kastrop 1517 geschaffener Schnitzaltar. Von der Kirche aus erreicht man durch den Kurpark, hinter der 1973 eröffneten Stadthalle vorbei, wieder die Schachtrupp-Villa.

▼ Panoramablick über Osterode

SCHAUEN

Die ■ Vogelstation Osterode, in der ca. 50 einheimische Vogelarten zu sehen sind, liegt im Landschaftsschutzgebiet an der ■ Sösetalsperre, die sich bei Campern, Bikern und Wanderern größter Beliebtheit erfreut. Rund um die Talsperre führt ein 9 km langer Weg mit interessantem ■ Fischereilehrpfad. Wunderschöne Eindrücke vom Stausee gewinnt man auch auf dem ■ „Verlobungsweg", einem romantischen Waldlehrpfad, an dem schon so manche heimliche Verlobung stattfand. Ein Erlebnis für alle Sinne ist der größte ■ Kräuterpark Deutschlands in Altenau. Auf bequemen Wegen erkundet der Besucher die Vielfalt heimischer und exotischer Gewürze und Kräuter, entdeckt vergessene Hausmittel wieder und findet Tees und Küchengewürze in der Kräutergalerie. Der ■ Nationalpark Harz lädt zu Wanderungen auf einem hervorragend ausgebauten Wegenetz ein. Die einmalige artenreiche Mittelgebirgslandschaft ist Deutschlands einziger bundesländerübergreifender Nationalpark und umfasst Gebiete in Niedersachsen und Sachsen-Anhalt. Diagonal überqueren lässt sich der Harz auf dem 94 km langen ■ Harzer-Hexen-Stieg von Osterode nach Thale.

i Tourist-Information, Schachtrupp-Villa, Dörgestraße 40, 37520 Osterode am Harz, Tel: 05522/318-360, Fax: 05522/318-336, E-Mail: touristinfo@ osterode.de, Internet: www.osterode.de

SCHLEMMEN UND SCHLAFEN

Gasthof Eiserner Hahn Urgemütlicher Gasthof in einem denkmalgeschützten Fachwerkhaus im Herzen der Altstadt. Serviert werden Gerichte aus der deutschen Küche mit Produkten aus der Region sowie hausgemachter Kuchen. Marktstr. 1, 37520 Osterode am Harz, Tel: 05522/319446

Hotel Harzer Hof Traditionsreiches, zentral gelegenes Haus an der Sösepromenade. Zeitgemäße Zimmerausstattung, Garage und hauseigene Parkplätze. Restaurant mit moderner Küche. Bahnhofstraße 26, 37520 Osterode am Harz, Tel: 05522/50550, Fax: 05522/505550

Hotel Sauerbrey - Restaurant Zum Trost Im Ortsteil Lerbach befindet sich das 4-Sterne-Hotel, seit 1850 im Familienbesitz. Komfortable Zimmer, Hallenbad, Sauna, Beauty- und Wellnessbereich, Gartenanlage, Garagen, Parkplätze. Saisonale, regionale und internationale Küche. Friedrich-Ebert-Straße 129, 37520 Osterode am Harz, Tel: 05522/50930, Fax: 05522/509350

Hotel Zum Röddenberg Komforthotel in Zentrumsnähe mit individuell eingerichteten Gästezimmern, Sauna, Solarium, Garagen und Parkplätzen. Ausgezeichnete Küche im Restaurant. Steiler Ackerweg 6, 37520 Osterode am Harz, Tel: 05522/90540, Fax: 05522/905454

PAPENBURG

Deutschlands älteste und längste Fehnkolonie liegt im nördlichen Emsland, in direkter Nachbarschaft zu Ostfriesland. 40 Kilometer saubere und gepflegte Binnenkanäle durchziehen die Stadt, die Ufer sind durch viele Zug- und Klappbrücken miteinander verbunden.

ANFAHRT

- A 31 oder B 70 aus Richtung Leer bzw. Meppen. ■ B 401 von Oldenburg.
- Bahnhof mit RE-Anschluss.

GESCHICHTE

Bereits um 800 wurde im heutigen Stadtteil Aschendorf eine Taufkirche gegründet, 50 Jahre später wurde Aschendorf erstmals urkundlich erwähnt. Die erste urkundliche Erwähnung Papenburgs erfolgte 1458 in einer Lehensurkunde. Am 17. April 1631 erwarb der Drost Dietrich von Velen das „Gut" Papenburg. Damit legte er den Grundstein für die Erschließung der bis dahin menschenfeindlichen Moore. Zu ihrer Entwässerung ließ er Kanäle ziehen. Gleichzeitig nutzte er diese, um mit einfachen, flachbödigen Schiffen den abgebauten Torf zu den ostfriesischen Ziegeleien und den Städten Emden, Bremen und Hamburg zu transportieren. An die mit Hilfe von Werbebriefen herbeigerufenen Siedler verteilte er Land. Sie erhielten jeweils eine Plaatze, ein Stück Moor von ca. 20.000 qm (ca. 50 m breit und 400 m lang). Die Siedler waren für 10 Jahre von jeglicher „Schatzung" frei. Nach dem Bau eines Sieles im Jahre 1639 und seiner späteren Vergrößerung im Jahre 1769 unter der Freifrau Theresa von Landsberg-Velen war der Weg zur offenen See und zu den Weltstädten wie Rio de Janeiro, Buenos Aires und New York in

▲ Schiffbauhalle der Meyer Werft

Übersee frei. Mutige Seefahrer fuhren diese und andere Städte mit ihren kleinen, in Papenburg gebauten Schiffen wie Tjalk, Schoner und Brigg an. Aus der unbedeutenden Torfgräberkolonie wurde eine Stadt mit Welthandel. Heute baut in Papenburg die Meyer Werft neben Spezial- und Fährschiffen die größten Kreuzfahrtschiffe der Welt.

RUNDGANG DURCH DEN HISTORISCHEN STADTKERN

① Der Rundgang durch Papenburg beginnt am Papenburger Zeitspeicher auf dem Gelände „Forum Alte Werft". Hier erlebt der Besucher interaktiv die Entstehung Papenburgs sowie die Geschichte der Schifffahrt und des Schiffbaus. Außerdem kann man im Zeitspeicher die Welt des Autotestens entdecken und nur hier einen Blick hinter die Kulissen des Autotestbetriebes auf dem hiesigen ATP-Prüfgelände werfen. Der Papenburger Zeitspeicher beherbergt ebenfalls die Tourist-Information. Über den Ölmühlenweg gelangt man links auf die Straße An der Alten Werft. Immer geradeaus führt

② der Weg direkt in den Stadtpark. Wasserläufe, Kanälchen und Brücken vermitteln den Charme des Papenburger Stadtbildes. Großzügige Rasenflächen, viele Bäume, Beete und Bänke machen den Stadtpark zu einem einladenden Ort der Erholung. Eine Kastanienallee, der Mühlenweg, führt an einem kleinen See mit Springbrunnen vorbei auf die Straße Am Stadtpark. Nun ist der Blick

③ frei auf Meyers Mühle. Der so genannte „Galerie-Holländer" auf dem Mühlplatz zwi-

▼ Im Papenburger Zeitspeicher

▼ Blick auf den Hauptkanal und die katholische St.-Antoniuskirche

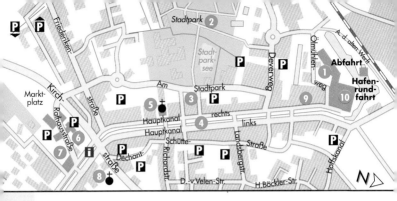

schen Hauptkanal und Stadtpark wurde im Jahr 1888 erbaut und im Jahr 1999 funktionsfähig restauriert. Als besondere Spezialität wird das Mühlenbrot angeboten. Regelmäßig finden in der Mühle verschiedene Ausstellungen statt. Von Meyers Mühle gelangt man direkt zum Hauptkanal. Dieser ist mit seinen romantischen Klappbrücken eine der schönsten Flanier- und Einkaufsmeilen Norddeutschlands. Früher wurden die Kanäle als Schifffahrtsweg für den Transport des gestochenen Torfes genutzt, heutzutage dienen sie noch als Vorfluter für die Entwässerung der weiten Stadtgebiete. In den Kanälen Papenburgs sind insgesamt sechs in Originalgröße nachgebaute Museumsschiffe vertäut, welche an die schwere Zeit der Gründerjahre erinnern und zusammen ein schwimmendes Schifffahrtsmuseum bilden. Im gesamten Stadtgebiet verteilen sich eine Tjalk, eine Spitzmutte, eine Kuff, eine Schmack und eine Brigg, die im Folgenden noch näher erläutert wird. Darüber hinaus ist die Schmack „Gesine von Papenburg" als seetüchtiges Segelschiff ausgebaut, das die Nord- und Ostsee befährt, an Hafenfesten teilnimmt und auch für Gästefahrten gebucht werden

▲ Meyers Mühle

kann. Auf dem Hauptkanal geht man nach rechts und erreicht die Nikolaikirche. Die evangelisch-lutherische Kirche wurde 1870 geweiht. Die im neogotischen Stil errichtete, einschiffige Saalkirche wurde aus hierzulande üblichem Backstein gebaut. Das Gotteshaus ziert ein spitzer Turmhelm, gekrönt von einem goldenen Hahn auf einer goldenen Kugel. Dem Hauptkanal folgend gelangt man zum Papenburger Rathaus. Das erst 1913 im neubarocken Stil erbaute Rathaus erinnert mit seinen verspielten

279

flämischen Elementen wie Putten und Masken an die Nähe der Stadt zu den Niederlanden. Besonders hervorzuheben sind die Holzschnitzereien im Rathaussaal sowie die Reliefs am Eingang. Im Rathaus-Vorgarten symbolisieren ein Anker und drei Bronzetafeln die Städtepartnerschaft mit Rochefort/ Frankreich. Vor dem imposanten Rathaus ankert die schnittige Brigg „Friederike von Papenburg". Auf diesem Se-

▲ Brigg „Friederike von Papenburg", im Hintergrund das Rathaus

gelschiff ist unter anderem die Tourist-Information untergebracht. Dieses Bild nimmt jeder Besucher von Papenburg, der Stadt der Schiffbauer und Kapitäne, mit. Direkt hinter dem Rathaus am Hauptkanal befindet sich die ⑦ Villa Dieckhaus. In dem im Jugendstil erbauten Haus befindet sich heute der Sitz des städtischen Kulturamtes. Die Villa ist ebenfalls Veranstal-

tungsort für Ausstellungen, Lesungen, Konzerte und Präsentationen. Man überquert den Hauptkanal und geht nach links. Auf der rechten Seite thront die katholische St. Antoniuskirche, eine im gotischen Stil erbaute, dreischiffige Hallenkirche. Das Äußere der St. Antoniuskirche erinnert an die großen Bauten norddeutscher Backsteingotik. Das 70 m lange und 35 m breite Kirchenschiff wird von dem 88 m hohen, weithin sichtbaren Turm überragt. Nun überquert man die Kirchstraße und folgt der Straße Hauptkanal links entlang des Kanals. Am Deverweg überquert man den Kanal und

▲ Villa Dieckhaus

geht weiter nach rechts auf die Straße Hauptkanal rechts. Linker Hand erreicht man das Heimatmuseum, das von den Glanzzeiten der Papenburger Seefahrt erzählt. Das Heimatmuseum ist untergebracht im Alten Amtshaus, dem ältesten noch erhaltenen historischen Bauwerk Papenburgs. Um 1648 errichtete der Stadtgründer Dietrich von Velen an dieser Stelle einen neuen Amtssitz. Wieder überquert man den Kanal und geht nach links, um der Straße Hauptkanal links zu folgen. Am Ende der Straße geht man links und folgt der Straße An der Alten Werft. Linker Hand erstrecken sich die ehemaligen Werftgebäude der Meyer Werft. Bis Anfang der 1970er-Jahre war dies der Standort der weltbekannten Meyer Werft. Heute sind hier ein Restaurant, ein Hotel und die Stadthalle sowie das Kleine Theater untergebracht. Die historischen Gebäude wurden sorgsam erhalten und bilden heute das kulturelle Zentrum der Stadt, das „Forum Alte Werft". 1975 wurde die neue Schiffswerft der Meyer Werft am Seehafen in Betrieb genommen, die zu den modernsten Anlagen im Schiffbau weltweit zählt. Führungen auf der Meyer Werft bieten interessante Einblicke in den Schiffbau. Von zwei Besuchergalerien kann man die im Bau befindlichen Kreuzfahrtschiffe bestaunen. Der Straße An der Alten Werft folgend kehrt man wieder zum Ölmühlenweg und zum „Papenburger Zeitspeicher" zurück.

▼ Heimatmuseum

S C H A U E N

Im Stadtteil Aschendorf lohnt das ■ Gut Altenkamp einen Besuch. Das repräsentative Barockgebäude liegt in einem weitläufigen Barockgarten und ist heute Veranstaltungsort für Ausstellungen, Konzerte und Vortragsabende. In der ■ Von-Velen-Museumsanlage (Papenburg-Obenende) kann sich der Besucher in die Ursprungszeit Papenburgs zurückversetzen lassen und einen Blick in die damaligen Häuser und Arbeitsstätten der armen Moorbauern werfen. Im benachbarten ■ Papenbörger Hus kann man sich mit knusprigen Buchweizen-Pfannkuchen stärken. Das ■ Landwirtschaftsmuseum Rhede (Ems) gibt einen Einblick in die Landwirtschaft von ca. 1850 bis 1950. Zwischen Tunxdorf und Nenndorf gelegen, sorgt der romantische ■ Tunxdorfer Waldsee für Badespaß. Südlich von Papenburg erstreckt sich mit dem ■ Krummen Meer eine der schönsten Moorflächen. Unter besonderem Schutz stehen auch die 700 ha großen ■ Emsauen, die besonders gut mit dem Fahrrad zu erkunden sind.

i Tourist Information im Papenburger Zeitspeicher, Ölmühlenweg, 26871 Papenburg, Tel: 04961/8396-0, 04961/8396-96, E-Mail: info@papenburg-tourismus.de, Internet: www.papenburg-tourismus.de

S C H L E M M E N   U N D   S C H L A F E N

⫪ ⊨ **Hotel Alte Werft** Zentral gelegenes Komforthotel mit 121 Zimmern und Suiten. Die beiden Restaurants servieren bodenständige Spezialitäten der Region sowie gehobene internationale Küche. Ölmühlenweg 1, 26871 Papenburg, Tel: 04961/9200, Fax: 04961/920-100

⫪ ⊨ **Hotel am Stadtpark** Zentral und dennoch ruhig gelegenes Haus mit behaglichen Gästezimmern. Kulinarisch wird man im „Papenburger Fischrestaurant" verwöhnt. Deverweg 27, 26871 Papenburg, Tel: 04961//4145, Fax: 04961/ 6881

⫪ ⊨ **Hotel-Restaurant Haus Hilling** Gepflegte Gastlichkeit in familiärer Atmosphäre. Die modernen Hotelzimmer sind teilweise behindertengerecht. Festsaal, Pkw-, Reisebus- und Wohnmobilstellplatz. Die Küche verwöhnt die Gäste mit schmackhaften regionalen Gerichten und Saisonspezialitäten. Mittelkanal links 94, 26871 Papenburg, Tel: 04961/97760, Fax: 04961/ 977655

⫪ ⊨ **Comfort-Hotel Stadt Papenburg** Im Herzen der Stadt und doch im Grünen kann man sich in wohnlichen Zimmern und exklusiven Suiten erholen. Sauna, Hotelbar. Das Restaurant „Van Velen" lockt mit einer abwechslungsreichen Speisekarte und internationalen Spezialitäten. Am Stadtpark 25, 26871 Papenburg, Tel: 04961/9182-0, Fax: 04961/3471

QUAKENBRÜCK

Die historische Burgmann- und Hansestadt bildet das Zentrum der Kulturregion Artland, die wie eine ausgedehnte Parklandschaft erscheint. Im liebevoll sanierten Stadtkern zeugen stattliche Fachwerkhäuser vom Erfolg der Kaufleute und Handwerker.

ANFAHRT

- A 1 aus Richtung Bremen bzw. Dortmund, Ausfahrt Lohne-Dinklage.
- B 68 von Bramsche bzw. Cloppenburg. ■ NordWestBahn-Station.

GESCHICHTE

Quakenbrück entstand als Grenzfestung des Fürstbistums Osnabrück gegen die Grafen von Tecklenburg. Die erste urkundliche Erwähnung von „Quakenbruggen" erfolgte 1235, als hier ein Stiftskapitel gegründet wurde. 1257 wurde Quakenbrück als „befestigter Flecken" mit Wällen und Stadttoren bezeichnet. Schon bald stellte sich wirtschaftlicher Erfolg ein, vor allem durch den Speditionshandel, später auch durch den Verkauf von Wolllaken und den Weinhandel. Nach dem Dreißigjährigen Krieg erlebte die Stadt einen erneuten Aufschwung, Handwerk und Handel florierten. Im 18. Jh. vollzog sich der Wandel von der Ackerbürger- zur Kaufmannsstadt. Das 19. Jh. war gekennzeichnet durch mehrere Besitzerwechsel. Von Preußen ging das Osnabrücker Land 1807 an das neu gebildete Königreich Westfalen unter Jerome Napoleon über, bevor Quakenbrück von 1810 bis 1813 zu Frankreich gehörte. Nach dem Wiener Kongress wurde Quakenbrück mit dem gesamten Osnabrücker Land endgültig Hannover zugeschlagen. Im letzten Viertel des 19. Jh. wurde Quakenbrück Schulstadt und erhielt einen Bahnanschluss. Nach dem Ersten Weltkrieg konnte sich die Stadt in den „Goldenen Zwanzigern" erholen, doch bald wurde der Aufschwung durch die schlechte

▲ Frosch am Rathaus

Wirtschaftslage und den aufkommenden Nationalsozialismus getrübt. Den Zweiten Weltkrieg überstand das historische Stadtbild fast unbeschadet. In der Nachkriegszeit entstanden neue Wohngebiete und Industriebetriebe und auch der alte Stadtkern lebte auf. Im Zuge der Gebietsreform 1972 wurde die Samtgemeinde Artland mit dem Verwaltungssitz Quakenbrück gegründet, in der heute ca. 20000 Menschen leben.

RUNDGANG DURCH DEN HISTORISCHEN STADTKERN

Durch die typisch norddeutsche Kleinstadt führt der „Poggenpad": Frosch-Fußspuren im Pflaster weisen den Weg zu den Sehenswürdigkeiten. Natürlich ist diese Bezeichnung für den Rundgang kein Zufall: Poggen sind Frösche, und so ist die Verbindung zum Stadtnamen hergestellt, dessen Ursprung zwar nicht eindeutig geklärt ist, der aber sicherlich auf eine Brücke über das sumpfige Hasetal verweist. Der Rundgang beginnt am ❶ Rathaus, das 1818 im klassizistischen Stil erbaut wurde und am Portal über der großen Freitreppe eine Inschrift trägt: „SALUTI CIVITATIS SACRUM" (= Dem Wohle der Bürgerschaft geweiht). Vor dem Rathaus steht das Denkmal „Zur Erinnerung an die Wiederaufrichtung des Deutschen Reiches", das Kriegerdenkmal von 1870/71. Das Zentrum des weitläufigen Marktplatzes bildet der Europabrunnen. Die ❷ Katholische Marienkirche wurde 1949 neu erbaut, nachdem sie im Zweiten Weltkrieg zerstört worden war. Der neugotische Westturm von 1873 blieb ebenso erhalten wie ein Festungsturm an der Südseite, der ursprünglich zur

▼ Katholische Marienkirche

▼ Rathaus

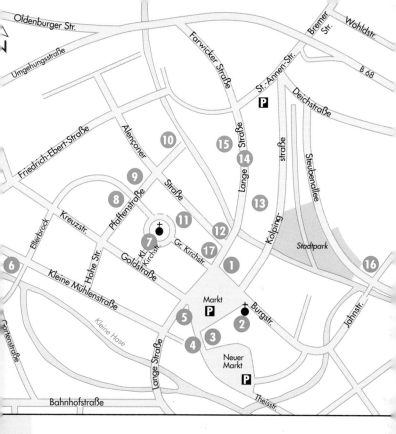

Landesburg gehörte und an den 1650 das Gotteshaus angebaut wurde. Im Innenraum sind Teile der alten Barockausstattung, eine Pietà aus dem 15. Jh. und moderne Glas- und Mosaikmalereien zu sehen. Hinter der Kirche steht ein großer Fachwerkbau, der von 1650 bis 1845 als Franziskanerresidenz diente. Etwas zurückversetzt erblickt man ein weiteres Fachwerkhaus. Der ehemalige Burgmannshof gehörte ursprünglich der Familie Voß, wie eine Inschrift besagt, und später der Familie von Elmendorff, worauf ein Wappen am Zwerchgiebel hinweist. Die ansässigen Burgmänner mussten auf der Burg wohnen, sie für ihren Herrn verteidigen und Urteil nach Burgrecht finden. Mit dem Aufstieg der Bürgerschaft verloren sie jedoch immer mehr an Einfluss. Von einst zehn Burgmannshöfen sind heute noch drei erhalten. Alle waren mit Wehrtürmen versehen und dienten der Verteidigung. In einem Kaufmannshaus aus der Zeit um 1800 ist seit 1983 das Stadt-

▼ Stadtmuseum

285

museum untergebracht, das mit seiner interessanten Dauerausstellung die Themenschwerpunkte Wohnen und Arbeiten, Stadt- und Kulturgeschichte sowie Kirche und Schule beleuchtet. Regelmäßig finden auch Sonderausstellungen zur Geschichte der Region sowie zu Kunst und Volkskunde statt. An der Südseite des Marktplatzes fällt ein markantes Patrizierhaus mit barockem Volutengiebel und reich verzierter Rokokotür auf. Es zeugt von der Blütezeit des Quakenbrücker Speditionshandels und wurde im Auftrag der Kaufmannsfamilie Schröder 1760 erbaut. Ein typisches Quakenbrücker Merkmal - auch am gegenüber liegenden neuen Fachwerkhaus erkennbar - ist die vergoldete Windfahne, auf der ein Segelschiff zu sehen ist. Man verlässt den Markt nun durch die Lange Straße, in der sich sehenswerte Kaufmannshäuser aneinanderreihen. Bald zweigt nach rechts die Kleine Mühlenstraße ab und es eröffnet sich ein Blick auf das geschlossene, leicht geschwungene Fachwerkensemble aus dem frühen 19. Jh. Linker Hand erreicht man die Kleine Mühle, die schon 1235 gemeinsam mit der Großen Mühle dem Bischöflichen Stiftskapitel zur Bewirtschaftung übergeben wurde. Im 1726 errichteten Hauptgebäude, das einst an der Seite der Kleinen Hase ein Wasserrad aufwies, befindet sich noch heute ein Mühlenbetrieb. Man überblickt hier zwei von früher sieben Hasearmen. Zusammen mit den Wällen diente der Fluss der Befestigung der Stadt und prägt noch

▲ Lange Straße

heute das historische Stadtbild entscheidend mit. Der Rundgang führt weiter durch den gegenüber einmündenden Ellerbrock (Erlenbruch). Dann biegt man rechts in die Kreuzstraße ein und hat bald einen schönen Blick über die niedrige Häuserzeile zum Turm der Sylvesterkirche. Die Kreuzstraße geht über in die Goldstraße, von der nach links die Kleine Kirchstraße abzweigt. Auch hier eröffnet sich eine interessante Sicht auf die Sylvesterkirche. Auf der linken Seite der Goldstraße steht das Geburtshaus des Reformators Hermann Bonnus, ein Fachwerkgebäude mit erneuertem Giebel. Gegenüber erblickt man ein Wohnhaus im Stil des Historismus. Am Markt biegt man links ab und gelangt nach kurzer Zeit zur Einmündung der Großen Kirchstraße. Die „gute Stube" Quakenbrücks vermittelt einen schönen Eindruck einer typischen norddeutschen Kleinstadt des 18. Jh. Die kleinen Fachwerkhäuser mit ihren roten Dächern sind unregelmäßig angeordnet und im Hintergrund ragt der imposante Turm der Sylvesterkirche empor, die man am Ende der Straße am kreisrund angelegten Kirchhof erreicht. Der Kern mit den Quergiebeln ist aus dem 13. Jh. erhalten, der Chor mit Maßwerkfenstern wurde im 15. Jh. errichtet. Nach einem Sturm wurde im Jahre 1703 auf den Turm eine schöne Barockhaube aufgesetzt. Der Innenraum der Hallenkirche ist mit spätgotischer Rankenmalerei farbenprächtig gestaltet. Das große Renaissancegestühl ist mit 40 Motiven des bekannten Artländer Drachenmusters verziert, das auch auf Artländer Bauernmöbeln häu-

▲ Sylvesterkirche

fig verwendet wird. Weitere Glanzstücke der umfangreichen Ausstattung sind das beeindruckende Triumphkreuz aus dem 14. Jh. sowie der mittelalterliche Quakenbrücker Palmesel. Nach der lohnenswerten Besichtigung

▲ Hohe Pforte, das letzte erhaltene Stadttor Quakenbrücks

verlässt man die Kirche am Turm vorbei und geht bis zur Kreuzung mit der
Pfaffenstraße. Das Haus Heye wird von einer Inschrift in das Jahr 1655
datiert. Genau gegenüber befindet sich ein weiterer Burgmannshof. Das
1735 errichtete Haus trägt das prächtige Dincklage'sche Wappen. Ganz
am Ende der Pfaffenstraße gelangt man zur ehemaligen Großen Mühle.
Die interessante historische Baugruppe ist um einen baumbestandenen
Hof angeordnet und besteht aus dem einstigen gotischen Mühlengebäude
aus Sandstein, dem Burgmannshof mit Renaissance-Fachwerk und dem
klassizistischen Kontor- und Wohngebäude der später dort untergebrachten
Großgerberei. Wieder zurück an der letzten Kreuzung, folgt man der Alençoner Straße nach links. Ursprünglich hieß diese Straße Große Mühlenstraße, wurde dann jedoch nach der französischen Partnerstadt von Quakenbrück umbenannt. Rechter Hand steht das ehemalige Rektoratshaus
mit einer Utlucht und einem schönen Inschriftbalken. Man überquert nun
die Alençoner Straße schräg zur altdeutschen Gaststätte „Zur Hopfenblüte". Der zweistöckige Fachwerkbau wurde 1661 errichtet. Zur Traufenseite kragt das erste Geschoss vor. In der Langen Straße, der man nach
links folgt, passiert man das im Stil der Neo-Renaissance erbaute, ehemalige Preußische Amtsgericht. Auf seine heutige Nutzung als Finanzamt
verweist auf humorvolle Weise die Skulptur des „armen Steuerbürgers".
Vorbei an malerischen Häusern mit historischen Windfahnen erreicht man
die „Hohe Pforte". Das letzte erhaltene von einst fünf Stadttoren wurde

288

1485 errichtet und im 18. Jh. durch den eleganten Dachreiter ergänzt. Zu dieser Zeit diente das gotische Gebäude als Gefängnis und Uhrturm. Die Schießscharten an der Außenseite waren teilweise auf die ehemalige Zugbrücke gerichtet. Der hier einst vorbeifließende Hasearm diente zusammen mit einem Wall zur Verteidigung der Stadt. In nördlicher Richtung schließt sich an die Hohe Pforte das Stammhaus der Quakenbrücker Familie Heye an. Das Gebäude ist mit einem barocken Volutengiebel geschmückt. Im Oberlicht sind von außen und innen die Initialen des Besitzers zu sehen.

▲ „Zur Börse"
(jetzt „Eimer")

Daneben befindet sich ein sehenswertes Fachwerkensemble aus Alt- und Neubauten. Folgt man an der Kreuzung der St.-Annenstraße nach rechts, erblickt man linker Hand ein schönes Ackerbürgerhaus, das mit Inschriften verziert ist. Danach biegt man rechts in die Deichstraße ein. In dieser alten Ackerbürgerstraße ist teilweise noch die ursprüngliche, einst ländliche Atmosphäre zu spüren. Parallel zur Steubenallee, die nach rechts abzweigt, verläuft eine alte „Umflut". Über diesen einst weitaus breiteren Befestigungsgraben führen einige malerische Brücken. Bevor man die Brücke überquert, sollte man sich eine Pause mit Blick auf die Haseverzweigung gönnen. Die schattige Hasepromenade führt zum Erholungsgebiet „Schützenhof". Über die Brücke betritt man den Stadtpark mit seinem alten Baumbestand, durch den man zur Langen Straße zurückkehrt und dort links abbiegt. Gegenüber dem Rathaus fällt sofort das Haus „Zur Börse" ins Auge. Am farbenprächtigen Giebel erkennt man das typische Drachenmuster. Eine Inschrift bittet um Schutz für Quakenbrück und das Umland: „Beschirm mit mächt'ger Hand o Herr vor Unglück Dir's Haus, dies werte Land unds gute Quakenbrück". Das Gebäude ist das einzige Haus, dessen Ständer im zweiten Stock noch die früher in Quakenbrück typischen halbkreisförmigen Füße tragen. Hier hat man auch wieder den Ausgangspunkt des Rundgangs am Markt erreicht.

▼ Oldenburgische Landesbank

S C H A U E N

Kulturschatz ■ Artland: Über 6000 Fachwerkgebäude und die großen jahrhundertealten Hofanlagen machen das Artland zu einer der bedeutendsten bäuerlichen Kulturlandschaften Deutschlands. Auch die anderen Mitgliedsgemeinden der Samtgemeinde Artland haben viel Sehenswertes zu bieten. In ■ Nortrup zeigt das ■ Kutschenmuseum über 60 Gespannwagen aus verschiedenen Epochen. Die stattlichen Fachwerkhöfe in ■ Badbergen gehören zu den besonderen Attraktionen im Artland. Bei Menslage befindet sich auch die größte ■ Hengstaufzuchtstation Deutschlands. Außerdem ist das ■ Stift Börstel, ein ehemaliges Kloster aus dem 12. Jh., äußerst sehenswert. Die ■ Hase-Ems-Tour ist ein beliebter Radfernweg. Er führt von Melle durch das Artland bis nach Meppen und von dort weiter entlang der Ems über Rheine nach Osnabrück. Der Flusslauf der Hase ist auch für Wasserwanderer attraktiv. Boote können geliehen werden, Schnupperkurse für Einsteiger werden angeboten. Das Naherholungsgebiet rund um den ■ Feriensee und den ■ Stadtwald ist ideal für Wanderungen und Spaziergänge. Die für die Region typischen ■ Hofcafés laden zu einer Pause ein.

ℹ Tourismus-Information, Lange Straße 44, 49610 Quakenbrück, Tel: 05431/907590, Fax: 05431/907276, E-Mail: tourismus.information@ quakenbrueck.de, Internet: www.quakenbrueck.de

S C H L E M M E N U N D S C H L A F E N

🛏 **Bahnhofs-Hotel** Familiär geführtes, renoviertes Hotel. Ein reichhaltiges Frühstück mit hausgemachten Produkten sorgt für einen guten Start in den Tag. Garagen. Bahnhofstraße 35, 49610 Quakenbrück, Tel: 05431/2253, Fax: 05431/8629

🍴🛏 **Hotel-Restaurant Hagspihl** Historisches Haus im Herzen der Altstadt mit gemütlichem Biergarten und neuen, niveauvoll eingerichteten Zimmern. Gute Küche mit Mittags- und Abendkarte. Lange Straße 66, 49610 Quakenbrück, Tel: 05431/2233, Fax: 05431/904297

🍴 **Restaurant Heimatstube** In zentraler Lage in der Altstadt genießt man abwechslungsreiche Küche in nostalgischer Atmosphäre. Innenhofterrasse „Poggenhof". Alençoner Straße 8, 49610 Quakenbrück, Tel: 05431/6676

🛏 **Hotel Niedersachsen** Ruhige, zentrale Lage. Behagliche Zimmer mit Komfort. Fahrradverleih, Terrasse, Abendrestaurant für Hausgäste. St. Antoniort 2, 49610 Quakenbrück, Tel: 05431/9477-0, Fax: 05431/ 9477-20

🍴 **Restaurant Zur Hopfenblüte** In Innenstadtlage bietet das Lokal frische, regionale Gerichte in historischem Ambiente. Lange Straße 48, 49610 Quakenbrück, Tel: 05431/3359

STADE

In der von Wasser umgebenen Altstadt erzählen historische Häuser vom Fachwerk- bis zum Jugendstilgebäude und die alten Häfen aus der maritimen Geschichte der einstigen Hansestadt, die heute kulturelles und wirtschaftliches Zentrum der Region zwischen Elbe und Weser ist.

ANFAHRT

- B 73 Hamburg – Cuxhaven. ■ B 74 aus Richtung Bremen/Bremervörde.
- Bahnhof an der Hauptstrecke Hamburg – Cuxhaven. ■ Fährverbindung (Elbe-City-Jet) von Hamburg.

GESCHICHTE

Bereits im 8. Jh. n. Chr. entwickelte sich auf dem Geesthügel der heutigen Altstadt eine Siedlung mit Markt und Hafen. 994 wurde „Stethu" erstmals schriftlich erwähnt, als Wikinger den Ort plünderten. 1209 erhielt die umwallte Stadt das Stadtrecht. 1279 gab sich Stade in den „Stader Statuten" eine eigene Verfassung in Mittelniederdeutsch. Von 1267 bis 1601 war Stade Mitglied der Hanse und trieb erfolgreichen Handel vor allem mit Holland und Dänemark. Unter schwedischer Herrschaft von 1645 bis 1672 wurde Stade Verwaltungszentrum, Landesfestung und Garnisonsstadt und blieb auch unter hannoverscher Herrschaft zwischen 1715 und 1866 Verwaltungssitz und Festung. Ein großer Stadtbrand zerstörte 1659 die Stadt zu über zwei Dritteln. 1866 erfolgte die Annexion durch Preußen und die Aufgabe der Festung. 1880/81 wurde der Neue Hafen angelegt und die Festungswerke abgebrochen, die Stadt wuchs über ihre mittelalterlichen Grenzen hinaus. Weitere wichtige Impulse gab der Anschluss an das Eisenbahnnetz im Jahr 1881. Ab 1910 erfolgten mehrere Eingemeindungen. 1932 wurde Stade Kreisstadt

▲ Blick auf Stade

des Großkreises Stade. Nach 1945 musste die Stadt ca. 12000 Flüchtlinge aufnehmen und ließ neue Wohnsiedlungen und Industriegebiete erschließen. 1972 begann man mit der Innenstadtsanierung. 1978 erfolgte die Verlegung der Bezirksregierung nach Lüneburg, 1994/95 der Abzug der Bundeswehr. Die Kaserne wurde daraufhin zum neuen Stadtteil Ottenbeck umgestaltet. Heute hat Stade ca. 46000 Einwohner und ist durch Partnerschaften mit Städten in Schweden, Polen, Israel und den USA verbunden.

RUNDGANG DURCH DEN HISTORISCHEN STADTKERN

① Der Rundgang beginnt am in der Mitte des 13. Jh. angelegten Hansehafen (Alter Hafen), der damit die älteste maritime Anlage der Stadt ist. Der Hafen wird gesäumt von schmucken Bürgerhäusern aus dem 17. Jh., insbesondere entlang des Straßenzuges Wasser West. Als besonders mächtiges

② Gebäude fällt der Schwedenspeicher auf. Das ehemalige schwedische Proviantshaus ist ca. 41 m lang, 16 m breit und fast 20 m hoch und erhebt sich an der Wasserseite auf Pfählen. Im Schwedenspeicher dokumentiert ein Museum auf vier Stockwerken (Zinnfigurenausstellung, archäologische Sammlung, Stadt- und Umlandgeschichte in Mittelalter und Neuzeit sowie Wechselausstellungen zu Kunst und Geschichte) die Geschichte des Elbe-Weser-Gebietes. Gegenüber vom Schwedenspei-

▼ Baumhaus-Museum

③ cher zeigt das private Baumhaus-Museum die liebevoll zusammengestellte Sammlung „Alt-Stade" mit Exponaten rund um Stade vom 18. bis 20. Jh. Der Name des 1774/75 errichteten Fachwerkhauses geht auf seine ehemalige Nutzung zurück. Einst konnte der Alte Hafen durch einen Baum, d. h. einen über das Wasser gedrehten Holzstamm verschlossen werden. Der Hafenmeister hatte nicht nur den Hafenbetrieb zu beaufsich-

▼ Der Alte Hafen mit Elbewer-Willi und Schwedenspeicher (rechts)

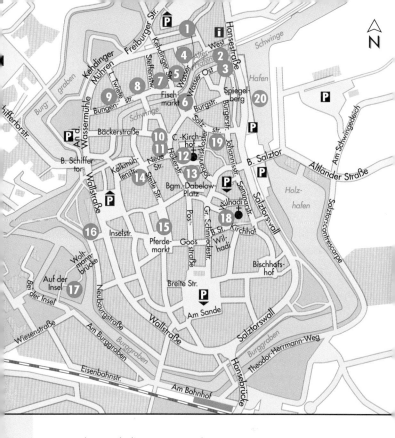

tigen, sondern auch diesen Baum zu bedienen. Daher wurde sein Dienstsitz als „Baumhaus" bezeichnet. Am Straßenzug Wasser West zieht das **Bürgermeister-Hintze-Haus** besonders die Blicke auf sich. Das ursprünglich als Kaufmannshaus errichtete Gebäude wurde 1621 mit einer Fassade im Stil der Weserrenaissance versehen. Nach dem Abbruch 1930 wurde nur die Fassade wieder aufgebaut. Die Häuserzeile wird überragt vom höchsten Fachwerkhaus der Straße, dem **Kunsthaus Stade**. Auf die ursprüngliche Nutzung des 1667 errichteten Fachwerkbaus als Kaufmanns- und Speicherhaus weisen die Kranbalken und Speichertore in den oberen Etagen hin. Heute werden hier wechselnde sehenswerte Ge-

▼ Bgm.-Hintze-Haus

mäldeausstellungen präsentiert. An den Alten Hafen schließt sich der Fischmarkt an, der ebenfalls von schmucken Fachwerkhäusern umrahmt wird. Alte Hafeneinrichtungen wie der Holzkran und die Stadtwaage dominieren den Platz. Der Holzkran wurde 1977 hier aufgestellt und ist eine Rekonstruktion des Originals von 1661. Im Holzkran ist das Informationszentrum zur Stader Hafen- und Schifffahrtsgeschichte untergebracht. Vom Fischmarkt überquert man das Hafenbecken bzw. die Schwinge und biegt nach links in die Bungenstraße ein. An der Ecke Bungenstraße/

▲ **Dreigeschossiges
Traufenhaus**

Kehdinger Straße steht das Kramerhus, das von einer Seidenkrämerfamilie erbaut wurde. Bei der Restaurierung des Hauses konnten im Obergeschoss eine Stuckdecke und Deckenmalereien aus dem 17. Jh. freigelegt werden. Ein Stück nach der Einmündung der Steffenstwiete erreicht man das Senatorenhaus. Das ursprüngliche Fachwerkgiebelhaus wurde Ende des 19. Jh. im Auftrag des Senators Hermann August Borcholte mit einer Renaissancefassade versehen. Gleich daneben befindet sich Knechthausen. Die historische Gaststätte ist untergebracht im Gildehaus der Brauereiknechte, die bei der schlimmen Pestepidemie die Toten zu Grabe trugen und daher das Monopol des Totentragens erhielten. Im Winter

▼ **Blick auf den Fischmarkt mit Holzkran**

brauten sie das traditionelle Eierbier, eine Stader Spezialität aus mit Zitronenschalen und Ingwer abgeschmecktem, erhitztem Bockbier, das mit schaumig geschlagenen Eiern und Zucker vermischt wird. Knechthausen ist heute noch geöffnet. Am Ende der Bungenstraße folgt man der Straße An der Wassermühle nach links. Gleich danach biegt man links in die Bäckerstraße ein. Hier richtete der große Stadtbrand keinen Schaden an, so dass viele Häuser aus dem 16. Jh. erhalten blieben. Überwiegend handelt es sich um schlichte Fachwerkgiebelhäuser, die teilweise mit Knaggenfiguren wie König David, dem Apostel Petrus und dem Heiligen Martin verziert sind. Man überquert die Schwinge und gelangt kurz vor dem Ende der Straße zum um 1590 errichteten Dreigeschossigen Traufenhaus, das zu den schönsten Fachwerkgebäuden der Stadt zählt und mit der Traufenseite zur Straße gewandt ist. Die Fußstreben der Ständer beider Obergeschosse sind mit 26 unterschiedlich geschnitzten Halbsonnen verziert. Nun folgt man der Hökerstraße nach rechts. Die Hauptgeschäftsstraße der Altstadt wird gesäumt von Häusern unterschiedlicher Stilrichtungen, die von altem Fachwerk bis zum Jugendstil reichen. Bis in das 17. Jh. hieß die Einkaufsmeile „Krämerstraße" und war ein bei Kaufleuten beliebtes Wohnviertel. Das Hökerhus (Hs. Nr. 29) mit seiner reich verzierten Fassade ist das am geschlossensten erhaltene spätmittelalterliche Kaufmannshaus in Stade. Es wurde vom großen Stadtbrand verschont und weist noch den typischen Grundriss des 14./15. Jh. auf. Schräg gegenüber erhebt sich die Kirche St. Cosmae et Damiani. Das Gotteshaus entstand im 13. Jh. als spätromanische Saalkirche und wird dominiert von seinem beeindruckenden achteckigen Vierungsturm. 1668/73 bauten Berend Huss

▲ Kloster mit Kirche
St. Cosmae

und sein Geselle Arp Schnitger die bis heute erhaltene Orgel ein. Am sich anschließenden Bürgermeister-Dabelow-Platz befindet sich das Rathaus. Das ursprüngliche gotische Gebäude wurde vor 1279 errichtet, jedoch beim großen Stadtbrand bis auf die Kellergewölbe zerstört, auf denen 1667/68 das heutige Rathaus im Übergangsstil von der Renaissance zum Barock entstand. Man kehrt zurück zur Kreuzung vor der Kirche St. Cosmae et Damiani und geht links durch die Neue Straße weiter. Durch das Hahnentor betritt man die Kalkmühlenstraße. Der Name wurde abgeleitet vom „Hahnensitz" der Wohnung oberhalb der Tordurchfahrt. Eine Inschrift datiert das Traufenhaus auf das Jahr 1658. Die Steile Straße führt nach links weiter zum Pferdemarkt mit dem Zeughaus. Auf dem Grundstück der Kirche St. Georg (12. Jh.) errichteten die Schweden von 1697 bis 1699 ihr Waffenarsenal als Holzständerbau, nachdem Planungen für einen Neubau bereits 1666 begonnen hatten. Während das Innere mehrfach um-

gestaltet wurde, sind am zum Pferdemarkt hin gerichteten Portal aus schwedischer Zeit die Königskrone, Kriegsembleme und das Mongramm CXII im Giebeldreieck zu sehen. Im Untergeschoss fand der Bremer Erzbischof Gottfried von Arnsberg, der 1363 in Stade verstarb, seine letzte Ruhestätte. Durch die Inselstraße, die in Richtung Burggraben führt, gelangt man zum Heimatmu-

▲ Zeughaus

seum, das in einem 1904 errichteten Haus untergebracht ist. Die volkskundliche Sammlung aus dem alten Regierungsbezirk Stade umfasst u. a. Trachtengruppen, bürgerliche und bäuerliche Haus- und Arbeitsgeräte, Gold- und Silberschmuck aus der Stader Geest sowie Bilder und dokumentiert die Geschichte des Stader Blaudrucks. Auf dem ehemaligen Bleicher-Ravelin im Burggraben liegt das Freilichtmuseum auf der Insel, das zu den ältesten seiner Art in Deutschland gehört. Zu sehen sind dort ein Geestbauernhaus aus Varel bei Scheßel von 1871, ein Altländerhaus aus Huttfleth, eine Bockwindmühle aus Rethmar (1632) und ein Göpelwerk aus dem 17. Jh. Zum Museumsdorf gehören außerdem eine Altländer Prunkpforte aus Twielenfleth von 1791, ein Steinbackofen, ein Immenschauer (Unterstand für Bienenkörbe) sowie ein Ziehbrunnen. Der Burggraben gehörte einst zu den schwedisch-hannoverschen Befestigungsanlagen. Heute laden die parkähnlich gestalteten Wallanlagen, die 10 ha Grün- und 10 ha Wasserfläche umfassen, zu Spaziergängen ein. Am Ende des Burggrabens entstand 1880 der Holzhafen, in dem die aus Skandinavien importierten Baumstämme im Wasser gelagert wurden. Auf bekanntem Weg kehrt man durch die Inselstraße zurück zum Pferdemarkt und geht dort geradeaus weiter durch die Straßen Goos und Bei St. Wilhadi. Dabei überquert man die Große Schmiedestraße, in der ursprünglich die

Grobschmieder wohnten. Für die später hier ansässigen Offiziere und Verwaltungsbeamten entstanden die repräsentativen Fachwerkhäuser. Die (18) Kirche St. Wilhadi wurde benannt nach dem Bischof Willehad des Bistums Bremen. Die dreischiffige gotische Hallenkirche wurde in der ersten Hälfte des 14. Jh. erbaut. Der gedrungene, wuchtige Turm brannte vier Mal ab. Nach dem letzten Brand im Jahr 1724 wurde ein Stockwerk abgetragen und ein kleines Zeltdach aufgesetzt. Durch die hinter der Kirche verlaufende (19) Seminarstraße erreicht man das St. Johanniskloster. Im 13. Jh. wurde ein Franziskanerkloster gegründet, dessen Gebäude nach der Reformation und dem Stadtbrand als Armenhaus wieder errichtet wurden. Im Innenhof sind Rekonstruktionen der bei Grabungen gefundenen Pfeilerreihen, Außenmauern und Gurtbögen der ehemaligen Klosterkirche zu sehen. Für den Rückweg zum Ausgangspunkt des Rundgangs am Alten Hafen bieten sich nun zwei Alternativen an. Durch die Salzstraße erreicht man wieder den Fischmarkt am Alten Hafen, entlang an weitgehend erhaltenen Fachwerkgiebelhäusern aus dem 17. Jh. Im Mittelalter wurde auf der Salzstraße Salz von Lüneburg zum Stader Hansehafen transportiert. Eine ebenso reizvolle Route führt durch die Johannis- und die Bürgerstraße zum Spiegelberg, von dem man einen herrlichen Ausblick auf den Stadthafen genießen kann. Kleine Gassen und alte Fachwerkhäuser versprühen das Flair vergangener Tage. Bis in das 13. Jh. befand sich hier die Burg (20) der Stader Grafen. Der Stadthafen wurde 1880 angelegt. Heute stellt der Hafen zusammen mit der Salztorsvorstadt ein kulturelles Zentrum dar, das sowohl die maritime Tradition Stades aufrechterhält als auch moderne Unterhaltung bietet. Im Stadthafen liegt auch das Kultur- und Museumsschiff Greundiek. Das noch weitgehend im Originalzustand erhaltene Schiff ist seit 2001 wieder

▲ Kirche St. Wilhadi

seetüchtig und besucht als Botschafterin der Maritimen Landschaft Unterelbe die Häfen der Region, aber auch Städte an der Ostsee. Das technische Kulturdenkmal wird im Sommer für Ausflugsfahrten genutzt und dient in unregelmäßigen Abständen als Schauplatz für Kulturveranstaltungen und Ausstellungen. Durch die Burgstraße kommt man über den Fischmarkt zurück zum Alten Hafen.

SCHAUEN

Zu den sehenswerten Museen in Stade gehören auch das ■ Patenschafts-museum Goldap/Ostpreußen und das ■ Technik- und Verkehrsmuseum. Die Stader wissen zu feiern, u. a. beim ■ Altstadtfest, beim ■ Shantychor-Festival und beim ■ Kulturfestival „Holk-Fest". Nordwestlich von Stade lohnt die ■ Festung Grauerort, ein typisch preußisches Hochwallfort, einen Besuch. Heute finden in der 1869-1879 erbauten Anlage Kulturveranstaltungen statt. Vor den Toren von Stade beginnt das ■ Alte Land, das größte geschlossene Obstanbaugebiet Deutschlands. Zwischen den Obstwiesen gibt es hübsche Kirchen im Bauernbarock, reich verzierte Fachwerkhäuser und historische Windmühlen zu entdecken. Die ■ Stader Geest ist eine herrliche Landschaft mit weiten Wäldern, stillen Hochmooren und idyllischen Bächen und Teichen. Wem der Sinn nach Großstadtleben steht, erreicht mit dem Elbe-City-Jet schnell die Hansestadt ■ Hamburg.

i STADE Tourismus-GmbH, Tourist-Information am Hafen, Hansestraße 16, 21682 Stade, Tel: 04141/ 409170, Fax: 04141/409150, E-Mail: info@stade-tourismus.de, Internet: www.stade-tourismus.de

SCHLEMMEN UND SCHLAFEN

‖ **Altstadt Café** Beliebter Treffpunkt im Hökerhus mit Terrasse. Mit einem reichhaltigen Frühstück, täglich wechselnden Mittagsgerichten oder bei Kaffee und Kuchen kann man sich während dem Stadtbummel stärken. Hökerstraße 29, 21682 Stade, Tel/Fax: 04141/44377

‖ **Restaurant „Der Alte Schwede"** In gemütlicher Atmosphäre werden deutsche Hausmannskost sowie schwedische und norddeutsche Spezialitäten (natürlich auch Fisch und Elch) serviert. Sattelmacherstraße 10, 21682 Stade, Tel/Fax: 04141/3633

‖ **Insel Restaurant** Im historischen Fachwerkhaus mit bäuerlichem Kaffeegarten genießt man gutbürgerliche bis gehobene deutsche Küche sowie Fisch- und Steakspezialitäten. Auf der Insel, 21680 Stade, Tel: 04141/2031, Fax: 04141/47869

‖▄ **Parkhotel Stader Hof** First-Class-Hotel direkt am Kultur- und Kongresszentrum STADEUM. Komfortable Zimmer und Suiten, Dampfbad, Fahrradverleih. Gepflegte Gastronomie im stilvollen Restaurant „Theatro". Schiffertorsstraße 8, 21682 Stade, Tel: 04141/499-0, Fax 04141/499-100

‖▄ **Hotel & Restaurant Vier Linden** Familiär geführtes, ruhig gelegenes Hotel mit behaglichen Komfortzimmern, Sauna, Solarium und Kegelbahnen. Der Küchenchef zaubert gehobene kulinarische Köstlichkeiten. Schölischerstraße 63, 21682 Stade, Tel: 04141/92702, Fax: 04141/2865

UELZEN

Die mittelalterliche Stadt im Herzen der Lüneburger Heide besitzt neben gotischen Bauwerken, neuzeitlichen Fachwerkhäusern und modernen Gebäuden seit dem Jahr 2000 mit dem Hundertwasser-Bahnhof ein architektonisches Highlight und wohl einen der schönsten Bahnhöfe der Welt.

ANFAHRT

■ B 4 Lüneburg – Gifhorn. ■ B 71 von Soltau und Salzwedel. ■ B 191 von Dannenberg (Elbe) bzw. Celle. ■ Bahnhof mit IC- und metronom-Anschluss.

GESCHICHTE

Als Keimzelle der Stadt Uelzen kann ein um 973/74 im heutigen Oldenstadt gegründetes Kanonissenstift angesehen werden. Erstmals urkundlich erwähnt wurde „Ulishusun" im Jahr 1006. Kurz vor 1266 löste sich die Bürgerschaft aus dem Dienstverhältnis zum Bischof und gründete westlich des Klosters eine neue Siedlung (Uelzen), während der Klosterort als „tor olden stat" (Oldenstadt) bestehen blieb. 1270 erhielt Uelzen das Stadtrecht. Infolge des Lüneburger Erbfolgekrieges befestigte sich die Stadt mit Wall, Graben und Stadtmauer. 1347 wurde Uelzen erstmals als Mitglied der Hanse genannt. In den folgenden Jahrhunderten hatte Uelzen nicht nur unter den Folgen mehrerer Kriege (Hildesheimer Stiftsfehde 1519, Dreißigjähriger Krieg 1635, Siebenjähriger Krieg 1757) zu leiden, sondern wurde auch mehrfach von Pest- und Ruhrepidemien heimgesucht. 1527 wurde die Reformation durchgeführt. In den Jahren 1639 bis 1643 wurde die Stadt zum Schutz vor weiteren feindlichen Angriffen zu einer Festung mit Bastionen und Schanzen ausgebaut, doch bereits 1646 erlitt Uelzen durch einen Stadtbrand einen schweren Rückschlag und wurde zum unbedeutenden Landstädtchen. 1788 schleifte man die Festungen und schüttete die Stadtgräben zu. Von 1810 bis 1813 kam Uelzen zum Königreich Westfalen. 1847 erfolgte der Anschluss an das Eisenbahnnetz. 1884 wurde Uelzen

▲ **Schloss Holdenstedt**

Kreisstadt des aus den Ämtern Oldenstadt und Medingen gebildeten Kreises, während Oldenstadt Amtssitz des preußischen Landrates wurde. Im Zweiten Weltkrieg fügten Bombenangriffe der Stadt schwere Zerstörungen zu, der Wiederaufbau erfolgte ab 1947 unter Beibehaltung des alten Stadtgrundrisses. Heute hat die Kreisstadt ca. 38000 Einwohner.

RUNDGANG DURCH DEN HISTORISCHEN STADTKERN

1 Der Rundgang beginnt am Hundertwasser-Bahnhof, der für viele Uelzener und Besucher zu den schönsten Bahnhöfen der Welt gehört und am 25./ 26.11.2000 offiziell eröffnet wurde. Friedensreich Hundertwasser erlebte dieses Ereignis leider nicht mehr mit, er war am 19.2.2000 verstorben. Der Künstler fügte in das 1887 errichtete Bahnhofsgebäude für seine Architektur typische Elemente wie goldene Kugeln, farbige Säulen und die Glaskuppel auf dem Dach ein und lockerte es durch Emporen, Lichthöfe und Pflanzen sowie durch uneben verlegte Pflastersteine, fließende, unregelmäßige Formen und farbenprächtige Mosaike auf. Mit der Fotovoltaikanlage auf dem Bahnhofsdach und den Bahnsteigdächern sowie der Dachbegrünung eines Wartehäuschens verbindet die Anlage künstlerische Kreativität mit ökologischen Ansprüchen. Der Umwelt- und Kulturbahnhof beherbergt neben dem Reisezentrum der Deutschen Bahn verschiedene Läden und ein Restaurant. Man verlässt das markante Gebäude über den Friedensreich-Hundertwasser-Platz und geht am ehemaligen Bahnpostamt, heute Veranstaltungsort für wechselnde Kunstausstellungen, entlang, bis eine rote

▲ „Hundertwasser-Bahnhof Uelzen"

Stele sowie rote Platten im Pflaster den Weg in die Stadt weisen. Auf der Kulturmeile der Bahnhofstraße passiert man nun Skulpturen verschiedener

2 Künstler. Rechter Hand erblickt man das Kaiserliche Postamt von 1896, in dessen Giebel der preußische Adler als Mosaik dargestellt ist. Das moderne Post- und Telekomgebäude nebenan bildet einen interessanten Gegensatz dazu. Man überquert die Ringstraße, die dem Verlauf des historischen Stadt-

3 grabens folgt. Links vor dem 1852 errichteten Fachwerkbau, in dem einst die erste Uelzener Bürgerschule untergebracht war, erstreckt sich ein freier Platz, der Uelzener Stadtgarten. Bald erreicht man die Fußgängerzone. An der Fassade der Sparkassen-Geschäftsstelle ist das „Historische Siegel der Stadt Uelzen" zu sehen, eine Kupferarbeit von Klas Tilly aus dem Jahr 1979.

4 Ein Stück weiter in Richtung Marktplatz fällt das 1647 errichtete Tuchmacherhaus vor allem durch seinen weinroten Anstrich, aber auch durch seinen reich verzierten Giebel und die regionaltypischen Utluchten auf.

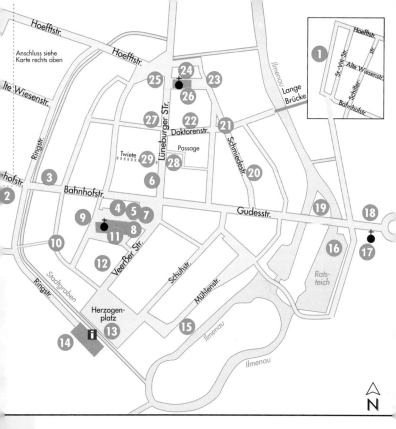

Daneben verdient die prächtige Fachwerkfassade der Ratsweinhandlung Beachtung. Das „Nige Hus" wurde um 1500 im Auftrag des Rats der Stadt als Ratskeller und Tanzhaus erbaut, der im Keller Bier und Wein lagerte. Das Erdgeschoss und der Staffelgiebel an der Rückseite wurden beim Stadtbrand 1646 verschont. Die reich geschmückte Renaissancefassade und das Obergeschoss wurden im Zuge des Wiederaufbaus bereits ein Jahr später errichtet. Man sollte unbedingt auch die Balkeninschriften mit tiefsinnigen Sprüchen lesen, beispielsweise „Die Trunkenbolden werden das Reich Gottes nicht ererben." Durch den Arkadengang des Alten Rathauses gelangt man zur zentralen Kreuzung der Stadt, an der drei große Marktstraßen zusammentreffen. In der nach links abzweigenden Lüneburger Straße sollte man einen Blick auf eine gut erhaltene Fachwerkzeile werfen, die in der Zeit des Wiederaufbaus nach 1646 entstand. Das Alte Rathaus, an dessen Eingangsfront man nun entlanggeht, ist ein im Kern gotischer Backsteinbau, der 1789/90 in spätbarocken Formen umgestaltet wurde. Über dem klassizistischen Portal sind vergoldete Lettern angebracht, die an die Verleihung der Stadtrechte 1270 erinnern. An der Rathaus-Südseite ehrt ein 1970 von Georg Münchbach geschaffenes Bronzerelief den Komponisten Friedrich Kuhlau, der 1786 in Uelzen geboren wurde und 1832 als „dänischer Hofkompositeur" verstarb. Bevor man zum Uhlenköperdenkmal weitergeht, sollte man unbedingt einen Blick auf die Dachtraufe des Hohen Chores der St.-Marien-Kirche werfen. Der einzigartige Fries aus glasierten Terrakottafiguren stellt eine Marien-krönung zwischen Heiligenfigu-

⑧ ren und Engeln dar. Das Uhlen-köperdenkmal bezieht sich auf die Geschichte des „Uhlen-köpers", der die Eulen im Sack kaufte. Die Bronzeskulptur wur-de im Jahr 1967 vom Möllner Bildhauer Karlheiz Goedtke ge-schaffen. Es soll Glück bringen, das blanke Geldstück zu berüh-ren! Der Rundgang führt nun weiter über den Kirchplatz, den Schauplatz des traditionellen

▲ Ratsweinhandlung

Uelzener Weinmarkts. Man passiert die Herzog-Ernst-Eiche, die 1897 zum Gedenken an Ernst den Bekenner gepflanzt wurde. Der in Uelzen geborene

⑨ Herzog führte im Fürstentum Lüneburg die Reformation ein. Die Propstei wurde im 15. Jh. mit einem Backsteingiebel versehen, dessen glasierte Backsteine in der Sonne leuchten. Linker Hand erblickt man Reste der einst

⑩ über 1,3 km langen Stadtmauer. Gegenüber der Propstei erhebt sich die
⑪ St.-Marien-Kirche mit der 1350 gestifteten Ellerndorfkapelle. Das imposante Gotteshaus entstand in drei Bauabschnitten zwischen dem 13. und 14. Jh. Die Weihe und die Erhebung zur Pfarrkirche erfolgten bereits 1292. Im Eingangsbereich unter dem 82 m hohen Kirchturm ist in einer Wandnische das Wahrzeichen der Stadt zu sehen, das „Goldene Schiff". Herkunft, Alter und einstige Verwendung des Kunstwerkes konnten nicht eindeutig geklärt werden, doch vermutlich handelt es sich um ein ehemaliges Reliquiar. Im Innenraum der Kirche sind noch viele weitere sakrale Kunstschätze zu bewundern. Man geht nun zurück zur Veerßer Straße und folgt dieser nach

⑫ rechts. Auf der rechten Seite erblickt man das Gildehaus. Das gotische Backsteinhaus mit seiner gegliederten Fassade wurde in der ersten Hälfte

⑬ des 15. Jh. erbaut. Über den weitläufigen Herzogenplatz, auf dem einst ein Wirtschaftshof des Landesherrn lag, gelangt man zum 1997 eingeweihten

⑭ Neuen Rathaus, in dem auch die Stadt- und Touristinformation untergebracht
⑮ ist. Der Rundgang führt weiter durch die Mühlenstraße. Die Schaumannsche Villa wurde 1927 für die Mutter der Schriftstellerin und Bildhauerin Ruth

Schaumann errichtet. Der auffallende Backsteinbau wurde in den Verlauf der östlichen Stadtmauer integriert. Über das Mühlenwehr erreicht man den ⑯ Ratsteich, der zu Beginn des Dreißigjährigen Krieges als Teil der Befestigungsanlagen aufgestaut wurde. Auf dem Weg zur Gertrudenkapelle passiert man zwei Denkmäler zur Erinnerung an den Aufstand vom 17.6.1953 und ⑰ an die deutsche Wiedervereinigung 1990. Die Gertrudenkapelle wurde am Anfang des 16. Jh. errichtet und diente sowohl als Gotteshaus als auch als Herberge für Reisende, die die Stadt erreichten, als die Tore bereits geschlossen waren. Am Hammersteinplatz erinnert das 2001 hierher versetzte ⑱ Hammerstein-Denkmal an Christian Freiherr von Hammerstein, der 1850 den Landwirtschaftlichen Provinzialverein ins Leben rief. Von der Flutmuldenbrücke am Ratsteich genießt man einen schönen Blick in die Parkanlagen der Ilmenau-Aue, einem beliebten Erholungsgebiet. Der Rundgang führt nun wieder zurück in Richtung Innenstadt. Rechter Hand erblickt man das kleine ⑲ alte Torwärterhaus, bevor man hinter einem stattlichen, um 1827 errichteten ⑳ Fachwerkhaus die Gudesstraße erreicht. Durch die Schmiedestraße, in der sich Fachwerkhäuser aus der Zeit nach 1826 mit einigen schönen Portalen ㉑ aneinanderreihen, gelangt man zum Schnellenmarkt. Auf dem einzigen Platz der Altstadt fanden bis in das 20. Jh. hinein Töpfermärkte statt. Ein kleiner Abstecher lohnt sich nach links in die Doktorenstraße zu einem zwar ㉒ nicht mehr gut erhaltenen, aber geschichtsträchtigen Fachwerkhaus, von dem der Stadtbrand 1826 ausging. Der damalige Bewohner wurde damals zu Unrecht der Brandstiftung bezichtigt. An der Ostseite des Schnellenmarktes ㉓ steht ein zweistöckiges Fachwerkhaus, das in der zweiten Hälfte des 18. Jh. als Teil eines Adelshofes innerhalb der Stadtbefestigung erbaut wurde. Der Rundgang führt weiter durch eine sog. Twiete, eine schmale, namenlose Brandgasse. An ihrer

▲ Altes Rathaus

Richtung Innenstadt gelegenen Seite verbirgt sich hinter der jüngeren Fassade ㉔ ein dreigliedriges Gebäude, das älteste Fachwerkhaus der Stadt. An der ehemaligen Stirnseite des 1594 errichteten Gebäudes ist noch ein mit Schnitzereien verzierter Eckständer aus der Bauzeit zu erkennen. Der Brunnen im Hof des Hauses stammt aus dem späten Mittelalter und wurde bei Ausgrabungen der Stadtarchäologie freigelegt und wiederhergestellt. Den westlichen

303

Abschluss des Hofes bildet ein Neubau, der den Dimensionen der mittelalterlichen Bebauung angepasst wurde. Der Uelzener Hof, ein stattlicher
Fachwerkbau, wurde 1647 im Auftrag eines Stadtarztes erbaut. Gegenüber
steht die Heiligen-Geist-Kapelle. Der 1321 erstmals erwähnte gotische
Bau war einst Teil eines Hospitals mit Pilgerherberge. Der Chor wurde im
Jahr 1470 angebaut. Im Inneren sollte man sich die farbenprächtigen Glasfenster ansehen, die um 1420 für die gotische St.-Viti-Kapelle geschaffen
und im 19. Jh. hier eingesetzt wurden. Folgt man nun der Lüneburger Straße
nach links, sollte man an der Einmündung der Hospitalstraße auf ein etwas
unscheinbares, kleines Fachwerkhaus achten, das 1596 erbaut wurde und
damit eines der ältesten Bürgerhäuser der Stadt ist. Es überstand die Stadtbrände unbeschadet. Auf der linken Seite befindet sich das rekonstruierte
Hotel „Stadt Hamburg", das ursprünglich aus dem Jahr 1826 stammt und
vom hannoverschen Baumeister Georg Laves entworfen wurde. Hier pflegte
der König von Hannover auf dem Weg zur Hofjagd in der nahe gelegenen
Göhrde einst eine Rast einzulegen. Man setzt den Rundgang nun fort durch
die gegenüberliegende Hannemannsche Twiete und quert dabei den Hof
einer ehemaligen Brauerei. An der Achterstraße hält man sich links und kehrt
durch die Bahnhofstraße zurück zum Hundertwasser-Bahnhof.

SCHAUEN

Der ■ Weinmarkt findet alljährlich nach Pfingsten statt und wird traditionell von der Deutschen Weinkönigin eröffnet. Am westlichen Uelzener Stadtrand liegt der ■ Stadtwald mit gut ausgebauten Rad- und Wanderwegen und einem reizvollen ■ Wildgatter. Das im 18. Jh. als Herrenhaus erbaute ■ Schloss Holdenstedt beherbergt heute das ■ Heimatmuseum Uelzen und ist Austragungsort der alljährlichen „Holdenstedter Schlosswochen", einem Klassikfestival im August/September. Äußerst sehenswert ist auch die ■ Klosterkirche Oldenstadt. Badespaß bietet der 9 ha große ■ Oldenstädter See mit Grillhütte, Spielplatz und historischem Rauchhaus, das für Feste gemietet werden kann. Nördlich von Uelzen liegt der Kurort ■ Bad Bevensen, der neben der Jod-Sole-Therme und einem malerischen Kurpark mit Sonnenuhrgarten auch einen schmucken Ortskern besitzt. Rund um Uelzen kann man die herrliche Landschaft der ■ Lüneburger Heide erkunden. Zu den schönsten Gebieten zählt die ■ Ellerndorfer Wacholderheide mit einem außergewöhnlich großen Wacholderbestand. Typische historische Bauernhöfe dieser Region zeigt das ■ Landwirtschaftsmuseum Lüneburger Heide in Hösseringen, schöne Mühlen das ■ Handwerksmuseum Suhlendorf.

i Stadt- und Touristinformation, Rathaus, Herzogenplatz 2, 29525 Uelzen, Tel: 0581/800-442, Fax: 0581/800-100, E-Mail: tourismusinfo@stadt.uelzen.de, Internet: www.uelzen.de

SCHLEMMEN UND SCHLAFEN

Brasserie, Restaurant & Café Bon Jour Beliebter Treffpunkt am neuen Rathaus mit schöner Terrasse. Gutbürgerliche, regionale Küche, frische französische Gerichte sowie hausgemachte Kuchen und Eisspezialitäten. Veerßer Straße 14/Am Herzogenplatz, 29525 Uelzen, Tel: 0581/3896659

Hotel Deutsche Eiche In ruhiger Lage mit modern ausgestatteten Zimmern. Die regionalen und Saisonspezialitäten werden mit frischen Produkten zubereitet. Garten, Terrasse, Hotelbar. Soltauer Straße 14, 29525 Uelzen, Tel: 0581/90550, Fax: 0581/74049

Hotel-Restaurant Meyers Gasthaus Familiär geführtes Haus im Stadtteil Hanstedt mit gepflegten Gästezimmern. Die Küche bietet regionale und internationale Spezialitäten. Wochenend-Arrangements. Hanstedter Str. 4, 29525 Uelzen, Tel: 05804/9750, Fax: 05804/975400

Hotel Stadt Hamburg Traditionsreiches Hotel im Herzen der Stadt mit komfortablen Zimmern (auch behindertengerecht). Reichhaltiges Frühstücksbüffet mit Naturkost- und Diabetikerbereich. Lüneburger Straße 4, 29525 Uelzen, Tel: 0581/90810, Fax: 0581/9081188

VERDEN (ALLER)

Ein Rundgang durch die „Reiterstadt" an der Aller macht die Vergangenheit auf Schritt und Tritt erlebbar. Mitten im Stadtwald kann man sogar eine Dünenlandschaft entdecken! Die reizvolle Umgebung der alten Bischofsstadt, insbesondere das Allertal, gilt als Paradies für Radler.

ANFAHRT

■ A 27 Bremen – Walsrode. ■ B 215 von Nienburg (Weser) bzw. Rotenburg (Wümme). ■ IC-Station an der Strecke Hannover – Bremen.

GESCHICHTE

Der Stadtname Verden enthält das alte Wort „Furt" und weist auf den Flussübergang hin, der bereits seit urgeschichtlichen Zeiten von Händlern genutzt wurde. 782 hielt Frankenkönig Karl ein Strafgericht, das „Verdener Blutgericht", über die Sachsen ab. Um 800 wurde das Bistum Verden gegründet. Unabhängig vom „Süderstadt" genannten Bischofssitz entwickelte sich die Kaufmannssiedlung „Norderstadt" rund um das heutige Rathaus zu einer selbständigen Stadt mit eigenen Stadtrechten. Die separate Entwicklung zeigte sich auch im Bau der Stadtmauern um die Norderstadt (1210) und die Süderstadt (1371). Die erste urkundliche Erwähnung als „Stadt Verden" erfolgte 1192 in einem Kaiserprivileg. 1406 wurde Verden Freie Reichsstadt. Nach dem Dreißigjährigen Krieg fiel das Bistum Verden durch den Westfälischen Frieden von 1648 an die schwedische Krone und wurde Garnisonsstadt (bis 1994). Erst 1667 wurden die beiden Stadtteile Norder- und Süderstadt vereinigt. Ab 1719 gehörte Verden zum Kurfürstentum Hannover. 1847 erfolgte der Bau des Bahnhofs. 1866 kam Verden zu Preußen.

▲ Fohlen in der
   Fußgängerzone

Seit den 1930er-Jahren wird Verden als „Reiterstadt" bezeichnet. 1930 fand zum ersten Mal ein großes Reit- und Fahrturnier statt, drei Jahre später wurde die Galopprennbahn eingeweiht, auf der heute bedeutende Turniere stattfinden. 1947 wurde die Hannoversche Reit- und Fahrschule gegründet, ein Jahr später fand die erste Elite-Auktion Hannoverscher Warmblutpferde statt. An der Weltausstellung EXPO 2000 war Verden als „Zentrum der Tierzucht" sowie mit einem Projekt im Holzheizwerk beteiligt. Heute leben in der „Reiterstadt" ca. 28000 Menschen.

RUNDGANG DURCH DEN HISTORISCHEN STADTKERN

① Der Rundgang beginnt im Herzen der Reiterstadt am Rathaus, in dem auch die Tourist-Information untergebracht ist. Das Gebäude mit seiner Barockfassade wurde in den Jahren von 1729 bis 1733 errichtet. Im Zuge eines Umbaus 1903/05 erhielt das Rathaus seinen charakteristischen Turm im Stil des Historismus. Trotz seines krassen stilistischen Kontrastes zum Barockgiebel und einem geplanten Abriss in den 1970er-Jahren ist das Rathaus heute ohne den Turm nicht mehr vorstellbar. Neben dem Rathaus erhebt sich

② die St. Johanniskirche, die zu den ältesten Backsteinkirchen Norddeutschlands zählt. Die einschiffige romanische Kirche wurde im 12. Jh. errichtet und in gotischer Zeit zu einer dreischiffigen Hallenkirche umgestaltet. Besondere Beachtung im Inneren verdient das Stuckrelief des „Jüngsten Gerichts". Die mittelalterlichen Wand- und Deckenmalereien, u. a. auch das Deckengemälde im Chorraum, wurden teilweise erst bei der letzten Renovierung freigelegt. Durch die Große Straße, eine einladende Fußgängerzone, und die Untere Straße

③ gelangt man zum Domherrenhaus –

▼ Rathaus

▼ Blick auf die Reiterstadt Verden (Aller)

307

Historisches Museum. In einem frühbarocken Adelssitz von 1708 dokumentiert das Regionalmuseum auf rund 900 m² Ausstellungsfläche die Historie des Verdener Raums von der Vor- und Frühgeschichte bis in das 20. Jh. sowie die Stadt- und Bistumsgeschichte. Von überregionaler Bedeutung sind die „Lehringer Funde", die in der spannenden Inszenierung einer steinzeitlichen Elefantenjagd präsentiert werden. Komplett eingerichtete Werkstätten geben einen Einblick in die Arbeitsweisen traditioneller Handwerke und in vollständig möblierten Zimmern erlebt man die Wohn- und Alltagskultur des 18. und 19. Jh. Auch ein Zinnfigurenkabinett ist zu sehen. Museumspädagogische Angebote und Sonderausstellungen ergänzen das Programm des Museums. Im historischen Ambiente des Beckmann-Zimmers sind standesamtliche Trauungen möglich. Zum Verweilen lädt der barocke Innenhof des Domherrenhauses ein. Folgt man der Unteren Straße ein Stück weiter, erreicht man das Wahrzeichen der Stadt, ➍ den Dom. In ihrer heutigen Form wurde die dreischiffige gotische Hallenkirche 1490 fertig gestellt. Der Turm und der Kreuzgang entstanden bereits um 1180. Der Hallenumgangschor gilt als der älteste auf deutschem Boden und diente als Vorbild für andere Sakralbauten. Sehenswert sind außerdem die Grabdenkmäler, der Levitenstuhl und der Taufstein. Nachdem ein Sturm 1737 den Helm des Turms abgerissen hatte, erhielt der Dom sein charakteristisches Zeltdach. Auf dem Domfriedhof wird seit 1821 ein ganz besonderer Brauch gepflegt. Damals vermachte der Bürger Franz Goldmann der Stadt eine Stiftung - unter einer Bedingung:

▼ **Dom Innenansicht**

▲ **Domeingang**

Jedes Jahr am 10. Mai wird das Grab von einer Braut mit Blumen geschmückt, die am 11. Mai, dem Todestag des Franz Goldmann, heiraten ➎ wird. Im Schatten des mächtigen Domes steht die St. Andreaskirche, die im romanischen Stil Mitte des 12. Jh. erbaut wurde. Das einschiffige

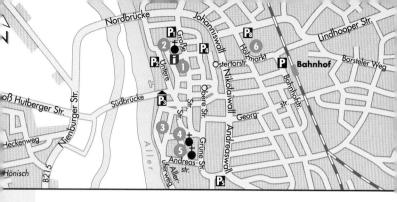

Gotteshaus birgt u. a. die Messinggrabplatte des Verdener Bischofs Yso, die mit ihrer sehr feinen Ziselierung als einzigartig gilt. Nun folgt man der Grünen Straße und dann der Oberen Straße bis zur Einmündung der Ostertorstraße, in die man rechts einbiegt.

„Auf 500 Hufeisen" gelangt man so zum Holzmarkt. Die Flaniermeile wurde ganz im Zeichen des Pferdes gestaltet. 500 Messinghufeisen wurden in den vier Pferdegangarten Schritt, Trab, Galopp und Renngalopp in die Gehwegplatten eingelassen. Jedes Hufeisen trägt den Namen eines Spenders, u. a. auch die Namen von prominenten Pferdesportlern wie Isabell Werth, Alwin Schockemöhle, Hans-Günter Winkler und Rainer Klimke. Fahrradständer mit Pferdemotiven und 34 Pferdesilhouetten aus Edelstahl auf zwei 3 Meter hohen Granitsäulen runden die Eindrücke ab. Als weitere Gestaltungselemente lockern verschiedene Labyrinthe, Gezeitenbrunnen und Wasserspiele die Fußgängerzone auf. Am Holzmarkt sollte man das Deutsche Pferdemuseum besuchen. Seine Ursprünge gehen zurück in die Zeit um 1930, als der Verdener Heimatbund mit dem Aufbau einer pferdekundlichen Sammlung begann. 1965 etablierte sich mit der Verselbstständigung der Name „Deut-

▼ **Domherrenhaus - Historisches Museum**

▲ **St. Johanniskirche**

sches Pferdemuseum". Die Sammlungen wurden um die umfangreiche hippologische Bibliothek mit heute über 16000 Bänden erweitert und waren bis 1999 in einem Fachwerkhaus in der Verdener Altstadt untergebracht. Seit dem Jahr 2000 befindet sich das Museum stilecht in den

Pferdeställen und Mannschaftsräumen der ehemaligen Kavalleriekaserne. Wahrzeichen des Museums ist das lebensgroße Denkmal des Trakehner Zuchthengstes Tempelhüter. Der Rundgang durch das Museum führt den Besucher durch die Geschichte zwischen Mensch und Pferd, die beim katzengroßen Urpferdchen vor 50 Mio. Jahren begann. Neben historischem Spielzeug sind Prunkgeschirre, Reit- und Fahrausrüstungen und Sättel zu sehen. Modelle, kleine Zinnfigurendioramen, Grafiken, Gemälde und illustrierte Bücher, Bronzeplastiken und Porzellanfiguren zeigen die verschiedenen historischen Verwendungen und Funktionen von Pferden. Eine Vitrine erinnert mit seinem Reitfrack, Ehrenpreisen und alten Versandhauskatalogen an Josef Neckermann. Über das reine Betrachten und Lesen hinaus wird der Besucher auch zum Mitmachen und Ausprobieren angeregt. Mittels eines Modells mit Spiegeloptik kann man seine Umgebung praktisch mit Pferdeaugen betrachten oder auf einem mechanischen Reitgerät in Verbindung mit einer Videoinstallation über die Verdener Rennbahn reiten. Speziell für Kinder ausgearbeitete Fragebogen helfen kleinen Besuchern bei der Erkundung des Museums. Nach diesen interessanten Eindrücken kehrt man auf bekanntem Weg durch die Ostertorstraße zurück zum Ausgangspunkt des Rundgangs am Rathaus.

▼ Abteilung Rennsport

▼ Deutsches Pferdemuseum mit Tempelhüter-Denkmal

SCHAUEN

Der Verdener Veranstaltungskalender enthält einige Highlights: Die ■ Lätare-Spende am Montag nach dem Kirchensonntag Lätare soll ein Vermächtnis Störtebekers sein, der vor seiner Hinrichtung Brot und Heringe an die Bevölkerung verteilen ließ. Die ■ Domweih mit großem Festumzug ist einer der ältesten Märkte in Norddeutschland. Die ■ Verdener Dünen im Stadtwald entstanden nach der letzten Eiszeit und stehen seit 1930 unter Naturschutz. Der Rundweg im ■ Sachsenhain wird gesäumt von 4500 Granitsteinen, die an die 4500 während des „Verdener Blutgerichts" hingerichteten Sachsen erinnern sollen. Am Sachsenhain pflegt die ■ Storchenstation kranke und verletzte Störche. Das ■ Allertal wird von einem gut ausgebauten Radwegenetz erschlossen. Die Touren lassen sich verbinden mit einer Fahrt mit der ■ Museumseisenbahn Verden - Stemmen oder der historischen ■ Allerfähre Otersen - Westen. Die ■ Flotte Weser ermöglicht attraktive Schiffsausflüge. Das ■ Spaßbad „Verwell" lockt mit Riesenrutsche, Planschbecken und Saunalandschaft.

Tourist-Information, Große Straße 40 (Rathaus), 27283 Verden (Aller), Tel: 04231/12345, Fax: 04231/12320, E-Mail: touristik@verden.de, Internet: www.verden.de

SCHLEMMEN UND SCHLAFEN

Akzent Hotel Höltje Im Herzen der Reiterstadt, mit großzügigen First-Class-Zimmern. Das elegante Restaurant „Glander's" und die gemütliche Bar „No. 13" lassen das leibliche Wohl nicht zu kurz kommen. Hallenbad, Sauna, Fahrradverleih. Obere Straße 13-17, 27283 Verden (Aller), Tel: 04231/8920, Fax: 04231/ 892111

Domschänke In unmittelbarer Nähe zum Dom genießt man in modern gestalteten historischen Räumen traditionsreiche Gerichte und kreative internationale Spezialitäten. Lugenstein 11/13, 27283 Verden (Aller), Tel: 04231/939960, Fax: 04231/951932

Landhotel Zur Linde Komforthotel vor den Toren Verdens, direkt am Weser-Radweg. Umfassend modernisierte Zimmer. Das Restaurant verwöhnt mit Köstlichkeiten der Region, zubereitet nach allen Regeln der internationalen und saisonalen Kochkunst. Thedinghauser Straße 16, 27283 Verden (Aller), Tel: 04231/29800, Fax: 04231/84317

Bistro-Restaurant-Gasthaus Victoria Zentral gelegen in zwei reizvollen Pavillons, verbindet das Haus das Restaurant mit Weinbar, das ausgesuchte französische Gerichte serviert, sowie eine Snackbar mit Feinkostladen. Johanniswall, 27283 Verden (Aller), Tel: 04231/951813, Fax: 04231/951814

WESTERSTEDE

Der staatlich anerkannte Erholungsort liegt im Herzen des einst von Mooren umgebenen Ammerlandes. Die „Rhododendronstadt" gewann mit ihrer Blütenpracht 2003 und 2006 den bundesweiten Wettbewerb „Entente Florale" („Unsere Stadt blüht auf") und ist ein Radlerparadies.

ANFAHRT

■ A 28 Leer – Oldenburg. ■ A 29 Wilhelmshaven – Oldenburg. ■ IC-Bahnhof Westerstede-Ocholt.

GESCHICHTE

Bereits in der mittleren Steinzeit war das Westersteder Gebiet besiedelt, wie Funde von Faustkeilen, Steinbeilen und Schabern belegen. Die erste schriftliche Erwähnung des Ortes erfolgte 1123 beim Bau der St.-Petri-Kirche. Im 15. und 16. Jh. wurden Westerstede und die umliegenden Dörfer häufig von den Ostfriesen und den Münsteranern angegriffen. Ab 1526 setzte sich im Ammerland die Reformation durch, 1579 predigte der erste evangelische Pastor in Westerstede. Durch die kluge Politik und großzügige Schenkungen des Landesherrn Graf Anton Günther (1603-1667) blieb Westerstede weitgehend von den Wirren des Dreißigjährigen Krieges verschont. 1666/67 brach eine Pestepidemie über den Ort herein. 1785 verlieh Herzog Peter Friedrich Ludwig Westerstede das Marktrecht. Von 1811 bis 1813 wurde das Herzogtum Oldenburg und damit auch Westerstede von Napoleon regiert. Die Besatzung durch die Franzosen und danach durch die Kosaken brachte Westerstede große Armut. Einen weiteren Rückschlag stellte der verheerende Brand vom 15.4.1815 dar, dem jedoch ein schneller Wiederaufbau mit dem Marktplatz im Mittelpunkt folgte. 1858 wurde Westerstede Amtssitz des Amtes Westerstede-Apen. 1876 wurde der Ort mit der Eröffnung der Schmalspurbahn nach Ocholt an das Eisenbahnnetz angeschlossen, 1906 wurde der Bahnhof erbaut. Unter dem aufkommenden Nationalsozialismus hatte Westerstede durch die zunehmende Gleichschaltung im politischen Leben und die Verfolgung jüdischer Bürger zu leiden. Nach dem Ende des Zweiten Weltkriegs, den Westerstede ohne größere Schäden überstand, erreichten zahlreiche Flüchtlinge und Heimatvertriebene den Ort und für die rapide wachsende Bevölkerung wurden vor allem Wohnungen und Schulen gebaut. Am 28.5.1977 erhielt Westerstede die Stadtrechte und ist mit über 21 000 Einwohnern heute ein modernes Mittelzentrum zwischen Oldenburg und Leer und Kreisstadt des Landkreises Ammerland.

RUNDGANG DURCH DEN HISTORISCHEN STADTKERN

Der Rundgang beginnt auf dem Alten Markt mitten in der Stadt. Der **1** Marktplatz als Mittelpunkt der Stadt entstand erst nach dem großen Brand im Jahr 1815. Über 50 Gebäude fielen den Flammen zum Opfer. Der damalige Amtmann von Negelein war ein weitsichtiger Mann und verhinderte unter dem Protest der betroffenen Einwohner, dass die Häuser wieder an der ursprünglichen Stelle errichtet wurden. Hier sollte ein Platz entstehen, auf dem bereits im Jahr 1818 der erste Frühjahrsmarkt stattfand. Lange war der Platz Verkehrsknotenpunkt, denn die ehemalige B 75 führte hier direkt durch den Ort. Ende der 1970er-Jahre wurde im Rahmen der Stadtsanierung eine Fußgängerzone geplant. Der Verkehr sollte außen um Westerstede herum geleitet werden, um die Einwohner und auch die historische Bausubstanz zu schonen. Ab 1982 wurde dann in mehreren Bauabschnitten die Fußgängerzone realisiert. Hier in der „guten Stube", die im Jahr 2006 als „Blühendste Einkaufsmeile" eine besondere Auszeichnung erhielt (Entente Florale), kann man ausgezeichnet bummeln. Über **2** dem Marktplatz erhebt sich die St.-Petri-Kirche mit ihrem 48 m hohen Westturm. Das Gründungsjahr der größten Kirche des Ammerlandes wird mit 1123 während der Amtszeit von Bischof Adalbero von Bremen genannt. Das Baumaterial besteht im unteren Teil aus Granitquadern und Klosterformatsteinen, weiter oben aus Backsteinen. Der wuchtige Turm mit seinen vier kleinen Nebentürmchen ist lediglich ein Wehrturm, an dem außen die kleinen Uhrenglocken hängen; die Läuteglocken hängen im neben der

▼ Blick über den Marktplatz zum Rathaus

Kirche - etwas schief stehenden - Glockenturm. Lohnenswert ist auch eine

③ Besichtigung des Innenraumes. Das Rathaus steht ebenfalls am Marktplatz. Es wurde 1927 gebaut. Ursprünglich war vorgesehen, das Rathaus auf der Thalenweide (siehe dort) zu errichten, aber diese Pläne hatten sich

④ zerschlagen. Das Gebäude des Hotel Busch stellt sich genauso dar, wie es nach dem Brand im Jahr 1815 errichtet wurde und steht daher unter Denkmalschutz. Zu den beiden Eingängen, einer zum Marktplatz, einer zur Langen Straße, gibt es eine kleine Anekdote: Als der Herzog Peter Friedrich Ludwig Westerstede einen Besuch abstattete, fuhr er durch die Peterstraße über den Alten Markt in die Lange Straße. Der damalige Hotelbesitzer Busch wollte den Herzog sehen und stellte sich in seine Tür am Marktplatz, um ihn von weitem zu be-

grüßen. Um ihn dann noch einmal zu sehen, lief er durch sein Hotel zum anderen Eingang und konnte ihm noch einmal zuwinken. Der Herzog meinte darauf: „Die Gebrüder Busch sehen sich aber unwahrscheinlich ähnlich!" Gegenüber der St.-Petri-Kirche

⑤ erblickt man das Hotel Altes Stadthaus. Im Jahre 1813 wurde in diesem Haus eine Schnapsbrennerei gegründet, die kontinuierlich wuchs und wo man bis zum Ersten Weltkrieg noch selbst brannte. Die Kupferkessel wurden für die Waffenproduktion abgegeben. Nach dem Krieg wurde weiter produziert, aber nicht mehr selbst gebrannt. Später wurde dem Betrieb eine Weinhandlung hinzugefügt. Seit 1994 wird dieses völlig restaurierte Gebäude als Hotel und Restaurant genutzt. Der große Westersteder

▲ St.-Petri-Kirche

Brand im Jahre 1815, bei dem bekanntlich alle auf dem jetzigen Marktplatz stehenden Häuser den Flammen zum Opfer fielen, ging von dieser Brennerei

⑥ aus. Im Rahmen der Altstadtsanierung entstand 1984 der Brunnen auf dem Alten Markt, der inmitten des sternförmig gepflasterten Platzes steht. Gestaltet wurde er von der Künstlerin Alice Peters, einer Westerstederin, die in Bremen tätig ist. Er zeigt herabfallendes Wasser in Form von Geysiren und soll die damit sich immer wieder erneuernde Natur darstellen. Man verlässt den Alten Markt durch die Bahnhofstraße und erreicht den

⑦ 1906 errichteten Bahnhof. Als im Jahr 1869 die Bahnlinie von Oldenburg nach Leer gebaut wurde, legte man die Trasse so, dass sie nicht durch

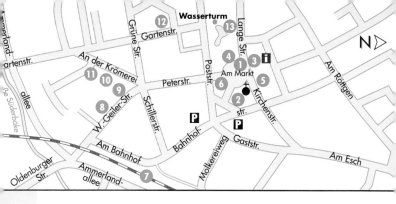

Westerstede führte, wohl aber durch Ocholt. Von dort wurde später eine Schmalspurbahn nach Westerstede gebaut, um eine Schienenanbindung zu schaffen. Der Bahnhof für diese Sekundärbahn stand dort, wo sich jetzt das Hotel zur Linde befindet. Im Jahre 1906 wurde die Schmalspurbahn von der Großherzoglich Oldenburgischen Eisenbahn aufgekauft, auf Normalspur umgebaut und ein neuer Bahnhof - eben dieser Bahnhof - errichtet. Das Gebäude besticht durch die schöne Architektur mit Türmchen, gestaltet vom Architekten Klingenberg. Über dem Eingangsportal, ein reich verziertes Sandsteingebilde, sieht man das Großherzoglich-Oldenburgische Wappen. Im Jahre 1985 wurde der Bahnhof von einem Investor gekauft, saniert und zur Nutzung dem sog. Bahnhofsverein übertragen. Jetzt befinden sich darin eine Gaststätte und ein Naturkostladen, und im Güterschuppen finden abwechselnd Ausstellungen, Galerien, Feste und andere kulturelle Veranstaltungen statt. Von der Straße Am Bahnhof biegt man an der Kreuzung nach rechts in die Wilhelm-Geiler-Straße ab. Linker Hand erblickt man das Haus Averdam, das vor 1840 als eingeschossiges klassizistisches Gebäude errichtet wurde. Später erfolgten eine Aufstockung und der Anbau eines Stalles mit Kutscherwohnung. Von 1850 bis 1892 diente das Haus als Arztpraxis mit Wohnung des Dr. Bernhard Averdam mit parkähnlich gestaltetem Garten und Pavillon. 1987 fand eine Grundsanierung zur Nutzung als Bürogebäude statt. Markant ist die Portalkrönung mit einem vergoldeten Löwen über der originalen Haustür. Ein Stück weiter erreicht man das Hotel zur Linde. Dieses Hotel hat seinen Namen von der außergewöhnlich gro-

▼ Vor dem Alten Stadthaus

ßen Linde im Garten des Hauses, unter der sich ein herrlicher Biergarten befindet. Früher hieß das Hotel „Hotel zum Bahnhof", weil sich in diesem Gebäude von 1876 bis 1904 der Bahnhof für die Schmalspurbahn von Ocholt nach Westerstede befand. Es gibt einen schönen Spruch, der sich auf den geschichtlichen Vorgang, dass Westerstede im Jahr 1871 keine Bahnstation wurde, bezieht: „Als die Westersteder grollten, weil nicht Bahn sie haben sollten, bauten sie in frechem Sinn eine Bahn nach Ocholt hin, eine Sekundäre". Der Bahnhof dieser Sekundärbahn war vor dem Haus, und an diese Zeit erinnert noch die Glocke, die vorne am Hotel angebracht ist. Von der Wilhelm-Geiler-Straße zweigt scharf links die

⑩ Straße An der Krömerei ab, die zunächst zum Philippsbrunnen führt. Der Name ist zurückzuführen auf einen Mann, der seine Jugend in Westerstede in der Zeit des großen Brandes (1815) und danach verbrachte. Nach seiner kaufmännischen Ausbildung ging er 1843 nach England, wo er zu großen Ehren kam: Er gründete in Manchester ein Handelsunternehmen und war von 1883 bis 1887 sogar Bürgermeister der Stadt. Er blieb Westerstede aber zeitlebens verbunden und spendete im Andenken an den großen Brand zwei Karrenspritzen und eine Pumpe zur Brandbekämpfung. Der nach ihm benannte Brunnen ist ein Nachbau, der 1991 eingeweiht wurde.

WESTERSTEDE

Liebenswerte Rhododendronstad
im Ammerland

Westerstede, die Kreisstadt des Ammerlandes, heißt Sie g
herzlich willkommen! Inmitten der Parklandschaft des Amme
landes gelegen, werden Sie die kleine Stadt mit Flair lieb
Westerstede hat in den Jahren 2003 und 2006 die Goldm
daille im Bundeswettbewerb »Unsere Stadt blüht auf« (Ente
te florale) gewonnen. Die Umgebung lädt zudem zu ausgiebi
Radtouren ein. Fragen Sie nach unseren Radlerangeboten. A
unsere Gästeführer begleiten Sie gern auf Ihren Ausflügen
Gruppen in die Region bis zur Küste.
NEU: Mit der Fahrraddraisine von Westerstede in den Sta
teil Ocholt! Ein Erlebnis für Gruppen und Familien. Na, L
auf Draisine?

Infos:
Touristik Westerstede e.
Am Markt 2
26655 Westerstede
Telefon 0 44 88 / 1 94 33
E-Mail:
touristik@westerstede.de
Internet:
www.westerstede.de

⑪ Die Krömerei ist das älteste Gebäude des Ammerlandes und wurde im Jahr 1619 als niederdeutsches Hallenhaus von Johann Kramer erbaut. 1653 wurde es von Friedrich Krömer bewohnt. Daher leitet sich der Name „Krömerei" ab. Bis 1964 war es bewohnt; heute wird es touristisch von einem Hotelbetrieb für rustikale Feierlichkeiten genutzt. Nebenan steht der sog. Spieker (Speicher). Dieses Gebäude wurde um 1750 errichtet, befand sich aber ursprünglich an einem anderen Standort in Westerstede. Von der Krömerei folgt man nun nicht der Fußgängerzone, sondern biegt zunächst links in die Grüne Straße und dann rechts in die Gartenstraße

⑫ ein. Linker Hand erreicht man das Ehemalige Gefängnis (Amtsschlie-
ßerei). Die Amtsschließerei wurde 1831 mit zwei Zellen und einer Dienstwohnung gebaut. Der Name Amtsschließerei begründet sich damit, dass früher die Gerichtsbarkeit bei den Ämtern lag. In der zweiten Hälfte des 19. Jh. reichten die zwei Zellen nicht mehr aus, und die Einsitzzeiten wurden von 7 auf 30 Tage erhöht, so dass angebaut werden musste - auf 6 Zellen. Heute befindet sich in dem Gebäude eine Jugendkreativwerkstatt mit Malerei, Töpferei und Bastelwerkstätten. Außerdem unterhalten hier junge Leute ein Café. Nach Überquerung

⑬ der Poststraße gelangt man zur Thalenweide. Die Thalenweide war früher eine Viehweide mit den landwirtschaftlichen Gebäuden der Familie Thalen. 1913 erwarb die Gemeinde Westerstede dieses Areal. Hier sollte u. a. das Rathaus gebaut werden,

▲ Ehemaliger Wasserturm

aber es kam anders (siehe oben). Heute ist die Thalenweide der kleine „Stadtpark", in dem u. a. eine 350 Jahre alte Eiche steht. Weiterhin hat die Westersteder Künstlerin Alice Peters hier ein Ehrenmahl für die Gefallenen der beiden Weltkriege gestaltet. Im Jahr 1933 wurde für die Wasserversorgung der Wasserturm auf der Thalenweide erbaut. Dieser ging 1967 außer Betrieb, nachdem der Oldenburgisch-Ostfriesische Wasserverband die Wasserversorgung übernommen hatte. Der Wasserturm wurde an einen Investor für eine symbolische Mark verkauft, und er baute den Turm zu einem achtgeschossigen Wohnturm mit Café um, der herrliche Ausblicke über die Ammerländer Landschaft bietet. Von hier geht es durch die Lange Straße zurück zum Marktplatz.

SCHAUEN

Alle vier Jahre verwandelt die größte Rhododendronschau Europas, die
■ RHODO, die Innenstadt in ein Blütenmeer mit zahlreichen Rhododendron-
sorten und Azaleen. Im Mai/Juni sollte man unbedingt den 70 ha großen
■ Rhododendron-Waldpark besuchen, der mehrere hundert Sorten in ein-
maliger Farbenpracht zeigt. Auf dem Alten Markt finden alle zwei Jahre
■ Freilichtspiele statt, bei denen plattdeutsche heimatgeschichtliche
Aufführungen, aber auch Klassiker und Kinderstücke präsentiert werden.
Im ■ „Natur- und Erlebnisraum Südliches Westerstede" trifft man zu Fuß
oder per Fahrrad auf zahlreiche Zeitzeugen der Geschichte, z. B. auf dem
Rad- und Wanderweg ■ „Ritterweg" und auf dem ■ Naturpadd Fikensol-
terfeld, der durch typisch ammerländische Landschaften führt. Einen ge-
mütlichen Ausflug kann man mit der ■ Historischen Museumseisenbahn
Ammerland-Saterland unternehmen. ■ Draisinenfahrten von Westerstede
nach Ocholt führen durch die herrliche Parklandschaft und machen viel
Spaß (Fahrraddraisinen).

Touristik Westerstede e. V., Am Markt 2, 26655 Westerstede, Tel: 04488/
19433, Fax: 04488/5555, E-Mail: touristik@westerstede.de, Internet:
www.westerstede.de

SCHLEMMEN UND SCHLAFEN

Hotel Altes Stadthaus Zentral gelegenes Hotel mit Zimmern im englischen Landhausstil. Restaurant mit schönem Biergarten und ausgewähl-
tem Angebot, u. a. Tapas, Steaks, Fisch, regionale Küche. Albert-Post-Platz
21, 26655 Westerstede, Tel: 04488/84710, Fax: 04488/ 847130

Hotel Busch und Restaurant Alter Markt Denkmalgeschütztes historisches Hotel mit neuen, modern und stilvoll ausgestatteten Komfortzimmern. Jahreszeitlich orientierte Küche. Ammerländer Bierstube, Dachterrasse. Am Markt, 26655 Westerstede, Tel: 04488/84760, Fax: 04488/ 847660

Hotel-Restaurant Sonnenhof Im Stadtteil Hüllstede gelegenes Haus
mit behaglichen Zimmern, umgeben von einer herrlichen Gartenanlage
mit hauseigenem Minigolfplatz. Im eleganten Restaurant werden Köstlichkeiten der gehobenen Küche serviert. Wochenendpauschalen. Langebrügger
Straße 57, 26655 Westerstede, Tel: 04488/84740, Fax: 04488/847414

Ringhotel Voss und Restaurant Vossini 4-Sterne-Hotel in zentraler,
ruhiger Lage mit Zimmern der Standard- und Komfortkategorie sowie
Wellnessbereich. Im Restaurant gibt es sorgfältig zusammengestellte Speisen. Hotelbar, Terrasse. Pauschalarrangements. Am Markt 4, 26655 Westerstede, Tel: 04488/5190, Fax: 04488/6062

WILDESHAUSEN

Der staatlich anerkannte Luftkurort an der Hunte bildet den Mittelpunkt des Naturparks Wildeshauser Geest zwischen Oldenburg und Bremen. In der ältesten Stadt des Oldenburger Landes erzählen viele historische Bauwerke aus der wechselvollen Vergangenheit.

ANFAHRT

■ A 1 Bremen – Osnabrück. ■ B 213 aus Richtung Delmenhorst bzw. Cloppenburg/Lingen (Ems). ■ Bahnhof mit NordWestBahn-Anschluss über Bremen oder Osnabrück.

GESCHICHTE

Prähistorische Gräberfelder und Großsteingräber belegen, dass die Wildeshauser Gegend bereits ab ca. 2500 v. Chr. besiedelt war. Vor 800 n. Chr. entstand eine Siedlung auf beiden Seiten der Huntefurt. Die erste urkundliche Erwähnung von „Wigaldinghus" erfolgte in der „Translatio Alexander", die die Überführung der Reliquien des Heiligen Alexander von Rom nach Wildeshausen im Jahre 851 dokumentiert. 1270 erhielt Wildeshausen von Bischof Hildebold von Bremen die Stadtrechte und erlebte durch die Lage an der „Vlamsche Strat", einem wichtigen Handelsweg von Holland nach Skandinavien, und am Übergang über die Hunte ein rapides Wachstum. Immer wieder hatte der Marktort je-doch auch unter Kriegsfolgen, Bränden und Epidemien zu leiden. 1700 kam das Amt Wildeshausen an das hannoversche Welfen-haus, bevor es 1803 an Oldenburg überging und schließlich von 1810 bis 1813 unter französischer Administration stand. 1898 erhielt Wildeshausen Anschluss an die Bahn-linie Delmenhorst - Vechta, der Bahnhof und die Bahnhofstraße wurden gebaut. Un-ter den Nationalsozialisten wurde 1938 in der Reichspogromnacht die Synagoge zer-stört. 1945 fügten Bombenangriffe der Stadt

▲ **Wall-Abgang in der Bahnhofstraße**

schlimme Schäden zu. 1960 wurde Wildeshausen Bundeswehr-Garnison. Seit 1977 ist Wildeshausen staatlich anerkannter Luftkurort. 1998 wurde der Kreissitz des Landkreises Oldenburg nach Wildeshausen verlegt, was dem Handel, dem Gewerbe und der Bevölkerungsentwicklung weitere positive Impulse verlieh. Heute hat das Mittelzentrum ca. 19000 Einwohner.

RUNDGANG DURCH DEN HISTORISCHEN STADTKERN

Ausgangspunkt des Rundgangs ist der Marktplatz. Die Pumpe von 1747 mit zwei Wasserbehältern aus Granitstein wurde im Mittelalter von den Marktbeziehern und durchfahrenden Händlern sowie den Bürgern der Stadt als Viehtränke und zur Wasserversorgung genutzt. In der Nähe der Pumpe erinnert ein größerer Pflasterstein an die Hinrichtung des Bürgermeisters Jakob Lickenberg im Jahr 1529. Alle männlichen Wildeshauser Bürger über 18 Jahren wurden damals für vogelfrei erklärt, die Stadtmauer wurde abgerissen und Wildeshausen musste die Stadtrechte aufgeben. Das Rathaus wurde im 14. Jh. als zweistöckige Halle mit einer Grundfläche von 20 x 12 m errichtet und im Laufe der Jahrhunderte mehrfach um- und ausgebaut. Besonders sehenswert ist der hochgotische Stufengiebel aus roten Backsteinen mit eingearbeiteten Fensternischen. Im Zuge einer grundlegenden Restaurierung 1979 wurde der obere Rathaussaal mit einer Heizung versehen und somit ganz-

▼ Marktplatz, Stadthaus und Rathaus

▼ Luftaufnahme von Wildeshausen

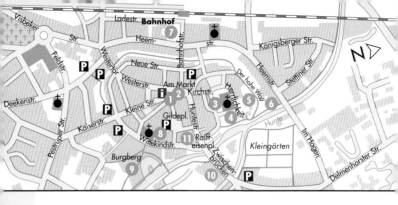

jährig für Sitzungen, Ausstellungen, Vorträge, Konzerte und Empfänge nutzbar gemacht. Einen interessanten Kontrast zum alten Rathaus bildet das 1990 erbaute, moderne Stadthaus. An der Stirnseite des neuen Verwaltungsgebäudes erzählt ein Glockenspiel mit Figurenumlauf aus der Geschichte der Stadt und dem Leben der Bürger in der Vergangenheit. Neben dem Erzbischof Hildeboldus, der Wildeshausen 1270 die Stadtrechte verlieh, erscheinen ein Offizier, ein Trommler, ein Wachsoldat der Gilde, ein Schäfer, eine Gerberin, ein Sämann und ein Kaufmann sowie am Abend ein Nachtwächter. Nun überquert man die Westerstraße und geht in Richtung Kirchstraße. Das Zentrum dieses ältesten Bereichs der Stadt ist die Alexanderkirche, die in

▲ Ostansicht der Alexanderkirche

spätromanischer und frühgotischer Zeit (ca. 1200-1270) entstand. Im Jahr 851 überführte Graf Waltbert, ein Enkel des berühmten Herzogs Widukind, die Reliquien des Heiligen Alexander von Rom in die Alexanderkirche. Wildeshausen wurde Wallfahrtsort und entwickelte sich zu einem bedeutenden Marktort. Heute ist die Alexanderkirche die einzige erhaltene Basilika im Oldenburger Land. Das Triumphkreuz in der Mitte des Gotteshauses stammt aus dem 14. Jh. Das große Jugendstil-Fenster dominiert den Chor. Außerdem verdienen die Reste des alten Levitengestühls sowie das Sakramentshäuschen und der Reliquienschrein Beachtung. In den Jahren 2000 bis 2004 erfolgte eine grundlegende Renovierung in zwei Phasen, bei der auch die einmaligen Jugendstilmalereien vom Anfang des 20. Jh. freigelegt wurden. Zu den Glanzstücken der Ausstattung gehört auch die 1970 eingebaute Orgel. Die hervorragende Akustik macht die anspruchsvollen Konzerte in der Alexanderkirche weit über die regionalen Grenzen bekannt. Das auch als Remter (4) bezeichnete Kapitelhaus ist über 1000 Jahre alt und wurde für die in klosterähnlicher Gemeinschaft lebenden Stiftsherren erbaut. Ein besonders lohnenswertes Motiv für Maler und Fotografen ist der Südgiebel mit dem Kantorsbogen und

▲ Stadtpark mit St.-Peter-Kirche

dem Brunnen. Geht man um die Alexanderkirche herum, passiert man entlang der „Herrlichkeit" die Polizei und erreicht dann das Alte Amtshaus, (5) das 1730 als Sitz des Amtsmannes für das ehemalige Amt Wildeshausen erbaut wurde. Heute wird das Fachwerkgebäude von einem Gastronomiebetrieb genutzt. Direkt vor der Hunte gelangt man zum Stadtwall. (6) Die mittelalterliche, gut erhaltene Verteidigungsanlage ist heute ein beliebtes Ziel für Spaziergänger. Der Wall verläuft auf ca. 1400 m Länge westlich um die historische Altstadt bis zur Kaiserstraße. In westlicher Richtung wird der Stadtwall von der Bahnhofstraße durchbrochen, die zum Druckereimuseum führt. Bis 1987 wurde hier die „Wildeshauser (7) Zeitung" hergestellt. Heute zeigen die interessanten Exponate wie die Hand- und die Maschinensetzerei, verschiedene Druckmaschinen sowie die Hand-Buchbinderei die einstigen Produktionsabläufe und dokumentieren die Entwicklung der Buchdruckerkunst der letzten 125 Jahre bis zur Einführung des Fotosatzes. Folgt man nun dem weiteren Verlauf des Stadtwalls, erblickt man an dessen Ende an der Kaiserstraße linker Hand

▼ Graf-Waltbert-Denkmal

⑧ die St.-Peter-Kirche, die den katholischen Bürgern seit 1824 als Gotteshaus dient. 1997/98 erfolgte eine komplette Renovierung. Gegenüber der Kirche

⑨ erhebt sich der Burgberg. Ein Ehrenmal erinnert an die Toten der beiden Weltkriege. Hier befand sich einst die im 12. Jh. errichtete Grafenburg, von der jedoch seit 1789 keine Reste mehr erhalten sind. Unterhalb des Burgbergs erstreckt sich die Burgwiese mit einem Kinderspielplatz, einem Kneippbecken, einem Karpfenteich, der Brunnenterrasse und dem Musikpavillon. Im Sommerhalbjahr finden hier an jedem Sonntagvormittag Konzerte statt. Nachdem man die Burgwiese im vorderen Bereich durchquert

⑩ hat, erreicht man über die weiße „Melkerbrücke" den Stadtteil Zwischenbrücken, der sich seine eigenständige Tradition erhalten konnte. Nun hält man sich links entlang der Hunte und kehrt zur Hauptstraße zurück. Die Evronbrücke, auf der man die Hunte überquert, ist nach der französischen Partnerstadt von Wildeshausen benannt. Bevor man durch die Huntestraße zum Ausgangspunkt des Rundgangs zurückkehrt, lohnt sich noch ein

⑪ Besuch des Dampfkornbranntweinbrennereimuseums. Von 1857 bis 1972 wurde hier Korn gebrannt. Die Anlagen aus dem 19. Jh. wie Dampfmaschine und Rohbrenner sind vollständig erhalten und dokumentieren anschaulich die Produktionsabläufe.

Wildeshausen

SCHAUEN

Der ■ Naturpark Wildeshauser Geest mit seinen reizvollen Flusstälern, Seen, Wäldern, Mooren, Sanddünen und Heidegebieten lädt zu herrlichen Wanderungen, Rad- und Kanutouren ein. Hier liegen auch sehenswerte prähistorische Stätten wie die ■ Großen Steine von Kleinenkneten oder das ■ Pestruper Gräberfeld. Das Künstlerdorf ■ Dötlingen bezaubert durch seinen schmucken Fachwerk-Ortskern und seine malerische Hanglage an der Hunte. Ganz in der Nähe bietet der ■ Wild- und Freizeitpark Ostrittrum mit Märchenwald, Heimatmuseum, großzügigen, artgerechten Tiergehegen und Kinderspielplätzen Erlebnisse für Groß und Klein. Mit einem schönen Sandstrand und weitläufigen Spiel- und Liegewiesen ist das ■ Erholungsgebiet Hartensbergsee am Ortsrand von Goldenstedt ein lohnenswertes Ziel für Badegäste. Alljährlich findet das traditionsreiche ■ Gildefest der Schützengilde mit Paraden, Umzügen und Feuerwerk statt.

i Verkehrsverein Wildeshausen e. V., Am Markt 1, 27793 Wildeshausen, Tel: 04431/6564, Fax: 04431/929264, E-Mail: info@verkehrsverein-wildeshausen.de, Internet: www.verkehrsverein-wildeshausen.de

SCHLEMMEN UND SCHLAFEN

⫴ Altes Amtshaus Café-Restaurant In historischem Ambiente genießt man altdeutsche Gerichte und neue deutsche Küche mit italienischen Akzenten. Großer Sommergarten, Grillabende. Herrlichkeit 13, 27793 Wildeshausen, Tel: 04431/9463-800, Fax: 04431/9463-801

⇔ Hotel Am Rathaus In ruhiger Lage im Herzen der Stadt mit komfortablen Zimmern und Fahrradunterstellmöglichkeiten. Wochenendpauschalen. Kleine Straße 4, 27793 Wildeshausen, Tel: 04431/94660, Fax: 04431/946666

⫴ ⇔ Hotel Gut Altona Ruhig gelegene Gästehäuser mit behaglichen Zimmern sowie Hochzeitssuite. Das Restaurant mit Wintergarten, Saal und Terrasse bietet eine gepflegte Küche mit Spargel aus eigenem Anbau und Wild aus eigener Jagd. Wildeshauser Straße 34, 27801 Altona/Wildeshausen, Tel: 04431/9500, Fax: 04431/1652

⫴ Café Kläner Hof Im reizvollen Künstlerdorf Dötlingen. In der ehemaligen Bauerndiele mit malerischem Garten werden selbst gebackener Kuchen sowie saisonbedingt Spargel- und Grünkohlgerichte angeboten. Rittrumer Kirchweg 5, 27801 Dötlingen, Tel: 04433/446, Fax: 04433/1476

⫴ ⇔ Hotel Landhaus Thurm-Meyer Haus mit besonderem Flair im norddeutschen Landhausstil. Vielseitige Speisekarte, Pub-Orangerie, Kaffeegarten mit Grillecke. Dr.-Klingenberg-Straße 15, 27793 Wildeshausen, Tel: 04431/99020, Fax: 04431/990299

WILHELMSHAVEN

Die „grüne Stadt am Jadebusen" ist gerade einmal 150 Jahre alt - und doch voll von allgegenwärtiger Geschichte, die insbesondere im Küstenmuseum dokumentiert wird. Das Stadtbild wird geprägt von historischen Bauten, aber auch von moderner, zukunftsweisender Architektur.

ANFAHRT

■ A 29 von Oldenburg. ■ B 210 aus Richtung Emden/Aurich. ■ B 436 von Leer. ■ Bahnhof mit NordWestBahn-Anschluss.

GESCHICHTE

Wilhelmshaven ist keine natürlich gewachsene Stadt, sondern wurde in der Kaiserzeit als Marinehafen am Reißbrett geplant. Aufgrund der günstigen Strömungsverhältnisse und der sturmgeschützten Lage am Jadebusen wählte Prinz Adalbert die Stelle, an der sich heute Wilhelmshaven befindet, für den Flottenstützpunkt der preußischen Marine. Mit dem Jadevertrag vom 20.7.1853 erwarb Preußen über 300 Hektar Jadeland von Oldenburg und musste neben dem hohen Kaufpreis in den Jahren nach der Gründung hohe Investitionen in die Stadtentwicklung tätigen. Mit Tausenden Arbeitern bewegte der Ingenieur und Baurat Heinrich Wilhelm Goeker 1857 ca. 1,5 Mio. m³ Erde, um die weite Sumpflandschaft an der Jade trockenzulegen. Auf diesem Gebiet entstanden in nur 12 Jahren Hafen und Stadt. Durch den Ausbau der neuen kaiserlichen Marine und der

▲ Auslaufende Schiffe

deutschen Hochseeflotte erlebte Wilhelmshaven einen wahren Wirtschaftsboom, der jedoch durch den Ersten Weltkrieg und die im Versailler Friedensvertrag festgelegte Abrüstung endete. Erst die Wiederaufrüstung durch die Nationalsozialisten brachte Beschäftigung, die Hafen- und Werftanlagen sowie die Stadt wurden ausgebaut und vergrößert. Die strategisch wichtige Lage Wilhelmshavens führte dazu, dass die Stadt im Zweiten Weltkrieg angegriffen und schwer zerstört wurde. Der lange Wiederaufbau folgte, langsam siedelten sich neue Unternehmen an und der Tourismus wurde zu einem wichtigen wirtschaftlichen Standbein. Bis heute ist Wilhelmshaven ein traditioneller Marinestützpunkt, das richtungweisende Vorhaben für die Zukunft der gesamten Region aber ist der geplante einzige deutsche Tiefwasserhafen, der JadeWeserPort.

RUNDGANG DURCH DEN HISTORISCHEN STADTKERN

▲ Kaiser-Wilhelm-Brücke, das Wahrzeichen von Wilhelmshaven

① Der Große Hafen ist das Herz von Wilhelmshaven und somit auch ein angemessener Ausgangspunkt für den Stadtrundgang. Die beste Aussicht über den Hafen und den Jadebusen genießt man vom Wahrzeichen der Stadt: Die Kaiser-Wilhelm-Brücke verbindet das Stadtgebiet mit dem Südstrand. Die Eisenkonstruktion wurde 1907 vollendet und war damals Europas größte Drehbrücke. Wenn Schiffe mit hohem Masten in den Hafen einlaufen, dreht sich die Brücke auseinander und ermöglicht so auch großen Schiffen die Durchfahrt. Mit seiner leuchtenden rot-orangen Lackierung zieht das Feuerschiff Weser alle Blicke auf sich, das jedoch längst nicht mehr seiner ursprünglichen Aufgabe dient. Heute kann man hier maritime und regionale Spezialitäten genießen und sogar in einer Koje übernachten. In unmittelbarer Nachbarschaft kann man sich auf dem ehemaligen Seetonnenleger Kapitän Meyer auf der Brücke das Ja-Wort geben. Neben dem Großen Hafen lohnen auch die anderen Hafenbereiche

② einen Besuch. Der Banter See diente einst als Liegeplatz für U-Boote und lockt heute unabhängig von den Gezeiten mit seinem Sandstrand „Klein-Wangerooge" zahlreiche Bade- und Wassersportfans an. Die Banter Ruine wurde künstlich geschaffen und 1889 vom Wilhelmshavener Verschönerungsverein auf einer alten Kirchwurt erbaut. Die hier entdeckten, reich verzierten Steinsärge aus dem 12. Jh. sind heute im Küstenmuseum Wilhelmshaven zu sehen. Hinter dem Banter See erstreckt sich zwischen Werft-, Weser-, Marktstraße und Ban-

▼ Südstrand

③ ter Weg die Banter Werftarbeitersiedlung, die 1873 bis 1878 für die Arbeiter der Kaiserlichen Werft im Stadtteil Belfort entstand und bis heute fast vollständig als sehenswertes historisches Baudenkmal erhalten ist.

④ Das Kulturzentrum Pumpwerk am Banter Deich ist ein attraktiver Veranstaltungsort für Kabarett, Live-Konzerte und Parties. Der Name erinnert an die frühere Nutzung des Gebäudes. Zum Kulturzentrum gehört auch ein Restaurant mit Biergarten.

In östlicher Richtung schließen sich an den Großen Hafen der

⑤ Ausrüstungs- und der Arsenalhafen an. Im Marinestützpunkt liegen auf einer Pierlänge von über vier Kilometern Fregatten und Versorger der Deutschen Marine. Außerdem ist eine Tauchergruppe in Wilhelmshaven stationiert. In der Hochsaison

▼ Kulturzentrum Pumpwerk

kann man jeden Mittwochnachmittag bei einem Tag der offenen Tür einige Schiffe besichtigen. Den Eingang zum Marinearsenal findet man an der Gökerstraße: Durch das Historische Werfttor betrat man einst die Kaiserliche Werft. Der bis heute erhaltene Backsteinbau wurde Ende des 19. Jh. im für diese Zeit typischen Neo-Renaissance-Stil errichtet. Neben dem Werfttor wurde 1870 vom Architekten Heinrich Wilhelm Goeker der Wasserturm erbaut, der je-doch bei einem Bombenangriff 1941 zerstört wurde. Heute wid-met sich der „Verein Bürger für Wilhelmshaven" der Erhaltung des Turms. Rund um den Gro-ßen Hafen verläuft die Mariti-me Meile mit verschiedenen Museen und Erlebniswelten. Das Piratenamüseum lädt zu einer phantasievollen Reise zur Schatzinsel und in die Welt der Piraterie ein. Außerdem kann man sich hier sein eigenes Boot bauen! Das Küstenmu-seum Wilhelmshaven zeigt die verschiedenen Facetten der Küstenregion von der Entste-hung dieses besonderen Natur-raums über seinen Schutz durch Deiche und Siele bis zu den Le-bensverhältnissen der frühen Küstenbewohner. Ein interak-tives Forschungslabor erklärt die Analyse von Bodenfunden.

▼ Im Küstenmuseum

▲ Das Wattenmeerhaus

Ein weiterer Ausstellungsbereich dokumentiert die Geschichte der Stadt Wilhelmshaven und blickt in die Zukunft mit dem Bau des JadeWeserPorts. Außerdem sind das 14 m lange Skelett und die plastinierten Organe eines 1994 an der Küste gestrandeten Pottwals zu sehen. In unmittelbarer Nähe kann man in Deutschlands einziger Unterwasserstation OCEANIS auf Tauchstation gehen - aufgrund modernster 4D-Technik wird das virtuelle Leben „100 Meter unter Null" zum unvergesslichen Erlebnis. Am Südstrand, der mit seinen bunten Strandkörben und der Strandpromenade für Urlaubsstimmung sorgt, liegt Das Wattenmeerhaus, Niedersachsens einziges Nationalparkzentrum. Multimedia-Ausstellungselemente zeigen eindrucksvoll die Entstehung des Wattenmeeres unter den extremen Einflüssen von Ebbe und Flut, Hitze und Kälte, Salz- und Süßwasser und die Überlebensstrategien der dort lebenden Tiere und Pflanzen. In direkter Nachbarschaft dokumentiert das Deutsche Marinemuseum unter dem Motto „Menschen, Zeiten, Schiffe" die fast 160-jährige Geschichte deutscher Marinen. Neben der interessanten Dauerausstellung lassen Deutschlands größtes Museumsschiff, der 2003 außer Dienst gestellte Lenkwaffenzerstörer Mölders, das U-Boot U 10 und das Minenjagdboot Weilheim den harten Alltag an Bord hautnah erleben. Direkt am Helgolandkai, während der Saison Ausgangsort für Hafenrundfahrten und Fahrten zur Insel Helgoland, zeigt das Aquarium Wilhelmshaven über 250 Tierarten in Großaquarien und Spezialbecken. Neben der Tierwelt des Wattenmeeres und der Nordsee tummeln sich hier tropische Haie und Fische aus der Antarktis. Außerdem wird viel Wissenswertes über die Biologie der Tiere und ihrer Lebensräume vermittelt. Nach dem Besuch dieser vielfältigen Museen kann man sich nun den historischen Bauwerken Wilhelmshavens widmen. Man verlässt das Hafengebiet durch die Virchowstraße. Bald öffnet sich rechts, gegenüber dem Einkaufszentrum NordseePassage, in dem auch die Tourist-Information untergebracht ist, der Kirchplatz mit der Christus- und Garnisonkir-

▼ Im Aquarium

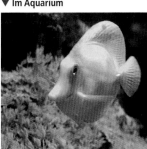

▼ Aquarium an der Maritimen Meile

che. Die Garnisonkirche erhielt nach der Zerstörung der benachbarten Christuskirche zusätzlich deren Namen und dient seither beiden evangelischen Gemeinden als Gotteshaus. Im Innenraum sind neben dem bekannten Altarbild „Durch das Kreuz zum Licht" viele maritime Gedenktafeln, Wappen und Flaggen aus der Kaiserzeit so-

▲ **Marinemuseum**

wie das Grab eines unbekannten Seemannes zu sehen. Die farbenprächtigen Kirchenfenster von I. O. Lim lassen das Innere des Gotteshauses bei Tageslicht besonders erstrahlen und erzählen die Geschichte Jesu. An den Kirchplatz schließen sich der Friedrich-Wilhelm-Platz und der gleichnamige Park an. Hier würdigt das Kaiser-Wilhelm-Denkmal den Namensgeber der Jadestadt. Das heutige Standbild ist ein Nachguss der Original-Statue von 1896, die nach dem Zweiten Weltkrieg eingeschmolzen wurde. Am Rande des gegenüberliegenden Adalbert-Platzes erinnert das Adalbert-Denkmal an Prinz Adalbert. Die vom Berliner Bildhauer Karl Schuler geschaffene Steinskulptur wurde durch Spenden von Marineoffizieren finanziert und erinnert an den ersten Admiral der preußischen Marine und Initiator der Gründung Wilhelmshavens. Durch die Marktstraße ist es von den beiden Plätzen nun nicht mehr weit zum Marinearsenal an der Gökerstraße mit dem bereits beschriebenen Historischen Werfttor und dem Wasserturm. Der Rundgang führt jedoch weiter durch die Virchowstraße. Das Robert-Koch-Haus (Hs. Nr. 17) beherbergte einst das Gesundheitsamt und wurde nach dem Begründer der Bakteriologie benannt. Im Vordergiebel des im Stil der Neo-Renaissance errichteten Gebäudes erklingt stündlich zwischen 8 und 18 Uhr ein Glockenspiel mit unterschiedlichen Melodien. Nach dem Zweiten Weltkrieg wurde das neoklassizistische Gebäude der ehemaligen Marine-Intendantur zum Stadttheater (Hs. Nr. 44) umgebaut. Im Zuge der umfangreichen Renovierungsarbeiten wurde der geräumige Innenhof überdacht und zu einem Theater-

▼ **Robert-Koch-Haus**

raum umgestaltet. Am 19.10.1952 fand die feierliche Eröffnung des Stadttheaters statt. Gegenüber befindet sich die älteste kulturelle Institution der Stadt: Die Kunsthalle präsentiert seit über 90 Jahren vielfältige Ausstellungen und legt ihren Schwerpunkt heute auf Wechselausstellungen zeitgenössischer Kunst. Am Ende der Virchowstraße erreicht man den Kurpark, die älteste Parkanlage der Stadt mit altem Baumbestand, vielen Ruhebänken und einem großen Teich mit Fontäne. In der Hochsaison finden in der Konzertmuschel jeden Sonntag Kurkonzerte statt. Durch den Ausgang an der Bismarck-/Mozartstraße verlässt man den idyllischen Park und erreicht durch die Mühlenstraße und den Mühlenweg die Kopperhörner Mühle, die 1547 erbaut, 1922 von der Stadt Wilhelmshaven erworben und in den 1980er-Jahren renoviert

wurde. Das Museum mit der funktionsfähigen Mahltechnik und historischen Müllereimaschinen zeigt, wie einst Korn zu Mehl verarbeitet wurde. Durch den Mühlenweg geht man zum Berliner Platz und kann von dort durch die Edo-Wiemken-Straße einen Abstecher zur Siebethsburg unternehmen. Die um 1383 errichtete Anlage ist die älteste Burg Wilhelmshavens und war 50 Jahre lang ein Zentrum der Macht. Heute vermitteln nur noch der ca. 5 m hohe Burghügel mit seinen doppelten Wällen und Gräben sowie das Gelände der früheren Vorburg einen Eindruck von den Ausmaßen der Trutzburg. Zurück am Berliner Platz, folgt man kurz der Grenzstraße, um dann durch die Paul-Hug-Straße rechts zum Rathausplatz zu ge-

▲ Rathaus

hen. Das aus Bockhorner Klinkerstein erbaute Rathaus wurde 1929 feierlich eingeweiht. Der mächtige Turm in der Mitte des Gebäudes wird heute als Wasserreservoir für die Stadt genutzt und kann auch bestiegen werden. Aus 49 m Höhe genießt man eine herrliche Aussicht über Wilhelmshaven, den Jadebusen und den Nationalpark Wattenmeer. Im weiteren Verlauf der Grenzstraße passiert man die Stadthalle und gelangt schließlich zur Marktstraße. Der Fußgängerzone folgt man nach links zum Börsenplatz, um den sich liebevoll restaurierte Häuser aus der Kaiserzeit, aber auch zahlreiche Cafés, Bars und Restaurants gruppieren. Nach dem gemütlichen Bummel durch die Fußgängerzone kann man durch die Virchowstraße wieder zum Großen Hafen zurückkehren.

SCHAUEN

Eine Idylle mitten in Wilhelmshaven ist der kleine Sielort ■ Rüstersiel mit seinem malerischen Hafen und dem modernen ■ Schöpfwerk Maadesiel, das Schiffen den Zugang zum Meer eröffnet und das Hinterland entwässert. Bei Fedderwarden liegt die mittelalterliche ■ Burg Kniphausen, die heute Wohnungen, Ateliers und ein Restaurant beherbergt. Fröhlich gefeiert wird am ■ Wochenende an der Jade (Ende Juni/Anfang Juli), dem Stadt- und Hafenfest mit Musik, historischem Markt im „Hexendorf", Schiffsbesichtigungen und Feuerwerk. Mit dem Katamaran „CAT No.1" erreicht man in ca. 100 Minuten, mit dem Seebäderschiff MS Helgoland in 180 Minuten die Hochseeinsel ■ Helgoland. Weitere Ausflugsziele sind das alte Nordseebad ■ Dangast, ■ Hooksiel mit seinem historischen Ortsbild, ■ Horumersiel-Schillig mit einem herrlichen Sandstrand und das anerkannte Nordseeheilbad ■ Carolinensiel-Harlesiel mit modernen Kureinrichtungen.

Wilhelmshaven Touristik & Freizeit GmbH, Postfach 1453, 26354 Wilhelmshaven, Tel: 04421/9279-0, E-Mail: info@whv-freizeit.de, Internet: www.whv-touristik.de

SCHLEMMEN UND SCHLAFEN

Hotel Am Stadtpark & Restaurant Alkoven Im Grünen, ruhig und verkehrsgünstig gelegen. Moderne Zimmer, Wellness- und Fitnessbereich. Gehobene regionale und internationale Küche. Friedrich-Paffrath-Str. 116, 26389 Wilhelmshaven, Tel: 04421/ 9860, Fax: 04421/986186

City Hotel Valois Im Zentrum gelegenes 4-Sterne-Hotel mit erstklassigem Komfort und Service. Italienische und internationale Küche. Valoisstr. 1, 26382 Wilhelmshaven, Tel: 04421/485-0, Fax: 04421/485-485

Hotel Kaiser In zentraler Lage, mit behaglich eingerichteten Zimmern und Suiten sowie einer Hotelbar und einem Restaurant, das eine breite Palette an Fischgerichten und erlesene Weine anbietet. Rheinstraße 128, 26382 Wilhelmshaven, Tel: 04421/946-0, Fax: 04421/946-444

Hotel Maris & Restaurant Bellevue Behagliche Zimmer und Appartements. Im stilvollen Restaurant genießt man frisch zubereitete Fischgerichte, regionale und internationale Spezialitäten sowie feine Weine. Biergarten, Grillabende, Pauschalarrangements. Werftstraße 54-56, 26382 Wilhelmshaven, Tel: 04421/15110, Fax: 04421/151160

Nordseehotel In ruhiger Lage direkt am Meer. Die Zimmer sind zeitgemäß eingerichtet. Das Restaurant bietet in gediegenem Ambiente regionale und internationale Spezialitäten. Zum Ölhafen 205, 26384 Wilhelmshaven, Tel: 04421/965-0, Fax: 04421/965-280

WOLFENBÜTTEL

„In Wolfenbüttel blieb ich über 14 Tage bei durchweg sonnigem Wetter. Herrlich!" Wie der berühmte Wilhelm Busch sind auch heute Besucher immer wieder begeistert vom historischen Flair des romantischen Renaissance-Kleinods Wolfenbüttel.

ANFAHRT

- A 395 aus Richtung Braunschweig bzw. Vienenburg/Bad Harzburg.
- B 79 von Braunschweig und Halberstadt. ■ Bahnhof mit RB-Anschluss.

GESCHICHTE

Die Stadtgründung erfolgte vermutlich im 10. Jh. Erstmals urkundlich erwähnt wurde „Wulferesbutle" im Jahr 1118. Ab 1430 war Wolfenbüttel ständige Residenz der Herzöge zu Braunschweig und Lüneburg. 1570 erhielt der Ort das Markt- und Wappenrecht. Im Auftrag von Herzog Julius wurden die drei Stadtteile Heinrichstadt, Juliusstadt und Auguststadt zur ältesten regelmäßigen Stadtanlage der Neuzeit in Norddeutschland ausgebaut. Im Dreißigjährigen Krieg hatte Wolfenbüttel unter den Besetzungen durch dänische und kaiserliche Truppen zu leiden und wurde danach unter Herzog August dem Jüngeren wieder aufgebaut. Im 17. und 18. Jh. wirkten mit Gottfried Wilhelm Leibniz und Gotthold Ephraim Lessing zwei bedeutende Persönlichkeiten als Bibliothekare bzw. Leiter der Herzoglichen Bibliothek in Wolfenbüttel. 1747 erfolgte die Zusammenlegung aller Stadtteile unter dem Namen Wolfenbüttel, benannt nach der Dammfeste. 1753/54 verlegte man die

▲ Krambuden

fürstliche Residenz nach Braunschweig. Im Siebenjährigen Krieg wurde die Stadt von 1757 bis 1761 durch französische Truppen besetzt. In den Jahren von 1806 bis 1813 hatte Wolfenbüttel den Status einer Provinzialstadt des Königreichs Westfalen unter König Jerome Bonaparte. 1838 verkehrte die erste deutsche Staatsbahn zwischen Braunschweig und Wolfenbüttel. Zwischen 1862 und 1898 hatte die Stadt einen berühmten Sommergast: Wilhelm Busch verbrachte hier die Ferien bei seinem Bruder, dem Konservenfabrikanten Gustav Busch. Von schweren Beschädigungen blieb Wolfenbüttel in den beiden Weltkriegen verschont. Heute hat die ehemalige Residenzstadt ca. 55 000 Einwohner.

RUNDGANG DURCH DEN HISTORISCHEN STADTKERN

Der Rundgang beginnt am Herzoglichen Schloss. Die ursprüngliche Wasserburg erhielt ihr heutiges Aussehen erst im 18. Jh. und wurde durch Um- und Anbauten ständig verändert. Der Renaissanceturm wurde 1614 durch den herzoglichen Baumeister Paul Francke erneuert. Um 1715 wurde das alte Burgschloss mit der barocken Fachwerkfassade und dem repräsentativen Steinportal mit reichem Figurenschmuck versehen. Beim Betreten des Schlosses erblickt man das Monogramm des herzoglichen Bauherrn August Wilhelm und seinen Wahlspruch „Parta tueri" („Erworbenes erhalten"). Die von dem Tiroler Künstler Franz Finck geschaffenen barocken Figuren an der Brüstung und auf der Brücke stellen allegorisch die Tugenden und Pflichten eines Landesfürsten dar. Den Innenhof prägen die um 1643 erbauten Arkaden. Das barocke Treppenhaus war das erste seiner Art in Norddeutschland und führt in die prachtvollen Schlossräume mit kostbaren Intarsienwänden und schweren Stuck-

▲ Herzogliches Residenzschloss

decken und Wirkteppichen, die einen interessanten Einblick in die fürstliche Hofkultur einer alten Welfenresidenz vermitteln. Die Dauerausstellung „Zeiträume - Ein Gang durch die Geschichte Wolfenbüttels" dokumentiert die Geschichte, Kunst und Kultur der Stadt Wolfenbüttel und ihres bäuerlichen Umlandes. In einem anderen Raum kann man die wertvolle Sammlung Fürstenberger Porzellans bewundern, deren Manufaktur 1747 im Schloss Wolfenbüttel gegründet wurde. Die herzogliche Residenz genießt den Ruf, Gründungsstätte des deutschen Theaters zu sein: Unter Herzog Heinrich Julius, der von 1589 bis 1613 regierte, wurde hier durch eine professionelle englische Schauspielertruppe ein regelmäßig spielendes Theater eingerichtet. Rund um das Schloss befand sich die „Siedlung auf dem Damm", die schon Anfang des 16. Jh. stark befestigt wurde und im 17. Jh. mit den neu entstandenen Stadtteilen zu den mächtigsten norddeutschen Festungen zählte. Der ursprünglich dicht bebaute Schlossplatz wurde unter dem von 1634 bis 1666 regierenden Herzog August d. J. zu einer repräsentativen Anlage umgestaltet und wird eingerahmt von

334

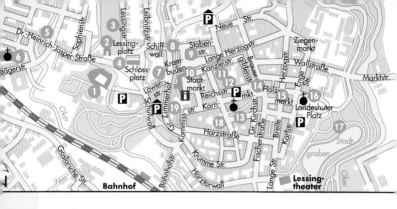

sehenswerten historischen Gebäuden. Zwischen dem Schloss und der Herzog-August-Bibliothek steht das Lessinghaus. Das dreiflügelige Hofbeamtenhaus wurde um 1735 im Stil eines spätbarocken französischen Parkschlösschens errichtet und diente ab 1777 bis zu seinem Tod 1781 dem in Wolfenbüttel tätigen Bibliothekar Gotthold Ephraim Lessing als Wohnung. Heute erinnert das hier geschaffene Literaturmuseum daran, dass Lessing in Wolfenbüttel seine Werke „Nathan der Weise", „Emilia Galotti", „Ernst und Falk", „Gespräche für Freimaurer" und „Erziehung des Menschengeschlechts" schrieb. Hinter dem Lessinghaus erhebt sich der stattliche Bau der Herzog-August-Bibliothek. Die Bibliothek wurde 1572 von Herzog Julius im Schloss gegründet, entwickelte sich unter dem gelehrten Büchersammler und Friedensfürsten Herzog August (reg. 1634-1666) zur größten Büchersammlung Europas und galt als achtes Weltwunder. Ursprünglich war die Bibliothek in der berühmten, im 18. Jh. erbauten Bibliotheksrotunde untergebracht, die als Vorbild für die Bibliotheken in Oxford, Wien und Weimar diente und wegen Baufälligkeit abgerissen werden musste. In den Jahren 1883 bis 1887 errichtete man das heutige Gebäude im Stil eines florentinischen Palazzo. 1962 erfolgte die Umgestaltung der Innenräume zu einer modernen Forschungsbibliothek. Die Bibliothek des Herzogs August ist heute in der Augusteerhalle untergebracht, in der auch Vorträge und Konzerte stattfinden. Die Herzog-August-Bibliothek umfasst ungefähr 800000 Bände, von denen ca. 350000 Bände aus der Zeit des Humanismus und der Aufklärung vom 15. bis 18. Jh. stammen. Außerdem gehören

▼ Lessinghaus

5000 Drucke aus der Frühzeit des Buchdrucks, fast 12000 Handschriften, ca. 5000 alte Landkarten, Musikdrucke, 40000 Portraitstiche, Einblattdrucke, topographische Ansichten und Globen zu den Sammlungen. Das Glanzstück ist das Evangeliar Heinrichs des Löwen, das teuerste Buch der Welt und eine der prächtigsten und kunsthistorisch wertvollsten Handschriften des Mittelalters. Die Präsentation vermittelt einen Überblick über die Bildungs- und Buchge-schichte von der ausgehenden Antike bis in die Gegenwart und wird ergänzt durch wech-selnde Sonderausstellungen. Zur Bibliothek gehört seit 1974 auch das Zeughaus, das heute die Forschungsbibliothek, das Katalogzentrum, Handbiblio-theken sowie Arbeitsräume für Gäste und Bibliothekare be-herbergt. Ursprünglich wurde

▲ **Herzog-August-Bibliothek**

das Zeughaus von 1613 bis 1617 vom herzoglichen Baumeister Paul Francke als Waffenarsenal für die damals größten Geschütze Deutschlands errichtet. Der schlichte Unterbau trägt ein weitaus höheres Dachgeschoss. Der Westgiebel und die drei zum Schlossplatz hin gerichteten Zwerchgiebel sind mit reichem Voluten-, Obelisken- und Früchteschmuck im manieris-tischen Stil der Spätrenaissance versehen. An der Westseite befindet sich das kunstvoll verzierte Hauptportal. Hinter dem Zeughaus befindet sich der Proviantboden, dessen Bau um 1660 für die wachsenden Bedürfnisse der fürstlichen Hofhaltung und Festung notwendig wurde. Das größte Fachwerkgebäude Niedersachsens erhielt im 19. Jh. einen neuen steinernen Unterbau und wurde um ca. 10 m verkürzt. Heute gehört der Proviantboden ebenfalls zur Herzog-August-Bibliothek. Westlich des Schlossplatzes liegt die Auguststadt. Die Handwerkerstadt aus der Barockzeit wurde unter Herzog August d. J. nach dem Ende des Dreißigjährigen Krieges zur Erweiterung der Residenz angelegt und in die Festungsanlagen einbezogen. Das von geraden Straßen durchzogene Viertel wird geprägt von schlichten, doppelgeschossigen Handwerkerhäusern. Besonders sehenswert sind in der Auguststadt das Waisenhaus (um 1704) und die 1663 geweihte Johanniskirche, ein schlichter Fachwerkbau inmitten eines alten Friedhofes. Die Grenze zwischen der herzoglichen Residenz und der Bürgerstadt bildete die „Freiheit". Die Bewohner dieses malerischen Altstadtbereichs

336

arbeiteten für die Hofhaltung und waren dafür von allen Abgaben befreit. Besonders auffallend ist die verwinkelte Struktur dieses Bereichs. Zur Verteidigung der Residenz war es nur Handel treibenden Krämern erlaubt, Verkaufsstände auf einer Laden-Brückenstraße aufzustellen, die im Falle eines Angriffs sofort niedergerissen werden konnten. Der Große Zimmerhof sollte das auf der schiffbar gemachten Oker angelandete Holz zur schnellen Bearbeitung aufnehmen. Die Häuser Krambuden 10 und 11 sind noch aus der Zeit der ersten Bebauung nach 1600 erhalten. Die Gaststätte „Alt-Wolfenbüttel" (Hs. Nr. 6) wendet sich als einziges Fachwerkhaus der Stadt mit der Giebelseite der Straße zu. Der torartige, neuere Durchgang führt in den Kleinen Zimmerhof. Dann passiert man das schmalste Haus Wolfenbüttels (Hs. Nr. 15) und erreicht das malerische

⑧ „Klein Venedig". Die von holländischen Städtebauern im späten 16. Jh. angelegten Grachten durchzogen einst das Stadtgebiet und sind heute nur noch in diesem Bereich erhalten. Nun folgt man der Stobenstraße, der ehemaligen Badestubenstraße, in der typische Handwerkerhäuser zu sehen sind. Hs. Nr. 5 ist eines der ältesten erhaltenen Häuser aus der Mitte des 16. Jh. und fällt durch seinen reichen Ornamentschmuck auf. Der Rundgang führt zurück durch die Mühlenstraße. An der Ecke zur Langen Herzogstraße steht das Bankhaus Seeliger (Hs. Nr. 63). Das erste steinerne Wohnhaus der Stadt wurde 1586 während der ersten Bebauung vom herzoglichen Baumeister Philipp Müller errichtet und mit einem prächtigen Renaissanceportal versehen. Nach dem Dreißigjährigen Krieg wurde das Gebäude 1646 als „Herzogliche Apotheke" eingerichtet und mit dem barocken Aufsatz mit dem Wappen des Herzogs August und seinem Wahlspruch „Alles mit Bedacht" versehen.

⑨ Die Lange Herzogstraße ist eine der Wolfenbütteler Hauptgeschäftsstraßen. Die Fachwerkgebäude dienten einst als Handelshäuser, was an den Aufzugsluken am Mittelgiebel erkennbar ist. In den Speichern unter dem Dach wurden die Waren gelagert. Durch die Lange Herzogstraße gelangt man

⑩ zum nach 1600 geschaffenen Stadtmarkt. Für diese Anlage musste zunächst ein morastiger See trockengelegt werden. Das Rathaus befindet sich in einem 1602 vollendeten Bürgerhaus, das der Rat der Stadt er-

▼ August-Denkmal
und Rathaus

warb. Daneben steht die Ratswaage von 1609, in der die Maße und Gewichte kontrolliert wurden. Die Norm-Elle und eine der Waagen sind heute noch zu sehen. Über dem Portal mit dem Stadtwappen mahnt ein Spruch aus dem Alten Testament zum rechtmäßigen Gebrauch der Maße und Gewichte. Die angrenzenden ehemaligen Bürgerhäuser stammen aus dem 17. Jh. Als repräsentativstes Hofbeamtenhaus zeigt sich die Alte Apotheke (Hs. Nr. 14) mit prächtigen Erkern, Zwerchhäusern und einem Wilden Mann zur Abwehr böser Geister als Eckknagge. Vom Stadtmarkt zweigt die Kanzleistraße ab. An der ehemaligen Hauptstraße reihen sich zahlreiche Hofbeamtenhäuser mit Ausluchten, schön gestalteten Fassaden und kunstvoll verzierten Toreingängen aneinander. Dominiert wird der (11) Straßenzug von der Herzoglichen Kanzlei. Der wuchtige Renaissance-Steinbau entstand um 1588. Seit 1956 ist hier die Abteilung Ur- und Frühgeschichte des Braunschweigischen Landesmuseums untergebracht. (12) Parallel zur Kanzleistraße verläuft die Reichsstraße, die ebenfalls von aufwändig gestalteten Hofbeamtenhäusern gesäumt wird. Über den (13) Kornmarkt erreicht man die Marienkirche (Beatae Mariae Virginis). In dem 1608 unter dem herzoglichen Baumeister Paul Francke begonnenen Gotteshaus verbinden sich Stilelemente der Gotik (Spitzbogenfenster), der Renaissance und des Barocks (Giebel, Strebeteilerfiguren) zu einer harmonischen Einheit. Besondere Beachtung verdienen die reich geschmückten Portale und der Reliefschmuck auf den Quadersteinen, auf denen Engel- und Menschenköpfe, drachenartige Mischwesen sowie Todes- und Auferstehungssymbole dargestellt sind. Der Innenraum besitzt eine reiche Ausstattung. Unter der Orgel fand der fürstliche Hofkapellmeister Michael Praetorius, berühmt durch das Weihnachtslied „Es ist ein Ros' entsprungen", 1621 seine letzte Ruhestätte. In der Fürstengruft wurden von der Mitte des 16. Jh. bis 1750 die Mitglieder des Herzogshauses in 29 kunstvoll gestalteten Sarkophagen bestattet. In den vielfältigen, meist (14) einfachen Häusern in der Brauergildenstraße wohnten die im ehemaligen Herzoglichen Blei- und Faktoreihof beschäftigten Hofbediensteten. In (15) Nord-Süd-Richtung wird die Heinrichstadt durch die Breite Herzogstraße geteilt, in der jedoch kaum noch alte Bausubstanz erhalten ist. Besondere Beachtung verdient daher das Eckhaus am Kornmarkt mit einem Wilden Mann als abschreckende Eckknagge und das gegenüberliegende Gebäude mit geschnitztem Eckpfosten und Handwerkeremblemen als Hausmarke. (16) An der Ostseite des Holzmarktes erhebt sich die Trinitatiskirche, die um 1719 durch Hermann Korb als protestantische Predigtkirche erbaut wurde. Die barocke Fassade ist reich gegliedert und wird von zwei Türmen flankiert. Ein besonders originelles Gestaltungselement ist der achteckige Innenraum.

338

Vor der Trinitatiskirche erinnert das „Gärtner-Denkmal" an die jahrhundertealte Tradition Wolfenbüttels als Stadt der Erwerbsgärtnerei. In der an den Holzmarkt angrenzenden Engen Straße und in der Kreuzstraße gibt es viele Handwerkerhäuser aus dem 17. Jh., sog. „Buden", zu sehen. Durch die Tore der Trinitatiskirche betritt man den romantischen alten Bürgerfriedhof, auf dem ein Gedenkstein an die 1778 verstorbene Ehefrau Lessings, Eva König, erinnert. Über die Wallanlagen des alten Corneliusbollwerks und am Stadtgraben entlang kommt man zum 1907 bis 1909 erbauten Lessingtheater. Der

▲ Trinitatiskirche
mit „Gärtner-Denkmal"

Rundgang führt weiter durch die Harzstraße, die ehemalige Ausfallstraße durch das Harztor nach Süden. Auch hier ist ein geschlossenes Fachwerkensemble zu bewundern. Besonders hervorzuheben ist Hs. Nr. 12 mit barocken Grotesken von 1670. Hier waren im 18. Jh. die erste Synagoge und eine Talmudschule untergebracht. Hs. Nr. 10 ist mit einer barocken Balkenschnitzerei verziert. Kurz vor dem Ende der Straße fallen zwei fast palastähnliche alte Hofbeamtenhäuser auf (Häuser Nr. 3 und 27). Hs. Nr. 1 ist mit barockem Ornamentschmuck aus dem Jahr 1662 und Inschriften versehen. Von der Harzstraße zweigt nach rechts die Kommissstraße ab. Die langgestreckte Kommisse wurde 1588 als Mühle erbaut und diente später als herzogliches Verkaufsmagazin für Lebensmittel und als Spiel- und Hochzeitshaus. Von 1705 bis 1879 beherbergte das Haus die alte Lateinschule, die „Hochfürstliche Große Schule". Links von der Kommisse schließt sich das einstige Gasthaus „Zur Krone von Spanien" an, das seinen Namen anlässlich der Hochzeit der Prinzessin Elisabeth Christine mit dem habsburgischen Erzherzog Karl erhielt, der König von Spanien und später als Karl VI. deutscher Kaiser wurde. Elisabeth Christine war die Mutter der Kaiserin Maria Theresia. Im ehemaligen Wirtshaus wohnte 1764 der venezianische Abenteurer und legendäre Liebhaber Giacomo Casanova, als er acht Tage lang in der Herzoglichen Bibliothek in Wolfenbüttel studierte. Über den Harztorplatz, den Großen Zimmerhof und die Löwenstraße kehrt man auf bekanntem Weg zurück zum Ausgangspunkt des Rundgangs am Schloss.

SCHAUEN

Das ■ Wolfenbütteler Land mit den malerischen Hügelzügen Elm und Asse lädt zu ausgiebigen Wanderungen zu barocken Herrensitzen, stattlichen Höfen und altehrwürdigen Kirchen und Klöstern ein. Ein landschaftlich ebenso reizvolles Gebiet ist natürlich der ■ Harz mit seinen Fachwerkstädten ■ Halberstadt, ■ Wernigerode, ■ Blankenburg und vor allem ■ Quedlinburg, dessen Stiftskirche und Altstadt zum UNESCO-Weltkulturerbe gehören. Beeindruckend ist auch der ■ Kaiserdom Königslutter mit Kaisergrab, Kreuzgang, Jagdfries und Löwenportal. Zerbrechliche Kunstwerke sind in der ■ Glasmanufaktur Derenburg zu sehen. Mit einer imposanten Burganlage und einem „Garten für die Sinne" beeindruckt ■ Hornburg. In Schöppenstedt widmet sich das ■ Till-Eulenspiegel-Museum dem weltberühmten Narren, der hier geboren wurde. Geschichtlich Interessierte sollten die ■ Begegnungsstätte der deutschen Teilung in Helmstedt besuchen.

Tourist-Information, Stadtmarkt 7, 38300 Wolfenbüttel, Tel: 05331/86280, Fax: 05331/867708, E-Mail: touristinfo@wolfenbuettel.de, Internet: www.wolfenbuettel-tourismus.de

SCHLEMMEN UND SCHLAFEN

Parkhotel „Altes Kaffeehaus" In direkter Nähe zur Altstadt gelegenes, modern ausgestattetes Hotel mit teils behindertenfreundlichen Zimmern, Sauna und Fitnessraum. Das Restaurant, der Kaffee- und Biergarten und die Historische Weingrotte im ehemaligen Türkischen Kaffeehaus laden zum Verweilen ein. Harztorwall 18, 38300 Wolfenbüttel, Tel: 05331/8880, Fax: 05331/888100

Hotel Golden Tulip Am Rande der Altstadt in Bahnhofsnähe, bietet das Haus zeitgemäß ausgestattete Zimmer und Konferenzräume. In unmittelbarer Nachbarschaft liegt das Entertainmentcenter „Check IN" mit Restaurants, Kino etc. Bahnhofstraße 9, 38300 Wolfenbüttel, Tel: 05331/98860, Fax: 05331/988611

Hotel Garni Landhaus Dürkop Ruhig gelegenes Hotel im Landhausstil, 10 Minuten Fußweg zur Altstadt. Behagliche Zimmer und Appartements sowie der Saunabereich sorgen für Erholung, das reichhaltige Frühstücksbüffet für einen guten Start in den Tag. Alter Weg 47, 38302 Wolfenbüttel, Tel: 05331/7053, Fax: 05331/72638

Hotel Waldhaus Am Stadtrand direkt am Wald, mit wohnlichen Komfortzimmern, Café-Terrasse und Restaurant, das eine große Auswahl von gutbürgerlichen Gerichten bis hin zum Schlemmermenü bietet. Adersheimer Straße 75, 38304 Wolfenbüttel, Tel: 05331/43265, Fax: 05331/ 904150

340

WOLFSBURG

Die Stadt am Mittellandkanal ist untrennbar mit der Marke Volkswagen verbunden, bietet jedoch über die AUTOSTADT hinaus viele weitere Sehenswürdigkeiten. Neben moderner Architektur und einem vielfältigen Kulturangebot besitzt Wolfsburg auch grüne Oasen wie den Allerpark.

ANFAHRT

■ A 2 Berlin – Ruhrgebiet, dann A 39. ■ B 188 von Hannover. ■ B 248/ B 244 aus Richtung Lüchow/Salzwedel. ■ ICE-Bahnhof.

GESCHICHTE

Neben Salzgitter-Lebenstedt und Eisenhüttenstadt ist Wolfsburg die einzige deutsche Stadt, die im 20. Jh. planmäßig gegründet und angelegt wurde. Der Ursprung der Stadt liegt in der Idee eines „Volkswagens", der Vorstellung eines zuverlässigen und für jedermann erschwinglichen Autos. Nach seiner Machtergreifung übernahm nahm Adolf Hitler diese Idee und nutzte sie zu Propagandazwecken. Am 26.5.1938 legte Hitler den Grundstein für das Volkswagen-Werk, das jedoch bis 1945 ausschließlich Militärfahrzeuge produzierte. Um den Mitarbeitern des Werkes, die aus ganz Deutschland zusammengeholt werden mussten, eine neue Heimat zu geben, wurde gleichzeitig der Bau einer vorbildlichen Arbeiterstadt in Auftrag gegeben, die die nationalsozialistischen Ideale widerspiegeln sollte. Die offizielle Gründung der „Stadt des KdF-Wagens bei Fallersleben", so der vorläufige Name, erfolgte am 1.7.1938. Nach dem Ende des Zweiten Weltkriegs lenkte die britische Militärregierung die Geschicke der Stadt und setzte eine Stadtverordnetenversammlung ein. Diese beschloss in ihrer Sitzung am 22.6.1945, die Stadt nach ihrem Weserrenaissanceschloss aus dem 16. Jh. „Wolfsburg" zu nennen. Durch die erfolgreiche Entwicklung des Volkswagen-Werks vervierfachte sich die Einwohnerzahl in den Jahren 1948 bis 1963 von 22000 auf über 85000. Im Zuge einer Gebietsreform 1972 kamen durch Eingemeindungen weitere 40000 Einwohner hinzu. Heute präsentiert sich Wolfsburg als junge, moderne Stadt mit ca. 123000 Einwohnern und bietet seinen Besuchern viele Attraktionen. Seit Juni 2000 besitzt Wolfsburg mit der AUTOSTADT einen spektakulären automobilen Themenpark, der nicht nur VW-Kunden begeistert. Das VW-Werk ist heute das größte Automobilwerk der Welt unter einem Dach. Durch Städtefreundschaften und Partnerschaften ist Wolfsburg mit Luton (Großbritannien), Marignane (Frankreich), Pesaro-Urbino (Italien), Bielsko-Biala (Polen), Togliatti (Russland) sowie Halberstadt verbunden.

SEHENSWÜRDIGKEITEN UND ATTRAKTIONEN

Ein guter Ausgangspunkt für Entdeckungstouren durch Wolfsburg ist der Namensgeber der Stadt, das Schloss Wolfsburg. Zu Beginn des 14. Jh. wurde das Schloss vom mächtigen Adelsgeschlecht derer von Bartensleben gegründet und in der zweiten Hälfte des 16. Jh. zu einem repräsentativen Weserrenaissance-Schloss ausgebaut. Zwischen 1719 und 1742 wurden der Barockgarten, die Stall- und Remisengebäude sowie zahlreiche Häuser der Gutssiedlung neu geschaffen. Als die männliche Linie derer von Bartensleben Mitte des 18. Jh. ausstarb, ging das Schloss im Zuge der Erbfolge an die Grafen von der Schulenburg über, denen es bis 1942 gehörte. Nach

mehreren Besitzerwechseln erwarb die Stadt das Schloss vom Land Niedersachsen und nutzt die Anlage für Empfänge und Kulturveranstaltungen. Als Repräsentationsräume dienen der Gartensaal, die Gerichtslaube, das Kaminzimmer und der Jagdsaal. Als kultureller Mittelpunkt der Stadt beherbergt das Schloss Wolfsburg seit 1974 die Städtische Galerie mit Kunstwerken des 20. Jh. Der Kunstverein ergänzt dieses Angebot durch ständig wechselnde Ausstellungen. Das Stadtmuseum in den Schlossremisen dokumentiert die Schloss- und Heimatgeschichte und veranstaltet ebenfalls regelmäßig Sonderausstellungen. Im Schloss befindet sich außerdem eine Werkstatt für Druckgrafik, die Gastkünstlern aus dem In- und Ausland die Möglichkeit bietet, druck-

▲ Schloss Wolfsburg

grafische Experimente durchzuführen und währenddessen im Schloss zu wohnen. Im Sommer findet alljährlich die Internationale Sommerbühne im Schlosshof mit Konzerten, Varieté, Kindertheater etc. statt. Auch der Antoniensaal verleiht regelmäßig Konzerten einen stimmungsvollen Rahmen. Doch das kulturelle Leben spielt sich nicht nur im Schloss, sondern auch in der Innenstadt ab. Das 1994 eröffnete Kunstmuseum ist ein lebendiges Zentrum für moderne und zeitgenössische Kunst. In die Museumsarbeit werden Aspekte der Stadt Wolfsburg und ihres Weltkonzerns - Urbanität, Internationalität, Qualität und Modernität - integriert. Das Gebäude wurde vom Architekten Peter Schweger als offene, transparente Stadtloggia mit Glasdach entworfen. Die Ausstellungen werden bereichert

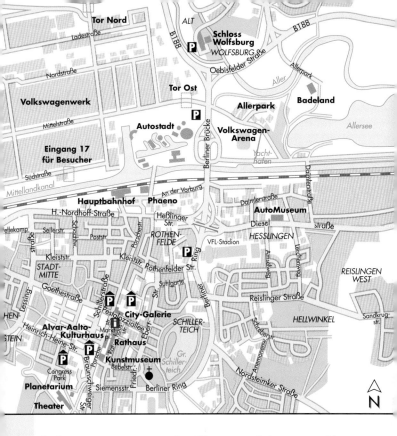

durch interessante Events, Vorträge, Führungen und ein museumspäda-
gogisches Programm. Das Alvar-Aalto-Kulturhaus entstand ab 1958
nach den Plänen des gleichnamigen finnischen Architekten und wurde
1962 eröffnet. Die Fassade wird dominiert von drei Natursteinarten (weißer
Carraramarmor, grauer griechischer Marmor und schwarzer schwedischer
Marmor), die bei günstiger Be-
leuchtung metallisch schim-
mern. Der Architekt entwarf
nicht nur das Haus, sondern
auch Elemente der Innenein-
richtung wie Lampen, Türgriffe,
Einbauschränke etc. Auch Aal-
tos Vorliebe für Oberlicht in verschiedenen Varianten sowie für
das Spiel mit den Naturmateri-
alien Marmor, Keramik, Ziegel
und Holz wird beim Gang durch

▼ Kunstmuseum

das Gebäude deutlich. Neben einem Restaurant und kleinen Geschäften ist im Kulturhaus die Stadtbücherei untergebracht. Die Bibliothek erinnert mit ihrer Gliederung an eine Barockbibliothek. Beim Hinaufsteigen der Treppen in die obere Etage fallen die breite Fensterfront und der Innenhof mit Sitzgelegenheiten auf. Gegenüber befinden sich die fünf Hörsäle. Eine Besonderheit ist die Feuerstelle im Gruppenraum, einem geschlossenen Raum mit Schiebedach. Direkt nebenan steht das Alte Rathaus, das vom Wolfsburger Architekten Titus Taeschner entworfen und 1958 eingeweiht wurde. Auf der bronzenen Rathaustür mit dem Wolf als Türgriff ist eine Kurzchronik der Stadt zu lesen.

Das Glockenspiel besteht aus 24 Bronzeglocken, die ein Gesamtgewicht von 3 Tonnen auf die Waage bringen. In der Bürgerhalle zeigt der Fußboden den Stadtplan Wolfsburgs von 1958. Auch der Sitzungssaal ist sehenswert. Zwischen dem Alten Rathaus und dem Kunstmuseum entstand von 1991 bis 1994 als Erweiterungsbau das Neue Rathaus nach Plänen von Prof. Schweger. Der fünfge-

▲ Wölfe in der Innenstadt

schossige Stahlbetonskelettbau ist durch eine Brücke mit dem Alten Rathaus verbunden, die im Volksmund „Beamtenlaufbahn" genannt wird. Aus dem kulturellen Leben der Stadt nicht mehr wegzudenken ist das Theater, dessen Bau lange umstritten war und mehrmals stillgelegt wurde. Im Herbst 1973 konnte das von Hans Scharoun entworfene Theater eröffnet werden und präsentiert heute Opern- und Ballettaufführungen ebenso wie Musicals, Varieté, Rockshows und klassische Schauspiele. Im Stadtzentrum genießt man nicht nur die kulturelle Vielfalt Wolfsburgs, sondern kann in vielfältigen Geschäften - vom Kaufhaus bis zum Künstleratelier, von der Boutique bis zum Feinkostladen - ausgewählte Produkte erstehen. Ein besonderer Anziehungspunkt für einen Einkaufsbummel ist die City-Galerie auf der Ostseite der Porschestraße. Auf 20000 Quadratmetern verteilen sich hier 100 Geschäfte auf drei Ebenen. Neben dem großen Angebot besticht das größte Einkaufszentrum der Region durch sein gepflegtes Ambiente, das durch viel Glas, Pflanzen und ideal in die Architektur integrierte Brunnen- und Sitzlandschaften geprägt wird. Cafés, Snackbars und Restaurants sorgen für das leibliche Wohl. Seit November 2005 ist die

phæno
DIE EXPERIMENTIERLANDSCHAFT

Wolfsburger Innenstadt um eine weitere Attraktion reicher. Direkt neben dem ICE-Bahnhof befindet sich das phæno, das bereits durch seine futuristische Architektur, entworfen von der Pritzker-Preis-Trägerin Zaha Hadid, auffällt. Die Experimentierlandschaft der Naturwissenschaft lädt dazu ein, Naturphänomene spielerisch zu entdecken. An über 250 interaktiven Experimentierstationen aus acht Themenbereichen sowie in drei Besucherlaboren kann man sich selbst als Wissenschaftler betätigen. Unter anderem kann man hier den mit über 5 Metern größten Feuertornado der Welt erleben und die Entstehung eines Geysirs beobachten. Beim Crash-Test mit dem eigenen Körper wird der Aufprall auf die gepolsterte Matte an der Wand gemessen. An der Station „Jeder ist Du und Ich" verschmelzen die Gesichter von zwei Menschen, die sich an einem halbtransparen-

▲ **Experimentieren im phæno**

ten Spiegel gegenüber stehen, zu einem Gesicht. Der „Mind Ball" bewegt sich allein durch Gehirnströme und soll ins gegnerische Torfeld gelangen - wer entspannt ist, gewinnt! Im Ideenforum finden Vorträge und Wechselausstellungen statt und im Wissenschaftstheater erlebt man Phänomene aus Naturwissenschaft und Technik bei spektakulären Science-Shows, Experimentalvorträgen und Inszenierungen spielerisch. Für das leibliche Wohl sorgen das anspruchsvolle „Restaurant da Vinci", das preisgünstige SB-Restaurant „Cafeteria Italiana" und die „Coffee bar". Der Veranstaltungsbereich „Sirius banquet" kann für Veranstaltungen gemietet werden. Im phæno-Shop findet man kleine Souvenirs und anspruchsvolle Sammlerobjekte, aber auch (populär)wissenschaftliche Bücher, Experimentiersets und Science-Spiele. Vom phæno ist es nun nicht mehr weit in die AUTOSTADT, die seit Juni 2000 nicht nur erwartungsvolle VW-Kunden zur Abholung ihres Neuwagens, sondern auch zahllose Besucher anzieht. Der automobile Themenpark ist über die spektakuläre Stadtbrücke direkt vom ICE-Bahnhof zu erreichen. Im Nordosten Wolfsburgs stellt das 25 ha große Areal einen eigenen Stadtteil mit Pavillons und Großbauten, Wasserläufen, Seen und Lagunen sowie weitläufigen, reizvoll bepflanzten Grünflächen dar. Das KonzernForum bildet den Eingang zur Autostadt. Von der Piazza, die Orientierungs- und Informationsmöglichkeiten bietet, erreicht man die KonzernWelt mit Inszenierungen für die ganze Familie, den Shop

Metropol im Erdgeschoss sowie die Attraktionen, Installationen und Kinos im ersten und zweiten Stock. Das ZeitHaus dokumentiert die Geschichte des Automobils von den Anfängen bis in die Gegenwart. Automobillegenden werden hier in ihrem historischen Kontext mit Musik, Mode, Werbung und Design präsentiert. Die MarkenPavillons zeigen die Marken des Volkswagen-Konzerns (Audi, Bentley, Lamborghini, Seat, Škoda, Volkswagen und Volkswagen Nutzfahrzeuge), deren unterschiedliche Werte und Philosophien sich in der Architektur und der Inszenierung der Ausstellungsräume widerspiegeln. In den beiden gläsernen AutoTürmen warten die Neuwagen auf ihre stolzen Besitzer, die sie im KundenCenter in Empfang nehmen können. Die AUTOSTADT lädt auch zum Mitmachen unter fachkundiger Anleitung von Instruktoren ein. Auf dem Gelände Parcours müssen elf Hindernisse wie Wassergraben und Wippen bewältigt werden. Beim SicherheitsTraining lernt man, kritische Situationen zu meistern. Das SparTraining will zu ressourcenschonendem Fahren anregen. Bei allen Fahrattraktionen werden Testautos zur Verfügung gestellt. Ein besonderes Erlebnis ist die Maritime PanoramaTour mit dem restaurierten Oldtimer „MS Osterbek", der auch gechartert werden kann. Auf dem Mittellandkanal gleitet man vorbei an den Produktionshallen des Volkswagen-Werkes bis nach Fallersleben. Nach so vielen neuen Eindrücken kann man den Tag in einem der zahlreichen Restaurants der AUTOSTADT ausklingen lassen.

▼ In der AUTOSTADT

▼ Blick über die nächtliche AUTOSTADT

SCHAUEN

Ein „Muss" für Autofans ist neben der AUTOSTADT ein Besuch im ■ Auto Museum Volkswagen, das auf 5000 m² Legenden der Automobilgeschichte wie den Urkäfer, den VW-Bulli und den Golf GTI zeigt. Nach den Sternen greifen kann man im ■ Planetarium am Klieversberg. Im einzigen Großplanetarium Niedersachsens wird mit modernster Technik der Anblick des Sternenhimmels mit Sonne, Mond und Planeten naturgetreu dargestellt. Erholung und Freizeitspaß bietet der ■ Allerpark, dessen Mittelpunkt der ■ Allersee mit vielen Wassersportmöglichkeiten bildet. Zu den weiteren Attraktionen dort zählen der ■ Wakepark mit einer Wasserskianlage und das ■ BadeLand, Norddeutschlands größtes Spaß- und Freizeitbad. Im Stadtteil Fallersleben kann man die Erlebnisbrauerei im ■ Alten Brauhaus besichtigen. Das ■ Schloss Fallersleben beherbergt das ■ Hoffmann-von-Fallersleben-Museum zur Geschichte deutscher Demokratie und Dichtung im 19. Jh. In der ■ Burg Neuhaus zeigt das Städtische Museum eine Dokumentation zur Geschichte der Burg und des Amtes Neuhaus. Die ehemalige Wasserburg aus dem 14. Jh. ist von einem malerischen Park umgeben.

Mobilitäts- und Tourismus-Zentrum, Willy-Brandt-Platz 3, 38440 Wolfsburg, Tel: 05361/899930, Fax: 05361/8999394, E-Mail: service@wolfsburg-marketing.de, Internet: www.wolfsburg-marketing.de

SCHLEMMEN UND SCHLAFEN

Altes Brauhaus zu Fallersleben Die Erlebnisbrauerei mit Biergarten, die Besichtigungen mit Bierseminar anbietet, verwöhnt ihre Gäste mit Bier- und Saisonspezialitäten. Schlossplatz 6, 38442 Wolfsburg-Fallersleben, Tel: 05362/3140, Fax: 05362/66307

Brackstedter Mühle Idyllisch am Stadtrand gelegene Wassermühle von 1434. In gemütlichen Räumen und auf der Terrasse gibt es frische regionale und internationale Küche sowie kulinarische Aktionen. Wohnliche Zimmer und Appartements. Zum Kühlen Grunde 2, 38448 Wolfsburg-Brackstedt, Tel: 05366/90-0, Fax: 05366/90-50

Global Inn In zentraler Lage sorgen komfortable Zimmer, Appartements und Studios für einen angenehmen Aufenthalt, das angrenzende Restaurant und das Bistro für das leibliche Wohl. Kleiststraße 46, 38440 Wolfsburg, Tel: 05361/2700, Fax: 05361/270150

Hotel Goya Kleines Stadthotel mit persönlicher Atmosphäre und zuvorkommendem Service. Modern ausgestattete Zimmer und Appartements. Restaurant und Bar laden zum Verweilen ein. Poststraße 34, 38440 Wolfsburg, Tel: 05361/2660-0, Fax: 05361/23777